WebAssembly in Action

웹어셈블리
인 액션

C++ 코드와 엠스크립튼을 활용한
실전 웹어셈블리

웹어셈블리 인 액션

C++ 코드와 엠스크립튼을 활용한 실전 웹어셈블리

초판 1쇄 발행 2020년 10월 05일

지은이 제러드 갤런트 / **옮긴이** 이일웅 / **펴낸이** 김태헌
펴낸곳 한빛미디어(주) / **주소** 서울시 서대문구 연희로2길 62 한빛미디어(주) IT출판부
전화 02-325-5544 / **팩스** 02-336-7124
등록 1999년 6월 24일 제25100-2017-000058호 / **ISBN** 979-11-6224-347-3   93000

총괄 전정아 / **책임편집** 박지영 / **기획** 윤나리 / **편집** 안정민
디자인 표지 최연희 내지 김연정 조판 이경숙
영업 김형진, 김진불, 조유미 / **마케팅** 박상용, 송경석, 조수현, 이행은, 고광일 / **제작** 박성우, 김정우

이 책에 대한 의견이나 오탈자 및 잘못된 내용에 대한 수정 정보는 한빛미디어(주)의 홈페이지나 아래 이메일로
알려주십시오. 잘못된 책은 구입하신 서점에서 교환해드립니다. 책값은 뒤표지에 표시되어 있습니다.

한빛미디어 홈페이지 www.hanbit.co.kr / 이메일 ask@hanbit.co.kr

지금 하지 않으면 할 수 없는 일이 있습니다.
책으로 펴내고 싶은 아이디어나 원고를 메일(writer@hanbit.co.kr)로 보내주세요.
한빛미디어(주)는 여러분의 소중한 경험과 지식을 기다리고 있습니다.

WebAssembly in Action

웹어셈블리 인 액션

C++ 코드와 엠스크립튼을 활용한
실전 웹어셈블리

제러드 갤런트 지음
이일웅 옮김

MANNING   **B** 한빛미디어
Hanbit Media, Inc.

옮긴이 · 지은이 소개

지은이 **제러드 갤런트** Gerard Gallant

2013년 자바스크립트, CSS3 프로그래밍 스페셜리스트 시험에 합격해서 MCP^{Microsoft Certified Professional} 자격증을 취득했습니다. 자신의 블로그 (https://cggallant.blogspot.com/)에서 열심히 블로깅을 하고 있습니다.

옮긴이 **이일웅**

15년 가까이 자바 프런트엔드/백엔드 개발자 및 AA/SWA로 활동하면서 다양한 엔터프라이즈 프로젝트 현장을 누벼왔습니다. 집에서는 세 여인의 사랑을 분에 넘치게 받고 사는 행복한 딸 바보입니다. 2014년 이후로 십수 권의 IT 전문서를 번역하며 동료, 후배 개발자들과 지식, 경험을 나누는 일에도 힘쓰고 있습니다. 소질과 실력은 없지만 시간이 나면 어려운 클래식 피아노곡을 즐겨 연주합니다.

옮긴이의 말

IT 분야는 어느 기술 영역이든 서로 다른 기술의 장점을 취해 끊임없이 융합하고 새로운 기술을 창출하는 흐름이 이어지고 있습니다. 프로그래밍 언어도 예외는 아니라서 비교적 젊은 언어인 스칼라Scala, 고Go, 스위프트Swift, 루비Ruby, 코틀린Kotlin 등은 물론이고 자바, 자바스크립트, 파이썬 같은 기존 터줏대감까지 버전이 올라갈수록 점점 상향 평준화가 이루어지고 있습니다.

30년 남짓의 역사를 가진 웹 플랫폼에서도 C/C++ 등의 기존 로우 레벨low level 언어를 HTML, CSS, 자바스크립트와 함께 작동시킬 방법이 없는지 많은 사람이 고민했던 모양입니다. 어쨌든 그 결과 '웹어셈블리'라는 약간 불협화음처럼 느껴지는 기술이 서서히 윤곽이 잡히기 시작했고, 이제는 과거 수많은 게이머가 밤을 새우게 만들었던 세계 최초의 FPS 게임인 〈둠Doom〉의 소스 코드를 크롬 브라우저에서 돌려볼 수 있는 수준까지 이르렀습니다.[1]

무엇보다 자바스크립트는 그 태생적 한계 탓에 일정 수준 이상의 성능은 내기 어려웠지만, 웹어셈블리는 브라우저 또는 Node.js 환경에서 네이티브에 가까운 속도로 코드를 실행할 수 있으니 속도가 중요한 웹 애플리케이션에서 매우 주목하는 기술로 각광받고 있습니다. 물론 아직 스펙[2]도 보완해야 할 부분이 많고 지원 대상 언어도 확대해야 하는 등 갈 길은 멀지만, 여러 면에서 앞으로 매우 기대되는 업계의 주요 기술로 성장할 전망입니다.

이 책은 웹어셈블리를 처음 접하는 분들을 위한 안내서입니다. 소수 찾기, 카드 짝 맞추기 게임 등 예제도 아주 단순하고 명료해서 크게 어려움을 느끼지 않고도 단기간에 웹어셈블리의 기본기를 탄탄하게 다질 수 있습니다. 이 책이 평소 자기 계발을 게을리하지 않는 대한민국의 성실한 웹 개발자, 아키텍트 여러분께 최적의 웹어셈블리 입문서로 기억된다면 역자로서 더 없이 큰 보람일 것입니다.

---

1 https://wasm.continuation-labs.com/d3demo
2 2020년 5월 8일부로 웹어셈블리 스펙 1.1이 발표되었습니다(https://webassembly.github.io/spec/core/_download/WebAssembly.pdf).

퇴근 후에도 졸린 눈을 비벼가며 원고 작업을 하느라 많이 놀아주지 못한 두 딸 제이, 솔이 그리고 세상에서 제일 예쁜 아내에게 사랑하는 마음, 고마운 마음 가득 담아 이 책을 바칩니다.

2020년 가을, 코로나 사태가 어서 빨리 가라앉길 기대하며

이일웅

저는 다른 친구들보다 프로그래밍을 늦게 시작했습니다. 고등학생 때 컴퓨터 강좌를 하나 수강해야 했는데, 지도 선생님께서 추천하신 컴퓨터 개론을 듣게 됐습니다. 처음엔 컴퓨터 작동 원리를 배울거라고 생각했지만, 실제 들어보니 놀랍게도 100% 프로그래밍 강좌였습니다. 얼마 지나지 않아 저는 프로그래밍 세계에 푹 빠지게 됐고, 건축 아키텍처에서 소프트웨어 아키텍처로 진로를 바꿨습니다.

2001년, 도비코 소프트웨어^{Dovico Software}에 입사해 C++ 클라이언트/서버 애플리케이션 운영 업무를 시작했습니다. 도비코는 2004년 변화의 물결에 따라 서비스로서의 소프트웨어^{Software-as-a-Service}(SaaS) 모델로 전환하기로 했고, 저는 웹 애플리케이션 개발팀으로 자리를 옮겼습니다. 이후 제 관심사는 C#과 자바스크립트 언어를 이용한 웹 개발이었습니다. 아직도 웹 개발은 하지만 요즘은 API 구축, 데이터베이스 작업, 신기술 발굴 등 아키텍처 분야에 더 초점을 두고 있습니다.

저는 블로그, 공개 강연 등을 통해 개발자 커뮤니티에 재능 기부하기를 좋아합니다. 그러던 2017년 9월, 어느 지역 사용자 그룹에서 프리젠테이션 요청을 받았는데, 무슨 주제로 이야기할까 인터넷을 찾다가 우연히 PSPDFKit라는 사이트에서 웹어셈블리라는 기술에 관한 글을 읽었습니다.[1]

구글의 포터블 네이티브 클라이언트^{Portable Native Client}(PNaCl)는 전에도 들어본 적 있었습니다. C/C++로 컴파일한 코드를 크롬 웹 브라우저에서 거의 네이티브 가까운 속도로 실행하는 기술이죠. 자바스크립트의 서브셋^{subset}(하위집합)인 모질라^{Mozilla} asm.js도 들어 보았습니다. C/C++ 코드를 컴파일한 자바스크립트를 asm.js를 지원하는 브라우저에서 실행하면 매우 빠르고, 미지원 브라우저라도 자바스크립트를 일반 속도로 실행할 수 있으니 정말 인상적이었습니다. 이렇게 저는 웹어셈블리를 처음 접하게 되었습니다.

웹어셈블리는 asm.js의 장점을 살리고 단점을 해결한 기술입니다. 다양한 언어로 코드를 개발

---

1 https://pspdfkit.com/blog/2017/webassembly-a-new-hope/

할 수 있고 브라우저에서 안전하게 실행 가능한 코드로 컴파일할 수 있습니다. 요즘 나온 주요 데스크톱/모바일 브라우저만 있으면 바로 실행 가능하고 Node.js처럼 브라우저 아닌 환경에서도 실행할 수 있습니다! 저는 웹어셈블리의 가능성에 완전히 매료되어 지금까지 줄곧 틈틈이 연구해서 열심히 블로깅을 해왔습니다.

그러다가 2017년 말, 매닝 출판사 담당자가 제가 쓴 블로그 글을 읽고 웹어셈블리 책을 한번 써보지 않겠냐고 제의했습니다. 흔쾌히 수락한 저는 백엔드backend와 프런트엔드frontend 개발자 관점에서 다양한 프로그래밍 언어로 웹어셈블리를 활용하는 것을 주제로 집필을 시작했습니다. 그러나 사전 리뷰 결과, 내용에 방향성이 없고 다소 산만한 듯하여 프로그래밍 언어를 C/C++로 좁히고 백엔드 개발 중심으로 다시 쓰게 됐습니다.

그런데 이 책을 집필하는 도중에도 웹어셈블리 커뮤니티와 워킹 그룹은 도통 가만히 있질 않더군요. 네, 사실 지금 이 시간에도 여러 가지 중요한 기술적 진보가 계속 이루어지고 있습니다. 한 예로, 최근에는 구글 크롬 데스크톱 버전에서 개발자 모드를 켜지 않아도 멀티스레드 웹어셈블리 모듈을 사용할 수 있게 됐죠! 웹어셈블리는 웹 개발의 새로운 지평을 열게 될 잠재력 높은 기술입니다. 앞으로 어떻게 달라질지 정말 기대가 됩니다.

이 책에 대하여

웹어셈블리가 어떤 기술인지, 어떻게 작동하는지, 이 기술로 무엇을 할 수 있는지 알려드립니다. 요건에 따라 다양한 방법으로 웹어셈블리 모듈을 개발하는 과정도 설명합니다. 처음에는 간단한 예제부터 시작해서 동적 링킹, 병렬 처리, 디버깅 등 고급 주제를 하나씩 살펴보겠습니다.

이 책의 대상 독자

C/C++, 자바스크립트, HTML을 기본적으로 이해하는 개발자를 위한 책입니다. 인터넷을 검색하면 웹어셈블리 관련 정보가 많이 나오지만 대부분 오래되어 쓸모가 없거나 깊이가 없습니다. 이 책은 초심자부터 숙련된 개발자 모두 쉽게 따라하면서 웹어셈블리 모듈을 익힐 수 있도록 안내합니다.

이 책의 구성

이 책은 총 4개 부, 13개 장으로 구성했습니다.

- **1부 웹어셈블리 들어가기:** 웹어셈블리가 어떤 기술인지, 어떻게 작동하는지 설명하고, 앞으로 이 책에서 웹어셈블리 모듈을 컴파일할 때 사용할 엠스크립튼 툴킷의 사용법을 간략히 살펴봅니다.

  - **1장:** 웹어셈블리란 무엇이고 이 기술로 어떤 문제를 해결할 수 있는지 알아보고, 사용 가능한 프로그래밍 언어에 대해서도 이야기합니다.
  - **2장:** 웹어셈블리 모듈의 내부 구조를 들여다보고 각 섹션의 역할을 살펴봅니다.
  - **3장:** 웹어셈블리 모듈 컴파일 시 사용 가능한 엠스크립튼 툴킷의 다양한 출력 옵션과 웹어셈블리 자바스크립트 API를 소개합니다.

- **2부 웹어셈블리 모듈:** 웹어셈블리 모듈을 생성하고 웹 브라우저와 상호작용하는 프로세스를 이야기합니다.

  - **4장:** 기존 C/C++ 코드베이스를 웹어셈블리 모듈로 컴파일하려면 어떻게 수정해야 하는지 안내합니다. 웹페이지 자바스크립트와 모듈이 상호작용하는 원리도 설명합니다.

- **5장:** 웹어셈블리 모듈에서 웹페이지 자바스크립트를 호출하려면 4장 예제를 어떻게 수정해야 하는지 가이드 합니다.
- **6장:** 한발 더 나아가 자바스크립트 함수 포인터를 웹어셈블리 모듈에 전달하는 방식으로 웹페이지 자바스크립트를 호출합니다. 이렇게 하면 그때그때 함수를 자바스크립트로 지정하고 프라미스^{promise}를 최대한 활용할 수 있습니다.

- ■ **3부 웹어셈블리 활용:** 동적 링킹, 병렬 처리 등 고급 주제를 다룹니다. 브라우저가 아닌 환경에서 웹어셈블리를 사용하는 방법도 설명합니다.

  - **7장:** 여러 웹어셈블리 모듈을 런타임에 링크하여 각자의 기능을 불러쓰는 동적 링킹 기법을 소개합니다.
  - **8장:** 7장의 내용을 심화하여 동일한 웹어셈블리 모듈의 인스턴스를 여럿 생성하고 필요할 때마다 각 인스턴스를 다른 웹어셈블리 모듈에 동적 링크하는 방법을 설명합니다.
  - **9장:** 웹 워커를 활용하여 웹어셈블리 모듈을 프리패치하는 방법과 웹어셈블리 모듈에서 pthread로 병렬 처리하는 방법을 배웁니다.
  - **10장:** 웹어셈블리의 무대를 브라우저 밖으로 확장하여 Node.js 환경에서 웹어셈블리 모듈을 사용하는 방법을 설명합니다.

- ■ **4부 디버깅과 테스팅:** 웹어셈블리 모듈의 오류를 미리 발견하고 조치하기 위한 디버깅과 테스팅 기법을 설명합니다.

  - **11장:** 카드 짝 맞추기 게임 개발을 통해 웹어셈블리 텍스트 포맷에 대해 설명합니다.
  - **12장:** 카드 짝 맞추기 게임을 확장하면서 웹어셈블리 모듈의 다양한 디버깅 방법을 이야기합니다.
  - **13장:** 웹어셈블리 모듈의 통합 테스트를 어떻게 작성하는지 살펴봅니다.

각 장은 앞 장에서 배운 내용에 기반을 두므로 가급적 순서대로 읽는 게 좋습니다. 웹어셈블리 기술을 이해하고 엠스크립튼 툴킷에 익숙해지려면 우선 1, 2, 3장을 차례대로 읽어보세요. 이 책의 예제 코드를 실습하려면 개발 도구도 올바르게 설치해야 하니 부록 A도 잘 읽어보시기 바랍니다. 웹어셈블리의 핵심 개념은 1, 2부에 있으므로, 시간이 없다면 3, 4부에서 다루는 디버깅 등 고급 주제는 필요할 때 찾아봐도 됩니다.

예제 코드

이 책에 실린 예제 코드는 한빛미디어 홈페이지(hanbit.co.kr/src/10347)에서 내려받을 수 있습니다.

웹어셈블리 개발 환경을 처음부터 하나씩 직접 구성해보려는 독자는 저자가 쓴 부록 A를, 미리 구성된 실습 환경을 도커 이미지로 내려받아 활용하려는 독자는 역자가 쓴 부록 F를 참고하시기 바랍니다. 또 엠스크립튼 컴파일러 최신 버전의 호환성 문제로 부득이 수정해야 할 예제 코드는 부록 F 뒷부분에 역자가 간략히 정리하였습니다.

> **예제 실행 시 에러 관련_** 웹어셈블리가 아직 안정된 기술이 아니고 계속 버전이 상향될 예정이라 예제 코드를 실행할 때 각종 오류가 생길 수 있습니다. 게다가 앞으로 다양한 버전 이슈가 발생할 수 있습니다. 이처럼 향후 코드 오류가 다수 예상되지만, 역자가 전부 대응하긴 어려운 노릇입니다.
>
> 모든 독자 로컬 환경에서 일어날 수 있는 개별 오류에 대해 역자가 대응할 수 없는 점 미리 양해 부탁드립니다. 실습 도중 문제가 생겨 도움이 필요하거나 궁금한 점이 있으면 매닝 출판사의 라이브북 디스커션 포럼liveBook discussion forum[1] 에 접속하여 저자에게 문의하시기 바랍니다.

---

[1] https://livebook.manning.com/book/webassembly-in-action/about-this-book

감사의 글

책 한 권 쓴다는 게 시간과 노력이 많이 드는 일인 줄은 알고 있었지만, 정말 이렇게 힘들 줄은 몰랐습니다! 편집자, 교정자 그리고 초안을 읽고 피드백 주신 고마운 분들이 아니었다면, 웹어셈블리 입문서인 이 책은 빛을 보지 못했을 것입니다.

이 책을 만드는 데 애쓰신 모든 분들께 감사의 말씀을 올려야겠군요. 누구보다 먼저, 저녁은 물론이고 주말, 휴일, 심지어 마감일을 맞추느라 휴가 중에도 글을 써야 했던 저를 묵묵히 지켜봐 준 가족에게 고마움을 표합니다. 아내 설리나Selena, 그리고 두 딸 도나Donna와 오드리Audrey, 너무 너무 사랑해!

그리고 집필을 시작할 수 있도록 도움 주신 첫 번째 편집자, 케빈 해럴드Kevin Harreld 씨 감사합니다! 케빈 씨는 나중에 다른 회사로 옮기셨지만, 이 책의 나머지 부분을 토니 애리톨라Toni Arritola 씨와 함께 할 수 있는 기회와 영광을 주셨습니다. 토니 씨, 함께 작업하는 동안 당신이 보여준 인내심과 프로 정신, 품질에 대한 열정 그리고 이건 이렇다고 직설적으로 말씀해주신 점 정말 감사합니다.

그밖에도 마케팅에서 출간에 이르기까지 이 책을 제작하느라 고생하신 매닝 사 직원 여러분들 고맙습니다.

바쁜 업무 중에도 시간을 내어 책을 꼼꼼하게 읽어보고 건설적인 피드백을 주신 리뷰어들, 크리스토퍼 핑크Christoffer Fink, 대니얼 버든Daniel Budden, 다르코 보지노브스키Darko Bozhinovski, 데이브 커틀러Dave Cutler, 데니스 크라이스Denis Kreis, 게르만 곤잘레스-모리스German Gonzalez-Morris, 제임스 디트리히James Dietrich, 제임스 해링James Haring, 얀 크로켄Jan Kroken, 제이슨 헤일스Jason Hales, 하비에 무뇨스Javier Muñoz, 제러미 랑에Jeremy Lange, 짐 캐러뱃소스Jim Karabatsos, 케이트 마이어Kate Meyer, 마르코 마센치오Marco Massenzio, 마이크 로크Mike Rourke, 밀로라드 임브라Milorad Imbra, 파블로 호디쉬Pavlo Hodysh, 피터 햄프턴Peter Hampton, 레자 자이날리Reza Zeinali, 로널드 보르만Ronald Borman, 샘 자이델Sam Zaydel, 샌더 제그벨드Sander Zegveld, 사테지 쿠마르 사후Satej Kumar Sahu, 토마스 오버비 한센Thomas Overby Hansen, 티크루 갱굴리Tiklu Ganguly, 티머시 R. 케인Timothy R. Kane, 티쉬리어 로널드Tischliar Ronald, 쿠마르 S. 우니크리슈Kumar S. Unnikrishnan, 빅터 벡Viktor Bek, 웨인 매더Wayne Mather 씨, 모두 감사합니다.

특별히, 집필 내내 소중한 피드백을 주신 기술 편집자, 이언 러벨[Ian Lovell] 씨, 그리고 출간 직전까지 철저하게 코드를 리뷰하신 기술 교정자, 아르노 바스텐호프[Arno Bastenhof] 씨 고맙습니다.

끝으로, 지난 수년 동안 미래의 웹에 보탬이 될 기술을 출시하기 위해 함께 고민해온 브라우저 제작사 여러분 진심으로 감사합니다. 웹어셈블리 기술을 개선하고 응용 범위를 넓히기 위해 노력한 전 세계 수많은 기술자 여러분 존경합니다. 무한한 가능성을 지닌 웹어셈블리 기술이 세상을 어떻게 바꿀지 정말 궁금합니다.

표지 그림 소개

이 책의 표지 그림은 '리빠로떼 지방의 소녀Fille Lipparotte'입니다. 프랑스 작가이자 외교관이었던 자크 그라셋 드 생쏘뵈흐Jacques Grasset de Saint-Sauveur(1757~1810)가 1788년, 『모든 알려진 사람들의 현재 민간 의상Costumes Civils Actuels de Tous les Peuples Connus』라는 제목의 자료집에서 다양한 나라의 의상 자료를 수집하였는데, 그 자료에서 발췌한 그림입니다. 그는 생전에 손으로 정교하게 노안해서 색을 입혔습니다. 그라셋 드 생쏘뵈흐가 모은 풍성한 자료를 감상하노라면 불과 200년 전만 해도 세계의 도시와 지역이 문화적으로 얼마나 떨어져 있었는지 알 수 있습니다. 사람들은 멀찍이 떨어져 서로 다른 언어로 말을 하며 살았습니다. 그래서 거리에서 복장만 봐도 어느 지역 사람인지, 무슨 일을 하는지, 지위와 신분이 어떠한지 금방 알 수 있었습니다.

하지만 복식은 계속 달라졌고 당시 지역마다 풍부했던 다양성도 점차 사라졌습니다. 지금은 도시, 지역, 국가는 물론이고 다른 대륙에 살고 있는 사람들조차 구분하기 어렵습니다. 아마도 우리는 문화보다는 개인 사생활을 영위하는 방향으로 더욱 다양하고 빠르게 변화하는 기술에 맞추어 살아가게 된 것 같습니다.

요즘 컴퓨터 책은 수없이 쏟아지고 다들 고만고만해서 구별도 잘 안 됩니다. 매닝 사는 생쏘뵈흐가 남긴 그림처럼 지역별 다양성이 풍부했던 두 세기 전의 모습으로 책 표지를 장식함으로써 컴퓨터 비즈니스의 독창성과 창의성을 추구하고자 합니다.

CONTENTS

PART **웹어셈블리 들어가기**

CHAPTER **1 웹어셈블리 소개**

CONTENTS

PART **II** 웹어셈블리 모듈

CHAPTER **4** 기존 **C++** 코드베이스 재활용하기

CONTENTS

PART **III** 웹어셈블리 활용

CHAPTER **7** 동적 링킹: 기초

CONTENTS

CHAPTER 10 Node.js 환경의 웹어셈블리 모듈

CONTENTS

CHAPTER **12** 디버깅

CONTENTS

웹어셈블리 들어가기

1부는 웹어셈블리를 소개하고 웹어셈블리 모듈의 개발 과정을 설명합니다.

1장은 웹어셈블리란 무엇이고, 이 기술로 어떤 문제를 해결할 수 있는지, 어떤 프로그래밍 언어를 사용할 수 있는지 알아봅니다.

2장은 웹어셈블리 모듈의 내부 구조를 들여다보고 각 섹션의 목적을 이해합니다.

3장은 웹어셈블리 모듈의 컴파일 시 사용 가능한 엠스크립튼 툴킷의 다양한 출력 옵션을 배우고 웹어셈블리 자바스크립트 API를 소개합니다.

Part I

웹어셈블리 들어가기

CHAPTER 1

웹어셈블리 소개

> **이 장의 핵심 내용**
>
> ◆ 웹어셈블리란 무엇인가?
>
> ◆ 웹어셈블리로 어떤 문제를 해결할 수 있는가?
>
> ◆ 웹어셈블리는 어떻게 작동하는가?
>
> ◆ 웹어셈블리는 왜 안전한가?
>
> ◆ 웹어셈블리 모듈을 개발할 수 있는 프로그래밍 언어

대부분의 웹 개발자에게 '성능'은 언제나 중요한 화두입니다. 웹페이지가 얼마나 빨리 로드되는지, 전반적인 응답성은 어떨지 늘 신경이 쓰이죠. 3초 내에 웹페이지가 로드되지 않으면 방문자 중 40%는 이탈하며, 로드 시간이 1초씩 늘어날수록 이탈률도 증가한다는 통계도 있습니다.

페이지 로드 시간 외에 다른 문제도 있습니다. 구글에서 검색한 기사를 보니, 쇼핑몰 웹사이트 성능이 좋지 않으면 방문자의 79%는 다시 그 쇼핑몰에서 물건을 구매하지 않을 가능성이 높다고 합니다.[1]

웹 기술이 발전을 거듭하면서 많은 애플리케이션이 점차 웹으로 넘어왔지만, 아직도 웹 브라우저는 자바스크립트라는 프로그래밍 언어만 지원하므로 개발자들은 또 다른 난관에 봉착하게 됐습니다.

모든 브라우저에 통용되는 하나의 프로그래밍 언어라는 말은, 브라우저에 상관없이 동일한 코드를 실행시킬 수 있다는 뜻이니 얼핏 보면 일리가 있습니다. 하지만 브라우저 제작사마다 구

---

1 대니얼 앤(Daniel An)과 패트 미넌(Pat Meenan)의 「마케팅 담당자가 모바일 페이지 속도에 신경쓰는 이유(Why marketers should care about mobile page speed)」, 2016년 7월. http://mng.bz/MOID

현 방식이 조금씩 다르기 때문에 지원 대상 브라우저마다 일일이 테스트를 다 해봐야 작동 여부를 정확히 알 수 있습니다. 예를 들면 A 브라우저는 어떤 신기능을 내장하고 있지만, B 브라우저는 아직 구현되지 않은 경우도 비일비재합니다. 물론, 그래도 여러 가지 언어를 섞어 쓰는 것보다 하나의 언어로 구현하는 게 더 쉽지만, 자바스크립트 이외의 C++ 같은 언어로 작성된 애플리케이션을 웹으로 이전해야 할 경우에는 이만저만 불편한 게 아닙니다.

자바스크립트는 훌륭한 프로그래밍 언어지만, 이 언어가 원래 의도한 것보다 더 많은 일(예: 계산량이 많은 게임 개발)을 더 빨리 수행하도록 만들 수는 없을까요?

1.1 웹어셈블리란?

그래서 브라우저 제작사들은 자바스크립트 성능 개선 방안을 모색하기 시작했고, 파이어폭스 제작사인 모질라^{Mozilla} 재단은 asm.js라는 자바스크립트 서브셋^{subset}을 발표했습니다.

1.1.1 웹어셈블리의 전신 asm.js

asm.js는 다음과 같은 장점이 있습니다.

- asm.js는 직접 작성하는 대신, C/C++로 로직을 작성한 뒤 자바스크립트로 변환합니다. 이렇게 한 언어로 작성된 코드를 다른 언어로 변환하는 작업을 **트랜스파일링**^{transpiling}이라고 합니다.
- 계산량이 많은 코드를 더 빨리 실행합니다. 일종의 플래그 역할을 하는 "use asm"; 라는 특수한 문자열^{string}을 사용하면, 브라우저 자바스크립트 엔진이 상대적으로 값비싼 자바스크립트 대신, 저수준의 시스템 작업을 수행합니다.
- 변수에 어떤 자료형^{type}의 데이터만 할당하겠다는 의사를 자바스크립트 엔진에 알려주는 타입 힌트^{type-hint}(형식 암시)가 포함돼 있어서 처음 호출할 때부터 코드가 더 빨리 실행됩니다. 가령, a | 0은 a라는 변수에 32비트 정수를 세팅하겠다는 힌트입니다. 이는 0과 비트 OR 연산을 해도 원래 값은 바뀌지 않기 때문에 가능하며 이렇게 해도 부수 효과^{side effect}은 전혀 없습니다.

  자바스크립트 엔진 입장에서 타입 힌트는 프라미스^{promise}와 비슷한 의미입니다. 가령, 코드에 int형 변수를 선언했다면 여기에 문자열을 할당하는 일은 없다는 다짐이죠. 따라서 자바스크립트 엔진은 코드를 모니터링하면서 변수 타입을 추론할 필요 없이 그냥 코드에 선언된 대로 컴파일하면 됩니다.

다음은 asm.js를 사용한 예제입니다.

```
function AsmModule() {
  "use asm";  ◁─── 이후에 asm.js 코드가 나온다고 자바스크립트 엔진에 알리는 플래그
  return {
    add: function(a, b) {
      a = a | 0;  ◁─── 매개변수가 32비트 정수임을 알리는 타입 힌트
      b = b | 0;
      return (a + b) | 0;  ◁─── 반환값이 32비트 정수임을 알리는 타입 힌트
    }
  }
}
```

물론, asm.js도 단점은 있습니다.

- 타입 힌트 때문에 파일이 아주 커질 수 있습니다.

- asm.js도 자바스크립트 파일이므로 자바스크립트 엔진이 읽어 파싱합니다. 그 결과 스마트폰 등의 디바이스device에서는 로드 시간이 느려지거나 배터리가 빨리 소모될 수 있습니다.

- 기능을 추가하려면 브라우저 제작사가 자바스크립트 언어 자체를 수정해야 하는데 현실성이 떨어집니다.

- 자바스크립트는 원래 컴파일러 타깃compiler target으로 만든 프로그래밍 언어가 아닙니다.[2]

1.1.2 asm.js부터 MVP 5까지

브라우저 제작사는 asm.js를 개선할 방안을 연구했고 asm.js의 단점은 해결하고 장점은 최대한 살릴 방도를 찾았습니다. 그 결과, 웹어셈블리 최소 요건을 충족하는 시제품Minimum Viable Product(MVP)이 발표됐습니다. 2017년, 4대 주요 브라우저 제작사인 구글, 마이크로소프트, 애플, 모질라는 Wasm라는 웹어셈블리 MVP가 지원되도록 자사 브라우저를 업데이트했습니다.

- 웹어셈블리는 모든 현대 데스크톱 브라우저 및 대다수 모바일 브라우저에서 거의 네이티브 속도로 실행 가능한 저수준 어셈블리 비슷한 언어입니다.

- 웹어셈블리 파일은 빠르게 전송하고 내려받을 수 있도록 간결하게 압축된compact 형태로 고안됐고, 신속한 파싱과 시동이 가능한 방향으로 설계됐습니다.

- 웹어셈블리는 C++, 러스트Rust 등 다른 언어로 작성된 코드를 웹에서 실행할 수 있도록 처음부터 컴파일 타깃으로 설계됐습니다.

---

2 옮긴이_ 한 언어를 다른 언어로 변환하는 컴파일러 입장에서 입력은 소스(source), 출력은 타깃(target)입니다. 즉, 자바스크립트는 어떤 언어를 변환한 결과물(target)이 아니라는 뜻입니다.

웹어셈블리를 응용하면 백엔드 개발자가 코드를 다시 작성할 필요 없이 기존 코드를 재활용할 수 있습니다. 웹 개발자 역시 새 라이브러리를 작성하거나, 기존 라이브러리를 개선하는 데 도움이 되고, 계산량이 많은 코드의 성능 향상을 꾀할 수 있습니다. 웹어셈블리는 주로 웹 브라우저에서 많이 사용하지만 이식성portability을 염두에 두고 설계됐기 때문에 브라우저 아닌 환경에서도 사용할 수 있습니다.

1.2 어떤 문제를 해결할 수 있는가?

웹어셈블리 MVP는 asm.js의 다음과 같은 문제를 해결했습니다.

1.2.1 성능 개선

성능은 웹어셈블리가 가장 주안점을 둔 분야입니다. 코드를 내려받아 실행하는 시간을 최대한 줄이자는 거죠. 개발자는 컴퓨터 프로세서가 이해하는 기계어(0과 1, 즉 네이티브 코드native code) 대신, 인간의 언어와 가까운 프로그래밍 언어로 프로그램을 작성합니다. 컴퓨터의 시시콜콜한 세부를 추상화한 코드가 인간이 작업하기는 더 쉽지만, 컴퓨터 프로세서는 인간이 작성한 코드를 전혀 이해하지 못하므로 반드시 코드를 기계어로 변환해야만 실행시킬 수 있습니다.

자바스크립트는 **인터프리터 프로그래밍 언어**로 알려져 있습니다.[3] 따라서 코드로 작성된 명령어instruction를 읽자마자 기계어로 바꾸어 실행합니다. 인터프리터 언어는 미리 코드를 컴파일할 필요가 없으므로 더 빨리 실행되지만, 인터프리터는 매번 코드를 실행할 때마다 명령어를 기계어로 변환해야 합니다. 루프문이 있으면 매번 루프 안에 있는 코드를 한줄한줄 해석해야 하죠. 이 과정에 많은 시간을 사용할 수 없기 때문에 항상 최적화가 가능한 게 아닙니다.

반면, C++ 같은 컴파일 프로그래밍 언어는 컴파일러compiler라는 특별한 프로그램으로 명령어를 미리 기계어로 바꿔놓고 시작합니다. 이렇게 사전 변환 작업을 하는 시간은 소요되지만, 코드를 최적화할 수 있는 시간을 더 쓸 수 있고 기계어로 컴파일된 코드는 다시 컴파일할 필요가

---

3 옮긴이_ 자바스크립트가 인터프리터 언어인지, 컴파일 언어인지에 대해서는 아직도 의견이 분분한 것 같습니다만 지금은 구분이 다소 모호한 상태입니다. 자바스크립트 엔진(예: 크롬 V8, 파이어폭스 Monkey 등)마다 정확한 작동 방식은 조금씩 다르지만, 해석하기 전에 내부적으로 자바스크립트를 바이트코드로 컴파일하기 때문입니다.

없다는 장점이 있습니다.

자바스크립트는 한때 여러 컴포넌트를 묶는 (일시적으로 사용하는) 단순한 접착제 같은 언어였지만, 이제는 수많은 웹사이트에서 복잡한 처리를 담당하는 (그래서 코드 라인 수만 수백, 수천에 이르는 경우가 태반인) 언어로 거듭났습니다. 특히, 요즘은 단일 페이지 애플리케이션^{Single Page Application}(SPA)가 대세라서 자바스크립트는 보통 오래 지속되는 경우가 많습니다. 인터넷 역시 텍스트나 단순 이미지 정도를 보여주던 수준에서, 이제는 데스크톱 애플리케이션이나 다름없는, 화려하고 매력적인 웹사이트가 많습니다.

개발자들이 줄곧 자바스크립트의 한계에 도전하면서 몇 가지 중요한 성능 이슈가 주목을 받기 시작했습니다. 브라우저 제작사는 코드 호출 즉시 실행되는 인터프리터의 장점은 살리고 실행 속도가 더 빠른 컴파일 코드의 장점도 살릴 수 있는 중간 지점을 찾았습니다. 그 결과, 자바스크립트를 실행하는 도중에 엔진이 계속 코드를 모니터링하는 적시^{Just-In-Time}(JIT) 컴파일 개념이 구체화됐습니다. 어떤 코드가 여러 차례 사용되는 것으로 밝혀지면 엔진이 해당 코드를 기계어로 컴파일하는 아이디어죠. 이렇게 하면 자바스크립트 엔진을 거치지 않고 저수준의 시스템 메서드를 바로 사용할 수 있어서 속도가 아주 빨라집니다.

자바스크립트 엔진은 자바스크립트를 기계어로 컴파일하기 전에 여러 차례 주의 깊게 모니터링합니다. 자바스크립트는 매우 동적인 언어라서 변수형^{variable type}에 제약이 없습니다. 예를 들어, 어떤 변수에 정수를 할당했다가 나중에 문자열도 할당할 수 있죠. 브라우저는 코드가 몇 번 실행되기 전까지 변수형을 예측할 수 없습니다. 컴파일된 코드도 언제 무슨 변화가 생겨 예외가 발생하고 프로세스를 재시작해야 할지 모르니 계속 모니터링이 필요합니다.

1.2.2 자바스크립트보다 시동 속도가 빠르다

웹어셈블리도 asm.js와 마찬가지로 사람이 손으로 코드를 작성하고 읽으려고 만든 게 아닙니다. 웹어셈블리로 컴파일한 코드는 텍스트 포맷이 아닌, 바이너리 포맷의 바이트코드이기 때문에 파일 크기가 작고 전송 및 다운로드 속도가 빠릅니다. 바이너리 파일은 모듈을 단일 패스^{single pass}로 검증 가능한 방향으로 설계됐으며, 파일 역시 여러 섹션을 병렬 컴파일할 수 있는 구조입니다.

브라우저 제작사는 JIT 컴파일 기술로 자바스크립트 성능을 비약적으로 향상시켰지만, 자바스크립트 엔진이 자바스크립트를 기계어로 컴파일하려면 코드를 여러 차례 모니터링해야 합니다. 그러나 웹어셈블리 코드는 정적 정형statically typed, 즉 변수형이 미리 결정되므로 따로 모니터링 없이 처음부터 기계어로 컴파일할 수 있고 코드가 처음 실행되자마자 성능이 월등하게 좋아진다는 사실을 알 수 있습니다.

브라우저 제작사는 MVP 초기 릴리즈 이후 웹어셈블리 성능을 더 개선할 방안을 고민했습니다. 가령, 브라우저에서 웹어셈블리 파일을 내려받는 도중에 코드를 기계어로 컴파일하는 스트리밍 컴파일streaming compilation 기술을 도입했습니다. 덕분에 웹어셈블리 모듈을 다운로드하자마자 인스턴스화할 수 있게 됐고, 그만큼 시동 시간도 상당히 단축됐습니다.

1.2.3 브라우저에서 자바스크립트 이외의 언어를 사용할 수 있다

지금까지 자바스크립트 이외의 언어를 웹에서 사용하려면 코드를 자바스크립트로 변환해야 했습니다. 자바스크립트는 원래 컴파일러 타깃으로 설계된 언어가 아닙니다. 하지만 웹어셈블리는 처음부터 컴파일러 타깃으로 설계되었기 때문에 개발자가 웹 개발에 사용하려는 언어를 굳이 자바스크립트로 트랜스파일transpile**4**할 필요가 없습니다.

웹어셈블리는 자바스크립트 언어에 국한되지 않기 때문에 자바스크립트의 동작 방식을 신경쓰지 않고 더 쉽게 기술을 개선할 수 있습니다. 이런 독립성 덕분에 웹어셈블리는 여태껏 더욱 빠르게 발전할 수 있었습니다. 웹어셈블리 MVP는 C/C++ 언어에 초점을 두었지만, 이후 러스트를 지원하기 시작했고 다른 언어들도 한창 연구 중입니다.

1.2.4 코드를 재활용할 수 있다

자바스크립트 이외의 언어로 작성된 코드를 웹어셈블리로 컴파일할 수 있어서 개발자는 더욱 유연하게 기존 코드를 재활용할 수 있습니다. 예전 같으면 자바스크립트로 재작성해야 했지만, 이제는 얼마든지 데스크톱이나 서버에서 기존 코드를 사용할 수 있고 브라우저에서도 돌려볼 수 있습니다.

---

4 옮긴이_ 소스 대 소스 컴파일(source to source compile)이라고도 하며, 컴파일이 한 프로그래밍 언어로 작성된 코드를 보다 저수준의 언어로 변환(예: 자바 → 바이트코드)하는 것과 달리, 트랜스파일은 서로 비슷한 수준으로 추상화한 다른 언어로 변환(예: C++ → C)하는 것을 말합니다.

1.3 어떻게 작동하는가?

웹사이트에 포함된 자바스크립트는 코드 실행과 동시에 해석이 이루어집니다(그림 1-1). 자바스크립트 변수는 동적이라서 [그림 1-1]의 add 함수의 변수형은 정확히 알 수 없습니다. 예를 들어, 변수 a, b가 정수인지, 부동소수인지, 문자열인지, 아니면 하나는 문자열이지만 다른 하나는 부동소수인지 명확하지 않습니다.

변수형을 확실히 알아내려면 실행 중인 코드를 모니터링하는 방법밖에 없습니다. 실제로 자바스크립트 엔진이 이런 일을 합니다. 엔진은 변수형을 인지한 다음에야 해당 코드를 기계어로 변환할 수 있습니다.

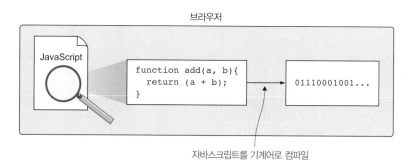

그림 1-1 자바스크립트는 실행되면서 기계어로 컴파일된다.

웹어셈블리는 이런 식으로 해석되지 않습니다. 개발자가 웹어셈블리 바이너리 포맷으로 미리 컴파일을 합니다(그림 1-2). 변수형을 미리 알고 시작하기 때문에 자바스크립트 엔진은 코드를 모니터링할 필요 없이 그냥 웹어셈블리 바이너리를 기계어로 컴파일할 수 있습니다.

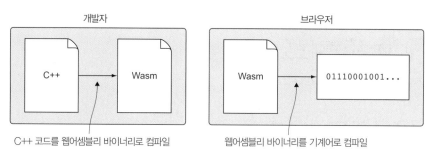

그림 1-2 C++ 코드를 웹어셈블리로 변환한 다음 다시 브라우저에서 기계어로 변환한다.

1.3.1 컴파일러의 작동 원리

개발자는 인간의 언어에 더 가까운 언어로 코딩하지만 컴퓨터 프로세서는 기계어만 알아듣는다고 했습니다(1.2.1절). 여러분이 작성한 코드는 반드시 기계어로 변환되어야 실행됩니다. 그런데 문제는, 기계어 자체도 컴퓨터 프로세서computer processor 종류마다 천차만별이라는 사실입니다.

각각의 프로그래밍 언어로 작성된 코드를 기계어 종류별, 버전별로 컴파일하려면 얼마나 고역일까요? 그래서 여러분이 작성한 코드는 일반적으로 컴파일러 **프런트엔드**frontend에서 중간 표현형Intermediate Representation(IR)로 변환됩니다(그림 1-3). 컴파일러 **백엔드**backend는 이렇게 생성된 IR 코드를 최적화한 후, 원하는 기계어로 변환합니다.

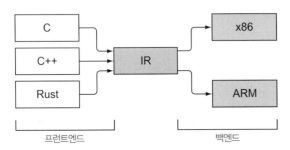

그림 1-3 컴파일러 프런트엔드와 백엔드

프로그램이므로 컴파일한 웹어셈블리 모듈을 프로세서마다 따로 배포하는 일 또한 정말 고역입니다. 이런 이유로, IR 코드를 특별한 바이너리 바이트코드로 바꾸어 확장자가 .wasm인 파일에 저장하는 특별한 컴파일러가 실행됩니다(그림 1-4).

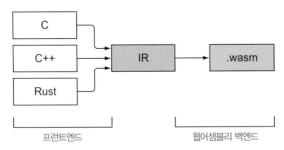

그림 1-4 컴파일러 프런트엔드와 웹어셈블리 백엔드

Wasm 파일에 있는 바이트코드는 웹어셈블리를 지원하는 브라우저가 이해할 수 있는 가상 명령어^{virtual instruction}의 집합일 뿐 아직 기계어는 아닙니다. 웹어셈블리를 지원하는 브라우저는 Wasm 파일을 로드하고 문제가 없는 파일인지 검증한 다음, 이 파일에 있는 바이트코드를 브라우저가 실행 중인 디바이스의 기계어로 컴파일합니다.

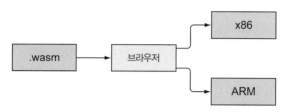

그림 1-5 Wasm 파일은 브라우저에 로드된 다음 기계어로 변환된다.

1.3.2 로딩, 컴파일, 모듈 인스턴스화

이 책을 쓰고 있는 현재, 브라우저에서 Wasm 파일을 내려받고 컴파일하려면 자바스크립트 함수를 호출해야 합니다. 지금은 불가능하지만 앞으로 웹어셈블리 모듈이 ES6 모듈과 직접 상호작용^{interaction}할 수 있게 되면, 전용 HTML 태그(`<script type="module">`)로 웹어셈블리 모듈을 로드할 수 있을 것입니다(ES는 ECMAScript의 약자로 6은 버전 번호이고, ECMAScript는 자바스크립트의 공식 명칭입니다).

웹어셈블리 모듈에 있는 바이너리 바이트코드를 컴파일하려면 먼저 모듈 구조가 올바른지, 할 수 없는 작업을 시도하는 코드는 없는지, 모듈에서 접근 불가한 메모리에 접근하려는 코드는 없는지 반드시 검증 과정을 거쳐야 합니다. 또 런타임 후에도 코드가 모듈에서 접근 가능한 메모리 안에 포함되어 있는지 확인합니다. Wasm은 검증, 기계어 컴파일, 인스턴스화 프로세스를 최대한 빨리 진행하기 위해 단일 패스로 검증될 수 있도록 고도로 구조화된 파일입니다.

일단 웹어셈블리 바이트코드가 브라우저에서 기계어로 컴파일된 다음에는 컴파일된 모듈을 웹 워커나 다른 브라우저 창에 전달할 수 있습니다(웹 워커는 자바스크립트에서 스레드를 생성하는 수단입니다. 9장에서 자세히 다룹니다). 컴파일된 모듈은 모듈 인스턴스를 추가 생성하는 용도로도 쓰입니다.

컴파일을 마친 Wasm 파일은 사용하기 전에 인스턴스화해야 합니다. 여기서 **인스턴스화**instantiation란, 필요한 임포트import 객체를 모두 수신하고, 모듈을 구성하는 요소들을 초기화하고, (스타트 함수가 정의되어 있으면) 스타트 함수를 호출한 뒤, 마지막으로 모듈 인스턴스를 실행 환경에 반환하는 과정을 말합니다.

웹어셈블리 vs 자바스크립트

지금까지 자바스크립트 가상 머신Virtual Machine(VM) 내부에서 실행 가능한 언어는 자바스크립트가 유일했습니다. 과거에도 플러그인plug-in 같은 기술이 있었지만, 자체 샌드박스 VM을 만들어야 해서 해커의 공격에 취약했고 컴퓨터 리소스를 소모하는 문제가 있었습니다. 자바스크립트 VM은 처음으로 동일한 VM에서 웹어셈블리 코드가 실행될 수 있도록 개방했고, 지난 수년간 보안 취약점에 대해 VM을 집중 테스트한 결과 더욱 견고한 VM으로 진화했습니다. 새로운 VM이 출시되면 언제나 예외없이 보안 이슈가 터졌기 때문에 이는 매우 큰 장점이었습니다.

웹어셈블리의 설계 의도는 자바스크립트의 대체replacement가 아니라 보완complement입니다. 물론, 전체 웹사이트를 웹어셈블리만으로 구축하는 경우도 소수 있겠지만, 대부분은 아닐 것입니다. 경우에 따라 자바스크립트가 더 나을 수도 있겠지만 신속한 계산 및 저수준 지원을 감안하면 웹어셈블리가 정답에 가까울 것입니다. 가령, 하나의 명령어로 여러 데이터를 처리하는 능력Single Instruction, Multiple Data(SIMD)은 여러 브라우저의 자바스크립트 엔진에 내장돼 있지만, 브라우저 제작사는 자바스크립트 구현체를 사용 중단deprecation하고 웹어셈블리 모듈을 통해서만 SIMD를 지원하기로 결정했습니다. 그러므로 SIMD 지원이 필요한 웹사이트를 구축할 경우, SIMD와 통신할 웹어셈블리 모듈도 함께 개발해야 합니다.

웹 브라우저를 대상으로 할 경우, 기본적으로 웹어셈블리 모듈이 실행되는 자바스크립트 VM과 웹 API(예: DOM, WebGL, 웹 워커 등)라는 두 가지 메인 컴포넌트가 존재합니다. 아직 MVP 수준이라서 웹어셈블리에 빠진 것도 더러 있습니다. 일례로, 웹어셈블리 모듈은 자바스크립트와 통신은 가능하나, 웹 API와는 아직도 직접 통신할 수 없습니다. 물론, MVP 이후post-MVP(포스트 MVP) 스펙specification 개발이 진행 중이라 언젠가는 웹어셈블리가 웹 API에 직접 접근할 수 있겠지만, 아직은 웹 API와 통신하려면 모듈이 자바스크립트를 호출해서 필요한 액션을 모듈 대신 자바스크립트로 실행하는 방법이 유일합니다.

1.4 웹어셈블리 모듈의 구조

현재 웹어셈블리는 다음 네 가지 자료형을 지원합니다.

- 32비트 정수integer
- 64비트 정수
- 32비트 부동소수float
- 64비트 부동소수

불리언Boolean 값은 32비트 정수(0은 false, 나머지는 true)로, 문자열을 비롯한 기타 자료형은 모듈 선형 메모리linear memory에 나타냅니다. 웹어셈블리 프로그램의 핵심 단위는 모듈module입니다. 모듈은 코드의 바이너리 버전과 브라우저에서 컴파일된 버전 둘 다 가리키는 용어입니다. 웹어셈블리 모듈을 사람이 직접 손으로 작성할 일은 없지만, 모듈 구조와 내부 동작 원리를 잘 알아두면 웹어셈블리를 학습하는 데 큰 도움이 됩니다. [그림 1-6]은 웹어셈블리 파일의 기본 구조입니다. 자세한 내용은 2장에서 하고 여기서는 간단히 훑어보겠습니다.

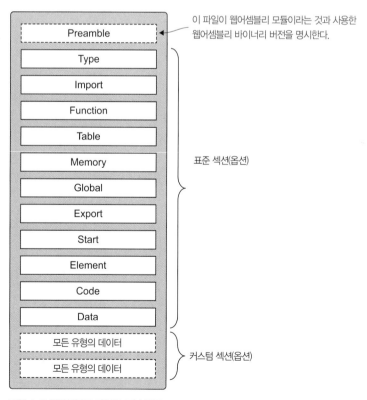

그림 1-6 웹어셈블리 파일의 기본 구조

Wasm 파일은 Preamble부터 시작합니다.

1.4.1 Preamble

Preamble (프리앰블)에는 웹어셈블리 모듈을 ES6 모듈과 구별짓는 매직 넘버(`0x00 0x61 0x73 0x6D`, 즉 `\0asm`)가 들어 있습니다. 웹어셈블리 바이너리 포맷 버전(`0x01 0x00 0x00 0x00`, 즉 1)은 매직 넘버 바로 다음에 이어집니다.

현재 바이너리 포맷 버전은 한 가지밖에 없습니다. 웹어셈블리의 목표 중의 하나는, 기능이 새로 추가되더라도 버전 넘버를 올리지 않고 전체 하위 호환성을 유지하는 것입니다. 어떤 기능을 구현하기 위해 기존 코드와의 결별이 도저히 불가피하다면 버전 넘버가 올라가겠죠.

Preamble 이후의 **섹션**은 모두 옵션^{option}(필수가 아닌 선택)입니다. 즉, 기술적으로는 아무 섹션도 없는 빈 모듈도 가능합니다. 빈 모듈은 웹 브라우저의 웹어셈블리 지원 여부를 체크하는 용도로 쓰이는데, 자세한 내용은 3장에서 다룹니다.

섹션은 크게 **표준** 섹션^{known section}과 **커스텀** 섹션^{custom section}, 두 종류가 있습니다.

1.4.2 표준 섹션

각 표준 섹션은 꼭 한번만 넣을 수 있고 나오는 순서가 정해져 있습니다. 표준 섹션은 고유한 쓰임새가 있고 구조가 명확하며 모듈 인스턴스화 시점에 검증합니다. 자세한 내용은 2장에서 설명합니다.

1.4.3 커스텀 섹션

커스텀 섹션은 표준 섹션에 해당되지 않는 용도로 사용하기 위해 모듈 내부에 데이터를 넣은 것입니다. 모듈 안 어디서나(표준 섹션 앞이나 뒤 또는 중간) 몇번이든 나올 수 있습니다. 여러 커스텀 섹션이 동일한 이름을 재사용할 수도 있습니다.

표준 섹션과 달리, 커스텀 섹션은 정확하게 배치되지 않아도 에러가 나지 않습니다. 또 커스텀 섹션은 프레임워크가 게으르게 로드할 수 있기 때문에 커스텀 섹션에 포함된 데이터는 모듈 인스턴스화 이후 어느 시험에 사용될지 모릅니다.

웹어셈블리 MVP에는 name이란 커스텀 섹션이 있습니다. 이 섹션은, 이를테면 웹어셈블리 모듈을 디버깅할 때 함수명, 변수명을 텍스트 포맷text format으로 모듈에 담아두는 용도로 쓰입니다. 다른 커스텀 섹션과 달리 name 커스텀 섹션은 딱 한번, Data 섹션 다음에만 옵니다.

1.5 웹어셈블리 텍스트 포맷

웹어셈블리는 웹의 개방성openness을 지향합니다. 바이너리 포맷은 사람이 읽고 쓰려고 만든 건 아니지만, 그렇다고 웹어셈블리 모듈이 개발자가 자신의 코드를 숨기기 좋은 수단이라는 뜻은 아닙니다. 사실은 정반대입니다. 웹어셈블리에는 바이너리 포맷에 상응되는 (**S-표현식**을 사용하는) 텍스트 포맷이 있습니다.

> **NOTE_** 심볼릭 표현식symbolic expression, 줄여서 S-표현식은 LISP 프로그래밍 언어에서 유래됐습니다. S-표현식은 아톰atom이 될 수도 있고, 여러 S-표현식이 중첩된 S-표현식 순서쌍ordered pair이 될 수도 있습니다. 아톰은 리스트가 아닌 심볼입니다(예: foo, 23). 괄호로 감싸 표기하는 리스트는 비어 있거나 아톰 또는 다른 리스트를 포함할 수 있으며 각 원소는 공백으로 구분합니다(예: (), (foo), (foo (bar 132))).

텍스트 포맷 덕분에 개발자는 브라우저에서 소스 보기를 하거나 디버깅을 할 수 있습니다. S-표현식은 특수한 컴파일러를 이용하거나 손으로 직접 작성할 수 있고 웹어셈블리 바이너리 포맷으로 컴파일할 수 있습니다.

웹어셈블리 텍스트 포맷의 기본기를 다져두면 브라우저에서 소스를 확인하거나 디버깅할 때 유용합니다. 예를 들어, 하나의 모듈에 있는 섹션은 모두 옵션이기 때문에 빈 모듈의 S-표현식은 다음과 같이 나타낼 수 있습니다.

```
(module)
```

이 S-표현식을 웹어셈블리 바이너리 포맷으로 컴파일하면, 파일에 Preamble 바이트 0061 736d(매직 넘버)와 0100 0000(버전 넘버)만 있을 것입니다(자세한 내용은 11장에서 다룹니다).

1.6 웹어셈블리는 왜 안전한가?

웹어셈블리는 안전합니다. 런타임과 격리되어[sandboxed] 오랫동안 보안 테스트를 거치면서 견고해진 자바스크립트 VM을 공유하는 최초의 언어이기 때문입니다. 자바스크립트로 접근할 수 없는 것은 당연히 웹어셈블리 모듈에서도 접근할 수 없으며, 앞으로도 동일 출처 정책[same origin policy] 등의 보안 강화 정책을 똑같이 준수할 것입니다.

데스크톱 애플리케이션과 달리, 웹어셈블리 모듈은 디바이스 메모리에 직접 접근할 수 없기 때문에 모듈 인스턴스화 시 런타임 환경이 모듈에게 어레이버퍼[ArrayBuffer][5]를 전달합니다. 모듈은 이 어레이버퍼를 선형 메모리로 사용하고 웹어셈블리 프레임워크는 코드를 이 배열의 경계 내에서 작동시킵니다.

웹어셈블리 모듈은 Table 섹션에 저장된 항목(예: 함수 포인터)에 직접 접근하지 않습니다. 모듈 코드가 해당 인덱스의 항목을 웹어셈블리 프레임워크에게 요청하면 프레임워크가 코드 대신 메모리에 접근해서 항목을 실행합니다.

C++에서 실행 스택[execution stack]은 선형 메모리와 더불어 메모리에 위치합니다. C++ 코드로 실행 스택을 직접 수정할 일은 거의 없지만, 포인터를 활용하면 가능합니다. 웹어셈블리 실행 스택은 선형 메모리와 떨어져 있고 코드로 접근할 수 없습니다.

> **NOTE_** 웹어셈블리 보안 모델에 관한 자세한 내용은 공식 문서[6]를 참고하기 바랍니다.

1.7 웹어셈블리 모듈을 작성할 수 있는 언어

웹어셈블리는 MVP 버전을 출시하기 위해 처음에는 C/C++ 언어에 집중했지만, 러스트와 어셈블리스크립트[AssemblyScript] 같은 언어도 지원하기 시작했습니다. S-표현식을 써서 코딩한 웹어셈블리 텍스트 포맷을 특수한 컴파일러를 이용해 웹어셈블리로 컴파일하는 것도 가능합니다.

현재 웹어셈블리 MVP에는 가비지 수집[Garbarge Collection](GC) 기능이 없기 때문에 일부 언어는

---

5 옮긴이_ https://developer.mozilla.org/ko/docs/Web/JavaScript/Typed_arrays
6 https://webassembly.org/ docs/security

기능상 제약이 따릅니다. GC는 언젠가 사후-MVP 기능으로 추가되겠지만, 그 전까지 일부 언어는 자기 VM을 웹어셈블리로 컴파일하거나 자체 가비지 수집기garbage collector를 포함시키는 등의 실험 단계를 거쳐야 합니다.

다음은 현재 웹어셈블리가 지원하는(지원 예정인) 언어들입니다.

- C/C++
- 러스트는 웹어셈블리를 위한 프로그래밍 언어를 목표로 합니다.
- 어셈블리스크립트AssemblyScript는 타입스크립트TypeScript를 받아 웹어셈블리로 변환하는 새로운 컴파일러입니다. 타입스크립트가 이미 정형typed 언어이고 이미 자바스크립트로 트랜스파일된다는 점에서 타입스크립트를 변환하는 것은 일리가 있습니다.
- TeaVM은 자바를 자바스크립트로 트랜스파일하는 툴로서, 지금은 웹어셈블리도 생성합니다.
- 고Go 언어는 1.11 버전부터 가비지 수집기를 컴파일된 웹어셈블리 모듈의 일부로 포함하여 포팅하는 실험을 진행 중입니다.
- 파이어다이드Pyodide는 파이썬의 과학 기술 계산 스택(넘피Numpy, 판다스Pandas, 맷플롯립Matplotlib)의 코어 패키지를 포함한 파이썬 런타임입니다.
- 블레이저Blazor는 C#을 웹어셈블리에 가져오기 위해 마이크로소프트 사에서 실험 중인 웹 프레임워크입니다.

> **NOTE_** 웹어셈블리로 컴파일 가능한 언어와 자체 VM을 갖고 있는 언어를 잘 정리해놓은 사이트[7]가 있습니다. 목록을 보면 웹어셈블리가 어떤 언어를 얼마나 지원하고 있는지 현황을 파악할 수 있습니다.

이 책은 C/C++ 언어를 이용해 웹어셈블리를 설명하겠습니다.

1.8 웹어셈블리 모듈은 어떻게 활용 가능한가?

2017년, 크롬, 엣지Edge, 파이어폭스, 오페라Opera, 사파리Safari 등 주요 브라우저 제작사는 일제히 웹어셈블리 MVP 지원 버전을 릴리즈했습니다. 크롬, 안드로이드용 파이어폭스, 사파리 등 일부 모바일 웹 브라우저도 웹어셈블리를 지원합니다.

웹어셈블리는 처음부터 이식성을 염두에 두고 설계됐기 때문에 브라우저 아닌 환경에서도 사

---

7 https://github.com/appcypher/awesome-wasm-langs

용할 수 있습니다. 웹어셈블리 모듈을 지원하는 시스템의 일관된 동작을 보장하기 위해 웹어셈블리 표준 인터페이스WebAssembly Standard Interface (WASI)라는 새로운 표준이 개발 중입니다. 2019년 3월 27일에 쓰인 「WASI 표준화: 웹 밖에서도 웹어셈블리를 실행하기 위한 시스템 인터페이스」[8]라는 글을 읽어보면 WASI를 이해하는 데 도움이 됩니다.

> **NOTE_** WASI에 관한 자세한 내용은 공식 깃허브[9]를 참고하기 바랍니다.

웹어셈블리 모듈을 지원하는 대표적인 비브라우저nonbrowser 환경은 Node.js(버전 8 이상)입니다. Node.js는 크롬 V8 자바스크립트 엔진을 기반으로, 자바스크립트를 서버 사이드에서도 사용할 수 있도록 개발된 자바스크립트 런타임입니다. 많은 개발자들이 웹어셈블리를 처음 배울 때에 본인이 익숙한 (자바스크립트 이외의) 언어의 코드를 브라우저에서 사용할 수 있는 절호의 기회라고 생각하는 것처럼 Node.js 역시 자바스크립트를 선호하는 개발자들이 서버 사이드에서 자바스크립트를 사용할 수 있게 해준 고마운 기술입니다. 브라우저 아닌 환경에서 웹어셈블리를 사용하는 방법은 10장에서 자세히 다룹니다.

웹어셈블리는 자바스크립트를 대체하는 기술이 아니라, 보완하는 기술이라고 했습니다. 웹어셈블리 모듈을 쓰는 게 더 나은 경우가 있지만 반대로 자바스크립트를 쓰는 게 더 나은 경우도 있을 것입니다. 어쨌든, 둘 다 동일한 VM에서 자바스크립트로 실행할 수 있기 때문에 서로의 장점을 고루 취할 수 있습니다.

웹어셈블리는 자바스크립트 이외의 언어에 능통한 개발자가 본인이 작성한 코드를 웹에서도 사용할 수 있게 해줄 것입니다. C/C++ 같은 언어를 잘 모르는 웹 개발자도 아직 자바스크립트 라이브러리에는 없는 기능이 탑재된, 더 빠른 최신 라이브러리를 마음껏 사용할 수 있습니다. 웹어셈블리 모듈을 응용하여 라이브러리의 특정 부분을 더 빨리 실행시킬 수도 있는데, 이런 경우에도 속도 차이만 있을뿐 작동 로직은 기존과 같습니다.

이제는 거의 모든 주요 데스크톱/모바일 브라우저를 비롯해 Node.js처럼 브라우저 아닌 환경에서도 사용 가능한 웹어셈블리는 실로 흥미진진한 기술입니다.

---

8 Standardizing WASI: A sys-tem interface to run WebAssembly outside the web, http://mng .bz/gVJ8
9 https://github.com/ wasmerio/awesome-wasi

1.9 마치며

웹어셈블리를 잘 활용하면 성능 개선 효과를 기대할 수 있고 언어 선택, 코드 재활용 측면에서 유리합니다. 핵심적인 개선 사항을 정리하면 이렇습니다.

- 바이너리로 인코딩하기 때문에 파일 크기가 작고 그만큼 전송 혹은 다운로드 속도가 빠릅니다.
- Wasm 파일 구조상 파싱 및 검증이 빠르고 파일 일부를 병렬로 컴파일할 수 있습니다.
- 컴파일 스트리밍 덕분에 웹어셈블리 모듈을 내려받는 동시에 컴파일도 가능합니다. 다운로드가 끝나면 바로 인스턴스화할 수 있어서 로드 시간이 상당히 빠릅니다.
- 값비싼 자바스크립트 엔진 호출 대신 머신 레벨에서 호출되므로 연산량이 많은 코드는 속도 개선 효과를 톡톡히 볼 수 있습니다.
- 컴파일하기 전에 코드의 동작 상태를 모니터링할 필요가 없습니다. 즉, 매번 코드를 실행할 때마다 동일한 속도로 실행됩니다.
- 웹어셈블리는 자바스크립트 언어에 어떤 영향을 끼치지 않으므로 자바스크립트와 별개로 신속한 업데이트가 가능합니다.
- 자바스크립트 이외의 언어로 작성된 코드도 브라우저에서 사용할 수 있습니다.
- 웹어셈블리 프레임워크를 브라우저 또는 브라우저 아닌 환경에서도 사용할 수 있게 구성하면 코드를 더 많이 재활용할 수 있습니다.

CHAPTER 2

웹어셈블리 모듈의 내부 구조

이 장의 핵심 내용

◆ 웹어셈블리 모듈의 표준 섹션과 커스텀 섹션

2장은 웹어셈블리 모듈의 여러 섹션과 쓰임새를 다룹니다. 자세한 내용은 다음 장 이후로도 계속 이어지겠지만, 모듈의 구조와 각 섹션의 작동 원리는 잘 알아두면 도움이 됩니다.

한 모듈을 여러 섹션으로 나누면 다음과 같은 이점이 있습니다.

- 효율efficiency : 바이너리 바이트코드를 단일 패스로 파싱, 검증, 컴파일할 수 있습니다.
- 스트리밍streaming : 모든 데이터를 내려받기 전에 파싱, 검증, 컴파일을 시작할 수 있습니다.
- 병렬성parallelization : 파싱, 검증, 컴파일을 병렬 처리할 수 있습니다.
- 보안security : 모듈은 디바이스 메모리에 직접 접근할 수 없고 코드 대신 함수 포인터 등을 호출합니다.

[그림 2-1]는 웹어셈블리 바이너리 바이트코드의 기본 구조입니다. 웹어셈블리 모듈을 구성하는 여러 섹션을 직접 다룰 수도 있지만, 필요에 따라 섹션을 생성하고 여러분이 작성한 코드에 알맞은 순서로 배치하는 일은 컴파일러의 몫입니다.

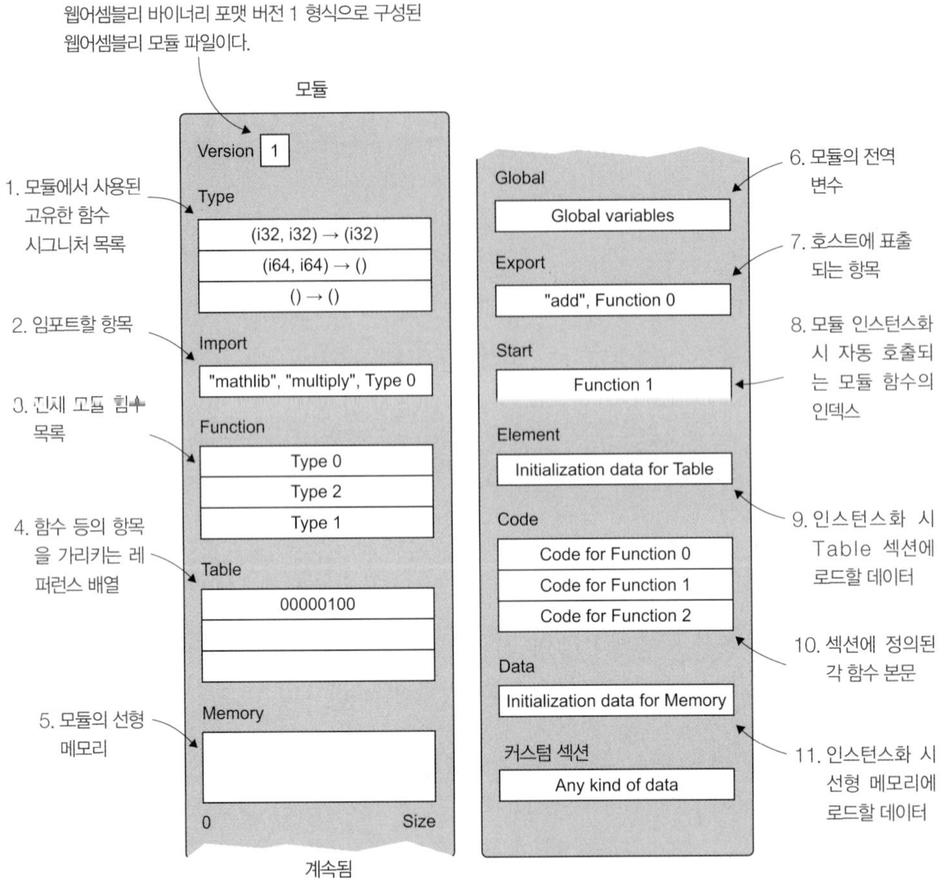

웹어셈블리 바이너리 포맷 버전 1 형식으로 구성된
웹어셈블리 모듈 파일이다.

모듈

Version 1

1. 모듈에서 사용된
고유한 함수
시그니처 목록
Type
(i32, i32) → (i32)
(i64, i64) → ()
() → ()

2. 임포트할 항목
Import
"mathlib", "multiply", Type 0

3. 인체 모듈 힘+
목록
Function
Type 0
Type 2
Type 1

4. 함수 등의 항목
을 가리키는 레
퍼런스 배열
Table
00000100

5. 모듈의 선형
메모리
Memory

0   Size

계속됨

6. 모듈의 전역
변수
Global
Global variables

7. 호스트에 표출
되는 항목
Export
"add", Function 0

8. 모듈 인스턴스화
시 자동 호출되
는 모듈 함수의
인덱스
Start
Function 1

Element
Initialization data for Table

9. 인스턴스화 시
Table 섹션에
로드할 데이터
Code
Code for Function 0
Code for Function 1
Code for Function 2

10. 섹션에 정의된
각 함수 본문
Data
Initialization data for Memory

11. 인스턴스화 시
선형 메모리에
로드할 데이터
커스텀 섹션
Any kind of data

그림 2-1 표준/커스텀 섹션 중심으로 나타낸 웹어셈블리 바이너리 바이트코드의 기본 구조

웹어셈블리 모듈의 모든 섹션은 옵션입니다. 따라서 섹션이 하나도 없는 빈 모듈도 얼마든지
가능합니다. 섹션은 크게 다음 두 가지로 분류합니다.

- 표준 섹션
- 커스텀 섹션

표준 섹션은 목표가 정해져 있어서 구조가 명확하며, 웹어셈블리 모듈 인스턴스화 시 검증 과
정을 거칩니다. 표준 섹션에 해당되지 않는 데이터는 커스텀 섹션에 정의하며, 커스텀 섹션은
잘못 배치되어 있어도 검증 에러는 발생하지 않습니다.

모든 웹어셈블리 바이트코드의 시작점은 웹어셈블리 모듈이 바이너리 포맷 버전 1이라는 것을

명시하는 Preamble입니다. Preamble 다음에 나오는 표준 섹션은 모두 옵션입니다. [그림 2-1]에서 커스텀 섹션은 모듈 맨 끝에 그려져 있지만, 실제로 커스텀 섹션은 표준 섹션 이전, 중간, 이후 어디든지 올 수 있습니다. 물론, 커스텀 섹션도 모두 옵션입니다.

웹어셈블리 모듈의 전반적인 구조를 고수준에서 살펴보았습니다. 이제 하나씩 자세히 살펴보겠습니다.

2.1 표준 섹션

표준 섹션은 각각 한 번만 나올 수 있고 지금부터 열거하는 순서대로 등장해야 합니다.

Type	Type(타입) 섹션에는 임포트할 함수를 비롯해 모듈에서 사용하는 모든 고유한(중복되지 않는) 함수 시그니처function signature 목록을 선언합니다. 동일한 함수 시그니처는 여러 함수가 공유할 수 있습니다.

[그림 2-2]는 함수 시그니처 3개가 선언된 Type 섹션의 예입니다.

- 첫 번째 함수 시그니처는 32비트 정수(i32) 2개를 매개변수[1]로 받고 32비트 정수(i32)를 반환합니다.
- 두 번째 함수 시그니처는 64비트 정수(i64) 2개를 매개변수로 받고 아무 값도 반환하지 않습니다.
- 세 번째 함수 시그니처는 매개변수가 없고 아무 값도 반환하지 않습니다.

Import	Import(임포트) 섹션에는 함수, 테이블, 메모리, 글로벌 등 모듈에서 사용할 모든 임포트를 선언합니다. 임포트는 모듈 간에 코드/데이터를 공유하기 위한 장치지만, 모듈을 독립적으로 컴파일/캐시할 수도 있습니다. 임포트는 모듈 인스턴스화 시 호스트 환경에서 제공됩니다.
Function	Function(함수) 섹션은 모듈에 있는 함수의 전체 목록입니다. 여기서 함수가 선언된 위치가 곧 Code 섹션의 함수 본문 인덱스, Function 섹션에 나열된 값이 Type 섹션에 있는 함수 시그니처의 인덱스입니다.

---

1 옮긴이_ 인수(argument)는 함수 호출부에서 함수에 전달한 실제 값, 매개변수(parameter)는 함수 선언부에 사용한 변수, 즉 함수가 전달받은 인수를 함수 내부에 전달하기 위해 사용하는 변수로, 가리키는 대상과 의미가 분명히 다르지만 이 책은 그러한 구분이 큰 의미가 없으므로 매개변수와 인수를 '매개변수'로 통칭합니다.

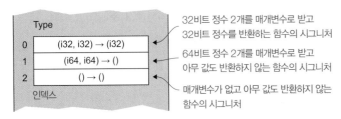

그림 2-2 함수 시그니처 3개가 선언된 Type 섹션

[그림 2-3]은 Type, Function, Code 섹션의 상호 참조 관계를 나타낸 예시입니다. 이 그림에서 Function 섹션을 잘 보면, 두 번째 함수 값(Type 2)은 매개변수가 없고 아무 값도 반환하지 않는 함수의 시그니처(() → ())를 가리키며, 두 번째 함수 인덱스(1)는 Code 섹션에서 인덱스가 같은 곳(Code for Function 1)을 가리킵니다.

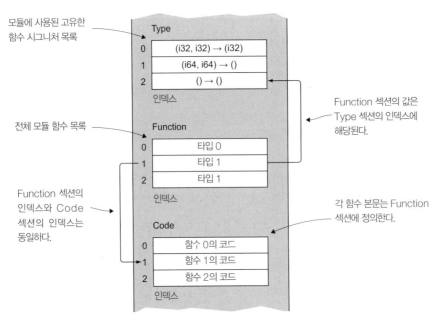

그림 2-3 Type, Function, Code 섹션의 상호 참조 관계

함수 선언부는 모듈에 있는 각 함수를 병렬/스트리밍 컴파일하기 위해 함수 본문와 분리돼 있습니다.

Table	Table(테이블) 섹션에는 함수처럼 모듈의 선형 메모리에 원raw바이트 그대로 저장할 수 없는, 정형한 레퍼런스 배열을 담습니다. 이 섹션은 웹어셈블리 프레임워크에서 안전하게 객체를 매핑할 수 있는 수단으로서, 웹어셈블리 보안의 핵심 요소 중 하나입니다.
	여러분이 작성한 코드는 테이블에 저장된 레퍼런스에 직접 접근할 수 없습니다. 코드에서 이 섹션에 있는 데이터를 참조해야 할 경우, 테이블 특정 인덱스에 위치한 항목에 어떤 작업을 해달라고 웹어셈블리 프레임워크에게 요청하면 프레임워크가 해당 인덱스에 저장된 주소를 읽어 요청받은 액션을 대신 실행하는 구조입니다. 덕분에 테이블 인덱스를 지정하는 방식으로 함수 포인터를 사용할 수 있습니다.

[그림 2-4]는 Table 섹션에서 인덱스 0에 위치한 항목을 요청하는 웹어셈블리 코드입니다. 웹어셈블리 프레임워크는 이 인덱스에 있는 메모리 주소를 읽어 이 메모리 위치에서 코드를 대신 실행합니다.

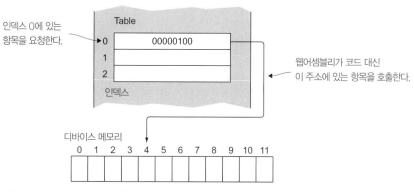

그림 2-4 Table 섹션에 있는 항목을 호출

테이블의 초기 크기(원소 개수) 및 최대 크기(옵션)를 지정합니다. 최대 크기를 지정하면 테이블은 원소가 늘어나도 그 이상 커지지 않지만, 지정하지 않으면 무한정 커질 수도 있습니다.

Memory	Memory(메모리) 섹션은 모듈 인스턴스에서 사용하는 선형 메모리입니다.

웹어셈블리 모듈은 디바이스 메모리에 직접 접근할 수 없기 때문에 Memory 섹션은 웹어셈블리 보안의 핵심 요소이기도 합니다. 모듈을 인스턴스화하는 환경은 모듈 인스턴스가 선형 메모리로 사용할 어레이버퍼를 전달합니다(그림 2-5). 코드만 보면 선형 메모리는 C++의 힙과 역할은 비슷하지만 코드가 메모리에 접근할 때마다 요청한 메모리가 배열 범위 밖에 있는 건 아닌지 프레임워크가 매번 체크합니다.

모듈 메모리는 각각 64KB짜리 웹어셈블리 페이지로 정의합니다(1KB = 1,024바이트, 1페이지 = 65,536바이트). 모듈에서 사용 가능한 메모리를 지정하려면 초기 페이지 개수와 최대 페이지 개수(옵션)를 설정합니다. 메모리가 더 필요하면 최대 페이지 개수만큼 증가하도록 요청합니다.

그림 2-5 어레이버퍼는 선형 메모리로 사용한다.

웹어셈블리 모듈은 기술적으로 여러 인스턴스가 동일한 선형 메모리(어레이버퍼)를 공유할 수 있기 때문에 다수의 모듈을 동적 링크할 때 유리합니다.

C++에서 실행 스택execution stack은 선형 메모리를 따라 배치됩니다. C++ 코드는 실행 스택을 수정할 일이 거의 없지만 포인터를 이용해서 수정할 수 있습니다. 웹어셈블리 코드는 디바이스 메모리에 직접 접근할 수 없지만, 보안 측면에서 실행 스택을 선형 메모리에서 분리하여 더 안전합니다.

Global	Global(글로벌) 섹션에는 모듈에서 사용할 전역 변수를 정의합니다.
Export	Export(익스포트) 섹션에는 모듈 인스턴스화 후 호스트 환경으로 반환할 모든 객체 목록(즉, 호스트 환경에서 접근 가능한 모듈의 일부)을 담습니다(예: 함수, 테이블, 메모리, 글로벌 익스포트).
Start	Start(스타트) 섹션에는 모듈 인스턴스화 이후, 그러나 익스포트된 함수가 호출 가능한 상태가 되기 이전에 호출할 함수 인덱스를 선언합니다. 스타트 함수를 활용하면 전역 변수 또는 메모리를 인스턴스화할 수 있습니다. 이 섹션이 지정되면 함수는 임포트할 수 없으며 반드시 모듈 안에 있어야 합니다.
Element	Element(엘리먼트) 섹션에는 모듈 인스턴스화 시 Table 섹션으로 로드할 데이터를 선언합니다.
Code	Code(코드) 섹션에는 Function 섹션에서 선언한 각 함수의 본문이 있습니다. 함수 본문의 순서는 함수 시그니처가 선언된 순서와 동일합니다(Type, Function, Code 섹션의 상호 참조 관계는 [그림 2-3] 참고).
Data	Data(데이터) 섹션에는 모듈 인스턴스화 시 선형 메모리에 로드할 데이터를 선언합니다.

웹어셈블리는 모듈 바이너리 포맷의 텍스트 버전에 해당하는 텍스트 포맷이 공존합니다(자세한 내용은 11장에서 다룹니다). 웹어셈블리 텍스트 포맷은 브라우저에서 디버깅할 때에도 요긴하지만 생성된 모듈이 제대로 작동하지 않을 경우 컴파일러가 모듈을 생성한 과정을 확인하는 용도로도 쓰입니다. 텍스트 포맷은 지금까지 배운 표준 섹션과 명칭은 동일하지만 대개 줄여씁니다(예: function 대신 func).

2.2 커스텀 섹션

커스텀 섹션은 모듈의 어느 위치라도(표준 섹션 이전, 중간, 이후) 횟수 제한 없이 사용할 수 있고, 다수의 커스텀 섹션이 동일한 이름을 재사용하는 것도 가능합니다.

표준 섹션과 달리, 커스텀 섹션은 올바르게 배치되지 않아도 에러는 나지 않습니다. 또 커스텀 섹션은 프레임워크가 게으른 로딩lazy loading을 할 수 있어서 커스텀 섹션에 포함된 데이터는 모듈 인스턴스화 이후 특정 시점까지는 사용할 수 없는 경우도 있습니다.

커스텀 섹션의 한 가지 용도는 웹어셈블리 MVP에 정의된 name 섹션입니다. 이 섹션은 디버깅 시 함수명, 변수명을 텍스트 포맷으로 모듈에 담아두려고 만든 것으로, 다른 커스텀 섹션과는 달리 Data 섹션 다음에 단 한번만 올 수 있습니다.

2.3 마치며

웹어셈블리 모듈의 표준 섹션과 커스텀 섹션에 대해서 배웠습니다. 각 섹션의 기능은 무엇이고, 어떤 연관성이 있는지 충분히 이해했으리라 봅니다. 이 장에서 배운 내용은 웹어셈블리 모듈과 텍스트 포맷을 본격적으로 다루기 위한 중요한 배경 지식입니다.

- 웹어셈블리 모듈의 섹션과 그 설계 원리는 웹어셈블리의 특장점을 잘 보여줍니다.
- 컴파일러는 웹어셈블리 모듈의 섹션을 생성하고 올바른 순서로 배치합니다.
- 웹어셈블리 모듈의 섹션은 모두 옵션이라서 빈 모듈도 얼마든지 가능합니다.
- 표준 섹션은 한번만 지정할 수 있고 정해진 순서대로 나와야 합니다.
- 표준 섹션에 해당되지 않는 데이터는 커스텀 섹션에 지정하며 표준 섹션 앞뒤, 중간 어디든 둘 수 있습니다.

웹어셈블리 모듈 만들어보기

이 장의 핵심 내용

◆ 엠스크립튼 툴킷 개요

◆ 엠스크립튼과 HTML 템플릿으로 모듈 작성

◆ 엠스크립튼 자바스크립트 연결 코드 없이 직접 모듈을 로딩

◆ 웹어셈블리 사용 가능 여부를 확인하는 기능 감지

이 장에서는 C 코드를 엠스크립튼^{Emscripten} 툴킷으로 컴파일하는 세 가지 방법을 설명합니다. 실제로 엠스크립튼을 이용해 언리얼 엔진^{Unreal Engine} 3, SQLite, 오토캐드^{AutoCAD} 같은 제품을 웹어셈블리로 포팅한 사례가 있습니다. 만약, 여러분의 실무에서 웹어셈블리를 활용한다면 어떤 방법이 가장 적합할까요?

3.1 엠스크립튼 툴킷

엠스크립튼은 C/C++ 코드를 웹어셈블리 바이트코드로 컴파일하는 가장 검증된 툴킷입니다. 처음에는 C/C++ 코드를 asm.js로 트랜스파일하려는 목적으로 개발됐죠. 웹어셈블리 MVP 작업 착수 당시 엠스크립튼은 LLVM 컴파일러를 사용했기에 메인 툴킷으로 선정됐고, 웹어셈블리 워킹 그룹^{working group}은 이미 구글의 네이티브 클라이언트^{PNaCl}에서 LLVM^{Low Level Virtual Machine}을 적용한 경험이 있었습니다. 지금도 엠스크립튼을 이용해 C/C++ 코드를 asm.js로 트랜스파일할 수 있지만, 앞으로는 주로 웹어셈블리 모듈을 컴파일하는 데 쓸 것입니다.

1장에서 언급했듯이, 일반적으로 컴파일러는 소스 코드를 받아 중간 표현형Intermediate Representation(IR)으로 변환하는 프런트엔드와 IR을 원하는 기계어로 바꾸는 백엔드로 구성됩니다(그림 3-1).

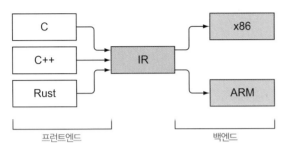

그림 3-1 컴파일러 프런트엔드

엠스크립튼은 LLVM 컴파일러를 사용합니다. LLVM는 현재 웹어셈블리 메인 컴파일러 툴체인으로서, 설치 가능한 프런트엔드와 백엔드 플러그인이 아주 다양합니다. 엠스크립튼 컴파일러는 C/C++ 코드를 LLVM IR로 변환하는 (gcc 비슷한) 클랭Clang이라는 프런트엔드 컴파일러를 사용합니다(그림 3-2). 엠스크립튼은 LLVM IR을 받아 바이너리 바이트코드로 전환하며, 이 바이트코드가 바로 웹어셈블리 지원 브라우저가 이해할 수 있는 가상 명령어 세트입니다. 조금 복잡한 소리처럼 들리겠지만, 사실 C/C++ 코드를 웹어셈블리 모듈로 컴파일하기 위해 필요한 작업은 콘솔창에서 간단한 명령command 한 줄 실행하는 게 전부입니다.

책장을 넘기기 전에 먼저 엠스크립튼 및 실습에 필요한 툴을 설치하세요(부록 A 참고).

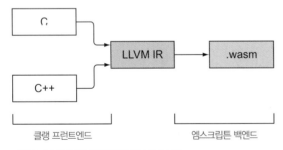

그림 3-2 컴파일러 프런트엔드와 LLVM IR

3.2 웹어셈블리 모듈

웹어셈블리 지원 브라우저는 웹어셈블리 파일을 로드한 다음 이상이 없는지 체크합니다. 별 문제가 없으면 바이트코드를 디바이스에 맞는 기계어로 컴파일합니다(그림 3-3).

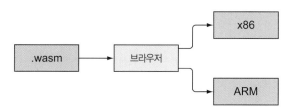

그림 3-3 웹어셈블리 파일은 브라우저로 로드된 다음 기계어로 컴파일된다.

웹어셈블리 바이너리 파일과 브라우저에서 컴파일된 객체는 모두 모듈module이라고 합니다. 모듈에는 대부분 어떤 일을 처리하는 함수가 적어도 하나씩은 있습니다. 이런 모듈 함수는 내장되어 있거나 다른 모듈의 익스포트를 통해 임포트할 수 있고, 심지어 자바스크립트로 임포트할 수도 있습니다.

엠스크립튼은 C/C++ 코드를 보고 웹어셈블리 모듈의 섹션들을 채웁니다. 섹션은 내부적으로 섹션 ID, 섹션 크기로 시작하며 그 다음에 컨텐츠가 나옵니다(웹어셈블리 모듈의 표준과 커스텀 섹션은 2장 참고).

Start 섹션은 모듈의 일부인(즉, 임포트되지 않은) 스타트 함수의 인덱스를 가리킵니다. 이 함수는 자바스크립트로 모든 모듈 익스포트를 호출하기 전에 자동 호출됩니다. C/C++ 코드에 `main` 함수가 있으면 엠스크립튼은 이 함수를 모듈의 스타트 함수로 세팅합니다.

웹어셈블리 모듈은 호스트로부터 어레이버퍼 형태로 메모리를 받습니다. 어레이버퍼는 어디까지나 모듈에서 C/C++ 힙과 같은 역할을 하지만 모듈과 메모리가 상호작용할 때마다 웹어셈블리 프레임워크는 요청이 배열 범위를 벗어났는지 매번 확인합니다.

웹어셈블리는 다음 네 가지 자료형을 지원합니다.

* 32비트 정수
* 64비트 정수
* 32비트 부동소수
* 64비트 부동소수

불리언Boolean 값은 32비트 정수(0은 false, 그밖에는 true)로, 문자열을 비롯한 나머지 자료형은 모듈 선형 메모리linear memory에 나타냅니다.

웹어셈블리 모듈은 다음과 같은 장점이 있습니다.

- 웹어셈블리 모듈은 자바스크립트와 달리 처음부터 컴파일러 타깃으로 설계됐습니다. 따라서 웹어셈블리는 자바스크립트에 전혀 영향을 끼치지 않고 계속 진화할 수 있습니다.
- 이식성을 추구하기 때문에 웹 브라우저 아닌 환경(예: Node.js)에서도 사용할 수 있습니다.
- 웹어셈블리 파일은 바이너리 포맷을 사용하기 때문에 아주 컴팩트하며 전송 및 다운로드 속도가 빠릅니다.
- 단일 패스로 검증이 가능하도록 파일이 구조화되어 시동 시간이 짧습니다.
- 최신 웹어셈블리 자바스크립트 API 함수를 이용해 파일을 내려받는 도중에도 기계어로 컴파일이 가능해서 다운로드가 끝나는 즉시 사용할 수 있습니다.
- 자바스크립트는 원래 동적인 언어라서 기계어로 컴파일되기 전에 몇 차례 코드를 모니터링해야 하지만 웹어셈블리 바이트코드는 바로 기계어로 컴파일되기 때문에, 가령 함수를 처음 호출해도 10번째 호출하는 것처럼 빠릅니다.
- 코드를 미리 컴파일하기 때문에 브라우저가 실행하기 전에 컴파일러가 최적화할 여지가 있습니다.
- 웹어셈블리 코드는 거의 네이티브 코드만큼 실행 속도가 빠릅니다. 물론, 코드가 제대로 동작하는지 체크하는 오버헤드 때문에 순수 네이티브 코드보다 약간 성능이 떨어지긴 합니다.

3.2.1 웹어셈블리 모듈을 사용하면 안 되는 경우

웹어셈블리는 여러모로 장점이 많지만, 모든 경우에 최고의 선택인 건 아닙니다. 상황에 따라서 자바스크립트가 더 나은 선택일 수도 있습니다.

- 로직이 단순하다면 굳이 컴파일러 툴체인을 설정하고 다른 언어로 코드를 작성할 만한 가치는 없을 것입니다.
- 웹어셈블리 모듈은 DOM이니 웹 API에 직접 접근할 수 없습니다. 이 문제는 언젠가 해결되겠지만 아직은 어쩔 수 없습니다.

NOTE_ 문서 객체 모델Document Object Model(DOM)은 웹페이지의 구석구석을 표현하는 인터페이스입니다. 자바스크립트는 DOM을 통해서 웹페이지와 상호작용합니다.

3.3 엠스크립튼 출력 옵션

웹어셈블리 모듈은 사용 목적에 따라 여러 가지 방법으로 생성할 수 있습니다. 엠스크립튼으로 웹어셈블리 모듈 파일을 생성할 때 명령줄command line 옵션을 지정하면 자바스크립트 연결 파일JavaScript plumbing file 및 HTML 파일도 함께 생성할 수 있습니다.

> **NOTE_** 자바스크립트 연결 파일은, 엠스크립튼으로 자동 생성된 자바스크립트 파일입니다. 파일 내용은 명령줄에 지정한 옵션값에 따라 다르지만, 웹어셈블리 파일을 자동 다운로드/컴파일하고 브라우저에서 인스턴스화하는 코드로 채워집니다. 호스트와 모듈이 서로 더 쉽게 소통할 수 있도록 도와주는 다양한 자바스크립트 헬퍼 함수helper function(다른 함수에서 불러 쓰기 위해 만든 유틸리티 함수)도 포함돼 있습니다.

엠스크립튼 모듈은 다음 세 가지 방법으로 생성합니다.

- **첫째, 엠스크립튼으로 웹어셈블리 모듈, 자바스크립트 연결 파일, HTML 템플릿 파일을 모두 생성합니다.**
  실제 운용 환경production(프로덕션)에서는 보통 엠스크립튼으로 HTML 파일을 생성하지 않지만, 웹어셈블리를 처음 배우는 사람들이 모듈의 로딩/인스턴스화를 공부하기 전에 일단 C/C++ 컴파일에 집중하고자 할 경우 유용한 방법입니다. C/C++ 코드를 작성해서 컴파일한 다음, 생성된 HTML 파일을 브라우저에서 열어보면 되기 때문에 디버깅, 프로토타이핑prototyping 목적으로 부분적으로 코드를 실험할 때에도 도움이 됩니다.

- **둘째, 엠스크립튼으로 웹어셈블리 모듈과 자바 연결 파일을 생성합니다.**
  생성된 자바스크립트 파일을 새로운 또는 기존 HTML 페이지에 간단히 삽입할 수 있기 때문에 보통 프로덕션에서는 이 방법을 많이 씁니다. HTML 페이지가 로드되면 자바스크립트 파일이 자동으로 모듈을 다운로드하고 인스턴스화합니다. 자바스크립트 파일에는 모듈과 여러분이 작성한 자바스크립트가 서로 더 쉽게 소통할 수 있게 도와주는 다양한 헬퍼 함수가 들어 있습니다.

  첫 번째 HTML 템플릿을 사용하는 방법이나 이 두 번째 방법이나 모두 (코드에서 사용한다면) 표준 C 라이브러리를 포함합니다. 표준 C 라이브러리 함수를 코드에서 사용하지는 않지만 모듈에 삽입하고 싶을 때에는 필요한 함수를 엠스크립튼 명령줄 옵션으로 지정하면 됩니다.

- **셋째, 엠스크립튼으로 웹어셈블리 모듈만 생성합니다.**
  런타임에 둘 이상의 모듈을 동적 링킹하기 위해 사용하는 방법입니다. 하지만 표준 C 라이브러리나 자바스크립트 연결 파일이 없는 최소한의 기능만 탑재된 모듈을 생성하는 데에도 쓰입니다.

> **NOTE_** 웹어셈블리 모듈의 동적 링킹은 둘 이상의 모듈을 런타임에 서로 엮어서 어느 한 모듈의 해석되지 않은unresolved 심볼(예: 함수)을 다른 모듈의 해석된resolved 심볼로 매핑하는 과정입니다. 7, 8장에서 자세히 다룹니다.

- 모듈과 자바스크립트가 정수, 부동소수 외의 데이터를 주고받는 경우에는 메모리 관리가 필요합니다. malloc, free 등의 표준 라이브러리 함수가 없다면 이 방식은 권장하지 않습니다. 모듈의 선형 메모리는 인스턴스화 시 모듈에 전달되는 배열 버퍼이므로 브라우저나 OS가 메모리 문제로 영향받을 일은 없지만 추적하기 까다 로운 버그가 발생할 수 있기 때문입니다.

동적 링킹 말고도 이 방법은 웹어셈블리 자바스크립트 API 사용 모듈을 수동으로 다운로드, 컴파일, 인스턴스 화하는 방법을 배우는 목적으로 유용합니다. 이런 작업은 엠스크립튼 연결 코드가 처리하지만 웹어셈블리 자바 스크립트 API 함수가 무슨 일을 하는지 알면 온라인에서 찾은 예제 코드를 이해하기가 한결 수월할 것입니다.

3.4 엠스크립튼으로 C/C++ 코드를 김파일하고 HTML 템플릿 활용하기

첫 예제는 지정된 숫자 범위에서 소수를 찾아 출력하는 프로그램입니다. 이런 코드는 자바스크 립트로도 충분하지만 웹어셈블리의 진면목을 볼 수 있는 대표적인 분야가 계산이므로 웹어셈 블리로 작성하겠습니다. 소수를 찾는 코드를 C 언어로 작성하고 엠스크립튼을 이용해 웹어셈 블리 모듈로 컴파일합니다. 이 때 웹어셈블리 모듈을 다운로드하고 인스턴스화하는 데 필요한 자바스크립트와 HTML 템플릿 파일도 함께 생성할 수 있습니다(그림 3-4).

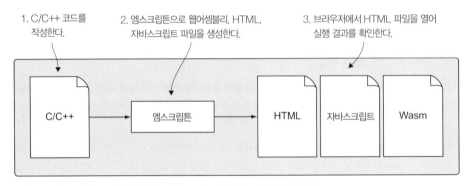

그림 3-4 엠스크립튼으로 웹어셈블리, 자바스크립트, HTML 파일을 생성한다.

먼저, 실습 파일을 저장할 Chapter 3\3.4 html_template 폴더를 생성합니다.[1]

---

1 옮긴이_ 원문에는 WebAssembly 폴더 하위에 Chapter 2, Chapter3… 식으로 장별 실습 파일을 저장할 폴더를 생성하라고 되어 있 지만, 이 책에서는 편의상 WebAssembly에 해당하는 폴더명은 독자 여러분이 압축 파일을 해제 시 지정하거나 git clone으로 소스를 내려받았을 때 지정한 루트 폴더가 따로 있다고 가정하고 생략합니다.

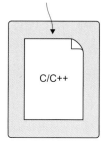

1. C/C++ 코드를 작성한다.

그림 3-5 C/C++ 코드를 작성한다.

calculate_primes.c라는 빈 파일을 만들고 여러분이 즐겨쓰는 편집기 프로그램으로 엽니다. 그리고 다음과 같이 표준 C 입출력 라이브러리, 엠스크립튼 라이브러리 헤더 파일을 추가합니다.

```c
#include <stdlib.h>
#include <stdio.h>
#include <emscripten.h>
```

다음은 소수 여부를 판단하는 헬퍼 함수 IsPrime입니다. 이 함수는 정숫값을 하나 받아 소수면 1, 아니면 0을 반환합니다.

소수는 1과 자신으로만 나누어 떨어지는 수입니다. 따라서 2를 제외한 모든 짝수는 소수가 아니므로 체크할 필요가 없고, 매개변수의 제곱근보다 더 큰 수도 굳이 체크할 필요가 없으므로 다음 코드와 같이 로직을 간결하게 정리할 수 있습니다.

```c
int IsPrime(int value) {
  if (value == 2) { return 1; }          ← 2는 소수다.
  if (value <= 1 || value % 2 == 0) { return 0; }     ← 1 이하의 수, 그리고 2를 제외한 짝수는 소수가 아니다.

  for (int i = 3; (i * i) <= value; i += 2) {    ← 3부터 매개변수의 제곱근까지 루프를 반복하고 홀수만 체크한다.
    if (value % i == 0) { return 0; }       ← i로 나누어 떨어지면 소수가 아니다.
```

```
      }

    return 1;    ◄──┤ 어떤 값으로도 나누어 떨어지지 않으니 소수가 맞다.
  }
```

이 **IsPrime** 함수를 호출해서 주어진 숫자 범위에서 소수를 찾는 코드를 작성합시다. 이 코드
는 자바스크립트와 굳이 상호작용할 필요는 없으니 **main** 함수 안에 넣습니다. 엠스크립튼은
자동으로 C/C++ 코드의 **main** 함수를 스타트 함수로 지정하기 때문에 모듈 다운로드/인스턴
스화가 완료되면 웹어셈블리 프레임워크에 의해 **main** 함수가 자동 호출됩니다.

main 함수에서 **prinf** 함수를 사용해서 엠스크립튼 자바스크립트로 어떤 문자열을 전달하면
웹페이지 텍스트 박스 및 개발자 도구 콘솔창에 해당 문자열이 출력됩니다. 웹어셈블리와 자바
스크립트의 상호작용에 대해서는 4장에서 더 자세히 다룰 예정입니다.

[예제 3-1]은 **IsPrime** 함수를 호출해서 3~100,000 범위에서 소수를 찾아 출력하는 **main** 함
수입니다.

예제 3-1 main 함수(calculate_primes.c)

```
  ...
  int main() {
    int start = 3;    ──┤ 홀수부터 시작해서 루프 반복 횟수를 줄인다.
    int end = 100000;
                                                        ──┤ 자바스크립트에 숫자
    printf("Prime numbers between %d and %d:\n", start, end);  ◄──┘ 범위를 알린다.

    for (int i = start; i <= end; i += 2) {    ◄──┤ 해당 범위의 숫자 중 홀수만 체크한다.
      if (IsPrime(i)) {    ◄──┤ i가 소수면 자바스크립트에
        printf("%d ", i);         │ 이 값을 알린다.
      }
    }
    printf("\n");

    return 0;
  }
```

이렇게 작성한 C 코드를 엠스크립튼으로 컴파일하여 웹어셈블리 모듈을 생성합시다(그림
3-6). 자바스크립트 연결 파일, HTML 템플릿 파일도 모두 함께 생성할 것입니다. (엠스크립

튼으로 컴파일할 파일의 절대 경로를 지정할 필요가 없도록) Chapter 3\3.4 html_template 폴더에서 엠스크립튼 컴파일러 emcc를 실행합니다.

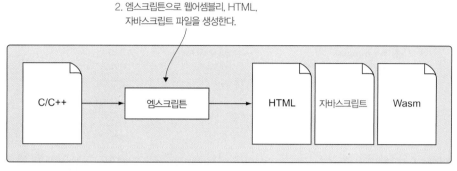

2. 엠스크립튼으로 웹어셈블리, HTML,
자바스크립트 파일을 생성한다.

그림 3-6 C 코드를 엠스크립튼을 이용해 웹어셈블리 파일로 컴파일하고 자바스크립트 연결 파일, HTML 템플릿 파일을 생성한다.

emcc 명령은 입력할 항목과 플래그가 많습니다. 순서는 중요하지 않지만 입력 파일은 제일 먼저 써야 하므로, emcc 바로 다음에 calculate_primes.c가 옵니다.

출력 파일명은 -o 플래그 값으로 지정합니다. 출력 파일명을 지정하지 않으면 엠스크립튼은 HTML 파일은 건너뛰고 a.out.wasm(웹어셈블리)과 a.out.js(자바스크립트) 파일을 각각 생성합니다. HTML 템플릿까지 포함하려면 .html 확장자인 파일명을 반드시 지정해야 합니다.

다음은 웹어셈블리 모듈, 자바스크립트 연결 파일, HTML 템플릿 파일을 모두 생성하라는 명령입니다. 엠스크립튼을 처음 실행할 때에는 컴파일러가 공통 리소스를 생성하느라 몇 분 소요될 수 있습니다. 그 다음부터는 공통 리소스를 캐시하므로 훨씬 빨리 컴파일될 것입니다.

```
emcc calculate_primes.c -o html_template.html
```

NOTE_ 엠스크립튼 웹사이트[2]에는 다양한 최적화 플래그가 정리되어 있습니다. 처음 코드를 포팅할 때에는 최적화는 하지 않는 게 좋습니다. 최적화 플래그를 생략하면 기본적으로 -O0을 지정한 것과 같습니다. 최적화를 하면서 튜닝하기 전에 먼저 잠재적인 코드 버그를 찾아내 조치한 다음, 플래그를 -O0에서 -O1, -O2, -Os, -Oz, -O3으로 조정하시기 바랍니다.

----

2 https://emscripten.org/docs/optimizing/Optimizing-Code.html

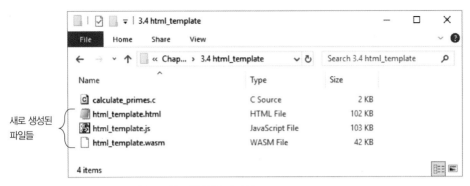

그림 3-7 새로 생성된 HTML, 자바스크립트, 웹어셈블리 파일

컴파일이 완료되면 calculate_primes.c 파일이 있는 폴더에 새로운 파일이 3개 생성될 것입니다(그림 3-7). html_template.wasm이 웹어셈블리 모듈, html_template.js이 자바스크립트 파일, html_template.html이 HTML 파일입니다.

웹어셈블리 모듈이 제대로 작동되는지 웹페이지를 열어 확인합니다.

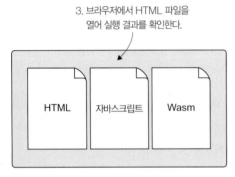

그림 3-8 웹 브라우저에서 HTML 파일을 열어 실행 결과를 확인한다.

Chapter 3\3.4 html_template 폴더에서 파이썬 웹 서버를 시동하고 브라우저 주소창에는 http://localhost:8080/html_template.html을 입력합니다.

[그림 3-9] 같은 HTML 페이지가 화면에 표시될 것입니다.

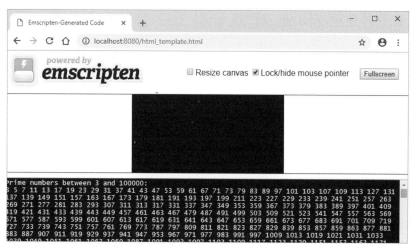

그림 3-9 구글 크롬 브라우저에서 실행한 HTML 페이지

> **NOTE_** 파이썬은 엠스크립튼 툴킷과 함께 설치됩니다. 파이썬에는 자체 로컬 웹 서버가 내장되어 있어 실습할 때 편리합니다. 물론, 다른 웹 서버로도 얼마든지 실습이 가능하지만 웹어셈블리 미디어 타입[media type]이 설정되어 있는지 확인해야 합니다. 파이썬으로 로컬 웹 서버를 시동하는 방법과 웹어셈블리 모듈에 해당하는 MIME 타입을 설정하는 방법은 부록 A를 참고하시기 바랍니다.[3]

엠스크립튼으로 생성한 HTML 파일은 개발자 도구를 안 열어봐도 페이지에서 결과를 확인할 수 있도록, 모듈 코드에 있는 printf 함수의 출력을 모두 텍스트 박스로 보냅니다. 텍스트 박스 위에 WebGL[4] 출력을 허용하는 캔버스[canvas] 엘리먼트가 HTML 파일에 들어 있기 때문입니다.

엠스크립튼으로 printf 함수의 호출 결과를 브라우저 개발자 도구 콘솔창이나 텍스트 박스로 보내는 방법은 뒷장에서 자세히 설명합니다.

---

3 옮긴이_ 이 책을 옮기는 현재(2020년 7월), 엠스크립튼 SDK 최신 버전(1.39.9)에 내장된 파이썬은 구버전(3.7.4)입니다. 그런데 이 파이썬에 탑재된 웹 서버에는 웹어셈블리 MIME 타입(application/wasm)이 설정되어 있지 않은데다 자잘한 버그가 있어 파이썬 최신 버전(3.8.2)을 별도 설치 후 실습하실 것을 권장합니다. 3.8.2 버전에 탑재된 웹 서버에는 application/wasm이 이미 등록되어 있기 때문에 별도 설정도 필요 없습니다.

4 WebGL은 캔버스 엘리먼트에 웹 컨텐츠를 2D/3D 그래픽으로 렌더링하는 OpenGL ES 2.0 규약에 기반을 둔 API입니다.

3.5 엠스크립튼으로 자바스크립트 연결 코드 생성하기

엠스크립튼으로 생성한 HTML 템플릿 파일은 개발을 진행하기 전에 코드를 재빨리 테스트하거나 로직을 검증하는 데 유용합니다. 하지만 프로덕션 코드는 보통 HTML 템플릿 파일을 사용하지 않고 엠스크립튼으로 컴파일할 때 자바스크립트 연결 파일만 생성합니다. 그리고 나서, 이 자바스크립트 파일을 새로 만든 웹페이지 또는 기존 웹페이지에 <script> 태그로 참조하여 페이지 로딩 시 자동으로 웹어셈블리 모듈을 내려받고 인스턴스화합니다.

3.5.1 엠스크립튼 자바스크립트로 C/C++ 코드 컴파일

3.4절에서 생성한 웹어셈블리 모듈과 HTML 템플릿은 테스트 결과 정상임을 확인했습니다. 이번에는 엠스크립튼으로 웹어셈블리 모듈과 자바스크립트 연결 파일만 생성하고, HTML 파일은 직접 작성해서 엠스크립튼 자바스크립트를 삽입하겠습니다(그림 3-10).

먼저 실습 파일을 저장할 Chapter 3\3.5 js_plumbing 폴더를 만들고 여기에 Chapter 3\3.4 html_template\calculate_primes.c 파일(예제 3-2)을 복사해 넣습니다.

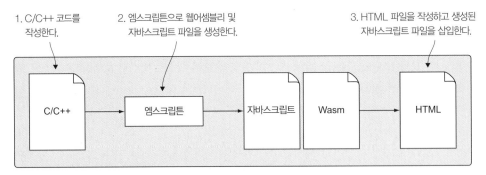

그림 3-10 엠스크립튼으로 웹어셈블리 모듈 및 자바스크립트 연결 파일을 생성한 다음, HTML 파일을 작성해서 생성된 자바스크립트 파일을 삽입한다.

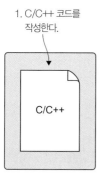

1. C/C++ 코드를
작성한다.

C/C++

그림 3-11 C/C++ 코드를 작성한다.

예제 3-2 calculate_primes.c

```c
#include <stdlib.h>
#include <stdio.h>
#include <emscripten.h>

int IsPrime(int value) {
  if (value == 2) { return 1; }
  if (value <= 1 || value % 2 == 0) { return 0; }

  for (int i = 3; (i * i) <= value; i += 2) {
    if (value % i == 0) { return 0; }
  }

  return 1;
}

int main() {
  int start = 3;
  int end = 100000;

  printf("Prime numbers between %d and %d:\n", start, end);

  for (int i = start; i <= end; i += 2) {
    if (IsPrime(i)) {
      printf("%d ", i);
    }
  }
  printf("\n");
```

```
    return 0;
  }
```

이제 이 C 코드를 엠스크립튼으로 컴파일해야 하는데, HTML 템플릿 파일은 제외하고 자바스크립트 연결 파일만 생성하도록 설정합니다.

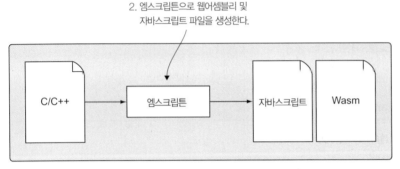

그림 3-12 엠스크립튼으로 웹어셈블리, 자바스크립트 파일을 생성한다.

Chapter 3\3.5 js_plumbing 폴더에서 다음 명령을 실행합니다. 웹어셈블리 모듈과 자바스크립트 파일만 생성하고 HTML 파일은 제외해야 하므로 출력 파일의 확장자를 .html 대신 .js 로 바꾸었습니다.

```
emcc calculate_primes.c -o js_plumbing.js
```

Chapter 3\3.5 js_plumbing 폴더에 새로운 파일이 2개 생성될 것입니다(그림 3-13).

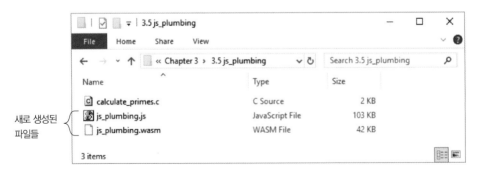

그림 3-13 새로 생성된 웹어셈블리 파일과 자바스크립트 파일

엠스크립튼 자바스크립트 파일의 주임무는 웹어셈블리 모듈의 로드 및 인스턴스화입니다. HTML 파일에서 이 자바스크립트 파일을 참조하도록 코딩하면 웹어셈블리 모듈의 로직을 웹 페이지에서 그대로 사용할 수 있습니다.

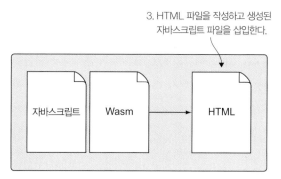

그림 3-14 HTML 파일을 새로 만들거나 수정하고 생성된 자바스크립트 파일을 삽입한다.

3.5.2 브라우저에서 사용할 기본 HTML 웹페이지 작성

C/C++ 같은 언어는 섭렵했지만 HTML은 전혀 모르는 개발자도 있을 것입니다. 그래서 앞으로 이 장에서 예시할 HTML 페이지의 엘리먼트에 대해 간략히 설명하겠습니다. HTML을 잘 알고 있는 독자는 'HTML 페이지 작성' 절로 넘어가도 좋습니다.

HTML 기초

HTML 페이지는 제일 먼저 사용할 HTML 버전을 브라우저에게 알리는 **DocType** 선언으로 시작합니다. 이 책은 최신 버전 HTML 5을 사용하므로 `<!DOCTYPE html>`으로 적습니다.

HTML 파일에 나열된 태그는 대부분 XML과 비슷합니다. XML은 데이터, HTML은 웹의 구성 요소를 기술하는 차이점만 있습니다. HTML 태그는 방금 전의 **DocType** 선언과 비슷하며, 대부분 열고 닫는 태그가 내용을 감싸는 형태로 다른 태그를 포함할 수 있습니다.

DocType 선언 다음에는 페이지 컨텐츠에 해당하는 `<html>` 태그가 옵니다. 이 태그 안에는 `<head>`와 `<body>`라는 하위 태그가 있습니다.

`<head>` 태그에는 제목(타이틀) 또는 파일 캐릭터 인코딩^{character encoding} 등 페이지에 관한 메타

데이터^{metadata}를 기술합니다. 요즘은 대부분 HTML 파일에 UTF-8 캐릭터 인코딩을 사용하지만 다른 인코딩(예: euc-kr)도 가능합니다. 페이지 컨텐츠의 겉모습을 꾸미려면 `<head>` 태그의 `<link>` 하위 태그에 CSS 파일을 지정합니다.

실제 페이지 컨텐츠는 모두 `<body>` 태그에 있습니다. `<head>`처럼 `<body>` 태그에도 파일을 참조하는 태그를 추가할 수 있습니다.

가령, 자바스크립트를 페이지에 삽입하려면 `<script>` 태그의 src 속성에 파일 경로와 이름을 지정합니다. 아직은 진행 단계지만, 웹어셈블리 모듈도 언젠가 `<script type="module">` 식으로 간단히 페이지에 삽입하게 될 것입니다.

`<script>` 태그는 `<head>`나 `<body>` 어디에도 올 수 있지만, `<body>` 태그 끝부분에 두는 게 지금까지 모범 관례^{best practice}입니다. 브라우저는 스크립트를 모두 내려받은 후 DOM 구성을 시작하는데, 그 전에 엘리먼트를 먼저 표시하면 웹페이지가 조금이라도 더 빠르게 반응하는 것처럼 느껴지기 때문입니다. `<script>` 태그에 async 속성을 지정하면 브라우저가 스크립트 파일을 내려받는 동시에 DOM이 구성됩니다.[5]

> **NOTE_** 일리야 그리고릭^{Ilya Grigorik}이 구글 개발자 웹사이트에 게시한 「자바스크립트와 더 잘 소통하기^{Adding Interactivity with JavaScript}」[6]는 `<script>` 태그를 `<body>` 태그 끝부분에 두는 이유를 자세히 설명하고 있습니다.

HTML 페이지 만들기

[예제 3-3]은 엠스크립튼 자바스크립트 파일을 참조하는 기본적인 HTML 웹페이지입니다. Chapter 3\3.5 js_plumbing\js_plumbing.html 파일을 만들고 [예제 3-3] 코드를 추가합니다. 웹어셈블리 모듈을 로드/인스턴스화하는 작업은 여러분 대신 이 파일이 수행하기 때문에 파일 경로만 잘 적어주면 됩니다.

---

5 옮긴이_ 정확히 말하면, 자바스크립트 파일을 다운로드하는 동안에는 DOM 구성(HTML 구문 분석)을 병행하고, 자바스크립트 파일 다운로드가 완료되면 DOM 구성을 일시 중지하고 자바스크립트를 실행합니다. 다운로드 완료 시점에 스크립트가 실행되는 시점이므로 실행 순서가 중요한 자바스크립트 파일이 다수 있을 경우 문제가 발생할 소지가 있습니다.

6 http://mng.bz/xld7

```
<!DOCTYPE html>
<html>
  <head>
    <meta charset="utf-8"/>
  </head>
  <body>
    HTML page I created for my WebAssembly module.
    <script src="js_plumbing.js"></script> ◁──── 웹어셈블리 모듈의 로드/인스턴스화는
  </body>                                         이 자바스크립트 파일이 대신 수행한다.
</html>
```

HTML 페이지 보기

http://localhost:8080/js_plumbing.html에 접속하면 [그림 3-15]과 같은 화면이 표시됩니다.

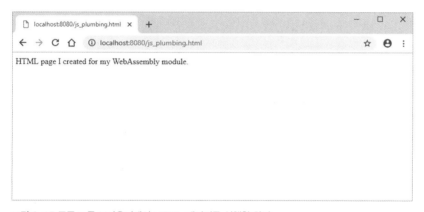

그림 3-15 구글 크롬 브라우저에서 HTML 페이지를 실행한 화면

그런데 3.4절에서 HTML 템플릿 파일로 실습했을 때 화면에 표시된 소수는 어디로 갔을까요? HTML 템플릿 파일을 이용할 경우에는 엠스크립튼이 모든 `printf` 출력을 웹페이지의 텍스트 박스로 보냈지만, 원래는 개발자 도구 콘솔창에 모든 출력을 보내는 것이 기본 동작입니다. F12 키를 눌러 개발자 도구를 열어 봅시다.

개발자 도구 사용법은 브라우저마다 조금씩 다르지만, 콘솔창에 찍힌 문자열을 확인하는 기능은 똑같습니다. [그림 3-16]처럼 모듈에서 printf 함수를 호출한 결과가 개발자 도구 콘솔창에 표시되어 있을 것입니다.

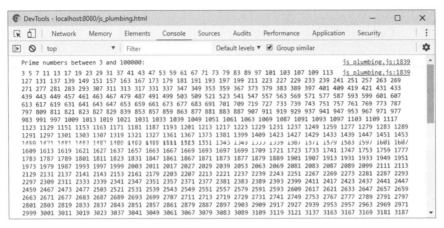

그림 3-16 구글 크롬 개발자 도구 콘솔창에 출력된 소수

3.6 엠스크립튼으로 웹어셈블리 파일만 생성하기

마지막으로 C/C++ 코드를 웹어셈블리로 컴파일만 하고 다른 파일은 전혀 생성하지 않는 방법입니다. HTML 파일과 모듈을 다운로드/인스턴스화하는 자바스크립트는 여러분이 직접 작성해야 합니다.

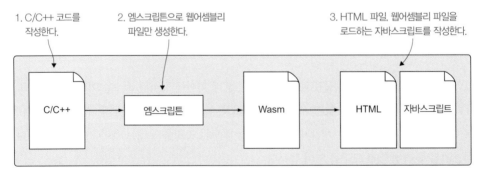

그림 3-17 엠스크립튼으로 웹어셈블리 파일만 생성하고, 필요한 HTML 파일과 모듈을 다운로드/인스턴스화하는 자바스크립트는 직접 작성한다.

보통 사이드 모듈side module(부수 모듈)을 만들 때 이 방법으로 웹어셈블리 모듈을 생성합니다. 사이드 모듈은 여러 모듈을 내려받고 런타임에 동적 링크하여 하나의 유닛처럼 작동시키기 위해 사용합니다. 프로그래밍 언어에서 보편적인 의존 라이브러리dependent library와 비슷한 개념인데, 이 장에서는 (동적 링킹은 뒷 장에서 자세히 이야기할 터라) 사이드 모듈을 동적 링크하지 않습니다. 사이드 모듈을 생성하는 이유는, 그렇게 해야 엠스크립튼이 웹어셈블리 모듈 코드에 표준 C 라이브러리 함수를 하나도 넣지 않고 자바스크립트 연결 파일도 생성하지 않기 때문입니다.

사이드 모듈은 다음과 같은 경우에 필요합니다.

- 여러 모듈을 내려받아 런타임에 링크(동적 링킹)해야 할 때가 있습니다. 한 모듈을 메인 모듈로 삼아 컴파일하고 C 라이브러리 함수를 메인 모듈에 두는 것입니다(메인 모듈과 사이드 모듈의 차이는 7장에서 자세히 설명합니다).

- 모듈 로직상 표준 C 라이브러리가 전혀 필요없는 경우입니다. 단, 자바스크립트와 모듈이 정수, 부동소수 이외의 데이터를 주고 받는다면 반드시 메모리 관리를 해야 하는데 그러려면 표준 C 라이브러리에 있는 malloc, free 함수가 필요합니다. 모듈의 선형 메모리는 자바스크립트로 전달된 어레이버퍼일 뿐이므로 모듈에만 영향을 미치겠지만 추적하기가 매우 곤란한 버그가 발생할 수도 있습니다.

- 엠스크립튼 이외에 웹어셈블리 모듈을 생성하는 다른 컴파일러가 있다면, 모듈을 컴파일하고 브라우저에서 다운로드/인스턴스화하는 일련의 방법을 알고 싶은 때가 있습니다. 인터넷을 검색하면 수동으로 모듈을 내려받는 예제들이 있는데, 수동으로 로드할 수 있는 모듈을 만들 수 있으면 예제를 따라하며 공부하는 데 유용합니다. 또 나중에 자바스크립트 연결 파일이 없는 서드파티 모듈을 상대로 작업하게 될 지도 모릅니다.

3.6.1 엠스크립튼으로 C/C++ 코드를 사이드 모듈로 컴파일

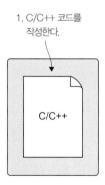

1. C/C++ 코드를 작성한다.

C/C++

그림 3-18 C/C++ 코드를 작성한다.

실습 파일을 저장할 Chapter 3\3.6 side_module 폴더를 만듭니다. side_module.c 파일을 생성하고 여기에 코드를 작성합니다. printf 함수는 사용할 일이 없으니 단순한 C 코드면 충분합니다. 다음은 정숫값을 받아 1을 더한 값을 반환하는 Increment 함수입니다. 이 함수는 자바스크립트 함수가 호출합니다.

```c
int Increment(int value) {
  return (value + 1);
}
```

엠스크립튼으로 웹어셈블리 파일만 생성합니다. 시이드 모듈로 컴파일하기 위해 emcc 닝텅에 -s SIDE_MODULE=2 플래그를 지정합니다. 모듈에 표준 C 라이브러리 함수를 넣지 않고 자바스크립트 연결 파일도 생성하지 않겠다는 뜻입니다(그림 3-19).

이 때 최적화 플래그 -01를 지정해야 합니다. 이 플래그가 없으면 기본 플래그 -00가 적용되어 최적화가 되지 않는데 여기서는 모듈 로드 시 링크 에러가 납니다. 모듈은 여러 함수와 전역 변수를 필요로 하는데 코드에는 이런 것들이 하나도 없기 때문입니다. 따라서 -00 이외의 최적화 플래그를 추가해야 문제가 해결되며, 바로 다음 단계의 최적화인 -01 플래그가 적당합니다(문자 0는 반드시 대문자로 써야 합니다).

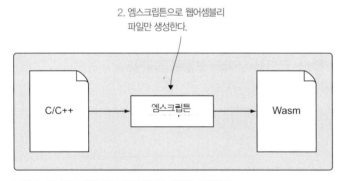

그림 3-19 엠스크립튼으로 웹어셈블리 파일만 생성한다.

또 자바스크립트 함수에서 Increment 함수를 호출하려면 컴파일 시 명령줄에서 -s EXPORTED_FUNCTIONS 다음에 함수명을 지정하여 익스포트를 해야 합니다. 엠스크립튼은 웹어셈블리 파일 생성 시 함수 앞에 언더스코어(_)를 자동 추가하므로 익스포트된 배열에 함수명을 넣을 때에는 _Increment 식으로 앞에 언더스코어를 붙입니다.

> **NOTE_** EXPORTED_FUNCTIONS 배열에 여러 함수를 지정할 경우 컴마와 그 다음 함수 사이에 공백을 넣으면 컴파일 에러가 발생하니 주의하기 바랍니다. 함수명 사이에 공백을 넣어야 한다면 쌍따옴표로 감쌉니다 (예: -s "EXPORTED_FUNCTIONS=['_Increment', '_Decrement']").

끝으로 확장자가 .wasm인 출력 파일을 지정합니다. 3.4절에서는 HTML 파일, 3.5절에서는 자바스크립트 파일을 지정했지만 이번에는 웹어셈블리 파일을 지정합니다. 파일명을 생략하면 a.out.wasm라는 파일이 생성됩니다.

Increment 함수를 웹어셈블리 모듈로 컴파일하겠습니다. C 파일이 있는 폴더에서 다음 명령을 실행합니다.

```
emcc side_module.c -s SIDE_MODULE=2 -O1 -s EXPORTED_FUNCTIONS=['_Increment'] -o
side_module.wasm
```

side_module.c 파일이 있는 폴더에 새로운 파일이 하나 생성되었을 것입니다(그림 3-20).

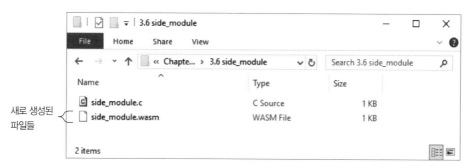

그림 3-20 새로 생성된 웹어셈블리 파일

3.6.2 브라우저에서의 로딩과 인스턴스화

방금 생성한 Wasm 파일을 서버로 가져와 모듈을 인스턴스화하는 자바스크립트와 HTML 파일을 작성하겠습니다.

프라미스와 화살표 함수 표현식

앞으로 이 책에 나오는 자바스크립트 함수는 대부분 프라미스Promise를 활용하여 비동기 통신을 합니다. 비동기 함수를 호출하면, 요청한 액션이 (성공하여) 수행되거나 (에러가 나서) 거부되는 시점에 호출되는 Promise 객체를 받습니다.

이 Promise 객체의 then 메서드는 액션 성공 시 호출될 콜백 함수(성공 콜백 함수)와 액션 실패 시 호출될 콜백 함수(실패 콜백 함수)를 매개변수로 받습니다.

예를 들어, 다음은 액션 성공/실패 시 호출할 함수를 각각 onFulfilled, onRejected로 지정해 비동기 호출한 코드입니다.

```
asyncFunctionCall.then(onFulfilled, onRejected);
```
프라미스 성공/실패 시 호출될 콜백 함수를 넘긴다.

성공/실패 콜백 함수 모두 하나의 매개변수를 받습니다. 성공 콜백 함수에는 후속 처리에 필요한 모든 데이터, 실패 콜백 함수에는 실패 사유에 해당하는 문자열을 각각 건네받게 됩니다.

좀 전에는 then 메서드에 성공/실패 콜백 함수를 포인터 형태로 전달했지만, 다음과 같이 직접 익명 함수 형태로 넘길 수도 있습니다.

```
asyncFunctionCall.then(function(result) {
    ...
}, function(reason) {
    ...
});
```
프라미스 성공 시 실행할 익명 함수
프라미스 실패 시 실행할 익명 함수

화살표 함수arrow function를 쓰면 한층 더 코드가 짧고 간명해집니다.

```
asyncFunctionCall.then((result) => {
    ...
}, (reason) => {
    ...
});
```
프라미스 성공 시 실행할 화살표 함수 표현식
프라미스 실패 시 실행할 화살표 함수 표현식

매개변수가 하나뿐이라면 괄호 ()는 생략할 수 있습니다. 즉, (result) => {}는 result =>

{}와 같습니다. 매개변수가 없으면 () => {}로 씁니다.

화살표 함수 표현식의 본문을 중괄호로 감쌀 경우 반환값이 있다면 return 문이 필요합니다.

```
(value1, value2) => { return value1 + value2 }
```

화살표 함수 표현식의 본문을 괄호로 감싸거나 아예 감싸지 않을 때에는 묵시적 반환implicit return 이 적용됩니다.[7]

```
(value1, value2) => value1 + value2
```

액션이 성공할 경우에만 관심이 있다면 then 메서드의 두 번째 매개변수는 지정하지 않아도 됩니다.

반대로 실패하여 에러가 난 경우만 처리하려면 첫 번째 매개변수는 null로 세팅하고 실패 콜 백 함수를 지정하면 되지만, 실패 콜백 함수 하나만 매개변수로 받는 catch 메서드를 사용하는 방법이 더 좋습니다.

then, catch 메서드 둘 다 프라미스를 반환하므로 서로 의존하는 여러 비동기 작업을 쉽게 연 결할 수 있습니다. 이를테면, 선행 작업이 성공할 때에만 그 다음 then 메서드가 실행되는 로 직은 다음과 같이 코딩하면 됩니다.

```
asyncFunctionCall.then(result =>
  asyncFunctionCall2()    <─── asyncFunctionCall2 함수는 프라미스를 반환한다.
).then(result => {
  <─── asyncFunctionCall2 함수 성공 시 로직
}).catch((err) => {
  <─── 체인 중 하나라도 실패하면 실행할 로직
});     (예: 로깅, 에러 표시)
```

자바스크립트 객체 요약

앞으로 등장할 예제에서 객체를 매개변수로 받는 함수는 자주 보게 될 것입니다. 자바스크립

---

7 옮긴이_ 마치 처음부터 return 문이 있었던 것처럼 본문 코드의 결괏값이 호출부에 반환됩니다.

트 객체는 new Object()로 생성할 수 있지만 중괄호 {}로 빈 객체를 만드는 방법이 더 간단합니다.

```
const person = {};
```

객체 안에서는 컴마(,)를 구분자로 키^{key}:밸류^{value} 쌍을 나열합니다. 밸류는 문자열, 숫자, 객체, 배열, true/false, null이 가능하며, 문자열은 홑따옴표(')나 쌍따옴표(")로 감쌉니다.

```
age: 21
```

객체를 선언과 동시에 생성하면 한번에 처리할 수 있어 알기 쉽습니다. 자바스크립트 객체 프로퍼티를 참조하려면 앞에 닷(.)을 붙이면 됩니다.

```
const person = { name: "Sam Smith", age: 21 };
console.log("The person's name is: " + person.name);
```

웹어셈블리 자바스크립트 API 개요

웹어셈블리를 지원하는 브라우저는 웹어셈블리 자바스크립트^{WebAssembly JavaScript} API를 갖고 있습니다. 이 API는 모듈을 컴파일/인스턴스화할 때 필요한 여러 가지 함수와 객체가 내장된 웹어셈블리 네임스페이스^{namespace}입니다. 모듈의 구성 요소(예: 메모리)와 자바스크립트가 문자열을 주고받는 식으로 상호작용하거나 에러 상황을 처리할 때에도 사용됩니다.

엠스크립튼 자바스크립트 파일은 웹어셈블리 파일을 자동으로 다운로드하고 웹어셈블리 자바스크립트 API와 상호작용하면서 웹어셈블리 모듈을 컴파일/인스턴스화합니다.

이 절에서는 3.6.1절에서 빌드한 웹어셈블리 모듈을 웹어셈블리 자바스크립트 API를 이용해 수동으로 로드하는 방법을 알아보겠습니다.

> **NOTE_** 크롬, 파이어폭스, 엣지, 사파리, 오페라 등 최신 데스크톱, 모바일 브라우저는 대부분 웹어셈블리를 지원합니다. 자세한 목록은 관련 사이트[8]를 참고하기 바랍니다.

---

8 https://caniuse.com/#search=WebAssembly

웹어셈블리 모듈로 어떤 일을 하려면 일단 웹어셈블리 파일을 내려받아야 합니다. 파일을 요청하는 fetch() 메서드는 자바스크립트로 HTTP를 비동기 호출합니다. 서버에 데이터를 전달하려는 게 아니라 서버에 있는 데이터를 당겨오기만[pull] 할 경우에는 fetch() 메서드를 호출하면서 다운로드할 파일 URI를 첫 번째 매개변수로 전달하면 프라미스가 반환됩니다. Wasm 파일과 내려받을 HTML 파일이 동일한 서버 경로에 있다면 다음과 같이 URI만 지정해도 됩니다.

```
fetch("side_module.wasm")
```

fetch() 메서드의 두 번째 매개변수(옵션)는 자바스크립트 객체(init)입니다. 서버에 데이터를 전달할 경우, 컨텐츠 타입 등의 갖가지 요청 관련 설정값은 이 객체로 조정할 수 있으나 이 책에서는 편의상 이 객체를 사용하지 않습니다. 자세한 내용은 MDN 문서[9]를 참고하기 바랍니다.

웹어셈블리 파일을 가져온 다음에는 컴파일, 인스턴스화할 수단이 필요합니다. 필자는 fetch() 메서드로 바이트코드를 내려받으면서 모듈을 기계어로 컴파일하는 WebAssembly. instantiateStreaming 함수를 권장합니다. 다운로드와 컴파일을 병행 처리하면 다운로드 즉시 모듈을 인스턴스화할 수 있어서 로딩 속도가 빠릅니다.

instantiateStreaming 함수는 두 매개변수를 받습니다. 첫 번째 매개변수는 Response 객체, 즉 Wasm 파일의 소스를 나타내는 Response 객체를 품은 Promise 객체입니다. fetch() 메서드는 Reponse 객체를 반환하므로 메서드의 호출부를 instantiateStreaming 함수의 첫 번째 매개변수로 넘기면 됩니다. 두 번째 매개변수(옵션)는 임포트된 함수, 전역 변수 등 모듈에서 필요한 데이터가 담긴 자바스크립트 객체입니다.

instantiateStreaming 함수는 호출 성공 시 module 프로퍼티(WebAssembly.Module 객체), instance 프로퍼티(WebAssembly.Instance 객체)가 세팅된 ResultObject형 Promise 객체를 반환합니다. 여기서 우리의 관심사는 instance 프로퍼티인데, 여기에는 모듈이 익스포트한 항목이 모두 포함된 exports 프로퍼티가 담겨있기 때문입니다.

다음은 3.6.1절에서 작성한 모듈을 WebAssembly.instantiateStreaming 함수로 로드하는

----

9 http://mng.bz/ANle

코드입니다.

```
WebAssembly.instantiateStreaming(fetch("side_module.wasm"),
    importObject).then(result => {         fetch() 메서드가 반환한 Promise
  const value = result.instance.exports.Increment(17);    객체를 첫 번째 매개변수로 전달한다.
  console.log(value.toString());           익스포트된 함수는
});                                          instance 객체로
                                             참조한다.
```

instantiateStreaming()는 웹어셈블리 MVP가 처음 릴리즈된 이후 브라우저에 추가된 함수입니다. 따라서 웹어셈블리를 지원하는 브라우저도 이 함수를 지원하지 않을 가능성도 있으니 3.7절에서 설명할 기능 감지 기능을 이용해 함수 사용 전에 지원 여부를 미리 확인하는 게 최선입니다. 지원되지 않는 브라우저라면 어쩔 수 없이 기존 WebAssembly.instantiate 함수를 사용해야 합니다.

> **NOTE_** MDN 문서(예전 모질라 개발자 네트워크Mozilla Developer Network)[10]에는 instantiateStreaming 함수 관련 자료 및 최신 브라우저 호환성 테이블이 페이지 하단에 게시되어 있습니다.

instantiate 함수도 instantiateStreaming 함수와 똑같이 fetch() 메서드로 웹어셈블리 파일 컨텐츠를 내려받지만, Promise 객체를 instantiate 함수에 바로 전달하는 건 불가능합니다. 대신, fetch() 메서드가 실행 완료될 때까지 기다렸다가 데이터를 어레이버퍼로 변환한 다음 어레이버퍼를 instantiate 함수에 전달합니다. 모듈 임포트를 위해 자바스크립트 객체를 두 번째 매개변수(옵션)로 받는 것은 두 함수 모두 동일합니다.

다음은 WebAssembly.instantiate 함수의 예제입니다.

```
fetch("side_module.wasm").then(response =>     웹어셈블리 파일을 다운로드 요청한다.
  response.arrayBuffer()          파일 데이터를 어레이
).then(bytes =>                    버퍼로 변환한다.
  WebAssembly.instantiate(bytes, importObject)    어레이버퍼를 instantiate 함수에 넘긴다.
).then(result => {
  const value = result.instance.exports.Increment(17);    인스턴스화한 모듈은 result.
  console.log(value.toString());           instance로 참조한다.
});
```

---

10 http://mng .bz/ZeoN

WebAssembly.compileStreaming, WebAssembly.compile 함수로 웹 워커에서 (인스턴스화 하지 않은) 컴파일된 모듈을 받아 사용하는 방법은 9장에서 자세히 다룹니다. 지금은 컴파일된 모듈의 반환 여부를 제외하고 두 함수 모두 작동 방식은 동일하다는 사실만 기억하기 바랍니다.

WebAssembly.Module 함수로 모듈을 컴파일하고 WebAssembly.Instance 함수로 컴파일된 모듈을 인스턴스화하는 것도 가능하지만 두 함수 모두 동기 호출 방식이라 권장하지 않습니다. 비동기 방식으로 동작하는 compileStreaming, compile, instantiateStreaming, instantiate 함수를 사용하는 편이 좋습니다.

앞서 언급했듯이, instantiateStreaming, instantiate 함수를 호출하면서 자바스크립트 객체(importObject)를 두 번째 매개변수로 전달하면 메모리, 테이블, 전역 변수, 함수 레퍼런스 등 모듈에서 필요한 것들을 임포트할 수 있습니다. 앞으로 이런 임포트를 하는 예제는 계속 등장할 것입니다.

웹어셈블리 모듈의 Memory 섹션에는 초기 할당할 메모리 페이지 개수와 최대 메모리 페이지 개수(옵션)를 지정할 수 있습니다. 메모리 페이지는 각각 65,536바이트, 즉 64KB입니다. 메모리를 임포트해야 한다고 모듈에 지정되어 있으면 여러분이 작성한 자바스크립트가 instantiateStreaming, instantiate 함수에 전달하는 importObject의 일부로 메모리를 제공해야 합니다.

> **NOTE_** 웹어셈블리 보안상, 모듈은 메모리를 스스로 할당하거나 크기를 조정할 수 없습니다. 웹어셈블리 모듈이 사용하는 메모리는 모듈 인스턴스화 시 크기를 조정할 수 있는 어레이버퍼 형태로 호스트에서 제공됩니다.

메모리를 모듈에 전달하려면 먼저 importObject의 일부로 포함할 WebAssembly.Memory 객체를 생성합니다. WebAssembly.Memory 객체의 생성자는 자바스크립트 객체(memoryDescriptor)를 하나 받는데, 이 객체의 initial 프로퍼티가 모듈에 초기 할당할 메모리 페이지 개수, maximum 프로퍼티(옵션)가 웹어셈블리 메모리를 계속 늘릴 수 있는 최대 메모리 페이지 개수입니다. 메모리를 늘리는 방법은 나중에 자세히 설명합니다.

다음은 WebAssembly.Memory 객체를 생성한 다음 모듈에 전달하는 예제입니다.

```
const importObject = {
  env: {
    memory: new WebAssembly.Memory({initial: 1, maximum: 10})◁
  }
};
WebAssembly.instantiateStreaming(fetch("test.wasm"),
    importObject).then(result => { ... });
```

처음에는 한 페이지만 생성하지만 최대 10 페이지까지 확장할 수 있다.

모듈을 가져와 인스턴스화하는 자바스크립트 작성

3.6.1절에서 작성한 side_module.wasm 파일을 `WebAssembly.instantiateStreaming` 함수를 이용해 로드하는 자바스크립트를 작성해보겠습니다. 3.6.1절에서는 모듈을 사이드 모듈로 생성했기 때문에 엠스크립튼은 Wasm 파일에 표준 C 라이브러리 함수를 포함하지 않고 자바스크립트 연결 파일도 생성하지 않았습니다. 사실 사이드 모듈은 다수의 모듈을 런타임에 동적 링크하려고 만드는 것이지, 이 장에서 설명하려는 용도로 사용하려고 만드는 건 아니지만, 엠스크립튼은 `instantiateStreaming` 함수 호출 시 모듈에 제공할 임포트를 자동으로 추가합니다.

자바스크립트 객체 `importObject`에는 env라는 자식 객체가 있고, 이 객체에는 모듈에서 임포트하려는 대상, 즉 `__memory_base` 프로퍼티가 들어 있습니다. 이 예제는 모듈을 동적 링크하지 않기 때문에 이 프로퍼티는 그냥 `0`으로 세팅합니다.

이제 Wasm 파일을 `fetch()` 메서드로 가져온 결과를 첫 번째 인수, 방금 전 설명한 `importObject` 객체를 두 번째 인수로 지정하여 `instantiateStreaming` 함수를 호출합니다. 이 함수는 프라미스를 반환하므로 모듈 다운로드, 컴파일, 인스턴스화 완료 시 호출할 성공 콜백 핸들러handler (처리기)도 필요합니다. 이 핸들러는 웹어셈블리 모듈 인스턴스의 익스포트된 항목을 가져와 17을 인수로 Increment 함수를 호출합니다. Increment 함수는 매개변수에 1을 더한 값을 반환하며, 실제로 `console.log`로 출력해보면 브라우저 콘솔창에 18이 표시됩니다.

예제 3-4 side_module.wasm을 로드/인스턴스화하는 자바스크립트

```
const importObject = {
  env: {
```

```
      __memory_base: 0,
  }
};

WebAssembly.instantiateStreaming(fetch("side_module.wasm"),
    importObject).then(result => {
  const value = result.instance.exports.Increment(17);
  console.log(value.toString());
});
```

기본적인 HTML 페이지 작성

Chapter 3\3.6 side_module\side_module.html 파일을 만들고 편집기로 엽니다.
<script> 태그에 자바스크립트 파일을 참조하는 대신, 자바스크립트(예제 3-4)를 직접 기술하는 차이점이 있을뿐, 웹어셈블리 파일을 로드하는 HTML 파일은 3.5.2절에서 작성한 js_plumbing.html 파일과 거의 같습니다.

예제 3-5 웹어셈블리 모듈을 로드하는 side_module.html

```
<!DOCTYPE html>
<html>
  <head>
    <meta charset="utf-8"/>
  </head>
  <body>
    HTML page I created for my WebAssembly module.

    <script>
      const importObject = {
        env: {
          __memory_base: 0,
        }
      };
      WebAssembly.instantiateStreaming(fetch("side_module.wasm"),
          importObject).then(result => {
        const value = result.instance.exports.Increment(17);
        console.log(value.toString());
      });
    </script>
  </body>
```

```
    </body>
  </html>
```

http://localhost:8080/side_module.html에 접속해보면 개발자 도구 콘솔창에 18이 출력될 것입니다(그림 3-21).

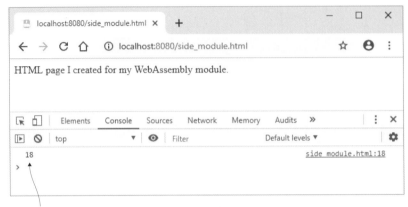

모듈 함수 Increment를 호출하면서 17을 매개변수로 전달한 결과

그림 3-21 HTML 페이지에서 모듈 함수 Increment를 호출한 결괏값이 표시된다.

3.7 기능 감지: 웹어셈블리 가용 여부 테스트하기

새로운 기술을 구현하는 시점은 브라우저 제작사마다 다를 것입니다. 또 모든 사용자가 브라우저를 최신 버전으로 업그레이드하는 것도 아니고, 사용하는 브라우저 버전도 제각각이라서 새로운 기능을 사용할 수 없을 때도 있습니다. 따라서 어떤 기능을 사용하기 전에 브라우저에서 그 기능이 지원되는지 미리 체크해보는 것이 최선입니다.

웹어셈블리는 아직 모든 브라우저나 모든 버전의 Node.js 환경에서 사용 가능한 기술이 아닙니다. 웹어셈블리를 지원하는 브라우저조차 콘텐츠 보안 정책^{Content Security Policy}(CSP) 때문에 모듈을 로드/인스턴스화할 수 없는 경우도 있습니다. CSP는 사이트 간 스크립팅^{Cross-site}

scripting (XSS)**11**이나 SQL 삽입$^{SQL injection}$**12** 공격 등을 방어하기 위해 추가된 보안 계층입니다. 따라서 단순히 웹어셈블리 자바스크립트 객체의 존재 여부만 따져서는 안 되고, 웹어셈블리 지원 여부를 브라우저 또는 Node.js가 직접 감지할 수 있는 함수가 필요합니다(예제 3-6).

예제 3-6 웹어셈블리 지원 여부를 판별하는 자바스크립트

```
function isWebAssemblySupported() {
    try { ◀── CompileError, LinkError 에러가 날 경우를 감안해 try/catch 구문으로 감싼다.
        if (typeof WebAssembly === "object") { ◀── 웹어셈블리 자바스크립트 API 객체가 존재하는지 체크한다.
            const module = new WebAssembly.Module(new Uint8Array([0x00, 0x61,
                0x73, 0x6D, 0x01, 0x00, 0x00, 0x00]));
            if (module instanceof WebAssembly.Module) {
                const moduleInstance = new WebAssembly.Instance(module);
                return (moduleInstance instanceof WebAssembly.Instance);
            }
        }
    } catch (err) {}

    return false; ◀── 웹어셈블리가 지원되지 않는 환경이다.
}

console.log((isWebAssemblySupported() ? "WebAssembly is supported":
    "WebAssembly is not supported"));
```

매직 넘버('\0asm')와 버전(1)만 있는 최소 모듈을 컴파일한다.

module이 자바스크립트 API 객체 WebAssembly.Module의 인스턴스라면,

생성된 객체가 자바스크립트 API 객체 WebAssembly.Instance의 인스턴스라면 웹어셈블리가 지원되는 환경이다.

WebAssembly.Instance 생성자에 module을 전달하여 인스턴스화한다.

물론, 이렇게 테스트를 해도 브라우저나 Node.js가 최신 기능을 지원하지 않을 수도 있습니다. 가령, `WebAssembly.instantiateStreaming`은 `WebAssembly.instantiate`를 대체할 만한 최신 자바스크립트 함수지만, MVP 릴리즈 이후 개발된 함수여서 웹어셈블리를 지원하는 브라우저도 사용할 수 없는 버전이 있으므로 자바스크립트 함수 자체의 존재 여부도 체크할 필요가 있습니다.

```
if (typeof WebAssembly.instantiateStreaming === "function") {
    console.log("You can use the WebAssembly.instantiateStreaming
        function");
} else {
```

11 옮긴이_ 웹 애플리케이션에서 많이 나타나는 취약점의 하나로 웹사이트 관리자가 아닌 이가 웹 페이지에 악성 스크립트를 삽입할 수 있는 취약점입니다. 주로 여러 사용자가 보게 되는 전자 게시판에 악성 스크립트가 담긴 글을 올리는 형태로 이루어집니다(출처: 위키백과).

12 옮긴이_ 응용 프로그램 보안 상의 허점을 의도적으로 이용해, 악의적인 SQL문을 실행되게 함으로써 데이터베이스를 비정상적으로 조작하는 코드 인젝션 공격 방법입니다(출처: 위키백과).

```
    console.log("The WebAssembly.instantiateStreaming function is not
      available. You need to use WebAssembly.instantiate instead.");
  }
```

이렇게 사용하려는 함수가 존재하는지 확인하고 없으면 다른 대체 함수를 사용하는 식으로 기능 감지를 합니다. 이 책의 예제는 모듈을 내려받는 동시에 코드를 컴파일할 수 있는 instantiateStreaming 함수를 선호하지만 이 함수를 사용할 수 없는 환경은 어쩔 수 없이 성능 저하를 감수하고 instantiate 함수를 사용하면 됩니다.[13]

3.8 실제 용례

- 엠스크립튼 HTML 템플릿 출력 옵션을 이용하면 코드를 재빨리 개념 검증[Proof-of-Concept](POC)[14]해보거나 웹페이지와 독립적으로 웹어셈블리 기능을 테스트할 수 있습니다. 필요한 정보를 printf 함수로 웹페이지 텍스트 박스나 개발자 도구 콘솔창에 출력해보면 제대로 동작하는지 확인할 수 있습니다. 테스트 환경에서 돌려보고 문제가 없으면 메인 코드베이스에 구현합니다.

- 웹어셈블리 지원 여부를 판별하기 위해 웹어셈블리 자바스크립트 API로 기능 감지를 합니다.

- 계산기나 단위 변환기(예: 섭씨를 화씨로, 센티미터를 인치로 변환)에 활용합니다.

3.9 연습 문제

1 웹어셈블리에서 지원되는 네 가지 자료형은 무엇인가?

2 3.6.1설에서 삭성한 사이드 모듈에 Decrement 함수를 주가하시오.

- Decrement 함수는 정수를 매개변수로 받아 여기서 1을 뺀 결과를 호출부에 반환한다.

- 사이드 모듈을 컴파일하고 함수를 호출한 결괏값이 콘솔창에 표시되도록 자바스크립트를 수정하시오.

➡ 해답은 부록 D에 있습니다.

---

13 옮긴이_ 이 책을 옮기는 현재, 크롬 80+ 버전이 발표된 상황이고 instantiateStreaming 함수는 크롬 61 버전 이후부터 지원하므로 인터넷 익스플로러, 사파리 두 제품을 제외한 나머지 브라우저는 지나치게 구버전이 아닌 이상 모두 지원 가능됩니다.

14 옮긴이_ 기존 시장에 없었던 신기술을 도입하기 전에 이를 검증하기 위해 사용하는 것, 특정 방식이나 아이디어를 실현하여 타당성을 증명하는 것을 뜻합니다(출처: 위키백과).

3.10 마치며

엠스크립튼 툴킷은 LLVM 컴파일러 툴체인을 이용해 C/C++ 코드를 LLVM IR로 변환하고 엠스크립튼은 이를 다시 웹어셈블리 바이트코드로 변환합니다. 웹어셈블리를 지원하는 브라우저는 웹어셈블리 파일을 로드해서 올바른 파일인지 체크한 뒤, 바이트코드를 기계어로 컴파일합니다.

엠스크립튼 툴킷은 필요에 따라 유연하게 사용할 수 있습니다. 웹어셈블리 모듈은 다음 세 가지 방법으로 생성합니다.

- 첫째, HTML과 자바스크립트 파일을 모듈과 함께 생성합니다. HTML, 자바스크립트를 배우기 전에 웹어셈블리 모듈을 어떻게 생성하는지 학습하려는 사람들에게 유용한 방법입니다. HTML, 자바스크립트를 작성하지 않아도 그냥 재빨리 테스트를 해보고 싶을 때에도 좋습니다.

- 둘째, 자바스크립트 파일만 모듈과 함께 생성하고 HTML 파일은 직접 작성합니다. HTML 페이지를 입맛대로 코딩하거나, 기존 웹페이지에 생성된 자바스크립트 파일을 그냥 추가하면 되므로 아주 유연해서 프로덕션 환경에서 많이 쓰는 방법입니다.

- 셋째, 모듈만 생성하고 HTML 파일, 그리고 웹어셈블리 모듈을 다운로드/인스턴스화하는 자바스크립트는 모두 직접 작성합니다. 웹어셈블리 자바스크립트 API에 관하여 자세히 공부하려고 할 때 좋은 방법입니다.

웹어셈블리 모듈

1부를 읽고 웹어셈블리가 무엇인지, 엠스크립튼 툴킷은 어떻게 사용하는지 대략 감을 잡았을 겁니다. 2부는 자바스크립트와 상호작용 가능한 웹어셈블리 모듈을 개발하는 과정을 안내합니다.

4장은 기존 C/C++ 코드베이스를 웹어셈블리 모듈로 컴파일할 수 있도록 수정하는 방법을 설명합니다. 웹페이지 자바스크립트에서 새로운 모듈과 상호작용하는 방법도 배웁니다.

5장은 웹어셈블리 모듈에서 웹페이지 자바스크립트를 호출하려면 4장의 코드를 어떻게 고쳐야 하는지 설명합니다.

6장은 한발 더 나아가 자바스크립트 함수 포인터를 웹어셈블리 모듈에 전달하는 식으로 웹페이지의 자바스크립트를 호출하는 방법을 배웁니다. 이렇게 하면 그때그때 함수를 자바스크립트로 지정할 수 있고 프라미스를 최대한 활용할 수 있습니다.

Part II

웹어셈블리 모듈

기존 C++ 코드베이스 재활용하기

이 장의 핵심 내용

◆ 엠스크립튼으로 컴파일할 수 있도록 C++ 코드베이스를 수정

◆ 자바스크립트에서 호출할 수 있도록 웹어셈블리 함수를 익스포트

◆ 엠스크립튼 헬퍼 함수를 이용해 웹어셈블리 함수를 호출

◆ 모듈 메모리를 통해 문자열과 배열을 웹어셈블리 모듈에 전달

웹어셈블리가 성능 측면에서 유리하다고 얘기하는 사람들이 많지만, 사실 기존 코드를 재활용하는 능력이야말로 웹어셈블리의 숨은 강점입니다. 웹어셈블리를 활용하면 동일한 로직이 구현된 같은 코드를 여러 환경(데스크톱, 웹사이트 등)마다 따로 개발하지 않고 그대로 재활용할 수 있습니다.

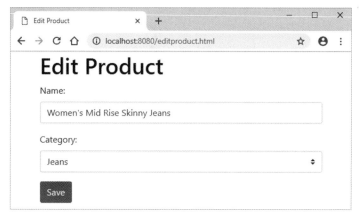

그림 4-1 미리 보는 상품수정(Edit Product) 페이지

4장 - 기존 C++ 코드베이스 재활용하기 **89**

C++ 언어로 개발한 데스크톱 판매 시점 정보 관리^{Point Of Sale}(POS) 애플리케이션을 판매하는 가상의 회사가 있습니다. 이 회사는 최근 POS 제품을 온라인 버전으로 출시할 계획을 구상 중입니다. 결국 [그림 4-1] 같은 상품수정 페이지부터 웹 개발을 착수하고, 서버 사이드 로직은 Node.js 환경에서 개발하기로 했습니다(Node.js는 뒷 장에서 설명하므로 이 장에서는 건너뜁니다).

가능하다면 웹어셈블리의 장점을 십분 활용해 이미 C++로 개발된 데이터 검증 코드를 브라우저와 Node.js에서 다시 사용할 수 있으면 좋겠습니다. 동일한 코드베이스를 세 곳에 적용하면 유지보수하기도 한결 수월할 것입니다. 다음 순서대로 검증 로직을 통합해서 웹사이트를 구축하기로 했습니다(그림 4-2).

1 엠스크립튼으로 컴파일할 수 있도록 C++ 코드를 수정합니다.

2 엠스크립튼으로 웹어셈블리 파일과 자바스크립트 연결 파일을 생성합니다.

3 웹페이지를 작성하고 웹어셈블리 모듈과 상호작용할 자바스크립트를 코딩합니다.

그런데 사용자가 입력한 데이터를 굳이 두 번 검증할 필요가 있을까요? 브라우저는 그냥 넘어가고 서버에서만 데이터를 검증하면 안 될까요? 데이터 검증을 서버에만 맡기지 않고 브라우저에서 일차적으로 수행하는 이유가 있습니다.

- 무엇보다 모든 사용자가 물리적으로 서버 근처에 있지 않습니다. 사용자와 서버가 멀리 떨어져 있으면 그만큼 데이터가 서버에 도달하고 응답이 반환되는 시간은 더 오래 걸립니다. 지구 반대편에 있는 사용자라면 지연 시간은 체감될 정도라서 가능한 한 브라우저에서 먼저 검증하는 편이 웹사이트의 응답성 측면에서 유리합니다.

- 브라우저에서 가급적 많이 검증할수록 서버가 할 일이 줄어듭니다. 서버가 모든 사용자에게 일일이 응답하지 않아도 된다면 더 많은 사용자를 처리할 수 있습니다.

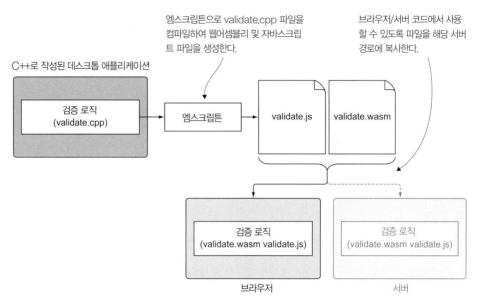

그림 4-2 기존 C++ 코드를 브라우저/서버 코드에서 사용할 수 있도록 웹어셈블리 모듈로 전환하는 과정

브라우저에서 사용자 데이터를 우선 검증하더라도 서버로 전달된 데이터가 완벽할 수는 없을 테니 서버 코드는 데이터를 다시 검증해야 합니다. 사용자의 실수나 악의적으로 전송된 나쁜 데이터가 DB에 반영되기를 원하는 사람은 없겠죠.

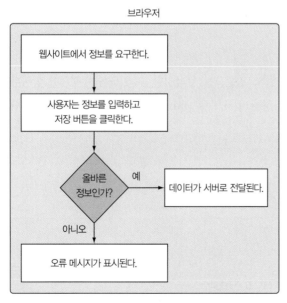

그림 4-3 브라우저의 검증 로직

[그림 4-3]은 지금부터 작성할 검증 로직의 흐름도입니다. 사용자가 데이터를 입력하고 저장 버튼을 클릭하면 검증 로직은 데이터가 올바른지 체크합니다. 데이터에 오류가 있으면 웹페이지에 오류 메시지가 표시되며, 사용자는 데이터를 다시 입력하고 저장 버튼을 클릭합니다. 데이터에 문제가 없으면 바로 서버에 전달됩니다.

4.1 엠스크립튼 연결 코드로 동작하는 웹어셈블리 모듈 생성하기

검증 로직은 C++ 코드로 작성하겠습니다. 이 절의 예제에 포함된 표준 C 라이브러리와 엠스크립튼 헬퍼 함수는 다음과 같은 이유로 프로덕션용 모듈을 개발하기 좋은 방법입니다.

- 엠스크립튼은 모듈과 자바스크립트가 쉽게 상호작용하는 데 필요한 헬퍼 함수를 제공합니다.
- 엠스크립튼은 코드에서 사용하는 표준 C 라이브러리 함수를 모듈에 포함합니다. 런타임에는 필요하지만 컴파일 타임에는 사용하지 않는 표준 C 라이브러리 함수는 명령줄 플래그에 지정하여 포함시킬 수 있습니다.
- 모듈과 자바스크립트가 정수나 부동소수 이외의 데이터를 주고받을 때에는 모듈의 선형 메모리를 사용해야 하는데, 표준 C 라이브러리에는 malloc, free처럼 메모리를 관리해주는 함수가 있습니다.

표준 C 라이브러리와 엠스크립튼 헬퍼 함수 없이 웹어셈블리 모듈을 만드는 방법은 이 장 후반부에서 설명하겠습니다.

4.1.1 C++ 코드 수정

기존 C++ 코드를 재활용하려면 일단 엠스크립튼으로 컴파일할 수 있도록 수정해야 합니다 (그림 4-4). 실습 폴더를 저장할 Chapter 4\4.1 js_plumbing\source 폴더를 생성합니다.

C++로 작성된 데스크톱 애플리케이션

검증 로직
(validate.cpp)

그림 4-4 엠스크립튼으로 컴파일할 수 있도록 C++ 코드를 수정한다.

엠스크립튼의 조건부 컴파일 심볼과 헤더 파일

기존 솔루션의 일부인 C/C++ 코드를 이용해서 웹어셈블리 모듈을 개발하려면 엠스크립튼 헤더 파일을 코드에 추가해야 컴파일이 가능합니다. 그런데 엠스크립튼으로 컴파일할 때에만 헤더 파일을 포함시킬 수는 없을까요? 다행히 엠스크립튼은 __EMSCRIPTEN__라는 조건부 컴파일 심볼conditional compilation symbol을 제공하므로 엠스크립튼으로 코드를 컴파일하는지 여부를 알 수 있습니다. 엠스크립튼으로 컴파일하지 않을 때 필요한 헤더 파일은 이 조건부 컴파일 심볼의 else 블록에 넣으면 됩니다.

validate.cpp 파일을 만들어 편집기로 엽니다. 먼저 표준 C 라이브러리 헤더와 문자열 헤더 파일을 추가합니다. 엠스크립튼으로만 컴파일할 코드면 그럴 일이 없겠지만, 이 파일은 기존 코드의 일부이므로 선언부를 __EMSCRIPTEN__으로 감싸 엠스크립튼으로 코드를 컴파일할 경우에만 헤더가 포함되도록 해야 합니다.

```
#include <cstdlib>
#include <cstring>

#ifdef __EMSCRIPTEN__          ← 이 심볼은 엠스크립튼으로
    #include <emscripten.h>    ← 컴파일을 할 경우에만 존재한다.
#endif                            엠스크립튼 라이브러리 헤더 파일
```

> **NOTE_** 오래된 C 헤더 파일은 이제 더 이상 C++에서 사용 중단되었습니다deprecated. 예를 들어, 지금은 **stdlib.h**를 **cstdlib**로 바꾸어야 합니다. 전체 변경 목록은 관련 사이트[1]를 참고하기 바랍니다.

Extern "C" 블록

C++ 언어는 함수 오버로드overload를 지원하므로 컴파일러는 코드를 컴파일할 때 네임 맹글링name mangling (이름 바꾸기), 즉 함수 매개변수 정보를 함수명에 추가하는 식으로 함수명이 중복되지 않게 바꿉니다. 그러나 외부 코드에서 특정 함수를 호출하려고 할 경우 이렇게 컴파일러가 함수명을 임의로 변경하면 함수명으로 찾을 수가 없어서 문제가 됩니다.

그래서 자바스크립트에서 C++ 함수를 호출할 때에는 함수 주변을 extern "C" 블록으로 감싸

---

1 https://en.cppreference.com/w/cpp/header

야 합니다. 컴파일러에게 이 블록 안의 함수는 네임 맹글링을 하지 말라고 알리는 것입니다. 앞으로 이 절에서 설명할 함수는 모두 이 블록 안에 두겠습니다.

```
#ifdef __cplusplus
extern "C" {      ◁─┐ 컴파일러는 이 블록 내부에 있는 함수의 이름을 바꾸지 않는다.
#endif
  ◁─┤ 웹어셈블리 함수는 여기에 둔다.
#ifdef __cplusplus
}
#endif
```

ValidateValueProvided 함수

상품수정 페이지에는 검증 대상인 상품명 필드와 카테고리 드롭다운 리스트drop-down list로 구성된 폼이 있습니다. 사용자가 직접 기재한 상품명은 문자열로, 드롭다운 리스트에서 선택한 카테고리 ID는 숫자 형태로 모듈에 전달됩니다.

ValidateName, ValidateCategory는 각각 상품명과 카테고리를 검증하는 함수들입니다. ValidateValueProvided는 이 두 함수에 전달된 값이 있는지 확인하는 헬퍼 함수로 다음 값을 매개변수로 받습니다.

- 웹페이지에서 모듈에 전달된 값
- ValidateName, ValidateCategory 둘 중 하나에 해당하는 오류 메시지. 이 값이 없을 경우 오류 메시지는 세 번째 인수의 반환 버퍼에 담습니다.
- 오류 메시지를 담을 버퍼

```
int ValidateValueProvided(const char* value,   ◁─┤ 모듈에서 전달받은 값
    const char* error_message,   ◁─┤ 검증 오류 시 반환할 오류 메시지
    char* return_error_message) {   ◁─┤ 검증 오류 시 오류 메시지를 담을 버퍼
  if ((value == NULL) || (value[0] == '\0')) {   ◁─┐ 모듈에서 받은 값이 NULL 또는
    strcpy(return_error_message, error_message);   ◁─┘ 공백 문자이면 오류다.
    return 0;   ◁─┐ 오류가 없다고
  }                호출부에 알린다.              오류 메시지를 반환 버퍼에 복사한다.

  return 1;   ◁─┐ 오류가 있다고
}                호출부에 알린다.
```

ValidateName 함수

ValidateName 함수는 다음 값을 매개변수로 받습니다.

- 사용자가 입력한 상품명
- 상품명 최대 길이
- 검증 오류 시 오류 메시지가 담긴 버퍼를 가리키는 포인터

이 함수는 다음 두 가지를 검증합니다.

- 사용자가 상품명을 입력했나? 상품명을 ValidateValueProvided 함수로 보내 체크합니다.
- 사용자가 입력한 상품명이 최대 길이를 초과하지 않았나? 표준 C 라이브러리 함수 strlen으로 체크합니다.

두 조건 모두 참이 아닐 경우 오류 메시지를 반환 버퍼에 담고 0(에러)을 반환합니다. 검증 오류가 없으면 함수 끝까지 코드를 실행 후 1(성공)을 반환합니다. 3장에서는 자바스크립트에서 모듈 함수를 호출하기 위해 EXPORTED_FUNCTIONS라는 명령줄 플래그에 함수를 추가했지만, ValidateName 함수 앞에 EMSCRIPTEN_KEEPALIVE라는 선언을 붙이면 익스포트된 함수 목록에 자동 추가되기 때문에 명령줄에 뭔가 추가할 필요가 없습니다.

예제 4-1 ValidateName 함수(validate.cpp)

```
...
#ifdef __EMSCRIPTEN__
  EMSCRIPTEN_KEEPALIVE      ◁┐ 익스포트된 함수 목록에 이 함수를 추가한다.
#endif
int ValidateName(char* name,  ◁┐ 모듈에 전달된 상품명
    int maximum_length,   ◁┐ 상품명 최대 길이
    char* return_error_message) {  ◁┐ 검증 오류 시 오류 메시지를 담을 버퍼
  if (ValidateValueProvided(name,
    "A Product Name must be provided.",
    return_error_message) == 0) {  ◁┐ 입력된 상품명이 없으면
  return 0;                          │ 에러를 반환한다.
  }
                                        ┌ 상품명 길이가 최대 길이를
                                        │ 초과하면 에러를 반환한다.
  if (strlen(name) > maximum_length) {  ◁┘
    strcpy(return_error_message, "The Product Name is too long.");
    return 0;
  }

  return 1;  ◁┐ 오류가 없다고 호출부에 알린다.
}
```

IsCategoryIdInArray 함수

ValidateCategory 함수를 작성하기 전에 카테고리 ID가 올바른지 체크하는 헬퍼 함수 IsCategoryIdInArray를 먼저 작성하겠습니다.

이 함수는 다음 값을 매개변수로 받습니다.

- 사용자가 선택한 카테고리 ID
- 올바른 카테고리 ID가 담긴 정수 배열을 가리키는 포인터
- 올바른 카테고리 ID 배열의 원소 개수

이 함수는 사용자가 선택한 카테고리 ID가 올바른 카테고리 ID 배열에 있는 원소인지 확인합니다. 그 결과 참이면 1(성공)을, 거짓이면 0(에러)을 반환합니다.

```
int IsCategoryIdInArray(char* selected_category_id,      ←— 모듈에 전달된 카테고리 ID
    int* valid_category_ids,      ←— 올바른 카테고리 ID가 담긴 정수 배열을 가리키는 포인터
    int array_length) {      ←— 올바른 카테고리 ID가 담긴 배열의 원소 개수
  int category_id = atoi(selected_category_id);      ←— 문자열을 정수로 변환한다.
  for (int index = 0; index < array_length; index++) {      ←— 배열을 순회한다.
    if (valid_category_ids[index] == category_id) {      ←┐
      return 1;                                              ID가 배열에 있으면 함수를 빠져나가
    }                                                        ID가 있다고 호출부에 알린다.
  }

  return 0;      ←┐ 배열에서 ID를 찾을 수 없다고 호출부에 알린다.
}
```

ValidateCategory 함수

ValidateCategory 함수는 다음 값을 매개변수로 받습니다.

- 사용자가 선택한 카테고리 ID
- 올바른 카테고리 ID가 담긴 정수 배열을 가리키는 포인터
- 올바른 카테고리 ID가 담긴 배열의 원소 개수
- 검증 오류 시 오류 메시지를 담을 버퍼 포인터

이 함수는 다음 세 가지를 검증합니다.

- 카테고리 ID를 입력했나? ValidateValueProvided에 카테고리 ID를 전달하여 체크합니다.

- 올바른 카테고리 ID가 담긴 배열 포인터가 제공됐는가?

- 사용자가 선택한 카테고리 ID가 올바른 카테고리 ID 배열에 있는 값인가?

셋 중 하나라도 실패할 경우 오류 메시지를 반환 버퍼에 넣고 0(에러)을 반환합니다. 검증 오류가 없으면 함수 끝까지 코드를 실행 후 1(성공)을 반환합니다.

예제 4-2 ValidateCategory 함수(validate.cpp)

```
...
#ifdef __EMSCRIPTEN__
  EMSCRIPTEN_KEEPALIVE
#endif
int ValidateCategory(char* category_id,     ◁─┤ 모듈에 전달된 카테고리 ID
    int* valid_category_ids,  ◁──┤ 올바른 카테고리 ID가 담긴 정수 배열을 가리키는 포인터
    int array_length,  ◁──┤ 올바른 카테고리 ID가 담긴 배열의 원소 개수
    char* return_error_message) {     ◁── 검증 오류 시 오류 메시지를
  if (ValidateValueProvided(category_id,        담을 버퍼
    "A Product Category must be selected.",
    return_error_message) == 0) {  ◁──┤ 선택된 카테고리 ID가 없으면
    return 0;                            에러를 반환한다.
  }

  if ((valid_category_ids == NULL) || (array_length == 0)) {  ◁── 올바른 카테고리 ID가 담
    strcpy(return_error_message,                                  긴 배열이 없거나 크기가
      "There are no Product Categories available.");             0이면 에러를 반환한다.
    return 0;
  }

  if (IsCategoryIdInArray(category_id, valid_category_ids,
      array_length) == 0) {  ◁──────────────────────── 선택된 카테고리 ID가
    strcpy(return_error_message,                          올바른 카테고리 ID가
      "The selected Product Category is not valid."); return 0;   담긴 배열에 없으면 에
    return 0;                                            러를 반환한다.
  }

  return 1;  ◁──┤ 오류가 없다고 호출부에 알린다.
}
```

4.1.2 코드를 웹어셈블리 모듈로 컴파일

기존 C++ 코드를 엠스크립튼으로 컴파일할 수 있도록 수정했으니 이제 웹어셈블리 모듈로 컴파일하겠습니다(그림 4-5).

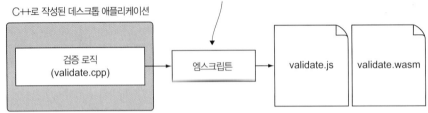

그림 4-5 validate.cpp 파일을 엠스크립튼으로 컴파일하여 웹어셈블리 및 자바스크립트 파일을 생성한다.

자바스크립트와 모듈이 상호작용하려면 엠스크립튼에 내장된 헬퍼 함수 ccall, UTF8ToString이 필요합니다(자세한 내용은 부록 B 참고). 명령줄에서 C++ 코드를 컴파일할 때 EXTRA_EXPORTED_RUNTIME_METHODS 배열에 지정하면 생성된 자바스크립트 파일에 두 함수가 포함됩니다.

> **NOTE_** 함수명은 대소문자를 구분하므로 철자에 주의할 필요가 있습니다. 가령, **UTF8ToString** 함수에서 **UTF, T, S**는 대문자로 적습니다.

validate.cpp 파일이 있는 폴더에서 다음 명령을 실행합니다.

```
emcc validate.cpp -o validate.js
    -s EXTRA_EXPORTED_RUNTIME_METHODS=['ccall','UTF8ToString']
```

4.1.3 웹페이지 작성

C++ 코드를 컴파일해서 웹어셈블리 모듈을 만들었으니 브라우저에서 접속할 상품수정 페이지도 만들어야 합니다(그림 4-6).

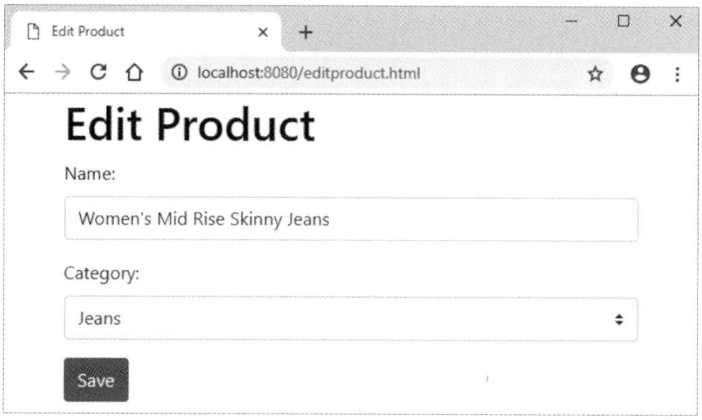

그림 4-6 상품수정 페이지

프로페셔널한 느낌이 드는 웹페이지를 제작하려면 손으로 하나하나 스타일을 적용하는 것보다는 웹 개발용 프레임워크로 유명한 부트스트랩Bootstrap을 활용하는 게 좋습니다. 부트스트랩은 웹페이지를 쉽고 빠르게 개발할 수 있는 풍성한 디자인 템플릿을 제공합니다. 이 책의 예제는 CDN에 호스팅된 파일을 참조하고 있지만 파일을 직접 내려받아 웹 페이지에서 사용해도 됩니다(부트스트랩 사용 가이드는 부록 A 참고).

> **NOTE_** 콘텐츠 전송 네트워크Content Delivery Network(CDN)는 파일(들)을 요청한 디바이스와 최대한 가까운 곳에 위치한 서버에서 콘텐츠를 제공하는 분산 시스템입니다. 덕분에 파일 다운로드 속도가 더 빠르고 웹사이트 로드 시간도 줄어듭니다.

Chapter 4\4.1 js_plumbing\frontend 폴더를 만들고 editproduct.html 파일을 작성합니다(예제 4-3).

예제 4-3 상품수정 페이지 HTML(editproduct.html)

```
<!DOCTYPE html>
<html>
  <head>
    <title>Edit Product</title>
    <meta charset="utf-8"/>
    <meta name="viewport" content="width=device-width, initial-scale=1">
    <link rel="stylesheet"
      href="https://maxcdn.bootstrapcdn.com/bootstrap/4.1.0/css/W3Schools
```

```
    bootstrap.min.css">
  <script
    src="https://ajax.googleapis.com/ajax/libs/jquery/3.3.1/W3Schools
    jquery.min.js"></script>
  <script
    src="https://cdnjs.cloudflare.com/ajax/libs/popper.js/1.14.0/umd/
    W3Schools popper.min.js"></script>
  <script
    src="https://maxcdn.bootstrapcdn.com/bootstrap/4.1.0/js/W3Schools
    bootstrap.min.js"></script>
</head>
<body onload="initializePage()">
  <div class="container">
    <h1>Edit Product</h1>

    <div id="errorMessage" class="alert alert-danger" role="alert"
      style="display:none;"></div>

    <div class="form-group">
      <label for="name">Name:</label>
      <input type="text" class="form-control" id="name">
    </div>

    <div class="form-group">
      <label for="category">Category:</label>
      <select class="custom-select" id="category">
        <option value="0"></option>
        <option value="100">Jeans</option>
        <option value="101">Dress Pants</option>
      </select>
    </div>

    <button type="button" class="btn btn-primary"
      onclick="onClickSave()">Save</button>
  </div>

  <script src="editproduct.js"></script>
  <script src="validate.js"></script>
</body>
</html>
```

4.1.4 모듈과 상호작용할 자바스크립트 작성

4.1.2절에서 엠스크립튼으로 생성한 validate.js, validate.wasm 파일을 editproduct.html 파일이 있는 Chapter 4\4.1 js_plumbing\frontend 폴더에 복사하고, 웹페이지와 모듈 사이에서 징검다리 역할을 할 자바스크립트를 editproduct.js 파일에 작성합니다.

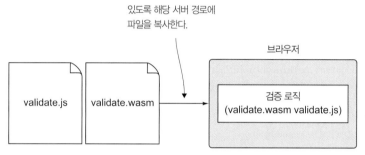

그림 4-7 브라우저에서 사용하도록 해당 서버 경로에 파일을 복사하고 모듈과 상호작용할 자바스크립트를 작성한다.

이 예제는 서버와 직접 통신하는 코드 대신, `initialData`라는 자바스크립트 객체를 서버에서 받은 것처럼 모의할simulate 것입니다. `initialData` 객체는 웹페이지를 표시할 때 화면 컨트롤을 초기화하는 용도로 사용합니다.

```
const initialData = {  ◁─┤ 서버에서 받은 모의 데이터
  name: "Women's Mid Rise Skinny Jeans",
  categoryId: "100",
};
```

모듈 함수 `ValidateName`가 호출될 때 이 함수는 상품명의 최대 길이를 알고 있어야 하므로 상품명 최대 길이는 `MAXIMUM_NAME_LENGTH`, 올바른 카테고리 ID 배열은 `VALID_CATEGORY_IDS`라는 상수에 각각 지정합니다.

```
const MAXIMUM_NAME_LENGTH = 50;  ◁─┤ 상품명 최대 길이
const VALID_CATEGORY_IDS = [100, 101];  ◁─┤ 올바른 카테고리 ID 배열
```

상품수정 페이지가 로드되면 `initializePage` 함수가 호출되고 페이지 컨트롤도 `initialData`

객체를 통해 받은 데이터로 채워질 것입니다.

initializePage 함수는 상품명 필드를 initialData.name 값으로 적재한 다음, 카테고리 리스트를 순회하면서 initialData.categoryId 값과 일치하는 항목을 찾습니다. 만약 있으면 해당 항목의 인덱스를 selectedIndex 프로퍼티에 할당하여 드롭다운 리스트에서 선택된 것으로 표시합니다.

```
function initializePage() {
  document.getElementById("name").value = initialData.name;

  const category = document.getElementById("category");
  const count = category.length;   ←─┤ 카테고리 드롭다운 리스트의 항목 개수
  for (let index = 0; index < count; index++) {   ←─┤ 카테고리 리스트의 각 항목을 순회한다.
    if (category[index].value === initialData.categoryId) {   ←─ initialData.categoryId와
      category.selectedIndex = index;                              일치하는 항목이 있으면 드롭다
      break;                                                       운 리스트에서 선택하고 루프를
    }                                                              나간다.
  }
}
```

다음은 사용자가 저장 버튼을 클릭하면 호출되는 getSelectedCategoryId 함수입니다. 이 함수는 카테고리 리스트에서 선택된 항목 값을 반환합니다.

```
function getSelectedCategoryId() {
  const category = document.getElementById("category");
  const index = category.selectedIndex;
  if (index !== -1) { return category[index].value; }   ←─ 리스트에서 사용자가 선택한
                                                             항목이 있으면 그 값을 반환한다.
  return "0";   ←─ 사용자가 선택한 항목이
}                   없으면 "0"을 반환한다.
```

다음은 사용자에게 오류 메시지를 보여주는 setErrorMessage 함수입니다.

웹어셈블리 모듈 함수가 전달한 문자열로 웹페이지의 에러 영역을 채우되, 빈 문자열이 전달되면 에러 영역을 숨기라는 신호로 간주해 처리하면 됩니다.

```javascript
function setErrorMessage(error) {
  const errorMessage = document.getElementById("errorMessage");
  errorMessage.innerText = error;
  errorMessage.style.display = (error === "" ? "none" : "");
}
```

사용자가 저장 버튼을 클릭해 onclick 이벤트가 발생하면 onClickSave 함수가 트리거되고 이 함수는 사용자 입력값을 가져와 자바스크립트 함수 validateName, validateCategory에 넘깁니다. 두 함수를 실행한 결과 하나라도 오류가 있으면 모듈 메모리에서 오류 메시지를 꺼내 사용자에게 표시합니다.

> **NOTE_** 자바스크립트 함수는 어떻게 명명해도 상관없지만, 필자는 함수 자신이 호출하는 모듈의 함수명과 일치시켰습니다. 즉, 자바스크립트 함수 validateName과 호출하는 모듈 함수가 ValidateName입니다.

앞 장에서 말했듯이, 웹어셈블리 모듈은 네 가지 기본 자료형(32/64비트 정수, 32/64비트 부동소수)만 지원하기 때문에 문자열 같은 복합 자료형은 모듈 메모리를 사용해야 합니다.

엠스크립튼에 내장된 헬퍼 함수 ccall는 모듈 함수를 호출하고 문자열의 메모리 관리를 도와줍니다. 이 예제는 사용자 입력 데이터에 오류가 있을 경우, 해당 오류 메시지를 담을 문자열 버퍼를 모듈에 전달합니다. 이렇게 문자열이 담긴 메모리는 ValidateName, ValidateCategory 같은 모듈 함수를 단순히 호출하는 것보다 오래 지속되므로 onClickSave 함수가 직접 수동으로 메모리를 관리해야 합니다. 표준 C 라이브러리 함수 malloc, free를 사용할 수 있게 엠스크립튼 연결 코드에서 제공되는 _malloc, _free 함수를 이용하면 모듈 메모리를 할당/해제할 수 있습니다.

메모리 할당/해제와 별개로, 엠스크립튼 헬퍼 함수 UTF8ToString을 이용하면 모듈 메모리에서 문자열을 읽을 수 있습니다. 이 함수는 주어진 포인터에 해당하는 메모리에서 문자열을 읽습니다.

```
...

function onClickSave() {
  let errorMessage = "";
  const errorMessagePointer = Module._malloc(256);

  const name = document.getElementById("name").value;
  const categoryId = getSelectedCategoryId();

  if (!validateName(name, errorMessagePointer) ||
      !validateCategory(categoryId, errorMessagePointer)) {
    errorMessage = Module.UTF8ToString(errorMessagePointer);
  }

  Module._free(errorMessagePointer);

  setErrorMessage(errorMessage);
  if (errorMessage === "") {

  }
}
```

- 오류 메시지를 담을 256바이트의 모듈 메모리를 확보한다.
- 웹페이지에서 에러 값을 가져온다.
- 상품명과 카테고리 ID가 올바른지 체크한다.
- 모듈 메모리에서 오류 메시지를 가져온다.
- _malloc으로 락킹한 메모리를 해제한다.
- 오류 메시지가 있으면 표시한다.
- 오류가 없으니 데이터를 서버에 전달한다.

모듈과 통신하기: ValidateName

다음은 첫 번째 자바스크립트 함수 validateName가 호출하는 C++ 웹어셈블리 모듈 함수 ValidateName의 시그니처입니다.

```
int ValidateName(char* name,
    int maximum_length,
    char* return_error_message);
```

이 함수는 엠스크립튼 헬퍼 함수 ccall를 이용해 호출합니다(ccall 함수의 매개변수는 부록 B 참고). 이 예제는 ccall 함수를 호출할 때 다음 매개변수를 전달할 것입니다.

- 'ValidateName': 호출하려는 함수명
- 'number': 반환형. 정수를 반환하므로 'number'
- ['string', 'number', 'number']: 각 매개변수의 자료형을 나타낸 배열

- ValidateName 함수는 사용자가 입력한 상품명을 가리키는 char*형 매개변수를 받습니다. 상품명은 검증하기 위해 잠시 사용할 데이터라서 그냥 'string'으로 지정하고 메모리 관리는 ccall 함수에게 맡기면 됩니다.

- 두 번째 매개변수는 정수형이므로 'number'입니다.

- 세 번째 매개변수는 약간 헷갈릴 수 있습니다. char*형 매개변수는 검증 오류 시 반환되는 메시지를 가리킵니다. ValidateName 함수를 호출한 자바스크립트 함수에 오류 메시지를 반환하려면 이 포인터가 가리키는 메모리가 오래 지속돼야 합니다. 따라서 ccall 함수에게 문자열 메모리를 관리하도록 맡기는 게 아니라 onClickSave 함수에서 직접 처리해야 합니다. 문자열은 그냥 포인터로 전달하면 되는데, 웹어셈블리에서 포인터를 전달하려면 매개변수형을 'number'라고 지정합니다.

- [name, MAXIMUM_NAME_LENGTH, errorMessagePointer]: 사용자가 입력한 상품명, 상품명 최대 길이가 담긴 상수, 검증 오류 시 반환되는 오류 메시지를 담을 버퍼

```
function validateName(name, errorMessagePointer) {
    const isValid = Module.ccall('ValidateName',   ◁─┤ 호출하려는 모듈 함수명
        'number',   ◁─┤ 함수 반환형
        ['string', 'number', 'number'],   ◁─┤ 매개변수 자료형 배열
        [name, MAXIMUM_NAME_LENGTH, errorMessagePointer]);   ◁─┤ 매개변수 값 배열

    return (isValid === 1);   ◁─┤ 1이면 true, 아니면 false를 반환한다.
}
```

NOTE_ 이 예제는 모듈 함수 ValidateName을 호출하는 코드가 간단하지만 다음 예제부터는 코드가 점점 복잡해집니다. 따라서 관리 편의상 호출되는 각 웹어셈블리 함수 코드를 해당 자바스크립트 함수에 두는 편이 낫습니다.

모듈과 통신하기: ValidateCategory

다음은 두 번째 자바스크립트 함수 validateCategory가 호출하는 C++ 웹어셈블리 모듈 함수 ValidateCategory의 시그니처입니다.

```
int ValidateCategory(char* category_id,
    int* valid_category_ids,
    int array_length,
    char* return_error_message);
```

ValidateCategory 함수는 32비트 정수형 배열 포인터를 매개변수로 받습니다. 하지만 ccall 함수의 배열 원소는 8비트 값만 가능하므로(자세한 내용은 부록 B 참고) 배열에 수동으로 메모리를 할당하고 모듈 반환 시 할당됐던 메모리를 다시 수동으로 해제해야 합니다.

웹어셈블리 모듈의 메모리는 정형한 어레이버퍼입니다. 엠스크립튼은 메모리를 다양한 방법으로 바라보며 다양한 자료형을 쉽게 작업할 수 있도록 여러 가지 뷰를 제공합니다. 가령, 정수형 배열을 받는 모듈에는 HEAP32 뷰를 사용합니다.

배열 포인터에 메모리를 넉넉히 할당하려면 Module._malloc을 호출하는 코드에서 Module.HEAP32 객체의 항목별 바이트 수와 배열 원소 개수를 곱한 값을 전달해야 합니다. 이 예제는 HEAP32 객체에 해당하는 4를 세팅한 Module.HEAP32.BYTES_PER_ELEMENT 상수와 배열 원소 개수를 곱했습니다.

배열 포인터에 메모리를 할당한 후 HEAP32.set 메서드로 배열 내용을 모듈 메모리에 복사합니다. 이 메서드는 다음 값을 매개변수로 받습니다.

- VALID_CATEGORY_IDS: 웹어셈블리 모듈 메모리로 복사할 배열
- (arrayPointer / bytesPerElement): 데이터를 하부 배열underlying array(모듈 메모리)에 쓰기 시작할 위치(인덱스). 이 예제는 32비트 메모리 뷰를 사용하므로 각각의 인덱스는 32비트(4바이트) 그룹 중 하나를 참조합니다. 따라서 메모리 주소를 4로 나누어야 합니다.

예제 4-5 validateCategory 함수(editproduct.js)

```
...
function validateCategory(categoryId, errorMessagePointer) {
  const arrayLength = VALID_CATEGORY_IDS.length;
  const bytesPerElement = Module.HEAP32.BYTES_PER_ELEMENT;  ◁─┐ HEAP32 객체의 항목별
  const arrayPointer = Module._malloc((arrayLength *          │ 바이트 수를 얻는다.
      bytesPerElement));  ◁─┤ 각 배열 원소에 충분한 메모리를 할당한다.
  Module.HEAP32.set(VALID_CATEGORY_IDS,
      (arrayPointer / bytesPerElement));  ◁─┐ 배열 원소를 모두 모듈 메모리에 복사한다.

  const isValid = Module.ccall('ValidateCategory',  ◁─┐ 모듈 함수 ValidateCategory를 호출한다.
      'number',
      ['string', 'number', 'number', 'number'],
      [categoryId, arrayPointer, arrayLength, errorMessagePointer]);

  Module._free(arrayPointer);  ◁─┐ 배열에 할당된 메모리를 해제한다.
```

```
    return (isValid === 1);        1이면 true, 아니면 false를 반환한다.
}
```

4.1.5 실행 결과

http://localhost:8080/editproduct.html에 접속해서 상품명 필드를 비운 채 저장 버튼을
클릭하면 오류 메시지가 표시될 것입니다(그림 4-8).

상품명을 입력하지
않은 경우 표시되
는 오류 메시지

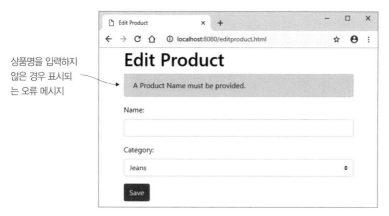

그림 4-8 상품명을 입력하지 않은 경우 상품수정 페이지에 오류 메시지가 표시된다.

4.2 엠스크립튼 연결 코드 없이 동작하는 웹어셈블리 모듈 생성하기

이번에는 엠스크립튼 컴파일 시 표준 C 라이브러리 함수도 포함하지 않고 자바스크립트 연결
파일도 생성하지 않는 방법을 살펴보겠습니다. 엠스크립튼이 생성한 연결 코드는 간편해서 좋
지만 웹어셈블리 모듈의 세부 작동 원리는 가려지므로 여러분이 직접 자바스크립트 웹어셈블
리 API 같은 기술을 직접 다뤄보면서 학습하는 데 유익한 방법입니다.

프로덕션 코드는 4.1절에서 실습한 것처럼 여러분이 작성한 코드에서 사용하는 표준 C 라이브
러리 함수를 엠스크립튼이 생성된 모듈에 포함하는 방식으로 개발합니다. 엠스크립튼은 모듈

을 로드/인스턴스화하는 자바스크립트 연결 파일을 생성하고 모듈 함수를 쉽게 호출할 수 있게 도와주는 ccall 같은 헬퍼 함수도 넣습니다.

사실, 자바스크립트 연결 파일만 제외하고 웹어셈블리 파일만 생성하는 것만 다를 뿐 프로세스는 4.1절과 거의 같습니다(그림 4-9).

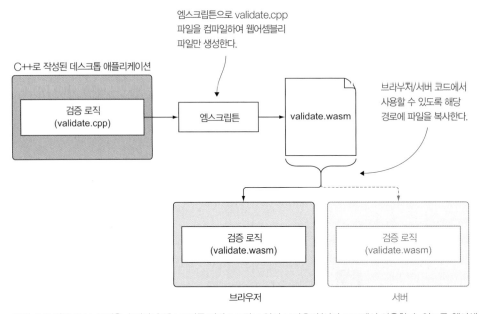

그림 4-9 기존 C++ 로직을 수정하여 엠스크립튼 자바스크립트 없이 브라우저/서버 코드에서 사용할 수 있도록 웹어셈블리 모듈을 개발하는 과정

4.2.1 C++ 코드 수정

4.1절의 validate.cpp 코드는 아주 기본적이나마 strlen 같은 표준 C 라이브러리 함수를 사용합니다. 이런 표준 C 라이브러리 함수는 엠스크립튼으로 사이드 모듈을 생성할 경우에는 포함되지 않습니다. 그리고 validate.cpp 코드는 메모리에 있는 값을 참조하는 포인터를 전달해야 하므로 코드 실행이 끝나기 전에 C나 자바스크립트가 이 메모리에 있는 값을 덮어쓰지 못하게 잠금locked 상태로 표시할 방법이 필요합니다.

하지만 이 절에서는 표준 C 라이브러리 함수를 사용할 수 없으므로 여러분이 직접 malloc,

free 같은 함수를 작성해야 합니다(그림 4-10).

그림 4-10 엠스크립튼으로 컴파일할 수 있도록 필요한 표준 C 라이브러리 함수를 직접 작성한다.

사이드 모듈의 시스템 함수용 헤더 파일

실습 파일을 저장할 Chapter 4\4.2 side_module\source 폴더를 생성하고 side_module_
system_functions.h 파일을 만들어 다음과 같이 코딩합니다. 앞으로 구현할 함수의 시그니
처가 정의된 헤더 파일입니다.

```c
#pragma once

#ifndef SIDE_MODULE_SYSTEM_FUNCTIONS_H_
#define SIDE_MODULE_SYSTEM_FUNCTIONS_H_

#include <stdio.h>

void InsertIntoAllocatedArray(int new_item_index, int offset_start,
    int size_needed);

int create_buffer(int size_needed);
void free_buffer(int offset);

char* strcpy(char* destination, const char* source);
size_t strlen(const char* value);

int atoi(const char* value);

#endif // SIDE_MODULE_SYSTEM_FUNCTIONS_H_
```

사이드 모듈의 시스템 함수용 구현 파일

방금 전 헤더 파일과 같은 폴더에 side_module_system_functions.cpp 파일을 만들고 표준 C 라이브러리 malloc, free 함수를 대체할 만한 코드를 이 파일에 간단히 구현하겠습니다. malloc 함수는 원하는 크기의 메모리를 할당해달라고 요청하면 사용 가능한 메모리 블록을 찾아 다른 코드가 그곳을 차지하지 못하게 락킹하고 코드 실행이 끝나면 free 함수를 호출해 락킹한 메모리 블록을 해제합니다.

이 예제는 동시 접속자 10명을 처리할 수 있는 메모리 청크chunk를 할당하기 위해 배열을 사용할 것입니다. 테스트 용도로는 과분할 정도입니다. 메모리는 적어도 1 페이지, 즉 65,536바이트(64KB)는 있어야 이 블록 안에 메모리를 할당할 수 있습니다.

C 표준 입출력 라이브러리, 엠스크립튼 헤더 파일을 side_module_system_functions.cpp 파일 앞부분에 추가하고, extern "C" 블록을 열어 메모리 크기, 최대 동시 메모리 블록 개수가 정의된 상수를 선언합니다.

```
#include <stdio.h>
#include <emscripten.h>

#ifdef __cplusplus
extern "C" {
#endif

const int TOTAL_MEMORY = 65536;
const int MAXIMUM_ALLOCATED_CHUNKS = 10;
```

현재 할당된 메모리 블록 개수를 담을 current_allocated_count 변수를 선언하고, 메모리가 할당된 시작 위치(오프셋)와 메모리 블록 크기를 보관할 MemoryAllocated 구조체도 정의합니다. 또 사용 중인 메모리 블록을 나타낸 객체가 담긴 AllocatedMemoryChunks 배열도 선언합니다.

```
int current_allocated_count = 0;

struct MemoryAllocated {
  int offset;
  int length;
```

```
};

struct MemoryAllocated
    AllocatedMemoryChunks[MAXIMUM_ALLOCATED_CHUNKS];
```

[예제 4-6] InsertIntoAllocatedArray 함수는 새로운 메모리 블록을 AllocatedMemory Chunks 배열에 삽입할 위치에 해당하는 인덱스(new_item_index)를 매개변수로 받습니다. 이 위치부터 가장 마지막 인덱스까지 모든 배열 원소가 한 칸씩 뒤로 밀릴 것입니다. 이 함수는 메모리 블록의 시작 위치(offset_start) 및 요청한 메모리 블록 크기(size_needed)를 해당 배열의 원소에 세팅합니다.

예제 4-6 InsertIntoAllocatedArray 함수(side_module_system_functions.cpp)

```
...
void InsertIntoAllocatedArray(int new_item_index, int offset_start,
    int size_needed) {
  for (int i = (MAXIMUM_ALLOCATED_CHUNKS - 1); i > new_item_index; i--) {
    AllocatedMemoryChunks[i] = AllocatedMemoryChunks[(i - 1)];
  }

  AllocatedMemoryChunks[new_item_index].offset = offset_start;
  AllocatedMemoryChunks[new_item_index].length = size_needed;

  current_allocated_count++;
}
```

이제 malloc 함수의 단순 버전인 create_buffer 함수를 작성하겠습니다. C++ 코드에 문자열 리터럴string literal을 넣고 웹어셈블리 모듈로 컴파일하면 엠스크립튼은 모듈 인스턴스화 시점에 이 리터럴을 모듈 메모리에 자동 로드합니다. 따라서 C++ 코드는 문자열을 담을 공간을 마련해야 하며 1,024바이트부터 메모리가 할당되기 시작됩니다. 또한 코드는 요청한 메모리 크기를 8의 배수가 되도록 늘립니다.

먼저, 현재 할당된 메모리를 순회하면서 할당된 블록 사이의 공간이 요청받은 메모리 크기를 수용할 만한지 알아봅니다. 공간이 마땅하지 않으면 현재 할당된 메모리 다음에 공간이 있는지 계속 체크합니다.

적당한 장소가 발견되면 새로 할당된 블록을 해당 배열 인덱스에 삽입하고 메모리 블록이 할당된 오프셋을 반환합니다. 그렇지 않을 경우 코드는 1,024바이트부터 메모리 할당을 시작하므로 에러를 표시하기 위해 위해 0을 반환합니다.

예제 4-7 malloc 함수를 단순화한 create_buffer 함수(side_module_system_functions.cpp)

```
...
EMSCRIPTEN_KEEPALIVE0
int create_buffer(int size_needed) {
  if (current_allocated_count == MAXIMUM_ALLOCATED_CHUNKS) { return 0; }

  int offset_start = 1024;
  int current_offset = 0;
  int found_room = 0;

  int memory_size = size_needed;                           // 다음 오프셋이 8의 배수가
  while (memory_size % 8 != 0) { memory_size++; }           // 되도록 크기를 늘린다.

  for (int index = 0; index < current_allocated_count; index++) {
    current_offset = AllocatedMemoryChunks[index].offset;         // 현재 할당된 메모리 블록
    if ((current_offset - offset_start) >= memory_size) {         // 사이에 공간이 있는가?
      InsertIntoAllocatedArray(index, offset_start, memory_size);
      found_room = 1;
      break;
    }

    offset_start = (current_offset + AllocatedMemoryChunks[index].length);
  }
                                                   // 현재 할당된 메모리 블록
  if (found_room == 0) {                           // 사이에는 공간이 없다.
    if (((TOTAL_MEMORY  1)  - offset_start) >= size_needed) {
      AllocatedMemoryChunks[current_allocated_count].offset = offset_start;
      AllocatedMemoryChunks[current_allocated_count].length = size_needed;
      current_allocated_count++;
      found_room = 1;                                     // 1 이하의 수, 그리고 2를
    }                                                     // 제외한 짝수는 소수가 아니다.
  }

  if (found_room == 1) { return offset_start; }
  return 0;
}
```

다음은 free 함수를 단순화한 free_buffer 함수입니다. 이 함수는 그냥 호출부가 전달한 오프셋을 찾을 때까지 할당된 메모리 블록 배열을 순회하고, 배열 원소가 발견되면 전체 원소를 배열 앞쪽으로 한 칸씩 이동시킵니다.

예제 4-8 free 함수를 단순화한 free_buffer 함수(side_module_system_functions.cpp)

```
...

EMSCRIPTEN_KEEPALIVE
void free_buffer(int offset) {
  int shift_item_left = 0;

  for (int index = 0; index < current_allocated_count; index++) {
    if (AllocatedMemoryChunks[index].offset == offset) {
      shift_item_left = 1;
    }

    if (shift_item_left == 1) {
      if (index < (current_allocated_count - 1)) {
        AllocatedMemoryChunks[index] = AllocatedMemoryChunks[(index + 1)];
      }
      else {
        AllocatedMemoryChunks[index].offset = 0;
        AllocatedMemoryChunks[index].length = 0;
      }
    }
  }

  current_allocated_count--;
}
```

같은 방법으로 표준 C 라이브러리 함수 strcpy, strlen, atoi도 직접 로직을 구현할 수 있습니다(예제 4-9).

예제 4-9 strcpy, strlen, atoi 함수(side_module_system_functions.cpp)

```
...
char* strcpy(char* destination, const char* source) {
  char* return_copy = destination;
```

```cpp
    while (*source) { *destination++ = *source++; }
    *destination = 0;

    return return_copy;
}

size_t strlen(const char* value) {
    size_t length = 0;
    while (value[length] != '\0') { length++; }

    return length;
}

int atoi(const char* value) {
    if ((value == NULL) || (value[0] == '\0')) { return 0; }

    int result = 0;
    int sign = 0;

    if (*value == '-') { sign = -1; ++value; }    ◁── 첫 번째 문자가 마이너스면 플래그 값을
                                                       설정하고 다음 바이트로 넘어간다.

    char current_value = *value;
    while (current_value != '\0') {    ◁── 널 문자가 나올 때까지 순회한다.
        if ((current_value >= '0') && (current_value <= '9')) {    ◁── 현재 문자가 숫자면,
            result = result * 10 + current_value - '0';    ◁── current_value를 정수로 바꾸고
            ++value;    ◁── 다음 바이트로 포인터를 이동한다.    결과에 추가한다.
            current_value = *value;
        }
        else {    ◁── 숫자 아니면 0을 반환한다.
            return 0;
        }
    }

    if (sign == -1) { result *= -1; }    ◁── sign이 −1이면 음수이므로
    return result;                            결괏값을 음수로 바꾼다.
}
```

side_module_system_ functions.cpp 파일 끝부분을 extern "C" 중괄호로 닫으면 모든
작업이 끝납니다.

```
#ifdef __cplusplus
}
#endif
```

이제 Chapter 4\4.1 js_plumbing\source\validate.cpp 파일을 Chapter 4\4.2 side_module\source 폴더에 복사합니다. validate.cpp 파일을 열고 `cstdlib`, `cstring` 헤더 파일 선언부를 삭제한 다음, 새로운 헤더 파일 side_module_system_functions.h를 extern "C" 블록 안 `ValidateValueProvided` 함수 앞에 추가합니다.

> **NOTE_** 엠스크립튼 컴파일러로 .cpp 파일 2개를 컴파일하기 때문에 헤더 파일을 선언하는 코드는 반드시 **extern "C"** 블록 안에 있어야 합니다. 두 파일의 함수는 **extern "C"** 블록 안에 있지만, 엠스크립튼 컴파일러는 validate.cpp 파일 안의 함수 호출이 여전히 C++ 파일로 컴파일될 거라 간주하기 때문에 네임 맹글링이 일어납니다. 컴파일러는 맹글링된 함수명을 생성된 모듈에서 찾을 수 없으니 대신 임포트를 해야겠다고 판단할 것입니다.

```
#ifdef __EMSCRIPTEN__
  #include <emscripten.h>
#endif

#ifdef __cplusplus
extern "C" {
#endif

#include "side_module_system_functions.h"   ◁── [중요] 헤더 파일은 extern "C" 블록 안에 둔다.
```

4.2.2 코드를 웹어셈블리 모듈로 컴파일

지금까지 작성한 C++ 코드를 자바스크립트 연결 파일을 생성하지 않고 웹어셈블리 모듈로 컴파일하겠습니다(그림 4-11).

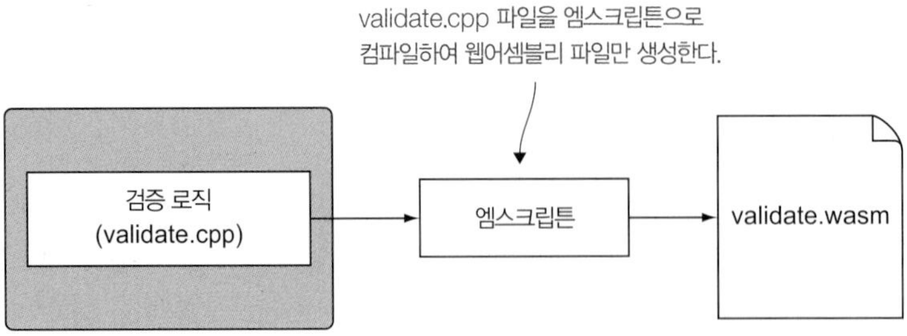

validate.cpp 파일을 엠스크립튼으로
컴파일하여 웹어셈블리 파일만 생성한다.

검증 로직
(validate.cpp) → 엠스크립튼 → validate.wasm

그림 4-11 자바스크립트 연결 파일은 생성하지 않고 웹어셈블리 파일만 생성한다.

C++ 파일이 있는 폴더에서 다음 명령을 실행하면 웹어셈블리 모듈로 컴파일됩니다.

```
emcc side_module_system_functions.cpp validate.cpp -s SIDE_MODULE=2
    -O1 -o validate.wasm
```

4.2.3 모듈과 상호작용할 자바스크립트 작성

Chapter 4\4.2 side_module\frontend 폴더를 생성하고 Chapter 4\4.1 js_plumbing\ frontend\editproduct.html, editproduct.js 두 파일을 복사해 넣습니다. 또 Chapter 4\4.2 side_module\source\validate.wasm 파일도 frontend 폴더에 복사합니다.

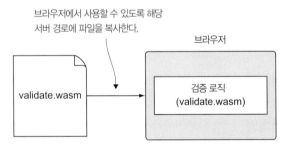

브라우저에서 사용할 수 있도록 해당
서버 경로에 파일을 복사한다.

브라우저

validate.wasm →
검증 로직
(validate.wasm)

그림 4-12 생성된 파일을 HTML 파일이 있는 폴더에 복사하고 모듈과 상호작용하는 자바스크립트를 작성한다.

editproduct.html 파일을 열고 끝부분으로 이동해 validate.js 파일 대신 editproduct.js 파일을 참조하도록 수정합니다.

```
      </div>
      <script src="editproduct.js"></script>
   </body>
</html>
```

editproduct.js 파일도 몇 군데 고쳐야 합니다. 우선, 전역 변수 moduleMemory,
moduleExports를 initializePage 함수 앞에 추가합니다. moduleMemory 변수는 메모리를
읽기/쓰기할 수 있도록 모듈 객체 WebAssembly.Memory를 계속 참조합니다(예제 4-10).

엠스크립튼 연결 코드는 사용할 수 없으니 Module 객체도 없지만, 모듈 인스턴스화 시 전역
객체 레퍼런스인 moduleExports를 이용하면 모듈에 익스포트된 함수를 호출할 수 있습니
다. [예제 4-10]처럼 모듈을 로드/인스턴스화하는 코드를 initializePage 함수 끝에 추가합
니다.

예제 4-10 수정된 initializePage 함수(editproduct.js)

```
...
let moduleMemory = null;        ←┐ 두 전역 변수를 추가한다.
let moduleExports = null;       ←┘

function initializePage() {
  ...

  moduleMemory = new WebAssembly.Memory({initial: 256});   ←── 모듈 메모리를 참조하는 레퍼런
                                                               스를 전역 변수에 할당한다.
  const importObject = {
    env: {
      __memory_base: 0,
      memory: moduleMemory,
    }
  };
                                                               모듈을 다운로드/인스턴스화
  WebAssembly.instantiateStreaming(fetch("validate.wasm"), ←── 한다.
      importObject).then(result => {
    moduleExports = result.instance.exports;  ←── 인스턴스화된 모듈의 익스포트를
  });                                              참조하는 레퍼런스를 할당한다.
}
...
```

엠스크립튼 컴파일러는 각 모듈 함수명 앞에 언더스코어 문자를 추가하므로 [예제 4-11]의
_create_buffer처럼 모듈 함수명 앞에 언더스코어 문자를 붙입니다.

onClickSave 함수 역시 Module._malloc을 moduleExports._create_buffer로, Module.
UTF8ToString을 getStringFromMemory로, Module._free를 moduleExports._free_
buffer로 각각 수정합니다([예제 4-11] 굵게 표시한 코드).

예제 4-11 수정된 onClickSave 함수(editproduct.js)

```
...
function onClickSave() {                                        Module._malloc을
  let errorMessage = "";                                       moduleExports.
  const errorMessagePointer = moduleExports._create_buffer(256);  ←  _create_buffer로 수정

  const name = document.getElementById("name").value;
  const categoryId = getSelectedCategoryId();

  if (!validateName(name, errorMessagePointer) ||
      !validateCategory(categoryId, errorMessagePointer)) {
    errorMessage = getStringFromMemory(errorMessagePointer);  ←
  }                                                             Module.UTF8ToString을
                                                                메모리에서 문자열을
  moduleExports._free_buffer(errorMessagePointer);  ←          읽는 헬퍼 함수
                                                                getStringFromMemory로
  setErrorMessage(errorMessage);                                수정
  if (errorMessage === "") {
        오류가 없으니 데이터를
  }     서버에 전달한다.                                          Module._free를 moduleExports.
}                                                               _free_buffer로 수정
...
```

인스턴스화 시 웹어셈블리 모듈에 전달된 메모리는 WebAssembly.Memory 객체 형태로 제공
되며, 전역 변수 moduleMemory로 참조하여 사용할 수 있습니다. 내부적으로 WebAssembly.
Memory 객체에는 ArrayBuffer 객체가 있어서 모듈이 실제 물리 메모리를 모의할 수 있는 바
이트 역할을 합니다. 하부의 ArrayBuffer 객체는 moduleMemory.buffer 프로퍼티를 통해 접
근할 수 있습니다.

다시 말하지만 엠스크립튼 연결 코드에는 HEAP32 같은 객체가 있어서 모듈 메모리(어레이

버퍼)를 다양한 관점으로 바라볼 수 있고 갖가지 자료형을 쉽게 다룰 수 있습니다. 엠스크립튼 연결 코드가 없으면 당연히 **HEAP32** 같은 객체도 쓸 수가 없지만, 다행히 이런 객체는 그냥 **Int32Array** 같은 자바스크립트 객체로 참조할 수 있습니다.

모듈 메모리에서 문자열을 읽어 자바스크립트로 반환하려면 [예제 4-12]의 **getStringFromMemory** 같은 헬퍼 함수를 만들어 써야 합니다. C/C++ 문자열은 메모리에서 8비트 문자 배열로 채워지므로 자바스크립트 객체 **Uint8Array**를 이용하면 포인터로 지정된 오프셋에서 시작되는 모듈 메모리에 접근할 수 있습니다. 그 다음에는 배열 원소를 순회하면서 널 문자에 이를 때까지 한번에 한 문자씩 읽으면 됩니다.

예제 4-12 getStringFromMemory 함수(editproduct.js)

```
...
function getStringFromMemory(memoryOffset) {
  let returnValue = "";

  const size = 256;
  const bytes = new Uint8Array(moduleMemory.buffer, memoryOffset, size);   ← 주어진 오프셋에서 시작하고 256 문자 다음에 끝나는 메모리 영역을 가져온다.

  let character = "";
  for (let i = 0; i < size; i++) {   ← 한번에 한 바이트씩 순회한다.
    character = String.fromCharCode(bytes[i]);   ← 현재 바이트를 문자로 변환한다.
    if (character === "\0") { break; }   ← 현재 문자가 널 문자면 문자열을 다 읽은 것이다.

    returnValue += character;   ← 다음 문자를 순회하기 전에 현재 문자를 반환 문자열에 덧붙인다.
  }

  return returnValue;
}
```

모듈 메모리에서 문자열을 읽는 함수가 있으면 반대로 문자열을 메모리에 쓰는 함수도 필요할 것입니다. 다음 copyStringToMemory 함수도 getStringFromMemory 함수처럼 모듈 메모리를 조작하기 위해 **Uint8Array** 객체를 생성한 다음, 자바스크립트 객체 **TextEncoder**를 이용해 문자열을 바이트 배열로 변환합니다. 그리고 바이트 배열(첫 번째 매개변수)과 바이트를 쓰기 시작할 오프셋(두 번째 매개변수)을 매개변수로 **Uint8Array.set** 메서드를 호출합니다.

```
function copyStringToMemory(value, memoryOffset) {
  const bytes = new Uint8Array(moduleMemory.buffer);
  bytes.set(new TextEncoder().encode((value + "\0")),
      memoryOffset);
}
```

validateName 함수는 먼저 사용자가 입력한 상품명을 담을 메모리를 _create_buffer 메서
드로 할당하고 copyStringToMemory 함수를 호출해서 namePointer 포인터가 가리키는 메
모리 주소로 문자열을 복사합니다. 그런 다음, 모듈 함수 _ValidateName를 호출해 검증한 후
namePointer에 힐딩된 메모리를 해제합니다.

```
function validateName(name, errorMessagePointer) {
  const namePointer = moduleExports._create_buffer((name.length + 1));
  copyStringToMemory(name, namePointer);

  const isValid = moduleExports._ValidateName(namePointer,
      MAXIMUM_NAME_LENGTH, errorMessagePointer);

  moduleExports._free_buffer(namePointer);

  return (isValid === 1);
}
```

마지막으로 수정할 함수는 validateCategory입니다. validateName 함수와 마찬가지로, 카
테고리 ID가 담길 메모리를 할당하고 해당 포인터가 가리키는 메모리 주소로 카테고리 ID를
복사합니다.

전역 배열 VALID_CATEGORY_IDS의 원소에 필요한 메모리를 할당하고 각 배열 원소를 모듈 메
모리에 복사합니다. 앞서 엠스크립튼 연결 코드를 사용했던 경우와 거의 같습니다. 차이점이라
면, 엠스크립튼 HEAP32 객체는 사용할 수 없고 자바스크립트 객체 Int32Array를 통해 접근해
야 한다는 것입니다.

자바스크립트 함수 validateCategory는 배열 값을 모두 모듈 메모리에 복사한 다음 모듈 함
수 _ValidateCategory를 호출합니다. 배열과 문자열 포인터에 할당되었던 메모리는 모듈 함
수 반환 시 _free_buffer 함수로 해제합니다.

```
...
function validateCategory(categoryId, errorMessagePointer) {
  const categoryIdPointer = moduleExports._create_buffer(
      (categoryId.length + 1));  ◁── 카테고리 ID를 담을 메모리를 할당한다.
  copyStringToMemory(categoryId, categoryIdPointer);  ◁──
                                                          카테고리 ID를 모듈 메모리에 복사한다.

  const arrayLength = VALID_CATEGORY_IDS.length;
  const bytesPerElement = Int32Array.BYTES_PER_ELEMENT;
  const arrayPointer = moduleExports._create_buffer(
      (arrayLength * bytesPerElement));  ◁── 각 배열에 메모리를 할당한다.
                                                          메모리 뷰 Int32Array를
  const bytesForArray = new Int32Array(moduleMemory.buffer);  ◁── 가져와 배열 값에 복사한다.
  bytesForArray.set(VALID_CATEGORY_IDS, (arrayPointer / bytesPerElement));

  const isValid = moduleExports._ValidateCategory(categoryIdPointer,
      arrayPointer, arrayLength, errorMessagePointer);  ◁──
                                                            모듈 함수 _ValidateCategory를
                                                            호출한다.
  moduleExports._free_buffer(arrayPointer);  ◁── 할당된 메모리를
  moduleExports._free_buffer(categoryIdPointer);      해제한다.

  return (isValid === 1);
}
```

> **역자 NOTE_** 엠스크립튼 1.39.0+ 버전에서 실습할 경우, 위와 같이 실습하면 오류가 발생하므로 이 책 끝부분에 수록된 부록 F.2.1절을 참고하기 바랍니다.

4.2.4 실행 결과

http://localhost:8080/editproduct.html에 접속해서 상품명에 50자 이상의 글자를 입력하고 저장 버튼을 클릭하면 상품명이 너무 길다는 오류 메시지가 표시될 것입니다(그림 4-13).

상품명이 너무 긴 경우
표시되는 오류 메시지

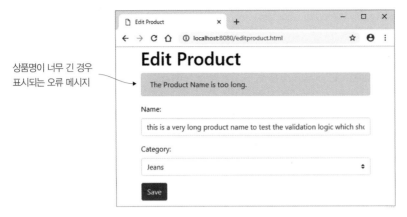

그림 4-13 상품명이 너무 긴 경우 표시되는 상품수정 페이지의 오류 메시지

4.3 실제 용례

- 기존 C++ 코드베이스를 수정하거나 일부 코드만 가져와 웹어셈블리로 컴파일하면 브라우저에서 바로 실행 가능합니다.
- 대용량 텍스트 데이터를 반환하는 서버 또는 서드파티 API를 호출하는 자바스크립트를 작성할 경우, 웹페이지에 필요한 데이터에 맞게 문자열을 파싱하는 웹어셈블리 모듈을 생성하여 활용할 수 있습니다.
- 사진 전문 웹사이트에 사진을 업로드하기 전에 사진 파일 크기를 조정하거나, 사진 파일을 압축하기 위해 파일 바이트 수를 추출하는 등의 기능을 웹어셈블리 모듈로 개발할 수 있습니다. 대역폭도 줄이고 서버 부하도 줄일 수 있는데다 사용자 역시 데이터 사용량을 절약할 수 있습니다.

4.4 연습 문제

1 자바스크립트에서 웹어셈블리 모듈의 함수를 바라볼 수 있게 엠스크립튼이 제공하는 두 가지 방법은 무엇인가?
2 엠스크립튼으로 컴파일할 때 네임 맹글링(name mangling) 없이 자바스크립트가 익스포트한 함수명을 그대로 사용하려면 어떻게 해야 하는가?

➜ 해답은 부록 D에 있습니다.

4.5 마치며

검증이 필요한 사용자 데이터를 입력받는 간단한 웹페이지를 작성해보았습니다. 웹어셈블리 모듈에서 기존 코드를 어떻게 재활용하는지 충분히 이해가 되었을 것입니다.

- 기존 C/C++ 코드를 엠스크립튼으로 컴파일하기 위해 조건부 컴파일 심볼 __EMSCRIPTEN__을 삽입하거나 extern "C" 블록으로 감쌉니다. 이렇게 하면, 기존 데스크톱 애플리케이션의 C/C++ 코드베이스를 웹 브라우저나 Node.js에서도 다시 활용할 수 있습니다.

- EMSCRIPTEN_KEEPALIVE를 선언한 모듈 함수는 엠스크립튼 함수 목록에 자동으로 추가되므로 자바스크립트는 해당 함수를 바로 참조할 수 있고 따로 명령줄에서 EXPORTED_FUNCTIONS 배열에 함수를 추가할 필요가 없습니다.

- 모듈 함수는 엠스크립튼 헬퍼 함수 ccall을 이용해 호출합니다.

- 모듈과 자바스크립트가 정수나 부동소수 이외의 데이터를 주고받으려면 모듈 메모리와 상호작용이 필요합니다. 엠스크립튼 자바스크립트에는 이런 작업을 도와주는 함수가 많이 포함돼 있습니다.

웹어셈블리 모듈에서
자바스크립트 호출하기

이 장의 핵심 내용

◆ 엠스크립튼 툴킷으로 자바스크립트를 직접 호출

◆ 엠스크립튼 툴킷 없이 자바스크립트를 호출

4장에서는 엠스크립튼 헬퍼 함수 ccall를 이용해 자바스크립트를 호출하는 웹어셈블리 모듈을 작성했습니다. 버퍼를 모듈 함수의 매개변수로 전달하면 검증 오류 시 이 버퍼를 오류 메시지로 채워 반환하고, 자바스크립트로 모듈 메모리에서 문자열을 읽어 사용자에게 오류 메시지를 표시했습니다(그림 5-1).

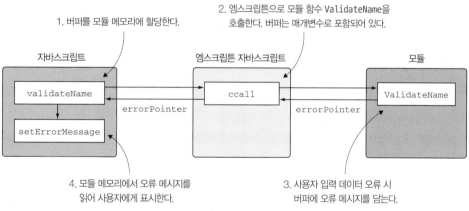

그림 5-1 자바스크립트와 모듈 함수가 상호작용하는 과정

그런데 검증 오류 시 버퍼를 모듈 함수에 전달하는 대신, 모듈이 직접 자바스크립트에 오류 메시지를 전달할 방법은 없을까요?(그림 5-2)

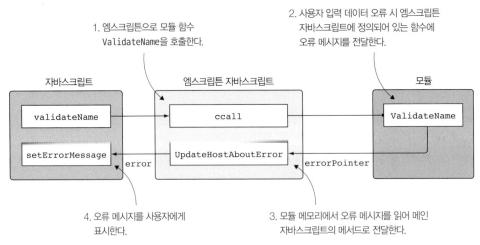

그림 5-2 모듈 함수에서 자바스크립트 함수를 호출하는 과정

모듈과 자바스크립트는 엠스크립튼 툴킷을 이용해 다음 세 가지 방법으로 상호작용할 수 있습니다.

1 엠스크립튼 매크로macro를 활용합니다. 엠스크립튼에는 emscripten_run_script 매크로, EM_JS 매크로, EM_ASM 매크로가 포함되어 있습니다.

2 엠스크립튼 자바스크립트 파일을 직접 호출할 수 있도록 커스텀 자바스크립트를 추가합니다.

3 호출할 함수를 자바스크립트에 지정하는 함수 포인터를 사용합니다(자세한 내용은 6장 참고).

이 세 가지 방법은 상황에 따라 쓰임새가 다르고 일장일단이 있습니다.

1 엠스크립튼 매크로는 디버깅을 하거나 자바스크립트와 가끔 상호작용을 할 때 유용합니다. 매크로 코드가 복잡해지거나 자바스크립트와의 상호작용 횟수가 늘어나면 모듈과 웹페이지 관리 편의상 C/C++ 코드에서 매크로 코드를 분리하는 게 좋습니다.

EM_JS/EM_ASM 매크로를 사용하면 엠스크립튼 컴파일러는 내부적으로 필요한 함수를 생성해서 엠스크립튼 자바스크립트 파일에 추가합니다. 웹어셈블리 모듈이 매크로를 호출하면 실제로는 이렇게 생성된 자바스크립트 함수를 호출하는 셈입니다.

> NOTE_ 엠스크립튼 매크로에 관한 자세한 내용은 부록 C를 참고하기 바랍니다.

2 이 장에서 배울 내용이지만, 자바스크립트를 직접 호출하는 방법이 알기 쉽고 코드도 더 간단합니다. 엠스크립튼 자바스크립트에 배치된 자바스크립트 함수에서 모듈 함수를 호출할 생각이라면 메인 자바스크립트를 어느 정도 알고 있어야 합니다. 서드파티에 모듈을 제공하는 경우에는 상대방이 (가령, 함수가 존재하지 않아 에러가 나는 일이 없도록) 정확하게 설정할 수 있도록 명확한 가이드를 제공해야 합니다.

3 함수 포인터(6장)를 쓰면 모듈이 자바스크립트 함수를 굳이 알 필요가 없기 때문에 훨씬 유연합니다. 모듈은 그저 여러분이 지정한 자바스크립트 함수를 호출하면 그만입니다. 단, 함수 포인터를 활용하려면 자바스크립트가 조금 늘어나기 때문에 유연성을 얻는 만큼 복잡성은 증가합니다.

> **NOTE_** Node.js 환경에서 자바스크립트를 직접 호출하기로 했다면, 엠스크립튼 자바스크립트 파일에 추가할 자바스크립트는 반드시 자기 완비형self-contained[1]이어야 합니다. Node.js가 엠스크립튼 자바스크립트 파일을 로드하는 방식 때문에 엠스크립튼 자바스크립트 파일 안에서는 메인 자바스크립트를 호출할 수 없습니다. Node.js는 10장에서 자세히 다룹니다.

이 장에서는 엠스크립튼 매크로를 이용해 자바스크립트 함수를 생성하는 방법은 설명하지 않고, 엠스크립튼 자바스크립트 파일에 포함할 자바스크립트를 직접 정의하는 방법을 살펴보겠습니다.

실습은 4장에서 작성한 검증 모듈을 다시 활용하겠습니다. 단, 이번에는 검증 오류 시 오류 메시지를 매개변수를 통해 호출부에 반환하는 대신, 다음과 같이 처리할 것입니다(그림 5-3).

1 사용자 입력 데이터에 오류가 있으면 여러분이 엠스크립튼 자바스크립트 파일에 정의한 자바스크립트 함수를 모듈에서 호출하도록 만듭니다.

2 자바스크립트 함수는 모듈에서 포인터를 받아 이 포인터가 가리키는 오류 메시지를 모듈 메모리에서 읽습니다.

3 오류 메시지를 웹페이지 메인 자바스크립트에 전달해 UI를 업데이트합니다.

---

1 옮긴이_ 다른 코드/라이브러리에 의존하지 않고 실행에 필요한 코드/라이브러리를 모두 갖고 있는

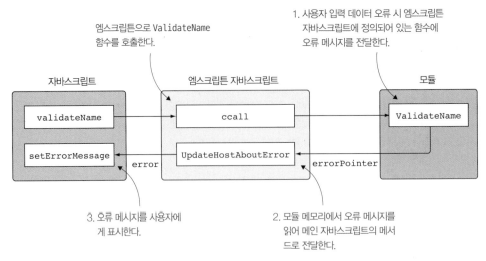

그림 5-3 모듈 함수에서 자바스크립트로 오류 메시지를 콜백하는 과정

5.1 엠스크립튼 연결 코드로 동작하는 웹어셈블리 모듈 생성하기

모듈을 개발하는 과정은 4장과 거의 비슷합니다(그림 5-4).

1 C++ 코드를 수정해 검증 오류 시 문자열 버퍼를 받는 대신 자바스크립트 함수를 호출합니다.

2 엠스크립튼 자바스크립트 파일에 포함시킬 자바스크립트를 작성합니다.

3 엠스크립튼으로 웹어셈블리 파일과 자바스크립트 연결 파일을 생성합니다.

4 브라우저/서버 코드에서 사용할 수 있도록 해당 경로에 생성된 파일을 복사합니다(서버 환경은 뒷 장에서 다룹니다).

5 웹페이지 및 웹어셈블리 모듈과 상호작용할 자바스크립트를 작성합니다.

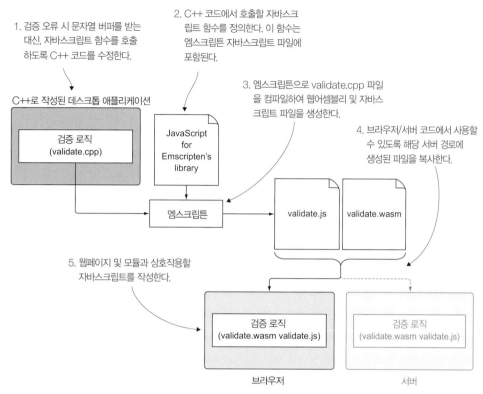

그림 5-4 기존 C++ 로직을 수정해서 엠스크립튼 자바스크립트 파일에 삽입할 자바스크립트를 작성하고 브라우저/서버 코드에서 사용할 수 있도록 웹어셈블리 모듈을 개발하는 과정

5.1.1 C++ 코드 수정

검증 오류 시 문자열 버퍼를 받는 대신, 자바스크립트 함수를 호출하도록 4장의 C++ 코드를 수정해야 합니다.

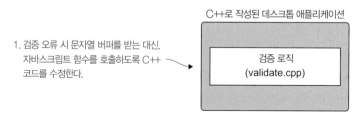

그림 5-5 C++ 코드를 수정해서 오류 메시지를 자바스크립트 함수에 전달한다.

실습 파일을 저장할 Chapter 5\5.1.1 EmJsLibrary\source 폴더를 만들고 Chapter 4\4.1 js_plumbing\source\validate.cpp 파일을 복사해 넣습니다.

validate.cpp 파일을 열어 자바스크립트 함수를 호출하도록 고쳐보겠습니다. 자바스크립트 함수는 C++ 코드가 아니므로 시그니처 앞에 **extern** 키워드를 붙여 컴파일러에게 알려야 합니다. 이렇게 해야 코드 실행 시 해당 자바스크립트 함수를 사용할 수 있다는 전제 하에 C++ 코드를 컴파일할 수 있습니다. 엠스크립튼 컴파일러는 함수 시그니처를 발견하면 웹어셈블리 모듈에 적절한 임포트 항목을 생성합니다. 모듈이 인스턴스화되면 웹어셈블리 프레임워크는 요청받은 임포트를 보고 해당 함수가 제공된다고 예상할 것입니다.

다음 자바스크립트 함수 `UpdateHostAboutError`는 검증 오류 시 오류 메시지를 담을 `const char*`형 매개변수를 받고 아무 값도 반환하지 않습니다. validate.cpp 파일의 `ValidateValueProvided` 함수 앞, **extern "C"** 블록 안에 이 함수의 시그니처를 선언합니다.

```
extern void UpdateHostAboutError(const char* error_message);
```

더 이상 문자열 버퍼를 모듈에 전달할 일은 없으니 매개변수 `char* return_error_message`는 삭제하고, 오류 메시지를 버퍼에 복사하기 위해 `strcpy` 함수 대신 `UpdateHostAboutError` 함수를 호출하도록 다음과 같이 수정합니다.

```
int ValidateValueProvided(const char* value,
    const char* error_message) {    ◁──┤ return_error_message 매개변수는 삭제한다.
  if ((value == NULL) || (value[0] == '\0')) {
      UpdateHostAboutError(error_message);    ◁── strcpy 대신 UpdateHostAboutError
    return 0;                                      함수를 호출한다
  }

    return 1;
}
```

`ValidateName` 함수에서도 `return_error_message` 매개변수는 필요없으니 제거하고 `strcpy` 대신 `UpdateHostAboutError` 함수에 오류 메시지를 전달하도록 고칩니다.

```
int ValidateName(char* name, int maximum_length) {    ◁───┤ return_error_message
    if (ValidateValueProvided(name,                           매개변수는 삭제한다.
        "A Product Name must be provided.") == 0) { return 0;
    }

    if (strlen(name) > maximum_length) {
        UpdateHostAboutError("The Product Name is too long.");   ◁───┐
        return 0;                                                    │ strcpy 대신
    }                                                                │ UpdateHostAboutError
                                                                     │ 함수를 호출한다.
    return 1;
}
```

예제 5-1 수정된 ValidateCategory 함수(validate.cpp)

```
int ValidateCategory(char* category_id, int* valid_category_ids,
    int array_length) {    ◁─────────────────┤ return_error_message
    if (ValidateValueProvided(category_id,      매개변수는 삭제한다.
        "A Product Category must be selected.") == 0 {    ◁───┐
        return 0;                                              │ return_error_message
    }                                                          │ 매개변수는 삭제한다.

    if ((valid_category_ids == NULL) || (array_length == 0)) {
        UpdateHostAboutError("There are no Product Categories available.");
        return 0;
    }

    if (IsCategoryIdInArray(category_id, valid_category_ids,
        array_length) == 0) {
        UpdateHostAboutError("The selected Product Category is not valid.");
        return 0;
    }

    return 1;
}
```

5.1.2 엠스크립튼 자바스크립트 파일에 포함시킬 자바스크립트 작성

이번에는 엠스크립튼 자바스크립트 파일에 포함시킬 자바스크립트를 작성할 차례입니다.

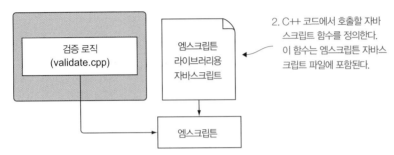

그림 5-6 엠스크립튼 자바스크립트 파일에 삽입할 자바스크립트를 작성한다.

엠스크립튼 자바스크립트에 병합할 자바스크립트를 작성할 때에는 웹어셈블리 모듈을 생성하는 과정이 이전과 조금 다릅니다. 이 예제는 C++ 코드를 엠스크립튼으로 컴파일하기 전에 자바스크립트 함수 UpdateHostAboutError를 정의할 것입니다. 여러분이 작성한 자바스크립트를 엠스크립튼 컴파일러가 생성하는 자바스크립트의 나머지 부분과 병합해야 하기 때문입니다.

따라서 엠스크립튼 내장 함수 mergeInto를 이용해 여러분의 자바스크립트를 LibraryManager.library 객체에 추가하면 엠스크립튼 자바스크립트 파일에 병합됩니다. mergeInto 함수는 다음 값을 매개변수로 받습니다.

- 프로퍼티를 어느 객체에 추가하려고 하는가? 여기서는 LibraryManager.library 객체입니다.
- 첫 번째 객체에 프로퍼티를 복사해넣을 객체. 여기서는 여러분이 코딩한 자바스크립트입니다.

자바스크립트 객체를 하나 만들고 UpdateHostAboutError 키에 오류 메시지 포인터를 받는 함수가 값인 프로퍼티를 추가합니다. 이 함수는 엠스크립튼 헬퍼 함수 UTF8ToString를 이용해 모듈 메모리에서 문자열을 읽고 (웹페이지의 메인 자바스크립트 일부인) 자바스크립트 함수 setErrorMessage를 호출합니다. Chapter 5\5.1.1 EmJsLibrary\source\mergeinto.js 파일을 생성하고 다음 코드를 추가합니다.

```
mergeInto(LibraryManager.library, {
  UpdateHostAboutError: function(errorMessagePointer) {
    setErrorMessage(Module.UTF8ToString(errorMessagePointer));
  }
});
```

객체 프로퍼티를 Library Manager.library 객체로 복사한다.

5.1.3 C++ 코드를 웹어셈블리 모듈로 컴파일

C++ 코드를 수정했고 자바스크립트 함수도 준비됐으니 엠스크립튼으로 컴파일할 일만 남았습니다. 단, 이번에는 mergeinto.js 파일에 작성한 코드가 엠스크립튼 자바스크립트 파일에 포함되도록 지시해야 합니다(그림 5-7).

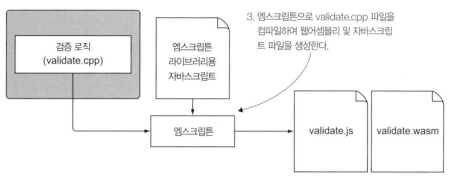

그림 5-7 엠스크립튼으로 컴파일하여 웹어셈블리 및 자바스크립트 파일을 생성한다. 여기서 mergeInto.js 파일을 엠스크립튼 자바스크립트 파일에 삽입한다.

컴파일 시 명령줄에서 --js-library 플래그 다음에 포함시킬 자바스크립트 파일 경로를 지정합니다. 자바스크립트에서 필요한 엠스크립튼 헬퍼 함수는 명령줄 EXTRA_EXPORTED_RUNTIME_METHODS 배열에 지정하면 엠스크립튼 자바스크립트 파일에 포함됩니다. 이 예제는 다음 두 헬퍼 함수가 필요합니다.

- ccall: 웹페이지의 자바스크립트에서 모듈을 호출하기 위해 사용됩니다.
- UTF8ToString: mergeinto.js 파일에 작성한 자바스크립트가 모듈 메모리에서 문자열을 읽기 위해 사용됩니다.

웹어셈블리 모듈로 컴파일하겠습니다. validate.cpp, mergeinto.js 파일이 있는 폴더에서 다음 명령을 실행합니다.

```
emcc validate.cpp --js-library mergeinto.js
    -s EXTRA_EXPORTED_RUNTIME_METHODS=['ccall','UTF8ToString']
    -o validate.js
```

엠스크립튼 자바스크립트 validate.js 파일에서 UpdateHostAboutError 함수를 검색합니다.

여러분이 작성한 함수가 일부분으로 담겨 있는 걸 알 수 있습니다.

```
function _UpdateHostAboutError(errorMessagePointer) {
  setErrorMessage(Module.UTF8ToString(errorMessagePointer));
}
```

UpdateHostAboutError 외에 다른 함수도 많지만, 실제로 모듈이 호출하는 함수만 엠스크립튼 자바스크립트 파일에 깔끔하게 포함됐습니다.

5.1.4 웹페이지 자바스크립트 수정

앞서 엠스크립튼으로 생성한 파일을 4장에서 작성했던 editproduct.html, editproduct.js 파일의 사본과 함께 특정 폴더에 복사합니다. 모듈과 상호작용하는 방법에 따라 editproduct.js 파일에서 일부 코드는 수정할 것입니다.

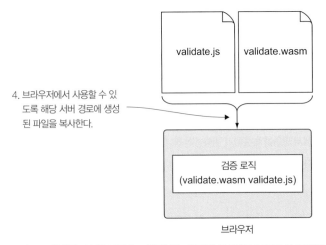

그림 5-8 생성된 파일을 HTML 파일이 있는 폴더에 복사하고 모듈과 상호작용할 수 있도록 자바스크립트를 수정한다.

Chapter 5\5.1.1 EmJsLibrary\frontend 폴더를 만들고 다음 파일들을 복사해 넣습니다.

- Chapter 5\5.1.1 EmJsLibrary\source\validate.js, validate.wasm
- Chapter 4\4.1 js_plumbing\ frontend\editproduct.html, editproduct.js

editproduct.js를 엽니다. 이제 자바스크립트로 문자열 버퍼를 만들어 모듈에 전달할 필요가 없기 때문에 onClickSave 함수는 단순하게 만들 수 있습니다.

- errorMessage, errorMessagePointer 변수가 있는 코드 라인은 필요없으니 삭제하고, 그 자리에 빈 문자열을 매개변수로 전달하여 setErrorMessage 함수를 호출하는 코드를 추가합니다. 이전에 오류 메시지가 표시된 상태에서 저장 버튼 클릭 후 검증 오류가 없을 때 오류 메시지를 감추려는 의도입니다.
- validateName, validateCategory 함수 호출부에서 errorMessagePointer 매개변수를 삭제합니다.
- if 문에서 Module.UTF8ToString이 포함된 코드를 지웁니다.
- if 문의 논리 연산자 OR(¦¦)를 AND(&&)로 바꾸고 두 함수 호출부 앞의 !를 지웁니다. 즉, 두 함수 모두 호출한 결과 검증 오류가 없을 때 데이터를 서버로 전송할 수 있습니다.
- if 문 다음 코드는 모두 삭제합니다.

```
function onClickSave() {
    setErrorMessage("");          ← 이전에 표시됐던 오류 메시지를
                                    깨끗이 지운다.

    const name = document.getElementById("name").value;
    const categoryId = getSelectedCategoryId();
                                    각 함수 호출부에서
                                    두 번째 매개변수는 삭제한다.
    if (validateName(name) &&    ←
        validateCategory(categoryId)) {   ←  함수 호출부 앞의 !를 지우고
                                             OR를 AND로 변경한다.
           ←  오류가 없으니 데이터를
              서버에 전달한다.
    }
}
```

validateName 함수는 다음과 같이 수정합니다.

- errorMessagePointer 매개변수를 삭제합니다.
- 웹어셈블리 모듈 함수 ValidateName는 매개변수가 2개뿐이므로 ccall 함수의 세 번째 매개변수 중 마지막 배열 원소('number')는 지웁니다.
- ccall 함수의 마지막 매개변수에서 errorMessagePointer 배열 원소를 제거합니다.

```
function validateName(name) {  ←                          두 번째 매개변수
    const isValid = Module.ccall('ValidateName',          (errorMessagePointer)를
        'number',                 세 번째 배열 원소의        삭제한다.
        ['string', 'number'],  ←  자료형('number')을 삭제한다.
        [name, MAXIMUM_NAME_LENGTH]);  ←  세 번째 배열 원소
                                          (errorMessagePointer)를
                                          삭제한다.
```

```
    return (isValid === 1);
  }
```

validateCategory 함수도 validateName 함수와 수정하는 방법은 같습니다.

예제 5-2 수정된 validateCategory 함수 (editproduct.js)

```
function validateCategory(categoryId) {       ← 두 번째 매개변수
  const arrayLength = VALID_CATEGORY_IDS.length;   (errorMessagePointer)를 삭제한다.
  const bytesPerElement = Module.HEAP32.BYTES_PER_ELEMENT;
  const arrayPointer = Module._malloc((arrayLength * bytesPerElement));
  Module.HEAP32.set(VALID_CATEGORY_IDS, (arrayPointer / bytesPerElement));

  const isValid = Module.ccall('ValidateCategory',
      'number',                         네 번째 배열 원소의
      ['string', 'number', 'number'],  ←  자료형('number')을 삭제한다.
      [categoryId, arrayPointer, arrayLength]);  ←  네 번째 배열 원소
                                                     (errorMessagePointer)를
  Module._free(arrayPointer);                        삭제한다.
  return (isValid === 1);
}
```

5.1.5 실행 결과

http://localhost:8080/editproduct.html에 접속해서 상품명 필드를 비운 채 저장 버튼을
클릭하면 웹페이지에 오류 메시지가 표시될 것입니다(그림 5-9).

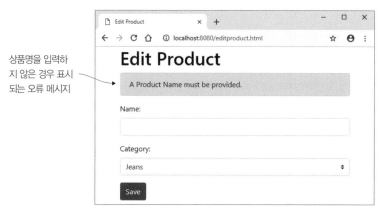

상품명을 입력하지 않은 경우 표시되는 오류 메시지

그림 5-9 상품명을 입력하지 않은 경우 표시되는 상품수정 페이지의 오류 메시지

5.2 엠스크립튼 연결 코드 없이 동작하는 웹어셈블리 모듈 생성하기

엠스크립튼으로 컴파일 시 표준 C 라이브러리 함수를 포함하지 않고 자바스크립트 연결 파일도 생성하지 않는 방법입니다. 엠스크립튼이 생성하는 연결 코드는 간편하고 프로덕션 용도로 좋지만 웹어셈블리 모듈이 동작하는 부분은 가려지기 때문에 모듈을 직접 다뤄보면 내부 작동 원리를 학습하는 데 유익한 방법입니다.

프로덕션 환경에서는 대부분 엠스크립튼 연결 코드를 사용합니다. 엠스크립튼 자바스크립트 파일은 모듈을 대신 로드/인스턴스화하고 모듈과 더 쉽게 상호작용할 수 있게 도와주는 헬퍼 함수를 지원합니다.

5.1절에서는 updateHostAboutError 함수가 엠스크립튼 자바스크립트 파일 안에 있었습니다 (그림 5-10).

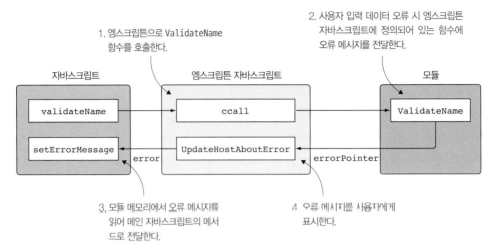

그림 5-10 엠스크립튼 자바스크립트 파일에 정의한 함수를 통해 모듈에서 자바스크립트로 콜백하는 과정

엠스크립튼 연결 코드를 사용하지 않을 경우, C/C++ 코드는 엠스크립튼 매크로나 엠스크립튼 자바스크립트 파일을 사용할 수 없지만 자바스크립트는 직접 호출이 가능합니다. 엠스크립튼 자바스크립트 파일에 접근할 일은 없을 테니 콜백 함수는 웹사이트의 자바스크립트 파일에 두어야 합니다(그림 5-11).

Node.js 환경에서 웹어셈블리 모듈을 다루는 방법은 10장에서 다시 설명하겠지만, Node.js를 대상으로 한다면 엠스크립튼 자바스크립트에 포함시킬 자바스크립트는 자기 완비형이어야 한다고 했습니다(5.1.1절). 이는 엠스크립튼 자바스크립트 파일이 Node.js에 로드되는 방식 때문에 그렇습니다.

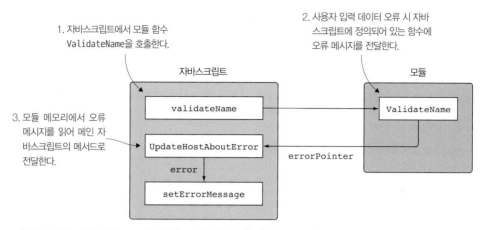

그림 5-11 엠스크립튼 연결 코드 없이 콜백 로직을 작동시키는 원리

지금부터 설명할 방법으로 모듈을 생성하면 모듈이 호출하는 코드가 메인 자바스크립트의 일부가 되므로 자기 완비형 코드가 되어야 한다는 제약은 없습니다. 엠스크립튼으로 웹어셈블리 파일만 생성하는 것만 다를 뿐, 전체 과정은 5.1절과 같습니다(그림 5-12).

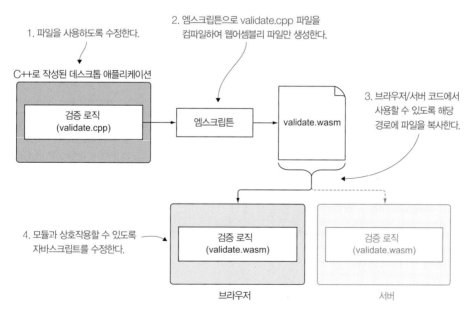

그림 5-12 기존 C++ 로직을 엠스크립튼 자바스크립트 없이 브라우저/서버 코드에서 사용할 수 있도록 웹어셈블리로 변환하는 과정

5.2.1 C++ 코드 수정

4장에서 작성한 side_module_system_functions.h와 .cpp 파일을 5.1절에서 작성한 C++ 코드에서 사용할 수 있게 수정하겠습니다(그림 5-13). 먼저, Chapter 5\5.2.1 SideModuleCallingJS\source 폴더를 만들고 다음 파일들을 복사해 넣습니다.

- 5.1.1 EmJsLibrary\source\validate.cpp
- Chapter 4\4.2 side_module\source\side_module_system_functions.h, *.cpp

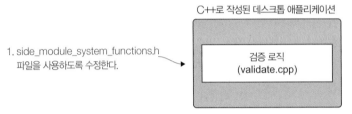

그림 5-13 4장의 side_module_system_functions.h 파일을 사용하도록 5.1절의 C++ 코드를 수정한다.

자바스크립트를 직접 호출하는 것이니 5.1절과 마찬가지로 자바스크립트 함수 시그니처 앞에 **extern** 키워드를 붙여 선언합니다.

```
extern void UpdateHostAboutError(const char* error_message);
```

5.1절과 유일한 차이점은, 표준 C 라이브러리에 접근할 수 없기 때문에 4장에서 **strcpy**, **strlen**, **atoi** 같은 기능을 직접 구현한 코드를 임포트해야 한다는 점입니다.

validate.cpp 파일을 열고 표준 시스템 라이브러리 **cstdlib**, **cstring** 헤더 파일의 선언부를 삭제합니다. 그리고 여러분이 작성한 표준 C 라이브러리 함수의 헤더 파일 side_module_system_functions.h를 **extern "C"** 블록 안에 추가합니다.

```
#ifdef __EMSCRIPTEN__
  #include <emscripten.h>
#endif

#ifdef __cplusplus
extern "C" {
#endif

#include "side_module_system_functions.h"    ← [중요] 헤더 파일은 extern "C" 블록 안에 둔다.
```

5.2.2 웹어셈블리 모듈로 컴파일

수정한 C++ 코드를 자바스크립트 연결 코드 없이 웹어셈블리 모듈로 컴파일하겠습니다(그림 5-14).

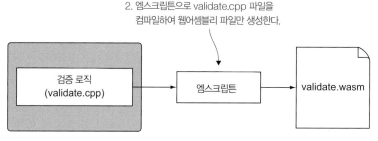

그림 5-14 자바스크립트 연결 파일 없이 웹어셈블리 파일만 생성한다.

C++ 파일이 있는 폴더에서 다음 명령을 실행합니다.

```
emcc side_module_system_functions.cpp validate.cpp
    -s SIDE_MODULE=2 -O1 -o validate.wasm
```

5.2.3 모듈과 상호작용할 자바스크립트 수정

생성된 웹어셈블리 모듈(validate.wasm)을 HTML 파일이 있는 폴더에 복사합니다. 모듈과 상호작용하는 자바스크립트를 수정해서 모듈 함수로 버퍼를 전달하지 않도록 수정해야 합니다.

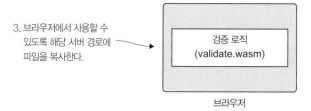

그림 5-15 생성된 웹어셈블리 파일은 HTML 파일이 있는 폴더에 복사하고 모듈과 상호작용할 수 있도록 자바스크립트를 수정한다.

Chapter 5\5.2.1 SideModuleCallingJS\frontend 폴더를 만들고 다음 파일들을 복사해 넣습니다.

- 5.2.1 SideModuleCalling-JS\source\validate.wasm
- Chapter 4\4.2 side_module\frontend\editproduct.html, editproduct.js

C++ 코드에서 UpdateHostAboutError 함수 시그니처 앞에 **extern** 키워드를 붙인 것은, 이 모듈에서 _UpdateHostAboutError 함수(엠스크립튼 컴파일러는 생성된 웹어셈블리 모듈의 함수명 앞에 언더스코어를 붙임)를 임포트한다는 사실을 엠스크립튼 컴파일러에게 알리기 위함입니다. 엠스크립튼 연결 코드가 없기 때문에 모듈을 인스턴스화할 때 자바스크립트가 직접 _UpdateHostAboutError 함수를 모듈에 전달해야 합니다.

initializePage 함수

editproduct.js 파일을 열고 initializePage 함수가 있는 코드를 찾아 importObject 객체 끝부분에 errorMessagePointer 매개변수를 받는 함수가 지정된 _UpdateHostAboutError 라는 프로퍼티를 추가합니다. 이 함수는 getStringFromMemory 함수를 호출해 모듈 메모리에서 문자열을 가져와 다시 setErrorMessage 함수로 전달합니다.

예제 5-3 importObject에 _UpdateHostAboutError 프로퍼티를 추가한다.

```
function initializePage() {
  ...

  moduleMemory = new WebAssembly.Memory({initial: 256});

  const importObject = {
    env: {
      __memory_base: 0,
      memory: moduleMemory,
      _UpdateHostAboutError: function(errorMessagePointer) {        ← 모듈에서 호출하면 이 함수가 응답한다.
        setErrorMessage(getStringFromMemory(errorMessagePointer));  ← 모듈 메모리에서 문자열을 읽어 사용자에게 표시한다.
      },
    }
  };

  ...
}
```

editproduct.js 파일에 있는 onClickSave 함수는 5.1절과 똑같습니다. validateName,
validateCategory 함수는 errorMessagePointer 매개변수를 받거나 모듈 함수에 값을 넘
기지 않도록 [예제 5-4]처럼 수정합니다.

validateName, validateCategory 함수

예제 5-4 수정된 validateName, validateCategory 함수

```
function validateName(name) {  ◁── 두 번째 매개변수(errorMessagePointer)를 삭제한다.
  const namePointer = moduleExports._create_buffer((name.length + 1));
  copyStringToMemory(name, namePointer);

  const isValid = moduleExports._ValidateName(namePointer,
      MAXIMUM_NAME_LENGTH);  ◁──────────────┐
                                             │ 모듈 함수에
                                             │ errorMessagePointer는
  moduleExports._free_buffer(namePointer);   │ 넘기지 않는다.

  return (isValid === 1);
}                                            ┌ 두 번째 매개변수
                                             │ (errorMessagePointer)를
function validateCategory(categoryId) {  ◁── 삭제한다.
  const categoryIdPointer = moduleExports._create_buffer(
      (categoryId.length + 1));
  copyStringToMemory(categoryId, categoryIdPointer);

  const arrayLength = VALID_CATEGORY_IDS.length;
  const bytesPerElement = Int32Array.BYTES_PER_ELEMENT;
  const arrayPointer = moduleExports._create_buffer((arrayLength *
      bytesPerElement));

  const bytesForArray = new Int32Array(moduleMemory.buffer);
  bytesForArray.set(VALID_CATEGORY_IDS, (arrayPointer / bytesPerElement));

  const isValid = moduleExports._ValidateCategory(categoryIdPointer,
      arrayPointer, arrayLength);  ◁────────┐
                                            │ 모듈 함수에
                                            │ errorMessagePointer는
  moduleExports._free_buffer(arrayPointer); │ 넘기지 않는다.
  moduleExports._free_buffer(categoryIdPointer);

  return (isValid === 1);
}
```

5.2.4 실행 결과

http://localhost:8080/editproduct.html에 접속해서 카테고리를 바꿔보거나 아무 값도 지정하지 않는 상태로 저장 버튼을 클릭하면 웹페이지에 오류 메시지가 표시될 것입니다(그림 5-16).

카테고리를 선택하지 않은 경우 표시되는 검증 오류 메시지

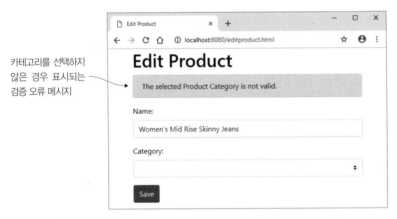

그림 5-16 카테고리를 선택하지 않은 경우 표시되는 상품수정 페이지의 오류 메시지

5.3 실제 용례

웹어셈블리 모듈에서 자바스크립트를 호출할 수 있기 때문에 웹페이지 및 브라우저 웹 API와 얼마든지 상호작용할 수 있고 이는 실제로 다양한 방법으로 응용할 수 있습니다.

- 대화형 웹페이지나 게임 등에서 널리 쓰이는 3D 그래픽 분야의 레이 트레이싱$^{ray-tracing}$(광선 추적)[2] 계산을 하는 웹어셈블리 모듈을 제작합니다.

- 파일 변환기 개발(예: 사진을 찍어 이메일에 첨부하여 전송하기 전에 PDF로 변환)

- 기존 오픈 소스 C++ 라이브러리(예: 암호화)를 웹어셈블리 모듈로 컴파일해 웹사이트에서 사용합니다. 오픈 소스 C++ 라이브러리 목록은 관련 사이트[3]를 참고하기 바랍니다.

5.4 연습 문제

1 C/C++ 코드에서 함수 시그니처를 정의할 때 컴파일러가 코드 실행 시점에 함수가 사용 가능할 거란 사실을 밝히기 위해 사용하는 키워드는 무엇인가?

2 IsOnline은 사용자 디바이스의 인터넷 접속 여부를 알아내는 함수로, true면 1, false면 0을 반환한다. 이 함수를 엠스크립튼 자바스크립트에 포함시켜 모듈에서 호출하시오.

➡ 해답은 부록 D에 있습니다.

5.5 마치며

- 자바스크립트와 직접 소통할 수 있도록 웹어셈블리 모듈을 수정할 수 있습니다.

- 외부 함수는 extern 키워드로 C/C++ 코드에 정의합니다.

- 여러분이 작성한 자바스크립트는 LibraryManager.library 객체에 넣어 엠스크립튼 자바스크립트 파일에 추가할 수 있습니다.

- 엠스크립튼 연결 코드를 사용하지 않을 경우, WebAssembly.instantiate 또는 WebAssembly.instantiateStreaming 함수에 전달하는 자바스크립트 객체에 함수를 두는 방법으로 임포트할 모듈에 함수를 추가할 수 있습니다.

---

2 옮긴이_ 가상적인 광선이 물체의 표면에서 반사되어, 카메라를 거쳐 다시 돌아오는 경로를 계산하는 것입니다. 적게는 물체 하나가 반사하는 빛만 계산하면 되지만 많게는 물체를 구성하는 입자 하나하나의 빛을 전부 계산해야 되기 때문에 렌더링을 하는 데 있어 시간이 많이 소요되는 기술입니다. 영상을 만드는 과정에서는 렌더링한 이미지 자체를 저장하는 것이기에 시간에 영향을 덜 받지만, 실시간으로 이러한 작업을 해야하는 게임 등의 경우엔 이를 위해서 많은 계산이 필요하여 컴퓨터 연산 속도가 중요합니다(출처: 위키백과).

3 https://en.cppreference.com/w/cpp/links/libs

웹어셈블리 모듈에서 함수 포인터로 자바스크립트와 통신하기

이 장의 핵심 내용

◆ 함수 포인터를 사용할 수 있도록 C/C++ 코드를 수정

◆ 엠스크립튼 헬퍼 함수로 자바스크립트 함수를 웹어셈블리 모듈에 전달

◆ 엠스크립튼 연결 코드 없이 웹어셈블리 모듈에서 함수 포인터 호출

5장에서는 검증 오류 시 오류 메시지를 매개변수에 담아 자바스크립트로 전달하는 대신, 모듈에서 자바스크립트 함수를 직접 호출하도록 수정했습니다(그림 6-1).

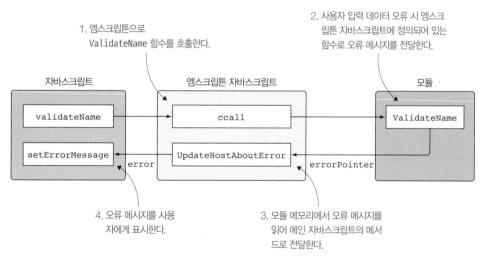

그림 6-1 모듈 함수에서 자바스크립트 함수를 호출하는 과정

하지만 자바스크립트에서 필요로 하는 시점에 자바스크립트 함수를 모듈에 전달할 수는 없을

까요? 만약 이런 일이 가능하다면 모듈에서 처리가 완료될 때 주어진 함수를 호출할 수 있을 것입니다(그림 6-2).

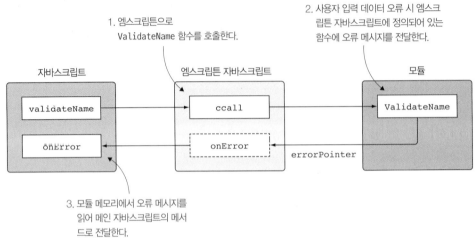

그림 6-2 모듈에서 자바스크립트 함수 포인터를 호출하는 과정

6.1 엠스크립튼 연결 코드로 동작하는 웹어셈블리 모듈 생성하기

6.1절에서는 C++ 코드로 검증 로직을 작성하고 표준 C 라이브러리와 엠스크립튼 헬퍼 함수까지 포함시킬 것입니다. 보통 프로덕션 환경에서는 웹어셈블리 모듈을 이런 식으로 개발합니다. 6.2절에서는 표준 C 라이브러리와 엠스크립튼 헬퍼 함수를 배제하고 웹어셈블리 모듈을 구축하는 방법을 설명합니다.

6.1.1 자바스크립트로 모듈에 제공된 함수 포인터 사용

모듈에서 함수 포인터를 사용하도록 수정하는 과정은 이렇습니다(그림 6-3).

1 익스포트된 함수가 성공/실패 함수 포인터를 받도록 C++ 코드를 수정합니다.

2 엠스크립튼으로 컴파일하여 웹어셈블리 파일과 자바스크립트 연결 파일을 생성합니다.

3 브라우저에서 사용할 수 있도록 해당 서버 경로에 생성된 파일을 복사합니다.

4 (주어진 함수 포인터를 받는) 웹어셈블리 모듈과 상호작용할 수 있도록 웹사이트 자바스크립트를 수정합니다.

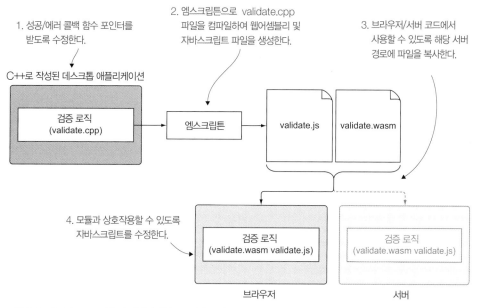

그림 6-3 기존 C++ 로직을 수정해서 함수 포인터를 받아 브라우저/서버 코드에서 사용할 수 있도록 웹어셈블리 모듈을 개발하는 과정

6.1.2 C++ 코드 수정

먼저, 함수 포인터를 받을 수 있게 C++ 코드를 수정합니다(그림 6-4).

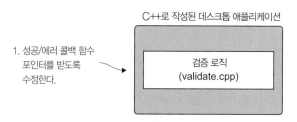

그림 6-4 콜백 함수 포인터를 받도록 C++ 코드를 수정한다.

실습 파일을 저장할 Chapter 6\6.1.2 EmFunctionPointers\source 폴더를 만들고 Chapter 5\5.1.1 EmJsLibrary\source\validate.cpp 파일을 복사해 넣습니다. 이 파일에

사용자 입력 데이터의 오류 여부를 표시하는 자바스크립트를 호출하는 함수 시그니처부터 정의하겠습니다.

함수 시그니처 정의

C/C++ 언어에서 함수는 매개변수를 함수 포인터의 시그니처로 받을 수 있습니다. 예를 들면, 다음과 같이 매개변수도 받지 않고 반환값도 없는 함수 포인터를 매개변수로 사용할 수 있습니다.[1]

```
void(*UpdateHostOnSuccess)(void)
```

포인터를 먼저 역참조^{dereference}하여 함수 포인터를 호출하는 예제 코드를 보신 분들도 계실 것입니다. 하지만 역참조된 함수 포인터는 즉시 포인터로 변환되어 같은 함수 포인터를 다시 얻을 수 있으므로 사실 필요가 없습니다. C++ 언어에서는 다음 코드와 같이 마치 일반 함수를 호출하는 듯 함수 포인터를 호출할 수 있습니다.

```
void Test(void(*UpdateHostOnSuccess)(void)) {
    UpdateHostOnSuccess();
}
```

필요할 때마다 함수 시그니처를 매개변수로 지정해서 써도 되지만, 원하는 함수 시그니처의 데피니션^{definition}(정의부)을 만들어 매개변수로 사용할 수도 있습니다. 함수 시그니처 데피니션은 시그니처 앞에 **typedef** 키워드를 붙여 생성합니다.[2]

미리 정의된 함수 시그니처를 사용하면 매번 함수 시그니처를 매개변수로 정의하는 것에 비해 다음과 같은 이점이 있습니다.

- 함수가 단순해집니다.
- 코드를 관리하기 편합니다. 함수 시그니처를 수정할 일이 생기면 일일이 검색해서 고칠 필요 없이 데피니션 하나만 수정하면 됩니다.

----

1 옮긴이_ 매개변수가 없는 함수 포인터는 void(*UpdateHostOnSuccess)() 식으로 괄호만 열고 닫아도 됩니다.

2 옮긴이_ 원문에는 데피니션(definition)이라는 용어를 사용했으나, 간단히 별칭(alias)을 부여하는 것으로 생각하면 쉽습니다. 특히, C 언어에서는 구조체 앞에 typedef 키워드를 붙여 별칭을 정해 쓰는 일이 매우 일반적입니다.

validate.cpp 파일에서 데피니션을 생성할 함수 시그니처는 다음과 같습니다.

- 성공 콜백 함수 시그니처: 매개변수를 받지 않고 아무 값도 반환하지 않습니다.
- 에러 콜백 함수 시그니처: const char* 매개변수를 받고 아무 값도 반환하지 않습니다.

validate.cpp 파일에서 extern void UpdateHostAboutError 라인을 찾아 다음 코드로 대체합니다.

```
typedef void(*OnSuccess)(void);
typedef void(*OnError)(const char*);
```

이 예제는 모듈이 버퍼 매개변수를 통해 오류 메시지를 반환하지 않으므로 ValidateValueProvided 같은 함수에 선언된 매개변수 error_message는 삭제합니다.

ValidateValueProvided 함수

ValidateValueProvided 함수는 error_message 매개변수를 삭제하고 if 문에서 UpdateHostAboutError 함수를 호출하는 코드를 제거합니다.

```
int ValidateValueProvided(const char* value) {        ⟵─┤ error_message 매개변수를 삭제한다.
  if ((value == NULL) || (value[0] == '\0')) {        ⟵─┐ UpdateHostAboutError 함수는
    return 0;                                             호출하지 않는다.
  }

  return 1;
}
```

사용자 입력 데이터의 검증 결과에 따라 올바른 함수를 호출하려면 성공/실패 함수 포인터를 받는 ValidateName, ValidateCategory 함수도 수정해야 합니다.

ValidateName 함수

ValidateName 함수는 손 볼 곳이 많습니다. 먼저 반환형 int를 void로 변경하고 다음 두 함수 포인터를 매개변수로 추가합니다.

- OnSuccess UpdateHostOnSuccess

- OnError UpdateHostOnError

ValidateValueProvided 함수는 두 번째 매개변수가 없으므로 호출하는 코드에서도 두 번째 매개변수를 삭제합니다. if 문의 return 0는 에러 함수 포인터를 호출하는 다음 코드로 바꿉니다.

```
UpdateHostOnError("A Product Name must be provided.");
```

5장에서 사용했던 자바스크립트 함수 UpdateHostAboutError는 이제 없으니 UpdateHostOnError를 대신 호출하도록 수정합니다.

ValidateName 함수는 반환형이 void이므로 함수 끝부분의 return 1은 지우고 if 문 끝자락에 else 블록을 넣습니다. 사용자 입력 데이터에 문제가 없으면 이 else 블록에 있는 코드가 실행되어 성공 함수 포인터를 호출하고 검증 오류가 없음을 자바스크립트에 알릴 것입니다.

```
UpdateHostOnSuccess();
```

예제 6-1 함수 포인터를 사용하도록 수정한 ValidateName 함수(validate.cpp)

```
...

#ifdef __EMSCRIPTEN__
  EMSCRIPTEN_KEEPALIVE
#endif

void ValidateName(char* name, int maximum_length,       ← 반환형이 void이므로
                                                            return 문은
                                                            모두 삭제한다.
    OnSuccess UpdateHostOnSuccess, OnError UpdateHostOnError) {  ←
  if (ValidateValueProvided(name) == 0) {
    UpdateHostOnError("A Product Name must be provided.");     OnSuccess, OnError
  }                                                            함수 포인터를 추가한다.
  else if (strlen(name) > maximum_length) {
    UpdateHostOnError("The Product Name is too long.");
  }
  else {
    UpdateHostOnSuccess();
```

```
        }
    }
    ...
```

IsCategoryIdInArray 함수는 수정할 필요가 없습니다.

ValidateCategory 함수

ValidateCategory 함수도 반환형을 void로 변경하고 다음 성공/실패 함수 포인터를 매개변수로 추가합니다.

- OnSuccess UpdateHostOnSuccess
- OnError UpdateHostOnError

ValidateValueProvided 함수도 두 번째 매개변수가 없으므로 호출하는 코드에서도 두 번째 매개변수를 삭제합니다. if 문의 return 0은 다음과 같이 에러 함수 포인터를 호출하는 코드로 바꿉니다.

```
UpdateHostOnError("A Product Category must be selected.");
```

5장에서 사용했던 자바스크립트 함수 UpdateHostAboutError는 이제 없으니 UpdateHostOnError를 대신 호출하도록 수정하고 다음 if 문의 return 라인은 삭제합니다.

- if ((valid_category_ids == NULL) || (array_length == 0)) { ... }
- if (IsCategoryIdInArray(category_id, valid_category_ids, array_length) == 0) { ... }

ValidateCategory 함수는 반환형이 void이므로 함수 끝부분의 return 1은 지우고 if 문 끝자락에 else 블록을 넣습니다. 사용자 입력 데이터에 문제가 없으면 이 else 블록에 있는 코드가 실행되어 성공 함수 포인터를 호출하고 검증 오류가 없음을 자바스크립트에 알릴 것입니다.

```
UpdateHostOnSuccess();
```

예제 6-2 함수 포인터를 사용하도록 수정한 ValidateCategory 함수(validate.cpp)

```
...

#ifdef __EMSCRIPTEN__
  EMSCRIPTEN_KEEPALIVE
#endif

void ValidateCategory(char* category_id, int* valid_category_ids,
    int array_length, OnSuccess UpdateHostOnSuccess,
    OnError UpdateHostOnError) {
  if (ValidateValueProvided(category_id) == 0) {
    UpdateHostOnError("A Product Category must be selected.");
  }
  else if ((valid_category_ids == NULL) || (array_length == 0)) {
    UpdateHostOnError("There are no Product Categories available.");
  }
  else if (IsCategoryIdInArray(category_id, valid_category_ids,
      array_length) == 0) {
    UpdateHostOnError("The selected Product Category is not valid.");
  }
  else {
    UpdateHostOnSuccess();
  }
}
...
```

반환형이 void 이므로 return 문은 모두 삭제한다.

OnSuccess, OnError 함수 포인터를 추가한다.

함수 포인터를 사용하도록 C++ 코드를 수정했고 이제 엠스크립튼으로 컴파일하여 웹어셈블리 모듈을 생성합시다(그림 6-5).

2. 엠스크립튼으로 validate.cpp 파일을 컴파일하여 웹어셈블리 및 자바스크립트 파일을 생성한다.

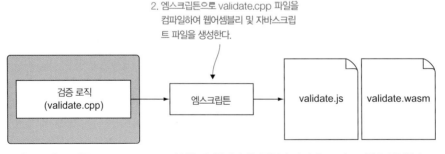

그림 6-5 엠스크립튼으로 validate.cpp 파일을 컴파일하여 웹어셈블리 및 자바스크립트 파일을 생성한다.

6.1.3 웹어셈블리 모듈로 컴파일

엠스크립튼은 C++ 함수 포인터를 발견하면 모듈 인스턴스화 시 해당 시그니처를 가진 함수가 임포트될 거라고 예상합니다. 모듈 인스턴스화 이후에는 다른 모듈에서 익스포트된 웹어셈블리 함수만 추가할 수 있기 때문에 처음부터 임포트되지 않은 함수의 포인터를 나중에 자바스크립트로 지정하는 건 불가능합니다.

모듈 인스턴스화 이후에 자바스크립트 함수를 임포트할 수 없다면 자바스크립트 함수를 동적으로 지정할 방법은 없을까요? 그래서 엠스크립튼은 인스턴스화 중 필요한 시그니처를 가진 함수를 모듈에 제공하며, 자체 자바스크립트를 이용해 기반 배열backing array을 관리합니다. 모듈에서 함수 포인터가 호출되면 엠스크립튼은 이 기반 배열을 이용해 여러분이 작성한 자바스크립트가 해당 시그니처로 호출 가능한 함수를 모듈에 제공했는지 확인합니다.

엠스크립튼 기반 배열은 컴파일 타임에 배열 길이를 RESERVED_FUNCTION_POINTERS 플래그에 명시해야 합니다. ValidateName, ValidateCategory 함수는 각각 성공/실패 함수 포인터 매개변수가 필요하고, 두 함수가 함께 호출되도록 자바스크립트를 수정해야 하므로 기반 배열은 한번에 원소 4개를 담을 공간을 확보해야 합니다. 따라서 플래그 값을 4로 지정합니다.

엠스크립튼 기반 배열에(서) 함수 포인터를 추가/삭제하려면 여러분의 자바스크립트에서 엠스크립튼 헬퍼 함수 addFunction, removeFunction 함수에 접근 가능해야 합니다. 엠스크립튼 자바스크립트 파일에 두 함수를 넣으려면 컴파일 시 명령줄 배열 EXTRA_EXPORTED_RUNTIME_METHODS에 추가합니다.

validate.cpp 파일이 있는 폴더에서 다음 명령을 실행하여 코드를 컴파일합니다.

```
emcc validate.cpp -s RESERVED_FUNCTION_POINTERS=4
    -s EXTRA_EXPORTED_RUNTIME_METHODS=['ccall','UTF8ToString',
    'addFunction','removeFunction'] -o validate.js
```

역자 NOTE_ 엠스크립튼 I.39.0+ 버전에서 실습할 경우, 위와 같이 실습하면 오류가 발생하므로 이 책 끝 부분에 수록된 부록 F.2.3절을 참고하기 바랍니다.

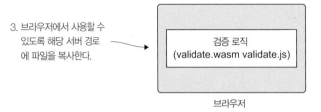

3. 브라우저에서 사용할 수 있도록 해당 서버 경로에 파일을 복사한다.

검증 로직
(validate.wasm validate.js)

브라우저

그림 6-6 생성된 파일을 HTML, 자바스크립트 파일이 있는 폴더에 복사한다.

컴파일 결과 생성된 웹어셈블리 모듈과 엠스크립튼 자바스크립트 파일을 HTML, 자바스크립트 파일이 있는 폴더에 복사합니다. 5장에서 실습한 editproduct.html, editproduct.js 파일도 같은 폴더에 복사해 넣습니다. 이제 자바스크립트 함수를 모듈에 전달하도록 editproduct.js 파일을 수정할 차례입니다.

6.1.4 웹페이지 자바스크립트 수정

Chapter 6\6.1.2 EmFunctionPointers\frontend 폴더를 만들고 다음 파일들을 복사해 넣습니다.

- Chapter 6\6.1.2 EmFunction−Pointers\source\validate.js, validate.wasm
- Chapter 5\5.1.1 EmJs−Library\frontend\editproduct.html, editproduct.js

editproduct.js 파일을 열고 함수 포인터를 모듈에 전달하도록 수정하겠습니다.

onClickSave 함수

C++로 작성된 모듈의 검증 함수는 아무 값도 반환하지 않고 주어진 자바스크립트 함수 포인터를 호출해서 성공/실패 콜백을 처리하도록 수정했습니다. 함수 포인터가 언제 호출될 지 미리 알 수는 없으므로 validateName, validateCategory 두 함수는 Promise 객체를 반환하도록 수정해야 합니다.

5장에서 복사한 editproduct.js 파일의 **onClickSave** 함수는 if 문에서 validateName 함수를 먼저 호출합니다. 사용자가 입력한 상품명에 문제가 없으면 곧바로 validateCategory 함수를 호출되겠죠. 두 함수는 이제 프라미스를 반환하므로 if 문도 프라미스 구문으로 대체해야 합니다.

validateName 함수 호출 후 성공 응답이 올 때까지 기다렸다가 validateCategory 함수를 호출해도 되지만, Promise.all 메서드로 두 검증 함수를 묶어서 동시 호출하는 게 더 간단합니다.

Promise.all 메서드는 프라미스 배열을 받아 하나의 Promise 객체를 반환합니다. 모든 프라미스가 성공하면 then 메서드를 호출하고 하나라도 실패하면 최초로 실패한 프라미스의 실패 사유를 반환합니다. 실패 사유를 then 메서드의 두 번째 매개변수로 받는 방법도 있지만 프라미스 에러는 catch문에서 처리하는 게 더 일반적입니다.

예제 6-3 Promise.all 메서드 구문을 적용한 onClickSave 함수(editproduct.js)

```
...

function onClickSave() {
  setErrorMessage("");

  const name = document.getElementById("name").value;
  const categoryId = getSelectedCategoryId();

  Promise.all([        ⟵─ 두 검증 함수를 호출한다.
    validateName(name),
    validateCategory(categoryId)
  ])
  .then(() => {        ⟵─ 두 검증 함수 모두 성공하면,

      ⟵─ 오류가 없으니 데이터를 서버에 전달한다.      두 검증 함수 중 하나라도
  })                                                 에러를 반환하면 이 블록이
  .catch((error) => {  ⟵───────────────────────     실행된다.
    setErrorMessage(error);   ⟵─ 오류 메시지를
  });                            표시한다.
}
...
```

그런데 엠스크립튼 기반 배열에 자바스크립트 함수는 어떻게 전달할까요?

엠스크립튼 헬퍼 함수 addFunction 호출

자바스크립트로 모듈에 함수를 전달하려면 엠스크립튼 헬퍼 함수 addFunction이 필요합니다. 이 함수는 자바스크립트 함수를 기반 배열에 추가하고 ccall 함수에 전달할 인덱스를 반환합

니다([그림 6-7], ccall 함수에 관한 자세한 내용은 부록 B 참고).

addFunction 함수는 다음 값을 매개변수로 받습니다.

- 모듈에 전달할 자바스크립트 함수
- 함수 시그니처에 해당하는 문자열

함수 시그니처 문자열은 다음 문자로 자료형을 표시합니다. 첫 번째 문자는 반환형, 나머지 문자는 각 매개변수형입니다.

- v: Void
- i: 32비트 정수
- j: 64비트 정수
- f: 32비트 부동소수
- d: 64비트 부동소수

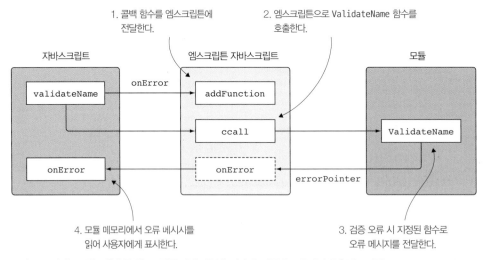

그림 6-7 자바스크립트 함수를 엠스크립튼 기반 배열에 전달 후 나중에 모듈에서 호출하는 과정

코드에서 다 사용한 함수 포인터는 addFunction 함수 호출 결과 반환된 인덱스를 removeFunction 함수에 전달하여 엠스크립튼 기반 배열에서 삭제합니다.

이렇게 모듈 검증 함수마다 성공/실패 콜백용 함수 포인터를 전달해야 하므로 createPointers라는 헬퍼 함수를 만들어 쓰는 게 편리합니다.

createPointers 함수

createPointers 함수는 다음 값을 매개변수로 받습니다.

- resolve: validateName/validateCategory 함수에서 생성된 프라미스의 resolve 메서드
- reject: validateName/validateCategory 함수에서 생성된 프라미스의 reject 메서드
- returnPointers: 호출한 함수에 반환할 객체. 엠스크립튼 기반 배열에 추가한 각 함수의 인덱스가 들어있습니다.

엠스크립튼 기반 배열에 추가되는 두 함수 포인터는 모두 익명 함수anonymous function를 사용합니다.

> **NOTE_** 자바스크립트에서 익명 함수는 이름을 붙이지 않고 정의한 함수입니다. 자세한 정보는 MDN 문서[3]를 참고하기 바랍니다.

모듈에서 전달받을 성공 함수 포인터는 매개변수를 받지 않고 아무 값도 반환하지 않으므로 addFunction의 두 번째 매개변수 값은 'v'입니다. 이 함수는 헬퍼 함수 freePointers를 호출한 다음, createPointers 함수에 매개변수로 전달한 resolve 메서드를 호출합니다.

모듈에서 전달받을 에러 함수 포인터는 const char*형 매개변수를 받고 아무 값도 반환하지 않습니다. 웹어셈블리에서 포인터는 32비트 정수로 나타내므로 addFunction의 두 번째 매개변수 값은 'vi'입니다. 이 함수도 헬퍼 함수 freePointers를 호출한 다음, createPointers 함수에 매개변수로 전달한 reject 메서드를 호출합니다.

여러분이 엠스크립튼 기반 배열에 추가한 각 함수의 인덱스는 createPointers 함수 끝부분에서 returnPointers 객체로 들어갑니다.

예제 6-4 수정된 createPointers 함수(editproduct.js)

```
...                              프라미스에 있는 resolve, reject 함수.
                                 returnPointers 객체에는 함수 인덱스를 담는다.
function createPointers(resolve, reject, returnPointers) {
  const onSuccess = Module.addFunction(function() {       모듈 호출 성공 시 콜백되는
    freePointers(onSuccess, onError);      엠스크립튼 기반 배열에서    함수를 만든다.
    resolve();                             두 함수를 삭제한다.
}            프라미스 resolve(성공)
             메서드를 호출한다.
```

3 http://mng.bz/7zDV

```
  }, 'v');   ◁─── 함수 시그니처: 매개변수. 반환값이 없다.                              모듈 호출 실패 시 콜백되는
                                                                          ◁─┐ 함수를 만든다.
  const onError = Module.addFunction(function(errorMessage) { ◁─┘
    freePointers(onSuccess, onError);
    reject(Module.UTF8ToString(errorMessage));   ◁─── 모듈 메모리에서 오류 메시지를 읽어
  }, 'vi');   ◁─── 함수 시그니처: 32비트 정수 매개변수(포인터)를      프라미스 reject 메서드를 호출한다.
                   받으며 아무 값도 반환하지 않는다.
  returnPointers.onSuccess = onSuccess;   ◁─── 함수 인덱스를
  returnPointers.onError = onError;            반환 객체에 추가한다.
}
...
```

freePointers 함수

헬퍼 함수 freePointers는 엠스크립튼 기반 배열에서 함수 포인터를 제거합니다.

```
function freePointers(onSuccess, onError){
  Module.removeFunction(onSuccess);   ◁─── 엠스크립튼 기반 배열에서 주어진
  Module.removeFunction(onError);          함수를 삭제한다.
}
```

다음은 validateName, validateCategory 함수를 수정할 차례입니다. Promise 객체를 반환하고 방금 전 작성한 createPointers 함수를 호출해 자바스크립트 함수를 모듈에 전달하도록 수정하겠습니다.

validateName 함수

Promise 객체에 전달된 익명 함수의 첫 번째 임무는 createPointers 함수를 호출해 여러분이 작성한 성공/실패 함수의 포인터를 얻는 것입니다. createPointers 함수는 자신을 호출될 때 전달받은 pointers 객체에 성공/에러 함수 포인터에 해당하는 인덱스를 세팅하여 반환합니다.

const isValid = 코드를 삭제하고 Module.ccall 함수를 다음과 같이 호출합니다.

- ValidateName 함수의 반환형이 void이므로 두 번째 매개변수는 null로 세팅합니다.
- 모듈 함수가 포인터형 매개변수 2개를 새로 받기 때문에 매개변수형을 나타내는 세 번째 매개변수 배열 뒤에

'number' 자료형을 2개 추가합니다. 웹어셈블리에서 포인터는 32비트 정수이므로 number 자료형을 사용합니다.

- 성공/에러 함수 포인터의 인덱스를 ccall 함수의 네 번째 매개변수에 추가합니다. 이 인덱스는 createPointers 함수 호출 결과 pointers 객체를 통해 반환됩니다.

- 함수 끝부분의 return 문은 삭제합니다.

예제 6-5 수정된 validateName 함수(editproduct.js)

```
...
function validateName(name) {
  return new Promise(function(resolve, reject) {      ◁── 호출부에 Promise 객체를 반환한다.
    const pointers = { onSuccess: null, onError: null };
    createPointers(resolve, reject, pointers);        ◁── 모듈 함수 포인터를 생성한다.

    Module.ccall('ValidateName',      ◁── const isValid = 코드는 삭제한다.
        null,  ◁── 모듈 함수의 반환형은 void이다.                   두 함수 포인터 매개변수에 해당하는
        ['string', 'number', 'number', 'number'],   ◁──  'number' 자료형을 2개 추가한다.
        [name, MAXIMUM_NAME_LENGTH, pointers.onSuccess,
            pointers.onError]);   ◁── 성공/에러 함수 포인터의
  });                                  인덱스를 배열에 추가한다.
}
...
```

validateCategory 함수

validateCategory 함수도 validateName 함수처럼 Promise 객체를 반환하도록 수정합니다. createPointers 함수를 호출해 성공/에러 함수 포인터를 생성하는 부분도 동일합니다.

const isValid = 코드를 삭제하고 Module.ccall 함수를 다음과 같이 호출합니다.

- validateCategory 함수의 반환형이 void이므로 두 번째 매개변수는 null로 세팅합니다.
- 모듈 함수가 포인터형 매개변수 2개를 새로 받기 때문에 매개변수형을 나타내는 세 번째 매개변수의 배열 뒤에 'number' 자료형을 2개 추가합니다.
- 성공/에러 함수 포인터의 인덱스를 ccall 함수의 네 번째 매개변수에 추가합니다.
- 함수 끝부분의 return 문은 삭제합니다.

```
...
function validateCategory(categoryId) {
  return new Promise(function(resolve, reject) {      ◁──┤ 호출부에 Promise 객체를 반환한다.

    const pointers = { onSuccess: null, onError: null };
    createPointers(resolve, reject, pointers);      ◁──┤ 모듈 함수 포인터를 생성한다.

    const arrayLength = VALID_CATEGORY_IDS.length;
    const bytesPerElement = Module.HEAP32.BYTES_PER_ELEMENT;
    const arrayPointer = Module._malloc((arrayLength * bytesPerElement));
    Module.HEAP32.set(VALID_CATEGORY_IDS,
        (arrayPointer / bytesPerElement));
                                         ┤ const isValid = 코드는
                                         │ 삭제한다.
    Module.ccall('ValidateCategory',  ◁──┘                        두 함수 포인터 매개변수에
        null,  ◁──┤ 모듈 함수의 반환형은 void이다.                  해당하는 'number' 자료
        ['string', 'number', 'number', 'number', 'number'],  ◁──┤  형을 2개 추가한다.
        [categoryId, arrayPointer, arrayLength,
            pointers.onSuccess, pointers.onError]);  ◁──┤ 성공/에러 함수 포인터의
                                                          인덱스를 배열에 추가한다.
      Module._free(arrayPointer);
  });
}
```

6.1.5 실행 결과

http://localhost:8080/editproduct.html에 접속해서 상품명 필드에 50자 이상 글자를 입력하고 저장 버튼을 클릭하면 웹페이지에 오류 메시지가 표시될 것입니다(그림 6-8).

상품명이 너무 길 경우 표시되는 오류 메시지

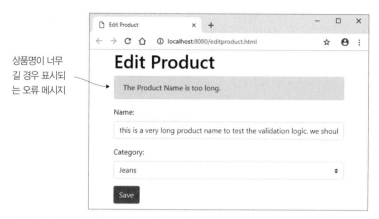

그림 6-8 상품명이 너무 길 경우 표시되는 상품수정 페이지의 오류 메시지

6.2 엠스크립튼 연결 코드 없이 동작하는 웹어셈블리 모듈 생성하기

이번에는 표준 C 라이브러리 함수도 포함시키지 않고 자바스크립트 연결 파일도 생성하지 않는 방법을 살펴보겠습니다. 엠스크립튼이 생성하는 연결 코드는 간편하고 프로덕션 환경에서 사용하기 좋지만 웹어셈블리 모듈이 동작하는 내부 모습은 드러나지 않기 때문에 모듈을 직접 다뤄보면서 내부 작동 원리를 학습할 때 유익한 방법입니다.

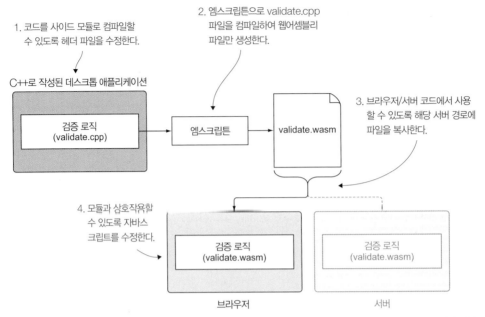

1. 코드를 사이드 모듈로 컴파일할
   수 있도록 헤더 파일을 수정한다.

2. 엠스크립튼으로 validate.cpp
   파일을 컴파일하여 웹어셈블리
   파일만 생성한다.

C++로 작성된 데스크톱 애플리케이션

검증 로직
(validate.cpp)

엠스크립튼

validate.wasm

3. 브라우저/서버 코드에서 사용
   할 수 있도록 해당 서버 경로에
   파일을 복사한다.

4. 모듈과 상호작용할
   수 있도록 자바스
   크립트를 수정한다.

검증 로직
(validate.wasm)

검증 로직
(validate.wasm)

브라우저

서버

그림 6-9 기존 C++ 로직을 수정해서 함수 포인터를 받되 엠스크립튼 자바스크립트 없이 브라우저/서버 코드에서 사용할 수 있도록 웹어셈블리 모듈을 개발하는 과정

[그림 6-9]에서 보다시피, 엠스크립튼으로 웹어셈블리 모듈만 생성할 때 자바스크립트 연결 파일을 배제하는 것만 다를 뿐 나머지 프로세스는 6.1절과 비슷합니다.

6.2.1 자바스크립트로 모듈에 제공된 함수 포인터 사용

6.1절에서는 엠스크립튼의 연결 코드를 이용해 함수 포인터를 다루었기 때문에 모듈과 자바스크립트 사이에 무슨 일이 벌어지는지 알 수 없었습니다. 마치 자바스크립트가 함수 포인터를 직접 모듈에 전달해주는 것처럼 보였지요.

웹어셈블리에서는 C/C++ 코드를 함수 포인터를 직접 호출하는 것처럼 작성하지만 실제로는 웹어셈블리 모듈로 컴파일할 때 모듈 Table 섹션에서 함수 인덱스를 지정하고 웹어셈블리 프레임워크에게 해당 함수를 대신 호출해달라고 요청합니다.

> **NOTE_** 모듈 Table 섹션(옵션)에는 함수 포인터처럼 모듈 메모리에 원바이트[raw byte] 그대로 저장 불가한, 정형한[typed] 레퍼런스 배열을 담습니다. 모듈은 Table 섹션에 있는 항목에 직접 접근할 수 없기 때문에 주어진 인덱스에 해당하는 항목을 웹어셈블리 프레임워크에게 요청하면 프레임워크가 메모리에서 항목을 가져와 원하는 로직을 코드 대신 실행합니다.

이 예제는 OnSuccess와 OnError를 호출할 함수를 지정해서 자바스크립트로 메시지를 다시 보낼 것입니다(그림 6-10). 엠스크립튼 기반 배열과 마찬가지로, 모듈이 OnSuccess나 OnError 함수를 호출하면 함께 호출되어야 할 콜백 함수의 레퍼런스가 담긴 객체는 자바스크립트에서 직접 관리합니다.

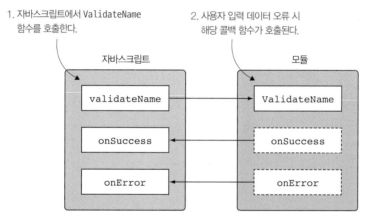

그림 6-10 모듈 인스턴스화 시 자바스크립트 함수 onSuccess, onError를 임포트한다. 모듈 함수 ValidateName이 두 함수 중 하나를 호출하면 해당 자바스크립트가 실행된다.

6.2.2 C++ 코드 수정

6.1절에서 작성한 C++ 코드가 side_module_system_functions.h와 .cpp 파일을 사용하도록 수정하겠습니다(그림 6-11).

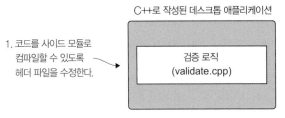

그림 6-11 엠스크립튼 연결 코드 없이 웹어셈블리 모듈을 생성할 수 있도록 6.1절의 C++ 코드를 수정한다.

실습 파일을 저장할 Chapter 6\6.2.2 SideModuleFunctionPointers\source 폴더를 만들고 다음 파일들을 복사해 넣습니다.

- Chapter 6\6.1.2 EmFunctionPointers\source\validate.cpp
- Chapter 4\4.2 side_module\source\side_module_system_functions.h, *.cpp

validate.cpp 파일을 엽니다. 엠스크립튼으로 웹어셈블리 모듈을 사이드 모듈로 컴파일하면 어차피 표준 C 라이브러리는 포함되지 않으니 **cstdlib, cstring** 헤더 파일 선언부는 삭제하고 side_module_system_functions.h 헤더 파일을 **extern "C"** 블록 안에 선언합니다.

```
#ifdef __EMSCRIPTEN__
  #include <emscripten.h>
#endif

#ifdef __cplusplus
extern "C" {
#endif

#include "side_module_system_functions.h"   ◁─┤ [중요] 헤더 파일은 extern "C" 블록 안에 둔다.
```

validate.cpp 파일은 이것만 수정하고 나머지 코드는 그대로 둡니다.

6.2.3 웹어셈블리 모듈로 컴파일

수정한 C++ 코드를 자바스크립트 연결 코드 없이 웹어셈블리 모듈로 컴파일하겠습니다(그림 6-12).

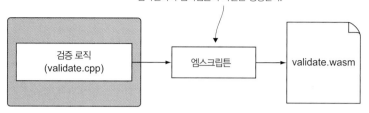

그림 6-12 자바스크립트 연결 파일 없이 웹어셈블리 파일만 생성한다.

validate.cpp 파일이 있는 폴더에서 다음 명령을 실행합니다.

```
emcc side_module_system_functions.cpp validate.cpp
    -s SIDE_MODULE=2 -O1 -o validate.wasm
```

6.2.4 웹페이지 자바스크립트 수정

생성된 웹어셈블리 모듈(validate.wasm)을 HTML 파일이 있는 폴더에 복사합니다(그림 6-13). 엠스크립튼 연결 코드 없이 모듈과 상호작용할 수 있도록 자바스크립트를 수정합시다.

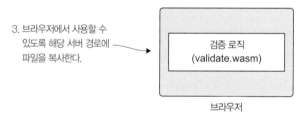

그림 6-13 생성된 웹어셈블리 파일을 HTML 파일이 있는 폴더에 복사하고 모듈과 상호작용할 수 있도록 자바스크립트를 수정한다.

Chapter 6\6.2.2 SideModuleFunctionPointers\frontend 폴더를 만들고 다음 파일들을 복사해 넣습니다.

- Chapter 6\6.2.2 SideModuleFunctionPointers\source\validate.wasm
- Chapter 5\5.2.1 Side-ModuleCallingJS\frontend\editproduct.html, editproduct.js

editproduct.js 파일을 열고 웹어셈블리 모듈의 함수 포인터를 사용하도록 코드를 수정하겠습니다.

새 전역 변수

모듈 Table 섹션에 성공/에러 함수 포인터의 인덱스를 담으려면 전역 변수가 필요합니다. editproduct.js 파일의 const VALID_CATEGORY_IDS = [100, 101];와 let moduleMemory = null; 라인 사이에 다음 코드를 추가합니다.

```
let validateOnSuccessNameIndex = 1;
let validateOnSuccessCategoryIndex = -1;
let validateOnErrorNameIndex = -1;
let validateOnErrorCategoryIndex = -1;
```

모듈이 처리 완료될 때까지 기다리는 동안 validateName, validateCategory 함수가 반환한 프라미스의 resolve/reject 함수는 어딘가 보관해야 하므로 다음 변수도 함수별로 추가합니다.

```
let validateNameCallbacks = { resolve: null, reject: null };
let validateCategoryCallbacks = { resolve: null, reject: null };
```

언뜻 C++ 코드가 함수 포인터를 직접 호출하는 것처럼 보이지만 실제로는 아닙니다. 내부적으로 함수 포인터를 가리키는 레퍼런스는 모듈 Table 섹션에 있으며 코드에서 주어진 인덱스에 위치한 함수를 call_indirect를 이용해 호출하면 웹어셈블리가 해당 인덱스에 위치한 함수를 코드 대신 호출합니다. 자바스크립트에서 Table 섹션은 WebAssembly.Table 객체로 나타냅니다.

WebAssembly.Table 객체도 전역 변수에 보관해야 하므로 다음 코드를 추가합니다.

```
let moduleTable = null;
```

initializePage 함수

initializePage 함수는 모듈에서 필요한 객체와 함수를 전달하도록 수정합니다. 모듈의 함수 포인터를 담을 WebAssembly.Table 객체를 생성합니다. 이 객체의 생성자는 자바스크립트 객체 tableDescriptor를 매개변수로 받습니다.

tableDescriptor 객체의 initial 프로퍼티는 테이블의 초기 원소 개수, maximum 프로퍼티는 테이블의 최대 원소 개수입니다. element 프로퍼티는 현재 "funcref"(함수)만 지정 가능합니다.

테이블에 필요한 초기 원소 개수는 엠스크립튼 컴파일러에 의존하는 값입니다. 따라서 어떤 값을 사용할지 결정하려면 웹어셈블리 모듈로 컴파일할 때 명령줄에서 -g 플래그를 적용합니다. 이 플래그는 웹어셈블리 텍스트 포맷 파일을 생성하도록 엠스크립튼에게 알립니다.

생성된 텍스트 포맷 파일(.wast)을 열고 table 객체에 해당하는 import S-표현식을 찾아보면 다음과 같은 라인이 보일 것입니다.

```
(import "env" "table" (table $table 1 funcref))
```

우리가 찾는 테이블의 초기 원소 개수 값은 1입니다.

> **NOTE_** 웹어셈블리 스펙이 중간에 변경되어 지금은 테이블 원소의 자료형을 anyfunc 대신 funcref라는 키워드로 나타냅니다. 단, 엠스크립튼은 .wast 파일을 출력할 때 funcref를 사용하지만 웹어셈블리 바이너리 툴킷은 anyfunc, funcref 둘 다 사용한 텍스트 포맷 코드를 처리할 수 있습니다. 이 책을 쓰는 현재, 브라우저 개발자 도구에서 모듈을 자세히 살펴보면 아직도 anyfunc로 표기됩니다. 파이어폭스에서는 자바스크립트로 WebAssembly.Table 객체를 생성할 때 어느 쪽이든 사용 가능하지만 아직은 예전부터 써오던 anyfunc를 사용하는 브라우저가 많은 관계로 이 책도 앞으로 anyfunc로 표기하겠습니다.

initializePage 함수의 moduleMemory 코드와 importObject 객체 생성 코드 사이에는 다음 코드를 삽입합니다.

```
moduleTable = new WebAssembly.Table({initial: 1, element: "anyfunc"});
```

importObject 객체는 다음과 같이 프로퍼티를 추가합니다.

- __table_base: 0

  이 모듈에는 Table 섹션이 포함되고 사이드 모듈은 동적 링킹을 의도한 것이므로 병합해야 할 Table 섹션은 여럿 존재할 수 있습니다. 이 예제는 동적 링킹을 하지 않으니 0을 넘기면 됩니다.

- 이 모듈은 함수 포인터를 사용하고 함수 포인터 레퍼런스는 모듈 Table 섹션에 보관되므로 __table_base 프로퍼티 다음에 table 객체를 지정합니다.

- _UpdateHostAboutError 함수는 필요없으니 삭제합니다.

- 엠스크립튼은 로딩 중 발생한 문제를 여러분에게 알리기 위해 abort 함수 임포트를 추가합니다. 예외를 던져 abort가 호출됐음을 알리는 함수는 여러분이 직접 작성합니다.

instantiateStreaming의 then 함수 안에 (잠시 후 작성할) addToTable 함수를 호출하는 코드를 추가합니다. addToTable 함수의 첫 번째 매개변수는 모듈 함수 ValidateName, ValidateCategory가 호출할 성공/에러 함수 포인터에 대한 익명 함수, 두 번째 매개변수는 추가할 함수의 시그니처에 해당하는 문자열입니다(첫 번째 문자는 반환형, 나머지 문자는 각 매개변수형입니다).

- v: Void
- i: 32비트 정수
- j: 64비트 정수
- f: 32비트 부동소수
- d: 64비트 부동소수

예제 6-7 수정된 initializePage 함수(editproduct.js)

```
...
let moduleMemory = null;
let moduleFxports = null;
let moduleTable = null;

function initializePage() {
  ...

  moduleMemory = new WebAssembly.Memory({initial: 256});
  moduleTable = new WebAssembly.Table({initial: 1,
      element: "anyfunc"});    ◁─┐ 오래된 브라우저는 아직도
                                 └ funcref 대신 anyfunc를 사용한다.
  const importObject = {
    env: {
```

```
      __memory_base: 0,
      memory: moduleMemory,
      __table_base: 0,
      table: moduleTable,
      abort: function(i) { throw new Error('abort'); },
    }
  };

  WebAssembly.instantiateStreaming(fetch("validate.wasm"),
      importObject).then(result => {
    moduleExports = result.instance.exports;

    validateOnSuccessNameIndex = addToTable(() => {      ⟵┐ 성공/에러 함수 포인터를 받기 위해
      onSuccessCallback(validateNameCallbacks);              │ 테이블에 추가한 익명 함수
    }, 'v');

    validateOnSuccessCategoryIndex = addToTable(() => {
      onSuccessCallback(validateCategoryCallbacks);
    }, 'v');

    validateOnErrorNameIndex = addToTable((errorMessagePointer) => {
      onErrorCallback(validateNameCallbacks, errorMessagePointer);
    }, 'vi');

    validateOnErrorCategoryIndex = addToTable((errorMessagePointer) => {
      onErrorCallback(validateCategoryCallbacks, errorMessagePointer);
    }, 'vi');
  });
}
...
```

addToTable 함수

addToTable은 주어진 자바스크립트 함수를 모듈의 Table 섹션에 추가하는 함수입니다. 먼저 Table 섹션의 크기를 결정해야 하는데, 이 값이 바로 새 원소, 즉 자바스크립트 함수를 삽입하는 위치의 인덱스가 될 것입니다. WebAssembly.Table 객체의 grow 메서드를 호출하면 원하는 원소 개수만큼 Table 섹션 크기를 늘릴 수 있습니다. 이 예제는 함수 하나만 추가하므로 grow(1)로 Table 섹션을 1만큼 늘립니다.

그리고 WebAssembly.Table 객체의 set 메서드를 호출해서 함수를 삽입합니다. 이 객체에 자바스크립트 함수는 넘길 수 없지만 다른 웹어셈블리 모듈에서 익스포트하는 건 가능하므로, 자바스크립트 함수를 convertJsFunctionToWasm라는 특별한 헬퍼 함수에 전달해 자바스크립트 함수를 웹어셈블리 함수로 변환합니다.

```
function addToTable(jsFunction, signature) {
  const index = moduleTable.length;  ◁── 현재 크기가 곧 새 함수의 인덱스가 된다.
  moduleTable.grow(1);  ◁── 새로운 함수를 하나 추가하기 위해
  moduleTable.set(index,        테이블 크기를 늘린다.
      convertJsFunctionToWasm(jsFunction, signature));  ◁── 자바스크립트 함수를 Wasm 함수로
                                                           변환 후 테이블에 추가한다.
  return index;  ◁── 테이블의 함수 인덱스를
}                   호출부에 반환한다.
```

convertJsFunctionToWasm 함수는 직접 작성하지 않고 엠스크립튼 자바스크립트 파일에 있는 코드를 복사합니다. 이 함수는 여러분이 지정한 자바스크립트 함수를 임포트하는 아주 작은 웹어셈블리 모듈을 생성합니다. 모듈이 익스포트하는 함수는 똑같지만, 이제 이 함수는 WebAssembly.Table 객체에 삽입할 수 있게 웹어셈블리로 래핑된 상태입니다.

Chapter 6\6.1.2 EmFunctionPointers\frontend\validate.js 파일을 열고 convertJsFunctionToWasm 함수를 찾아 그 코드를 복사해서 Chapter 6\ 6.2.2 SideModuleFunctionPointers\frontend\editproduct.js 파일의 addFunctionToTable 함수 뒤에 붙여넣습니다.

다음은 모듈에서의 검증 결과가 성공이라는 사실을 알리기 위해 사용하는 헬퍼 함수 onSuccessCallback, onErrorCallback를 작성할 차례입니다. 이 헬퍼 함수는 사용자 입력 데이터에 오류가 없을 경우, 두 모듈 함수 ValidateName, ValidateCategory가 호출합니다.

onSuccessCallback 함수

onSuccessCallback 함수의 매개변수인 validateCallbacks 객체는 자신을 validateName 함수가 호출했는지, 아니면 validateCategory 함수가 호출했는지에 따라 두 전역 객체 validateNameCallbacks, validateCategoryCallbacks 중 하나를 참조합니다. onSuccessCallback 함수는 전달받은 validateCallbacks 객체의 resolve 메서드를 호출

한 다음, 이 객체에 세팅되었던 성공/콜백 함수를 제거합니다.

```
function onSuccessCallback(validateCallbacks) {
  validateCallbacks.resolve();  ◁── 프라미스 resolve 메서드를 호출한다.
  validateCallbacks.resolve = null;  ◁── 콜백 객체에서
  validateCallbacks.reject = null;       성공/콜백 함수를 지운다.
}
```

onErrorCallback 함수

사용자 입력 데이터에 오류가 있을 때 사용하는 헬퍼 함수 onErrorCallback 역시 두 모듈 함수 ValidateName, ValidateCategory가 호출하며 작성 방법도 onSuccessCallback 함수와 비슷합니다.

- validateCallbacks: 이 함수를 호출한 함수가 validateName인지 validateCategory인지에 따라 validateNameCallbacks, validateCategoryCallbacks 중 어느 한쪽을 참조합니다.
- errorMessagePointer: 검증 오류 메시지가 담긴 모듈 메모리의 위치를 가리키는 포인터입니다.

onSuccessCallback 함수는 일단 getStringFromMemory 함수를 호출해 모듈 메모리에서 문자열을 읽은 다음, validateCallbacks 객체의 reject 메서드를 호출해 이 객체에 세팅됐던 성공/콜백 함수를 제거합니다.

```
function onErrorCallback(validateCallbacks, errorMessagePointer) {
  const errorMessage = getStringFromMemory(errorMessagePointer);  ◁── 모듈 메모리에서
                                                                       오류 메시지를 읽는다.
  validateCallbacks.reject(errorMessage);  ◁── 프라미스의 reject 메서드를
                                                호출한다.
  validateCallbacks.resolve = null;  ◁── 콜백 객체에서
  validateCallbacks.reject = null;       성공/콜백 함수를 지운다.
}
```

모듈이 Success/Error 함수를 호출하는 시점은 미리 알 수 없으므로 validateName, validateCategory 함수는 Promise 객체를 반환하도록 수정합니다. 이 두 함수가 Promise 객체를 반환하면 당연히 onClickSave 함수도 프라미스를 받아 처리하도록 고쳐야 합니다.

onClickSave 함수

onClickSave 함수에서 if 문을 찾아 Promise.all로 변경합니다(예제 6-8).

예제 6-8 수정된 onClickSave 함수 (editproduct.js)

```
...

function onClickSave() {
  setErrorMessage("");

  const name = document.getElementById("name").value;
  const categoryId = getSelectedCategoryId();

  Promise.all([        ◄──┤ 두 검증 함수를 호출한다.
    validateName(name),
    validateCategory(categoryId)
  ])
  .then(() => {        ◄──┤ 두 검증 함수 모두 성공하면,
          ◄──┐ 오류가 없으니 데이터를
  })       │ 서버에 전달한다.
  .catch((error) => {  ◄──┤ 두 검증 함수 중 하나라도 에러를 반환하면,
    setErrorMessage(error);   ◄──┤ 오류 메시지를 표시한다.
  });
}
...
```

validateName, validateCategory 함수는 각자 자기 Promise의 resolve/reject 메서드를 스스로의 전역 변수에 할당해야 합니다. 이런 작업은 헬퍼 함수 createPointers를 만들어 공통화하는 게 좋습니다.

createPointers 함수

createPointers 함수는 다음 값을 매개변수로 받습니다.

- isForName: validateName 함수가 호출했는지 식별하기 위한 플래그
- resolve: 호출하는 함수의 프라미스 resolve 메서드
- reject: 호출하는 함수의 프라미스 reject 메서드
- returnPointers: 모듈 함수가 호출하는 _OnSuccess/_OnError 함수의 인덱스를 반환하기 위한 객체

isForName 값에 따라 알맞게 상품명 또는 카테고리 각각의 콜백 객체에 resolve/reject 메서드를 세팅합니다.

모듈 함수는 함수 포인터 _OnSuccess 및 _OnError를 호출하려면 모듈 Table 섹션의 어느 인덱스를 참조할지 알아야 합니다. 올바른 인덱스는 returnPointers 객체에 담을 것입니다.

예제 6-9 createPointers 함수(editproduct.js)

```
...
function createPointers(isForName, resolve, reject, returnPointers) {
  if (isForName) {          ← 호출부가 validateName 함수면,    validateName의 콜백 객체에 프라미스
    validateNameCallbacks.resolve = resolve;  ← resolve/reject 메서드를 각각 세팅한다.
    validateNameCallbacks.reject = reject;
                                                           validateName의 함수
                                                           포인터에 해당하는 인덱스를
    returnPointers.onSuccess = validateOnSuccessNameIndex;  ← 반환한다.
    returnPointers.onError = validateOnErrorNameIndex;
  } else {    ← 호출부가 validateCategory 함수면,        validateCategory의
    validateCategoryCallbacks.resolve = resolve;  ←     콜백 객체에 프라미스
    validateCategoryCallbacks.reject = reject;          resolve/reject 메서드를 각각 세팅한다.

    returnPointers.onSuccess = validateOnSuccessCategoryIndex;  ←
    returnPointers.onError = validateOnErrorCategoryIndex;        validateCategory의
  }                                                               함수 포인터에 해당하는
}                                                                 인덱스를 반환한다.
...
```

validateName 함수

validateName 함수는 익명 함수로 내용을 감싼 Promise 객체를 반환하도록 수정합니다.

익명 함수는 내부에서 createPointers 함수를 호출해 프라미스 resolve/reject 메서드를 전역 객체 validateNameCallbacks의 해당 프로퍼티에 각각 세팅합니다. 이 함수를 호출한 결과 pointers 변수를 통해 반환받은 인덱스를 모듈 함수 _ValidateName에 전달하면 이 모듈 함수가 _OnSuccessName 또는 _OnErrorName 함수 포인터를 호출할 것입니다.

_ValidateName은 반환값이 없으므로 const isValid = 코드와 함수 끝부분에 있는 return 문은 삭제합니다. _ValidateName 함수의 호출부도 함수 포인터 인덱스를 2개 받도록 수정합니다.

```
...

function validateName(name) {                              호출부에 Promise 객체를
  return new Promise(function(resolve, reject) {           반환한다.

    const pointers = { onSuccess: null, onError: null };   resolve/reject 메서드를
    createPointers(true, resolve, reject, pointers);       전역 객체에 세팅하고 함수
                                                           포인터 인덱스를 얻는다.
    const namePointer = moduleExports._create_buffer((name.length + 1));
    copyStringToMemory(name, namePointer);

    moduleExports._ValidateName(namePointer, MAXIMUM_NAME_LENGTH,
        pointers.onSuccess, pointers.onError);             _OnSuccessName,
                                                           _OnErrorName
    moduleExports._free_buffer(namePointer);               함수 포인터의 인덱스를
  });                                                      각각 전달한다.
}
...
```

validateCategory 함수

validateCategory 함수는 호출부를 구분하기 위해 createPointers 함수의 첫 번째 매개변수를 false로 지정하는 것만 다를 뿐, 나머지 수정 사항은 validateName 함수와 동일합니다.

예제 6-11 수정한 validateCategory 함수(editproduct.js)

```
...

function validateCategory(categoryId) {                    호출부에 Promise 객체를
  return new Promise(function(resolve, reject) {           반환한다.

    const pointers = { onSuccess: null, onError: null };   resolve/reject 메서드를
    createPointers(false, resolve, reject, pointers);      전역 객체에 세팅하고 함수
                                                           포인터 인덱스를 얻는다.
    const categoryIdPointer =
        moduleExports._create_buffer((categoryId.length + 1));
    copyStringToMemory(categoryId, categoryIdPointer);

    const arrayLength = VALID_CATEGORY_IDS.length;
```

```
    const bytesPerElement = Int32Array.BYTES_PER_ELEMENT;
    const arrayPointer = moduleExports._create_buffer((arrayLength *
        bytesPerElement));

    const bytesForArray = new Int32Array(moduleMemory.buffer);
    bytesForArray.set(VALID_CATEGORY_IDS,
        (arrayPointer / bytesPerElement));

    moduleExports._ValidateCategory(categoryIdPointer, arrayPointer,
        arrayLength, pointers.onSuccess, pointers.onError);

    moduleExports._free_buffer(arrayPointer);
    moduleExports._free_buffer(categoryIdPointer);
  });
}
```

_OnSuccessName, _On
ErrorName 함수 포인터의
인덱스를 각각 전달한다.

역자 NOTE_ 엠스크립튼 1.39.0+ 버전에서 실습할 경우, 위와 같이 실습하면 오류가 발생하므로 이 책 끝
부분에 수록된 부록 F.2.4절을 참고하기 바랍니다.

6.2.5 실행 결과

http://localhost:8080/editproduct.html에 접속해서 카테고리 드롭다운 리스트에서 아무
것도 선택하지 않고 저장 버튼을 클릭하면 오류 메시지가 표시될 것입니다(그림 6-14).

카테고리를 선택하지
않은 경우 표시되는
검증 오류 메시지

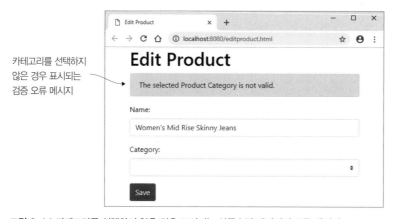

그림 6-14 카테고리를 선택하지 않은 경우 표시되는 상품수정 페이지의 오류 메시지

6.3 실제 용례

- 함수 포인터를 이용해서 프라미스를 반환하는 자바스크립트 함수를 작성하면, 모듈에서 fetch 같은 다른 자바스크립트 메서드와 동일하게 작동시킬 수 있습니다. Promise 객체를 반환하기 때문에 여러분이 작성한 함수를 다른 프라미스와 체이닝하기도 쉽습니다.
- 주어진 함수 포인터의 시그니처가 웹어셈블리 모듈에서 받을 시그니처와 동일하다면 이 함수 포인터를 호출할 수 있습니다. 덕분에 모듈에서 각 함수마다 하나의 onSuccess 시그니처를 사용하는 게 가능합니다. 자바스크립트는 무엇을 호출하는지에 따라 시그니처가 똑같은 함수를 둘 이상 지정할 수 있기 때문에 모듈에서 현재 액션에 부합하는 onSuccess 함수를 호출하도록 만들 수 있습니다.

6.4 연습 문제

1 엠스크립튼 기반 배열에(서) 함수 포인터를 추가/삭제하는 두 함수는 무엇인가?
2 웹어셈블리에서 Table 섹션에 정의된 함수를 호출하려면 어떤 명령을 사용하는가?

➔ 해답은 부록 D에 있습니다.

6.5 마치며

- 함수 포인터의 시그니처는 직접 C/C++ 함수 매개변수로 정의할 수 있습니다.
- typedef 키워드로 정의한 시그니처 명칭은 함수 매개변수로 사용할 수 있습니다.
- 내부적으로 웹어셈블리 코드는 함수 포인터를 직접 호출하지 않습니다. 실제로 함수 레퍼런스는가 모듈의 Table 섹션에 추가되며, 코드에서는 주어진 인덱스에 위치한 함수를 대신 호출해달라고 웹어셈블리 프레임워크에게 요청합니다.

III

웹어셈블리 활용

1, 2부에서 웹어셈블리 모듈의 기본 내공을 쌓았으니, 3부에서는 다운로드 크기를 줄이고 병렬 처리를 통해 사용성을 개선하는 방법과 브라우저 아닌 환경에서 웹어셈블리 모듈을 활용하는 방안을 살펴보겠습니다.

7장은 둘 이상의 웹어셈블리 모듈이 서로의 기능을 활용하기 위해 런타임에 연결하는 동적 링킹 기법을 소개합니다.

8장은 7장의 내용을 심화하여 동일한 웹어셈블리 모듈의 인스턴스를 여러 개 만들고 필요할 때마다 각 인스턴스를 다른 웹어셈블리 모듈에 동적 링킹하는 방법을 설명합니다.

9장은 웹 워커를 활용해 웹어셈블리 모듈을 프리패치하는 방법을 이야기합니다. 웹어셈블리 모듈에서 pthread로 작업을 병렬 처리하는 방법도 배웁니다.

10장은 브라우저 외부로 무대를 확장하여 Node.js 환경에서 웹어셈블리 모듈을 사용하는 방법을 설명합니다.

Part III

웹어셈블리 활용

동적 링킹: 기초

이 장의 핵심 내용

◆ 웹어셈블리 모듈의 동적 링킹 원리

◆ 동적 링킹을 사용해야 할 경우와 그렇지 않은 경우

◆ 웹어셈블리 모듈을 메인 또는 사이드 모듈로 작성

◆ 동적 링킹의 다양한 옵션과 각각의 사용법

웹어셈블리 모듈에서 동적 링킹이란, 둘 이상의 모듈을 런타임에 합하는 과정입니다. 이 때 한 모듈에서 해석되지 않은 심볼(예: 함수)이 다른 모듈에 존재하는 심볼로 해석됩니다. 이와 동시에 원래 웹어셈블리 모듈 개수는 유지된 상태로 서로 링크되어 상대 모듈의 기능을 불러 쓸 수 있습니다(그림 7-1).

웹어셈블리 모듈을 동적 링킹하는 방법은 다양하므로 전부 다루기엔 버거운 주제입니다. 동적 링킹을 응용해서 웹사이트를 구축하는 방법은 다음 장에서 설명하고, 이 장에서는 동적 링킹을 하는 방법을 대략 살펴보겠습니다.

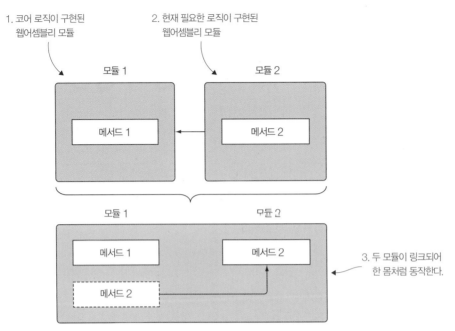

그림 7-1 런타임에 모듈 1과 모듈 2가 링크되어 한 몸인 양 서로 통신한다.

7.1 동적 링킹의 장단점

지금까지 했듯이 웹어셈블리 모듈 하나만 만들어 쓰면 될 텐데, 굳이 어렵게 동적 링킹을 하려는 이유는 뭘까요?

- 개발 시간을 단축할 수 있습니다. 하나의 덩지 큰 모듈을 컴파일하는 것보다 변경된 모듈만 컴파일하는 게 더 빠릅니다.

- 애플리케이션 코어를 따로 분리하면 공유하기가 더 쉽습니다. 동일한 로직을 규모가 큰 웹어셈블리 모듈 두세 개로 만들기보다는 작은 모듈을 여러 개 링크하여 결합한 코어 모듈을 제작하는 편이 낫습니다. 대표적으로 게임 엔진이 그렇습니다. 엔진만 게임에서 별도로 내려받을 수 있으면 여러 게임이 같은 엔진을 공유할 수 있습니다.

- 모듈 크기가 작으면 다운로드 속도도 빨라져서 처음에 필요한 부분만 내려받아 로딩 시간을 줄일 수 있습니다. 나중에 웹페이지에 로직을 추가할 일이 생기면 필요한 코드만 구현된 작은 모듈만 내려받으면 됩니다.

- 필요한 만큼만 로직을 내려받으니 사용하지 않는 로직을 내려받을 일도 없습니다. 불필요한 코드를 내려받고 처리하느라 시간 낭비를 하지 않아도 됩니다.

- 브라우저는 이미지, 자바스크립트처럼 모듈을 캐시합니다. 변경된 모듈만 다시 내려받으면 그만큼 다음 페이지도 더 빨리 렌더링됩니다.

동적 링킹은 여러모로 장점이 많지만 모든 상황에 다 알맞은 것은 아니므로 요건과 상황에 부합하는지 잘 따져봐야 합니다.

일단, 동적 링킹은 성능에 영향을 미칩니다. 엠스크립튼 공식 자료에 따르면, 코드를 구성하는 방법에 따라 5~10% 정도 성능 향상을 기대할 수 있습니다.

- 개발 단계서는 보통 웹어셈블리 모듈을 여러 개 생성해야 하므로 빌드 설정이 점점 복잡해집니다.
- 웹어셈블리 모듈을 하나만 내려받는 게 아니라 적어도 2개 이상 내려받고 시작하기 때문에 네트워크 트래픽이 더 많이 발생합니다.
- 다수의 모듈을 서로 링크해야 하므로 인스턴스화 시 처리할 작업량이 많습니다.
- 브라우저 제작사는 다양한 유형의 호출에 대해 성능 개선을 꾀하지만 링크된 모듈끼리 함수를 호출하는 것이 모듈 내부에서 호출하는 것보다 빠를 수는 없습니다. 링크된 모듈 간 호출 횟수가 너무 잦으면 성능에 부정적인 영향을 끼칠 수 있습니다.

7.2 동적 링킹 방법

엠스크립튼으로 동적 링킹을 구현하는 방법은 다음 세 가지입니다.

- 작성한 C/C++ 코드를 dlopen 함수를 이용해 모듈에 수동 링크합니다.
- 링크할 웹어셈블리 모듈을 엠스크립튼 자바스크립트 파일의 dynamicLibraries 배열에 지정합니다. 엠스크립튼은 웹어셈블리 모듈 인스턴스화 시 이 배열에 지정된 모듈을 내려받아 자동으로 링크합니다.
- 웹어셈블리 자바스크립트 API를 이용하면 어느 한 모듈을 수동으로 익스포트해 다른 모듈이 임포트받는 식으로 전달할 수 있습니다.

> **NOTE_** 웹어셈블리 자바스크립트 API는 3장에서 다루었습니다. MDN 문서[1]도 함께 참고하기 바랍니다.

세 동적 링킹 기법을 하나씩 살펴보기 전에 사이드 모듈과 메인 모듈의 차이점부터 짚어보겠습니다.

---

1 http://mng.bz/vln1

7.2.1 사이드 모듈과 메인 모듈

4~6장에서는 웹어셈블리 모듈을 사이드 모듈로 생성하면 엠스크립튼 자바스크립트 파일이 생성되지 않았습니다. 그래서 웹어셈블리 자바스크립트 API로 웹어셈블리 모듈을 수동으로 내려받고 인스턴스화했었죠. 앞 장에서는 웹어셈블리를 처음 배우는 여러분이 내부에서 일어나는 일을 이해하는 데 도움을 주고자 사이드 모듈을 생성했지만, 사이드 모듈의 진짜 목적은 바로 동적 링킹입니다.

사이드 모듈은 런타임에 메인 모듈에 링크되므로 엠스크립튼은 표준 C 라이브러리 함수와 자바스크립트 파일을 생략합니다(그림 7-2). 표준 C 라이브러리 함수와 엠스크립튼 자바스크립트 파일은 이미 메인 모듈에 있으니 사이드 모듈은 메인 모듈에 링크하여 메인 모듈의 기능을 마음껏 사용할 수 있습니다.

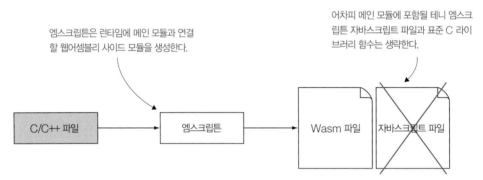

그림 7-2 웹어셈블리 모듈을 사이드 모듈로 컴파일한다. 여기서 표준 C 라이브러리 함수는 모듈에 포함되지 않고 엠스크립튼 자바스크립트 파일도 생성되지 않는다.

명령줄에 **SIDE_MODULE** 플래그를 추가하면 엠스크립튼은 사이드 모듈을 생성할 때 표준 C 라이브러리를 배제하고 자바스크립트 파일도 만들지 않습니다.

메인 모듈 역시 사이드 모듈과 마찬가지로 **MAIN_MODULE** 플래그를 명령줄에 지정하여 생성합니다. 엠스크립튼 컴파일러에게 동적 링킹에 필요한 시스템 라이브러리와 로직을 함께 포함시키라고 알리는 플래그입니다. 그 결과, 메인 모듈에는 엠스크립튼 자바스크립트 파일과 표준 C 라이브러리 함수가 포함됩니다(그림 7-3).

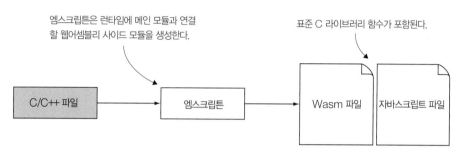

엠스크립튼은 런타임에 메인 모듈과 연결할 웹어셈블리 사이드 모듈을 생성한다.

표준 C 라이브러리 함수가 포함된다.

그림 7-3 웹어셈블리 모듈을 메인 모듈로 컴파일한다. 여기서 표준 C 라이브러리 함수는 모듈에 포함되고 엠스크립튼 자바스크립트 파일도 생성된다.

7.2.2 동적 링킹: dlopen

3장에서 실습한 소수 찾기 웹어셈블리 모듈(calculate_primes.c)에 주어진 범위에서 소수를 찾는 기능을 추가하려고 합니다. 소수를 찾는 로직은 달라질 부분이 없지만 그렇다고 코드를 그대로 복사 후 붙여넣기하여 새 모듈을 개발하고 싶지는 않습니다. 혹여 나중에 오류가 발생하면 코드를 두 번 수정해야 할 테니 번거롭겠죠. 개발자가 실수로 수정할 코드를 건너뛰거나, 잘못 고쳐서 버그가 발생할 수도 있습니다.

따라서 코드를 단순히 복제하지 말고, 일반 웹어셈블리 모듈로도 사용할 수 있고 새 웹어셈블리 모듈에서도 호출 가능한 형태가 좋겠습니다. 작업 과정은 이렇습니다(그림 7-4).

1 3장의 calculate_primes.c 파일을 calculate_primes.cpp로 이름을 바꾸고 메인 모듈에서 호출할 수 있도록 수정합니다.
2 calculate_primes.cpp 파일을 컴파일하여 웹어셈블리 사이드 모듈을 생성합니다.
3 dlopen 함수를 호출해서 사이드 모듈에 링크하는 로직(main.cpp)을 작성합니다.
4 main.cpp 파일을 컴파일하여 웹어셈블리 메인 모듈과 HTML 템플릿 파일을 생성합니다.

C++ 코드에서 dlopen 함수를 호출하고 사이드 모듈 calculate_primes을 링크하려는 계획

입니다. 하지만 이 함수로 사이드 모듈을 오픈하려면 엠스크립튼 파일 시스템에 웹어셈블리 파일이 있어야 합니다.

그런데 웹어셈블리 모듈은 VM에서 실행되므로 실제 디바이스의 파일 시스템에는 접근할 수가 없습니다. 따라서 엠스크립튼은 모듈 실행 환경(예: 브라우저, Node.JS)과 필요한 저장 요건에 따라 웹어셈블리 모듈에 다양한 파일 시스템을 제공합니다. 엠스크립튼의 기본 파일 시스템은 메모리이기 때문에 웹페이지가 새로고침될 때마다 메모리에 쓴 데이터는 사라집니다.

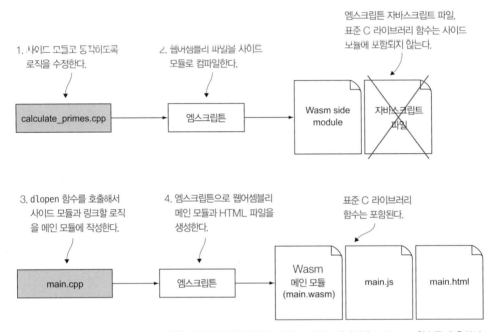

그림 7-4 calculate_primes.cpp 파일을 수정해서 웹어셈블리 사이드 모듈로 컴파일하고 dlopen 함수를 호출하여 사이드 모듈에 링크할 웹어셈블리 메인 모듈을 개발하는 과정

엠스크립튼 자바스크립트는 FS 객체를 통해 자신의 파일 시스템에 접근하지만 이 객체는 여러분이 작성한 웹어셈블리 모듈의 코드가 파일에 접근 가능할 경우에만 포함됩니다(엠스크립튼 파일 시스템에 관한 자세한 내용은 공식 문서[2] 참고). 이 장에서는 dlopen 함수로 오픈할수 있도록 웹어셈블리 모듈을 엠스크립튼의 파일 시스템에 다운로드하는 emscripten_async_wget 함수의 사용법만 알아보겠습니다.

---

2 https:// emscripten.org/docs/api_reference/Filesystem–API.html

dlopen 함수로 동적 링킹할 때, 모듈에 main 함수가 있더라도 calculate_primes 모듈의 main 함수를 호출할 수 있습니다. 인스턴스화 로직이 따로 들어있는 서드파티 모듈을 호출할 때 유용한 기법입니다. 다른 모듈에 있는 main 함수를 어떻게 호출할 수 있을까요? dlopen 함수가 사이드 모듈에 핸들을 반환하고 이 핸들만 있으면 호출할 함수를 참조할 수 있기 때문입니다.

> **NOTE_** 이것이 dynamicLibraries(7.2.3절)보다 dlopen 함수를 사용하는 게 상대적으로 유리한 점입니다. dynamicLibraries를 사용할 경우 다른 모듈의 동명 함수는 호출할 수 없으므로 모듈 자신에 있는 함수를 호출할 수밖에 없는데, 이는 결국 재귀 함수 호출recursive function call입니다.

동적 링킹을 구현하는 첫 단계는, 웹어셈블리 사이드 모듈로 컴파일할 수 있도록 calculate_primes.cpp 파일을 수정하는 작업입니다.

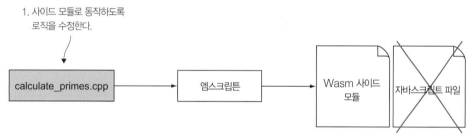

그림 7-5 사이드 모듈로 동작하도록 calculate_primes.cpp 파일을 수정한다.

calculate_primes.cpp 파일 수정

실습 파일을 저장할 Chapter 7\7.2.2 dlopen\source 폴더를 만듭니다. 이 폴더에 Chapter 3\3.5 js_plumbing\source\calculate_primes.c 파일을 복사해 넣고 calculate_primes.cpp 파일로 확장자를 변경합니다.

헤더 파일 선언부는 각각 stdlib.h → cstdlib, stdio.h → cstdio로 변경하고, extern "C" 블록의 시작부를 emscripten.h 헤더와 IsPrime 함수 사이에 삽입합니다.

```
#include <cstdlib>
#include <cstdio>
```

```
#include <emscripten.h>

#ifdef __cplusplus  ⟵┤ stdlib.h → cstdlib로 변경한다.
extern "C" {  ⟵┤ stdio.h → cstdio로 변경한다.
#endif  ⟵┤ extern "C" 블록 시작부를 추가한다.
```

FindPrimes는 소수 범위를 나타내는 정수 2개(start, end)를 매개변수로 받고 아무 값도 반환하지 않는 함수입니다. 이 함수를 calculate_primes.cpp 파일의 IsPrime 함수와 main 함수 사이에 작성합니다. main 함수는 start, end 변수 선언부를 지우고 return 0 라인을 제외한 나머지 코드는 모두 FindPrimes 함수로 옮깁니다.

FindPrimes 함수 앞에 EMSCRIPTEN_KEEPALIVE를 선언하여 컴파일 시 이 함수를 익스포트된 함수 목록에 자동 추가합니다. 엠스크립튼으로 컴파일할 때마다 명령줄에 함수를 지정할 필요가 없어서 간편하고 좋습니다.

main 함수는 FindPrimes 함수를 호출하면서 원래 범위값 3, 100000을 전달하도록 수정하고 extern "C" 블록을 닫습니다.

예제 7-1 새로 작성한 FindPrimes 함수와 수정된 main 함수(calculate_primes.cpp)

```
...
EMSCRIPTEN_KEEPALIVE                        ┤ 새 함수는 익스포트되므로
void FindPrimes(int start, int end) {  ⟵┤ 다른 모듈이 호출할 수 있다.
  printf("Prime numbers between %d and %d:\n", start, end);

  for (int i = start; i <= end; i += 2) {
    if (IsPrime(i)) {
      printf("%d ", i);
    }
  }
  printf("\n");
}

int main() {
  FindPrimes(3, 100000);  ⟵┤ 원래 소수 범위를 표시한다.

  return 0;
}
```

```
#ifdef __cplusplus        ◁──┐ extern "C" 블록을 닫는다.
}
#endif
```

다른 모듈이 호출 가능한 형태로 코드를 수정했으니 웹어셈블리 사이드 모듈로 컴파일하겠습니다(그림 7-6).

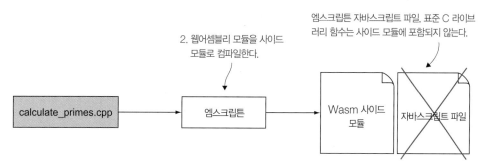

그림 7-6 웹어셈블리 모듈을 사이드 모듈로 컴파일한다.

엠스크립튼으로 웹어셈블리 사이드 모듈 생성

6장에서는 웹어셈블리 사이드 모듈을 생성할 때 표준 C 라이브러리 함수를 4장에서 작성한 대체 함수로 바꾸었습니다. 표준 C 라이브러리 함수를 사용할 수 없어도 사이드 모듈을 작동시키기 위해 그런 작업을 했는데, 여기서는 런타임에 사이드 모듈이 메인 모듈에 링크되고 표준 C 라이브러리 함수는 메인 모듈에 있으니 전혀 그럴 이유가 없습니다.

수정된 calculate_primes.cpp 파일을 웹어셈블리 사이드 모듈로 컴파일하겠습니다. Chapter 7\7.2.2 dlopen\source 폴더에서 다음 명령을 실행합니다.

```
emcc calculate_primes.cpp -s SIDE_MODULE=2 -O1
    -o calculate_primes.wasm
```

사이드 모듈 calculate_primes.wasm이 잘 생성됐을 겁니다. 다음은 메인 모듈입니다(그림 7-7).

3. dlopen 함수를 호출해서 사이드 모듈과
   링크할 로직을 메인 모듈에 작성한다.

그림 7-7 사이드 모듈과 링크할 로직을 메인 모듈에 작성한다.

사이드 모듈에 링크하는 로직 작성

Chapter 7\7.2.2 dlopen\source\main.cpp 파일을 만들고 편집기로 엽니다. cstdlib,
emscripten.h 헤더를 선언하고 dlopen 함수로 동적 링크하는 로직이 담긴 dlfcn.h 헤더를
추가합니다. 그 밑에 extern "C" 블록 시작부도 추가합니다.

예제 7-2 main.cpp 파일의 헤더부와 extern "C" 블록

```
#include <cstdlib>

#ifdef __EMSCRIPTEN__
  #include <dlfcn.h>          ⟵┤ dlopen 관련 로직이 담긴 헤더 파일
  #include <emscripten.h>
#endif

#ifdef __cplusplus
extern "C" {
#endif
⟵┤ 모듈 코드는 여기에 작성한다.
#ifdef __cplusplus
}
#endif
```

지금부터 작성할 코드에서 dlopen 함수는 웹어셈블리 사이드 모듈의 핸들을 가져오는 일을 합
니다. 이 핸들만 손에 넣으면 dlsym 함수를 호출해서 원하는 해당 모듈의 함수를 가리키는 함
수 포인터를 얻을 수 있습니다. 사이드 모듈에서 호출할 FindPrimes 함수의 시그니처를 미리
정의해두면 dlsym 함수를 호출하는 코드가 좀 더 깔끔해집니다.

정수 2개를 매개변수로 받고 아무 값도 반환하지 않는 **FindPrimes** 함수의 포인터 시그니처를 main.cpp 파일의 **extern "C"** 블록 안에 선언합니다.

```
typedef void(*FindPrimes)(int,int);
```

엠스크립튼 컴파일러는 **main** 함수를 웹어셈블리 모듈의 Start 섹션에 추가하므로 이 함수는 모듈 인스턴스화 시 자동 실행됩니다. **main** 함수는 **emscripten_async_wget** 함수를 호출하고 엠스크립튼 파일 시스템으로 사이드 모듈을 내려받습니다. 비동기 방식으로 호출하기 때문에 다운로드 완료 시 실행할 콜백 함수를 지정할 수 있습니다. **emscripten_async_wget** 함수는 다음 값을 매개변수로 받습니다.

1 다운로드할 파일: "calculate_primes.wasm"
2 엠스크립튼 파일 시스템상의 파일명: 여기서는 기존 파일명과 동일하게 합니다.
3 다운로드 성공 시 호출되는 콜백 함수: CalculatePrimes
4 에러 발생 시 호출되는 콜백 함수: 여기서 따로 지정하지 않을 거라서 NULL로 세팅합니다. 파일 다운로드 중 발생하는 에러를 처리할 필요가 있으면 여기에 지정하면 됩니다.

```
int main() {
  emscripten_async_wget("calculate_primes.wasm",      ←┐ 내려받을 파일
      "calculate_primes.wasm",    ←┐ 엠스크립튼 파일
      CalculatePrimes,    ←┐       시스템상의 파일명
      NULL);  ←┐
                          성공 콜백 함수
  return 0;     에러 콜백 함수
}
```

마지막으로 main.cpp 파일에, 사이드 모듈을 열고 **FindPrimes** 함수의 레퍼런스를 얻어 호출하는 코드를 추가합니다.

emscripten_async_wget 함수는 calculate_primes 모듈을 다 내려받으면, **CalculatePrimes** 함수를 호출하면서 로딩이 완료된 파일명을 매개변수로 전달합니다. 사이드 모듈을 오픈하려면 **dlopen** 함수에 다음 두 가지 정보를 매개변수로 전달합니다.

- CalculatePrimes 함수가 매개변수로 받은 파일명
- 모드를 나타내는 정수: RTLD_NOW

dlopen 함수는 다음과 같이 파일 핸들을 반환합니다.

```
void* handle = dlopen(file_name, RTLD_NOW);
```

사이드 모듈을 가리키는 핸들을 건네받았으니 이제 호출하려는 함수 레퍼런스를 얻기 위해 dlsym 함수를 호출합니다. 이 함수는 다음 두 정보를 매개변수로 받습니다.

- 사이드 모듈의 핸들
- 참조하려는 함수명: "FindPrimes"

dlsym 함수는 요청받은 함수를 가리키는 포인터를 반환합니다.

```
FindPrimes find_primes = (FindPrimes)dlsym(handle, "FindPrimes");
```

함수 포인터만 있으면 일반 함수와 동일한 방법으로 호출할 수 있습니다. 링크된 모듈에 더 이상 볼 일이 없으면 파일 핸들을 dlclose 함수에 전달하여 해제합니다.

[예제 7-3]은 지금까지 설명한 내용을 종합한 CalculatePrimes 함수입니다. 이 코드를 main.cpp 파일의 FindPrimes 함수 포인터 시그니처와 main 함수 사이에 추가합니다.

예제 7-3 사이드 모듈의 함수를 호출하는 CalculatePrimes 함수(main.cpp)

```
...
void CalculatePrimes(const char* file_name) {
  void* handle = dlopen(file_name, RTLD_NOW);      ◁──┐ 사이드 모듈을 오픈한다.
  if (handle == NULL) { return; }

  FindPrimes find_primes =
      (FindPrimes)dlsym(handle, "FindPrimes");     ◁──┐ FindPrimes 함수의 레퍼런스를 얻는다.
```

----

3 http://mng.bz/4eDQ

```
    if (find_primes == NULL) { return; }

    find_primes(3, 100000);  ◁── 사이드 모듈에 있는
                                  함수를 호출한다.
    dlclose(handle);  ◁── 사이드 모듈을
}                          닫는다.
...
```

메인 모듈 코드까지 작성했으니 웹어셈블리 모듈 컴파일만 남았습니다. HTML 템플릿 파일도
엠스크립튼으로 생성할 것입니다(그림 7-8).

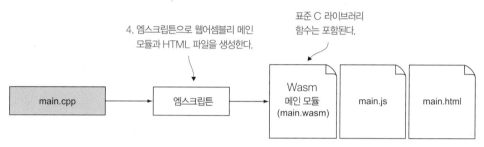

그림 7-8 웹어셈블리 메인 모듈과 HTML 파일을 생성한다.

엠스크립튼으로 웹어셈블리 메인 모듈 생성

결과 확인용 HTML 페이지는 직접 작성하지 않고 엠스크립튼으로 생성하겠습니다. main.
cpp 파일을 메인 모듈로 컴파일할 때 -s MAIN_MODULE=1 플래그를 지정합니다. 그런데 왜일
인지 생성된 HTML 페이지를 브라우저에서 열어보니 에러가 납니다(그림 7-9).

```
emcc main.cpp -s MAIN_MODULE=1 -o main.html
```

사이드 모듈의 FindPrimes 함수가 "Prime numbers between 3 and 100000" 텍스트를 출
력한 것으로 보아 웹어셈블리 모듈은 정상 로드됐고 사이드 모듈도 정상 링크됐습니다. 동적
링킹에 문제가 있었다면 여기까지 오지도 못했겠죠. 그런데 화면에 소수가 하나도 표시되지 않
은 걸 보면 FindPrimes 함수에서 범위를 표시하려고 printf 함수를 호출한 그 다음 코드가
문제인 듯싶습니다.

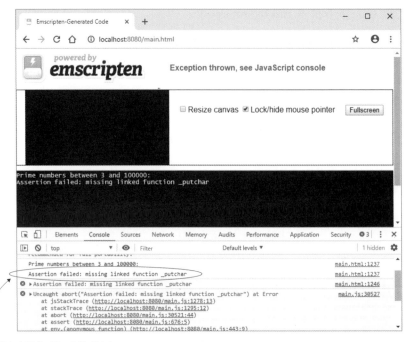

_putchar 함수가 없다는 링크 오류 메시지

그림 7-9 웹페이지를 열면 _putchar 함수가 없다는 링크 오류 메시지가 표시된다.

calculate_primes.cpp 파일에서 printf 함수에 문자를 하나만 전달했기 때문에 오류가 난 것입니다. FindPrimes 함수 끝부분에 있는 개행 문자(\n)가 화근입니다. printf 함수는 내부에서 putchar 함수를 사용하는데, 이 함수는 기본적으로 포함되어 있지 않습니다.

이 오류는 세 가지 방법으로 조치할 수 있습니다.

- 웹어셈블리 모듈로 컴파일할 때 명령줄 EXPORTED_FUNCTIONS 배열에 _putchar 함수를 추가합니다. 그러나 이렇게 하면 에러는 안 나지만 웹페이지에 아무것도 표시되지 않을 것입니다. 따라서 모듈 함수 _main도 이 배열에 함께 추가해야 정상 작동합니다.

- 내부에서 putchar 함수를 호출하지 않도록 printf 함수 호출부를 수정하여 적어도 두 문자 이상을 출력합니다. 그러나 이미 문자 하나만 출력하는 printf 호출부가 다른 곳에 있다면 똑같은 에러가 발생하겠죠. 별로 추천할 만한 방법은 아닙니다.

- -s EXPORT_ALL=1 플래그를 추가하면 엠스크립튼으로 웹어셈블리 모듈, 자바스크립트 파일을 생성할 때 모든 심볼이 강제로 포함됩니다. 다만, 함수 1개를 익스포트하기 위해 엠스크립튼 자바스크립트 파일이 2배 이상 커지게 되니 다른 우회책이 전혀 없는 경우가 아니면 이 방법은 추천하고 싶지 않습니다.

아쉽게도 세 가지 방법 모두 일종의 핵hack(꼼수)입니다. 그나마 첫 번째 방법이 최선인 듯하니 여기서는 명령줄 배열 EXPORTED_FUNCTIONS에 _putchar, _main 함수를 지정하여 모듈에서 익스포트하겠습니다.

main.cpp 파일을 웹어셈블리 메인 모듈로 컴파일하겠습니다. Chapter 7\7.2.2 dlopen\ source 폴더에서 다음 명령을 실행합니다.

```
emcc main.cpp -s MAIN_MODULE=1
    -s EXPORTED_FUNCTIONS=['_putchar','_main'] -o main.html
```

실행 결과

http://localhost:8080/main.html에 접속하면 웹페이지 텍스트 박스와 개발자 도구 콘솔창에 소수들이 나열될 것입니다(그림 7-10). 사이드 모듈에서 찾아 메인 모듈에 포함된 printf 함수로 출력한 것입니다.

다음은 dynamicLibraries를 이용한 동적 링킹 기법을 알아보겠습니다.

3 ~ 100,000 사이
의 소수가 출력된다.

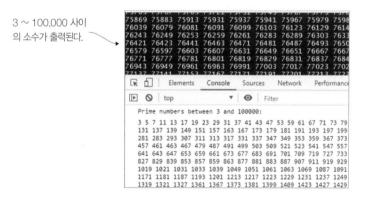

그림 7-10 사이드 모듈에서 찾은 소수를 메인 모듈에 있는 printf 함수로 출력한 화면

7.2.3 동적 링킹: dynamicLibraries

이번에는 엠스크립튼의 **dynamicLibraries** 배열을 이용해서 동적 링킹을 구현하는 방법입니다. calculate_primes 모듈은 지금처럼 사이드 모듈로 둔 상태에서 이 배열을 통해 메인 모듈에 링크하는 과정은 이렇습니다(그림 7-11).

> **1** 사이드 모듈과 통신하는 로직(main.cpp)을 작성합니다.
>
> **2** 링크할 사이드 모듈을 지정하기 위해 엠스크립튼 자바스크립트 파일에 포함시킬 자바스크립트를 작성합니다.
>
> **3** 엠스크립튼으로 컴파일하여 웹어셈블리 메인 모듈 및 HTML 템플릿 파일을 생성합니다.

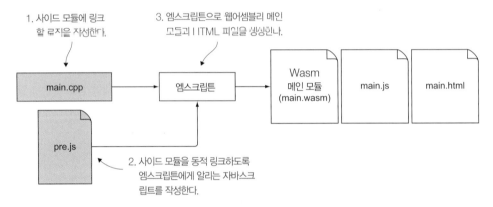

그림 7-11 엠스크립튼 dynamicLibraries 배열에 동적 링크할 사이드 모듈을 알려주는 방식으로 웹어셈블리 메인 모듈을 개발하는 과정

사이드 모듈에 링크하는 로직 작성

Chapter 7\7.2.3 dynamicLibraries\source 폴더를 만들고 다음과 같이 작업합니다.

- 7.2.2 dlopen\source\calculate_primes.wasm 파일을 복사해 넣습니다.
- main.cpp 파일을 만들고 편집기로 엽니다.

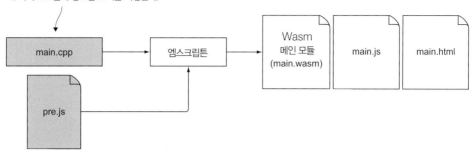

1. 사이드 모듈에 링크할 로직을 작성한다.

그림 7-12 main.cpp 파일을 작성한다.

main.cpp 파일에 표준 C 라이브러리와 엠스크립튼 헤더 파일을 추가하고 extern "C" 블록 시작부를 추가합니다(예제 7-4).

예제 7-4 헤더 파일 선언부와 extern "C" 블록 시작부(main.cpp)

```
#include <cstdlib>

#ifdef __EMSCRIPTEN__
  #include <emscripten.h>
#endif

#ifdef __cplusplus
extern "C" {
#endif
⟵┤ 모듈 코드는 여기에 작성한다.
#ifdef __cplusplus
}
#endif
```

FindPrimes는 다른 모듈에 있는 함수라서 다음과 같이 함수 시그니처를 선언하고 그 앞에 extern 키워드를 붙여야 코드 실행 시 컴파일러가 이 함수가 사용 가능하리라는 사실을 알 수 있습니다.

```
extern void FindPrimes(int start, int end);
```

웹어셈블리 모듈 인스턴스화 시 자동으로 사이드 모듈 calculate_primes의 **FindPrimes** 함수를 호출할 main 함수를 extern "C" 블록 안에 작성합니다. main 함수는 FindPrimes 함수를 호출하면서 범위값 3, 99를 전달합니다.

```c
int main() {
  FindPrimes(3, 99);

  return 0;
}
```

다음은 사이드 모듈에 링크하도록 엠스크립튼에게 지시하는 자바스크립트를 작성할 차례입니다.

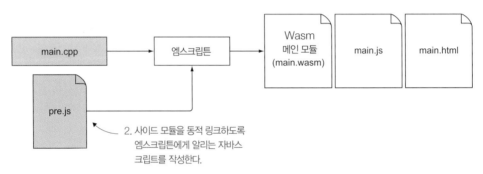

그림 7-13 사이드 모듈을 동적 링크하도록 엠스크립튼에게 알리는 자바스크립트를 작성한다.

사이드 모듈에 동적 링크하는 자바스크립트 작성

dlopen과 dynamicLibraries 두 동적 링킹 기법의 차이점을 이해하기 이헤 웹어셈블리 모듈을 생성한 후, HTML 웹페이지를 직접 작성하지 않고 엠스크립튼으로 HTML 템플릿을 생성하겠습니다.

메인 모듈에서 dynamicLibraries로 사이드 모듈에 링크하려면 링크할 사이드 모듈을 엠스크립튼에게 전달할 자바스크립트가 필요합니다. 그래서 엠스크립튼이 모듈을 인스턴스화하기 전에 링크할 사이드 모듈의 파일명을 dynamicLibraries 배열에 지정하는 것입니다.

웹어셈블리 모듈로 컴파일 시 명령줄 --pre-js 플래그에 여러분이 작성한 자바스크립트 파일을 지정하면 엠스크립튼 자바스크립트 파일의 앞쪽에 이 자바스크립트가 삽입됩니다. 직접 웹페이지를 작성한다면 엠스크립튼 자바스크립트 파일을 참조하는 `<script>` 태그 앞에서 `Module` 객체에 dynamicLibraries 배열과 같은 설정값을 지정합니다. 엠스크립튼 자바스크립트 파일이 로드되면 엠스크립튼은 자체 `Module` 객체를 생성하지만 이미 `Module` 객체가 존재할 경우에는 그 객체의 값을 모두 새 `Module` 객체로 복사합니다.

> **NOTE_** 엠스크립튼 자바스크립트는 실행을 제어하는 설정값은 다양합니다. 전체 목록은 공식 문서[4]를 참고하기 바랍니다.

엠스크립튼 생성 HTML 템플릿을 사용한다면, `Module` 객체를 지정해서 어떤 것에 응답하도록, 가령 `printf` 함수를 호출하면 브라우저 콘솔창과 웹페이지의 텍스트 박스에 모두 출력하도록 처리합니다. 그런데 HTML 템플릿을 사용할 경우 여러분의 자체 `Module` 객체를 지정하면 모든 템플릿 설정값은 삭제되기 때문에 주의해야 합니다. 설정할 값이 있으면 `Module` 객체를 새로 만드는 게 아니라, 기존 `Module` 객체에 직접 세팅해야 합니다.

Chapter 7\7.2.3 dynamicLibraries\source\pre.js 파일을 만들고 편집기로 엽니다. 이 파일에는 링크할 사이드 모듈명이 담긴 배열을 `Module` 객체의 dynamicLibraries 프로퍼티에 추가하는 코드를 추가합니다.

```
Module['dynamicLibraries'] = ['calculate_primes.wasm'];
```

자바스크립트까지 다 작성했으니 마지막 단계로 넘어가 엠스크립튼으로 웹어셈블리 모듈을 생성합시다(그림 7-14).

---

4 https://emscripten.org/docs/api_reference/module.html

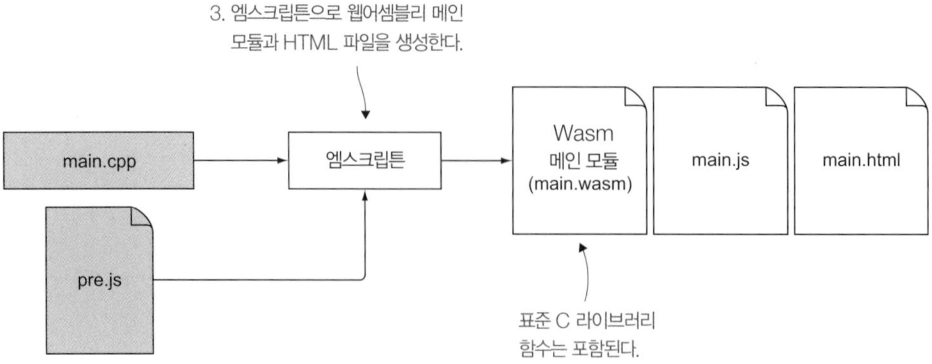

그림 7-14 웹어셈블리 메인 모듈과 HTML 파일을 생성한다.

엠스크립튼으로 웹어셈블리 메인 모듈 생성

방금 전 pre.js 파일에 작성한 코드가 엠스크립튼 자바스크립트 파일에 삽입되도록 컴파일할 때 --pre-js 플래그에 자바스크립트 파일명(pre.js)을 지정합니다.

> **NOTE_** --pre-js 플래그에 지정하는 파일이라서 pre.js라고 파일명을 정한 것인데 이는 일종의 명명 관례 naming convention 입니다. 꼭 이 관례를 따를 필요는 없지만, 파일의 기능을 쉽게 이해하는 데 도움이 됩니다.

Chapter 7\7.2.3 dynamicLibraries\source 폴더에서 다음 명령을 실행하여 컴파일합니다.

```
emcc main.cpp -s MAIN_MODULE=1 --pre-js pre.js
    -s EXPORTED_FUNCTIONS=['_putchar','_main'] -o main.html
```

실행 결과

http://localhost:8080/main.html에 접속하면 찾은 소수들이 죽 나열될 것입니다(그림 7-15).

그림 7-15 사이드 모듈에서 찾은 소수. 엠스크립튼 dynamicLibraries 배열을 이용해 메인 모듈과 사이드 모듈을 링크했다.

7.2.4 동적 링킹: 웹어셈블리 자바스크립트 API

dlopen 함수를 이용한 동적 링킹 기법에서는 사이드 모듈을 내려받는 수고는 있지만 그 이후 링킹 작업은 dlopen 함수가 알아서 처리합니다. dynamicLibraries 배열을 사용한 동적 링킹 기법에서는 모듈 다운로드/인스턴스화하는 작업을 엠스크립튼이 모두 대행합니다. 세 번째로 살펴볼 동적 링킹 기법에서는 여러분이 웹어셈블리 자바스크립트 API로 모듈을 다운로드/인스턴스화하는 자바스크립트를 직접 코딩해야 합니다.

3장에서 실습한 소수 찾기 웹어셈블리 모듈(calculate_primes.c)을 다시 활용하겠습니다. 이 파일을 IsPrime 함수가 있는 모듈과 FindPrimes 함수가 있는 모듈, 이렇게 두 모듈로 나눕니다. 웹어셈블리 자바스크립트 API를 사용해야 하므로 두 모듈은 사이드 모듈로 컴파일해야 합니다. 표준 C 라이브러리 함수는 사용할 수 없으니 브라우저 콘솔창에 소수를 출력하려면 printf 함수 호출부를 여러분이 직접 작성한 자바스크립트 함수로 바꾸어야 합니다. 작업 과정은 이렇습니다(그림 7-16).

1 calculate_primes.c 파일을 is_prime.c, find_primes.c 두 파일로 분리합니다.

2 두 파일을 엠스크립튼으로 컴파일하여 웹어셈블리 사이드 모듈을 생성합니다.

3 브라우저에서 사용할 수 있도록 해당 서버 경로에 생성된 웹어셈블리 파일을 복사합니다.

4 웹어셈블리 자바스크립트 API로 두 웹어셈블리 모듈을(과) 로드, 링크, 상호작용하는 데 필요한 HTML, 자바스크립트 파일을 작성합니다.

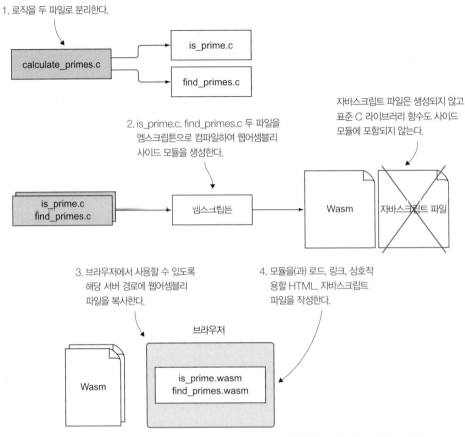

그림 7-16 calculate_primes.c 파일을 두 웹어셈블리 사이드 모듈로 컴파일할 수 있도록 수정하는 과정

calculate_primes.cpp 파일 로직을 두 파일로 나누기

Chapter 7\7.2.4 ManualLinking\source 폴더를 만들고 다음과 같이 작업합니다. calculate_primes.cpp 파일 사본을 두 파일로 나누려는 것입니다(그림 7-17).

- Chapter 7\7.2.2 dlopen\source\calculate_primes.cpp 파일을 Chapter 7\7.2.4 ManualLinking\source 폴더에 복사하고 파일명을 is_prime.c로 바꿉니다.
- is_prime.c 파일을 한번 더 복사하고 파일명을 find_primes.c로 바꿉니다.

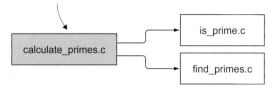

1. 로직을 두 파일로 분리한다.

그림 7-17 calculate_primes.c 파일의 로직을 두 파일로 분리한다.

is_prime.c 파일을 열고 다음과 같이 작업합니다.

- cstdlib, cstdio 헤더 파일 선언부를 삭제합니다.
- extern "C" 블록을 열고 닫는 부분을 지웁니다.
- IsPrime 함수만 남기고 FindPrimes, main 함수 코드는 삭제합니다.

IsPrime 함수 앞에는 EMSCRIPTEN_KEEPALIVE를 선언해서 모듈의 익스포트된 함수 목록에 추가합니다. 그 다음, find_primes.c 파일을 열고 다음과 같이 작업합니다.

- cstdlib, cstdio 헤더 파일 선언부를 삭제합니다.
- extern "C" 블록을 열고 닫는 부분을 지웁니다.
- FindPrimes 함수만 남기고 IsPrime, main 함수 코드는 삭제합니다.

FindPrimes 함수는 is_prime 모듈의 IsPrime 함수를 호출해야 합니다. 그러나 이 함수는 다른 모듈에 있기 때문에 extern 키워드를 앞에 붙여 IsPrime 함수 시그니처를 선언해야 합니다. 그래야 코드 실행 시 컴파일러가 이 함수가 사용 가능하리라는 사실을 알 수 있습니다.

```
extern int IsPrime(int value);
```

자바스크립트에서 printf 함수 대신 LogPrime이라는 함수를 호출하려면 FindPrimes 함수도 수정해야 하는데, 이 역시 모듈 밖에 있는 함수라서 다음과 같이 extern 함수 시그니처를 추가합니다.

```
extern void LogPrime(int prime);
```

find_primes.c 파일의 FindPrimes 함수에서 printf 함수를 호출하는 코드를 삭제하고 if(IsPrime(i)) {...} 블록 안의 printf 함수 호출부도 LogPrime 함수를 대신 호출하도록 수정합니다. 단, LogPrime 함수를 호출할 때에는 문자열 대신 변수 i만 전달합니다.

```
EMSCRIPTEN_KEEPALIVE
void FindPrimes(int start, int end) {
  for (int i = start; i <= end; i += 2) {
    if (IsPrime(i)) {
      LogPrime(i);   ← printf 대신 LogPrime 함수를
    }                    호출하는 코드로 변경한다.
  }
}
```

이제 엠스크립튼으로 웹어셈블리 사이드 모듈을 생성합시다(그림 7-18).

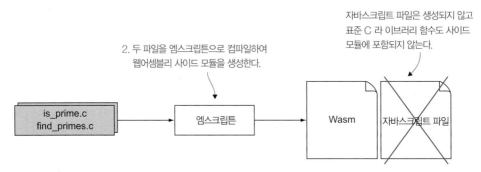

그림 7-18 두 파일을 컴파일하여 각각 웹어셈블리 사이드 모듈을 생성한다.

엠스크립튼으로 웹어셈블리 사이드 모듈 생성

is_prime.c 파일을 웹어셈블리 사이드 모듈로 컴파일하겠습니다. 7.2.4 ManualLinking\
source 폴더에서 다음 명령을 실행합니다.

```
emcc is_prime.c -s SIDE_MODULE=2 -O1 -o is_prime.wasm
```

find_primes.c 파일도 컴파일하는 방법은 같습니다.

```
emcc find_primes.c -s SIDE_MODULE=2 -O1 -o find_primes.wasm
```

웹어셈블리 사이드 모듈을 2개 생성했고 이제 둘을 로드, 링크하는 웹페이지와 자바스크립트가 필요합니다(그림 7-19).

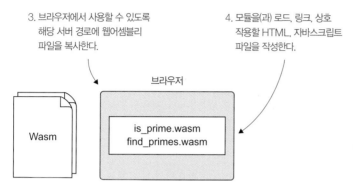

3. 브라우저에서 사용할 수 있도록
   해당 서버 경로에 웹어셈블리
   파일을 복사한다.

4. 모듈을(과) 로드, 링크, 상호
   작용할 HTML, 자바스크립트
   파일을 작성한다.

브라우저

Wasm

is_prime.wasm
find_primes.wasm

그림 7-19 모듈을(과) 로드, 링크, 상호작용할 HTML, 자바스크립트 파일을 작성한다.

HTML과 자바스크립트 파일 작성

Chapter 7\7.2.4 ManualLinking\frontend 폴더를 만들고 다음과 같이 작업합니다.

- 7.2.4 Manual-Linking\source\is_prime.wasm, find_primes.wasm 파일을 복사해 넣습니다.
- Chapter 7\7.2.4 ManualLinking\frontend\main.html 파일을 만들고 편집기로 엽니다.

HTML 파일은 아주 기본적인 코딩만 하겠습니다. 페이지가 로드됐음을 알려주는 문구를 넣고, 두 사이드 모듈을 로드/링크하는 자바스크립트 파일(main.js)을 **<script>** 태그로 참조합니다.

예제 7-5 main.html 파일 내용

```
<!DOCTYPE html>
<html>
  <head>
    <meta charset="utf-8"/>
  </head>
  <body>
    HTML page I created for my WebAssembly module.
    <script src="main.js"></script>
  </body>
</html>
```

다음은 main.html 파일에서 참조하는 main.js 파일입니다. 7.2.4 ManualLinking\
frontend\main.js 파일을 만들고 편집기로 엽니다.

find_primes 모듈이 자바스크립트에 소수를 전달하려면 어떤 함수를 받아 호출해야 합니다.
이 예제는 모듈이 받은 값을 개발자 도구 콘솔창에 로깅하는 **logPrime** 함수를 작성하여 모듈
에 전달하는 걸로 하겠습니다.

```javascript
function logPrime(prime) {
  console.log(prime.toString());
}
```

find_primes 모듈은 is_prime 모듈의 **IsPrime** 함수가 필요하기 때문에 is_prime 모듈을 먼
저 다운로드/인스턴스화해야 합니다. is_prime 모듈을 가져오는 **instantiateStreaming** 함
수의 **then** 메서드에서 다음 작업을 수행합니다.

- find_primes 모듈에 해당하는 **importObject** 객체를 생성합니다. 자바스크립트 함수 **LogPrime**과 is_
  prime 모듈에서 익스포트된 **_IsPrime** 함수가 이 객체에 포함될 것입니다.
- find_primes 모듈을 가져오기 위해 **instantiateStreaming** 함수를 호출하고 **Promise**를 반환합니다.

그 다음 **then** 메서드는 find_primes 모듈의 다운로드/인스턴스화 성공을 콜백받아 처리합니
다. 이 메서드에서 **_FindPrimes** 함수를 호출하면서 소수를 찾을 범위를 전달하면 소수들이
콘솔창에 출력될 것입니다.

예제 7-6 두 웹어셈블리 모듈을 내려받아 링크한다.

```javascript
...
const isPrimeImportObject = {        ◁──┐ is_prime 모듈의 importObject
  env: {
    __memory_base: 0,
  }
};

WebAssembly.instantiateStreaming(fetch("is_prime.wasm"),   ◁──┐ is_prime 모듈을
    isPrimeImportObject)                                        │ 내려받고 인스턴스화
  .then(module => {      ◁──┐ is_prime 모듈 준비 완료!

    const findPrimesImportObject = {     ◁──┐ find_primes 모듈의 importObject
```

```
    env: {
        __memory_base: 0,
        _IsPrime: module.instance.exports._IsPrime,      ←──┐ 익스포트된 함수를
        _LogPrime: logPrime,    ←──┐                          find_primes 모듈에 전달
    }                              │ 자바스크립트 함수를
};                                   find_primes 모듈에 전달

    return WebAssembly.instantiateStreaming(fetch("find_primes.wasm"),   ←──────┐
        findPrimesImportObject);
})                                                                    find_primes 모듈을
.then(module => {     ←──┐ find_primes 모듈 준비 완료!                다운로드/인스턴스화하고
    module.instance.exports._FindPrimes(3, 100);                     인스턴스화된 모듈을 반환한다.
});
```

역자 NOTE_ 엠스크립튼 1.39.0+ 버전에서 실습할 경우, 위와 같이 실습하면 오류가 발생하므로 이 책 끝 부분에 수록된 부록 F.2.5절을 참고하기 바랍니다.

실행 결과

http://localhost:8080/main.html에 접속해서 개발자 도구 콘솔창을 열어보면 3~100 범위의 소수들이 표시될 것입니다(그림 7-20).

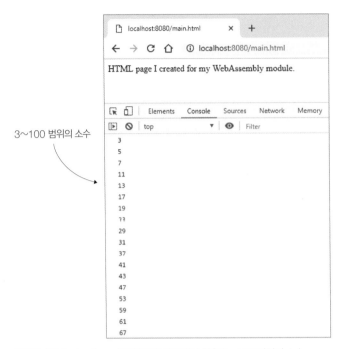

3~100 범위의 소수

그림 7-20 find_primes 웹어셈블리 모듈에서 찾은 3~100 범위의 소수

7.3 동적 링킹 정리

지금까지 배운 세 가지 동적 링킹 기법의 장단점을 한번 더 정리하면서 이 장을 마무리하겠습니다.

- dlopen
  - 사이드 모듈을 일단 엠스크립튼 파일 시스템에 내려받습니다.
  - dlopen 함수를 호출하면 사이드 모듈 파일을 가리키는 핸들이 반환됩니다.
  - dlsym 함수를 호출하면서 호출할 함수의 이름과 핸들을 전달하면 사이드 모듈에 있는 함수를 가리키는 포인터가 반환됩니다.
  - 이제 일반 모듈 함수를 호출하는 것처럼 함수 포인터를 호출하면 됩니다.
  - 사이드 모듈의 핸들 기반으로 함수명을 요청하는 방식이므로 메인 모듈에 이름이 같은 함수가 있어도 문제가 되지 않습니다.

‒ 필요한 만큼 사이드 모듈을 얼마든지 링크할 수 있습니다.

- **dynamicLibraries**
  ‒ 링크할 사이드 모듈 목록을 Module 객체의 dynamicLibraries 배열 프로퍼티에 전부 담아 엠스크립튼에 전달합니다. 이 목록은 엠스크립튼 자바스크립트가 실행되기 전에 지정해야 합니다.
  ‒ 엠스크립튼은 사이드 모듈을 내려받아 메인 모듈에 링크하는 작업을 대신 수행합니다.
  ‒ 이제 모듈에 있는 여느 함수를 호출하는 것처럼 사이드 모듈의 함수를 호출하면 됩니다.
  ‒ 현재 모듈 함수와 이름이 같은 함수가 다른 모듈에 있다면 그 함수는 호출할 수 없습니다.
  ‒ 모든 사이드 모듈은 엠스크립튼 자바스크립트가 실행되자마자 링크됩니다.

- **웹어셈블리 자바스크립트 API**
  ‒ fetch 메서드로 웹어셈블리 모듈을 내려받고 웹어셈블리 자바스크립트 API를 이용해 모듈을 인스턴스화합니다.
  ‒ 그런 다음, 웹어셈블리 모듈을 내려받고 첫 번째 모듈에서 필요한 익스포트를 현재 모듈의 임포트로 전달합니다.
  ‒ 이제 모듈에 있는 여느 함수를 호출하는 것처럼 사이드 모듈의 함수를 호출하면 됩니다.
  ‒ dynamicLibraries 배열을 이용한 방법처럼, 현재 모듈 함수와 이름이 같은 함수가 다른 모듈에 있다면 그 함수는 호출할 수 없습니다.

요컨대, 여러분이 동적 링킹 과정을 얼만큼 제어하려고 하는지, 그리고 모듈 또는 자바스크립트를 얼마나 입맛에 맞게 사용하려는지에 따라 알맞은 방법을 선택하면 됩니다.

- dlopen을 사용하면 백엔드 코드의 동적 링킹을 제어할 수 있습니다. 사이드 모듈의 호출할 함수와 이름이 똑같은 함수가 메인 모듈에 있을 때에는 유일한 선택지입니다.
- dynamicLibraries는 동적 링킹 제어를 툴에게 일임하는 방법입니다. 귀찮은 작업을 엠스크립튼이 알아서 처리해주니 편합니다.
- 웹어셈블리 자바스크립트 API를 활용하면 프런트엔드 코드의 동적 링킹을 자바스크립트로 제어할 수 있습니다.

7.4 실제 용례

- 게임 엔진: 처음 게임을 내려받을 때 엔진은 한번만 내려받아 캐시하고, 다음 번 게임할 때에는 시스템에 엔진이 존재하는지 확인해서 이미 있다면 요청한 게임만 다운로드합니다. 이런 식으로 실행 시간을 줄이고 대역폭을 아낄 수 있습니다.
- 이미지 편집 모듈: 코어 로직은 처음 한번만 내려받고 자주 쓰지 않는 모듈(예: 특수 필터)은 그때그때 내려받으면 됩니다.

- 다중 구독 티어multiple subscription tier 웹 애플리케이션: 프리free(무료) 티어는 기능이 가장 적어서 기본 모듈만 내려받을 수 있고, 프리미엄premium 티어는 고급 기능까지 사용 가능한 형태의 서비스를 말합니다. 이런 애플리케이션에서 예컨대, 프리미엄 티어에 비용을 추적하는 기능을 추가한다면 엑셀 파일을 파싱하여 서버에 맞는 형태로 바꿔주는 애드온 모듈을 활용할 수 있을 것입니다.

7.5 연습 문제

1 이 장에서 배운 동적 링킹 기법을 응용하여 다음 모듈을 작성하시오.
   - 사이드 모듈: 두 정수를 매개변수로 받아 서로 더한 값을 반환하는 Add 함수가 있다.
   - 메인 모듈: 사이드 모듈에 있는 Add 함수를 호출한 결괏값을 개발자 도구 콘솔창에 출력하는 main 함수가 있다.
2 사이드 모듈에 있는 함수를 호출해야 하는데, 하필 이름이 똑같은 함수가 메인 모듈에 있다. 어떤 동적 링킹 기법을 사용해야 하는가?

➜ 해답은 부록 D에 있습니다.

7.6 마치며

- 늘 그렇듯이 동적 링킹 역시 호불호가 있습니다. 이 기술을 사용하기 전에 장점이 월등한지 신중히 검토하기 바랍니다.
- 동적 링킹은 dlopen 함수로 웹어셈블리 코드에서 필요한 만큼 사용할 수 있습니다.
- 엠스크립튼 자바스크립트에 지시하면 특정 사이드 모듈을 메인 모듈에 링크할 수 있습니다. 엠스크립튼은 인스턴스화 시 주어진 모듈을 자동으로 링크합니다.
- 웹어셈블리 자바스크립트 API를 사용하면 다수의 사이드 모듈을 함께 다운로드, 인스턴스화, 링크할 수 있습니다.
- 엠스크립튼 자바스크립트 파일을 포함하기 전에 Module 객체를 생성하면 실행 흐름을 제어할 수 있습니다. 컴파일 시 명령줄에서 --pre-js 플래그를 지정하면 여러분의 자바스크립트를 엠스크립튼 자바스크립트 파일 앞부분에 삽입할 수 있어 Module 객체를 조정할 수도 있습니다.

CHAPTER 8

동적 링킹: 구현

이 장의 핵심 내용

◆ SPA에서 동적 링킹을 응용

◆ 엠스크립튼 자바스크립트 모듈의 객체 인스턴스를 여럿 생성하여 각자의 사이드 모듈에 동적 링킹

◆ 웹어셈블리 메인 모듈에서 데드 코드를 제거하여 크기 줄이기

7장에서는 웹어셈블리 모듈을 동적 링킹하는 세 가지 방법을 배웠습니다.

- `dlopen`: C/C++ 코드를 수동으로 모듈에 링크하여 특정 함수를 가리키는 포인터를 얻습니다.

- `dynamicLibraries`: 자바스크립트에서 엠스크립튼에게 링크할 모듈 목록을 전달하면 엠스크립튼이 모듈 인스턴스화 시 해당 모듈에 자동으로 링크합니다.

- 수동 링킹: 웹어셈블리 자바스크립트 API로 A 모듈의 익스포트를 가져와 B 모듈의 임포트로 전달합니다.

이 장에서는 두 번째 `dynamicLibraries` 방식으로 동적 링킹을 구현하는 방법을 설명하겠습니다. 원하는 모듈 목록을 적어주면 엠스크립튼이 알아서 동적 링킹을 처리하는 방식입니다.

4~6장에서 작성했던 POS 애플리케이션에 주문하기(Place Order) 페이지를 추가하려고 합니다. 기존 상품수정 페이지처럼 사용자 입력 데이터는 웹어셈블리 모듈에서 검증할 것입니다 (그림 8-1).

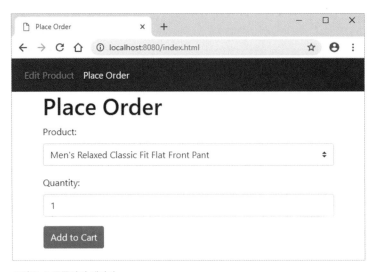

그림 8-1 주문하기 페이지

주문하기 페이지에 구현할 검증 로직도 사실 상품수정 페이지와 별반 차이가 없습니다.

- 두 페이지 모두 드롭다운 리스트에서 올바른 항목을 선택해야 합니다.
- 두 페이지 모두 필숫값을 입력했는지 확인해야 합니다.

똑같은 검증 로직을 각 모듈에 따로 두는 건 중복입니다. 필수값 입력 여부 체크, 드롭다운 리스트에서 올바른 ID를 선택했는지 여부 체크, 이런 로직은 공통 모듈로 빼서 공유하는 구조가 좋겠습니다. 각 페이지의 검증 모듈은 런타임에 이 공통 모듈에 동적 링크하여 필요한 기능을 갖다 쓰는 것입니다. 각 모듈은 물리적으로 나뉘어 있지만 필요에 따라 서로를 호출하는 모양새라서, 코드만 보면 마치 하나의 모듈을 다루는 것 같은 느낌입니다(그림 8-2).

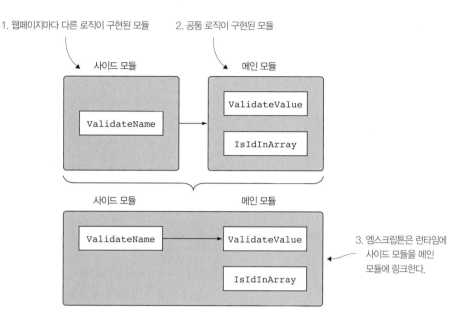

그림 8-2 한 웹페이지에만 해당되는 로직(사이드 모듈)은 런타임에 공통 로직(메인 모듈)에 링크된다. 코드 측면에서 이 모듈은 마치 한몸처럼 동작한다.

> **NOTE_** 예전에는 대부분 페이지마다 HTML 파일을 하나씩 작성했지만, SPA는 HTML 페이지가 하나밖에 없고 브라우저에서 실행되는 자바스크립트로 페이지 컨텐츠를 동적으로 바꿉니다.

웹사이트를 SPA로 개발하고 `dynamicLibraries`로 동적 링킹을 할 경우, 이전과는 몇 가지 달라지는 점이 있습니다. 우선, 엠스크립튼 자바스크립트가 실행되기 전에 엠스크립튼으로 링크할 모든 사이드 모듈을 지정해야 합니다. 보통 엠스크립튼 자바스크립트는 `Module`이라는 전역 객체로 존재하는데, 브라우저가 자바스크립트 파일을 로드하는 시점에 이 객체가 초기화되면서 여러분이 지정한 사이드 모듈이 모두 메인 모듈에 링크됩니다.

동적 링킹을 하면 한 가지 좋은 점이, 필요한 만큼 모듈을(에) 로드/링크하기 때문에 페이지 초기 로딩 시 다운로드 및 처리 시간이 줄어듭니다. SPA로 개발한다면 첫 페이지에 등장하는 사이드 모듈만 지정하면 되겠죠. 그런데 엠스크립튼 `Module` 객체가 이미 초기화된 상태에서 사용자가 다른 페이지로 이동하면 그 페이지에 맞는 사이드 모듈은 어떻게 지정할 수 있을까요?

메인 모듈로 컴파일할 때 `MODULARIZE=1` 플래그를 지정하면 됩니다. 엠스크립튼 자바스크립트 파일의 Module 객체를 함수로 감싸도록 컴파일러에게 지시하는 플래그입니다. 덕분에 다음 두 가지 문제가 해결됩니다.

- Module 객체가 초기화되는 시점을 제어할 수 있습니다. 이 객체를 사용하려면 먼저 인스턴스를 생성해야 하기 때문입니다.
- Module 객체 인스턴스를 생성할 수 있기 때문에 더 이상 단일 인스턴스라는 제약을 받지 않습니다. 그래서 웹어셈블리 메인 모듈의 두 번째 인스턴스를 생성하고 이 인스턴스 링크를 두 번째 페이지에 해당되는 사이드 모듈에 링크할 수 있습니다.

8.1 웹어셈블리 모듈 생성하기

사이드 모듈에는 엠스크립튼 자바스크립트 파일과 표준 C 라이브러리 함수가 없습니다. 이들은 런타임에 메인 모듈에 링크되기 때문에 사이드 모듈에서 갖다 쓸 수 있는 기능은 모두 메인 모듈에 있습니다.

> **NOTE_** 동적 링킹은 다수의 사이드 모듈을 하나의 메인 모듈에 링크하는 작업입니다. 메인 모듈은 하나뿐입니다.

C++ 코드를 수정해서 웹어셈블리 모듈을 생성하는 과정은 이렇습니다(그림 8-3).

1 validate.cpp 파일을, 공통 로직이 담긴 파일(validate_core.cpp)과 상품수정 페이지에만 해당되는 로직이 있는 파일(validate_product.cpp)로 분리합니다.
2 C++ 파일(validate_order.cpp)을 새로 만들어 주문하기 폼에만 해당되는 로직을 구현합니다.
3 validate_order.cpp, validate_product.cpp 두 파일을 엠스크립튼으로 컴파일히여 웹어셈블리 사이드 모듈을 생성합니다.
4 검증 오류 시 호출할 자바스크립트 함수를 mergeinto.js 파일에 작성합니다. 이 함수 코드는 메인 모듈 컴파일 시 엠스크립튼 자바스크립트 파일에 포함됩니다.
5 validate_core.cpp 파일을 엠스크립튼으로 컴파일하여 웹어셈블리 메인 모듈을 생성합니다.

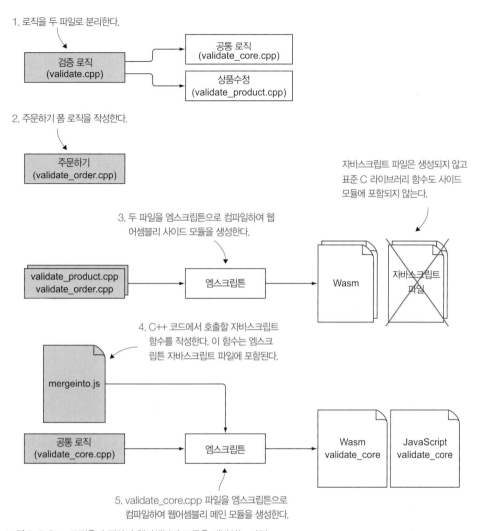

그림 8-3 C++ 로직을 수정하여 웹어셈블리 모듈을 개발하는 과정

웹어셈블리 모듈을 생성한 다음에는 웹페이지를 수정합니다(그림 8-4).

6 웹페이지에 네비게이션 바를 새로 만들고 주문하기 폼 컨트롤을 삽입합니다. 사용자가 클릭한 네비게이션 링크에 해당하는 컨트롤 세트가 화면에 표시되도록 자바스크립트를 수정합니다.

7 페이지에 맞는 사이드 모듈이 공통 모듈에 링크되도록 자바스크립트를 수정합니다. 주문하기 폼을 검증하는 자바스크립트 역시 추가합니다.

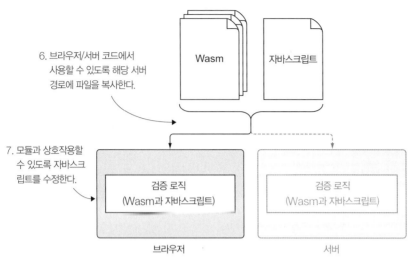

6. 브라우저/서버 코드에서
   사용할 수 있도록 해당 서버
   경로에 파일을 복사한다.

Wasm   자바스크립트

7. 모듈과 상호작용할
   수 있도록 자바스크
   립트를 수정한다.

검증 로직
(Wasm과 자바스크립트)

검증 로직
(Wasm과 자바스크립트)

브라우저   서버

그림 8-4 HTML 파일에 주문하기 폼을 만들고 자바스크립트를 수정해서 웹어셈블리 모듈을 브라우저/서버 코드에서 동적 링크하는 과정

8.1.1 두 파일로 로직 나누기

5장에서 작성한 C++ 코드에서 상품수정, 주문하기 페이지 모두 사용할 로직은 자체 파일로 빼내고 상품수정 페이지에만 해당되는 로직은 새 파일로 옮깁니다.

1. 검증 로직을 두 파일로
   분리한다.

검증 로직
(validate.cpp)

공통 로직
(validate_core.cpp)

상품수정
(validate_product.cpp)

그림 8-5 검증 로직을 두 파일로 분리한다.

실습 파일을 저장할 Chapter 8\8.1 EmDynamicLibraries\source\ 폴더를 만들고 다음과 같이 작업합니다.

- Chapter 5\5.1.1 EmJsLibrary\source\validate.cpp 파일을 복사해 넣습니다.
- validate.cpp 파일 사본을 만들고 validate_product.cpp로 파일명을 변경합니다.
- validate.cpp 파일 사본을 하나 더 만들고 validate_core.cpp로 파일명을 변경합니다.

제일 먼저 valiate_core.cpp 파일에 남아있는 상품수정 관련 로직을 제거합니다. 이 파일은 앞으로 상품수정, 주문하기 페이지 모두 사용 가능한 웹어셈블리 공통 모듈로 쓰이게 될 것입니다.

validate_core.cpp 파일 수정

validate_core.cpp 파일을 열고 ValidateName, ValidateCategory 함수를 삭제합니다. cstring 헤더 파일의 선언부도 필요없으니 지웁니다.

ValidateValueProvided, IsCategoryIdInArray는 다른 모듈이 호출해서 사용할 수 있는 함수로 익스포트해야 하므로 두 함수 앞에 EMSCRIPTEN_KEEPALIVE를 선언합니다.

```
#ifdef __EMSCRIPTEN__
  EMSCRIPTEN_KEEPALIVE
#endif
```

IsCategoryIdInArray 함수는 사용자가 드롭다운 리스트에서 선택한 ID가 올바른 값이 담긴 배열의 원소인지 체크하는 용도로 일반화합니다. 그런데 함수명을 그냥 두면 카테고리 ID에 해당되는 함수처럼 느껴지므로 IsIdInArray로 함수명을 변경하고 word 카테고리를 사용하지 않도록 수정합니다(예제 8-1).

예제 8-1 IsIdInArray로 파일명을 바꾸고 코드를 수정한 IsCategoryIdInArray 함수

```
...

#ifdef __EMSCRIPTEN__        ⎤ IsIdInArray 함수를 모듈 익스포트
  EMSCRIPTEN_KEEPALIVE  ◁─── ⎦ 함수 목록에 자동 추가한다.
#endif
int IsIdInArray(char* selected_id, int* valid_ids, int array_length) {
  int id = atoi(selected_id);
  for (int index = 0; index < array_length; index++) {
    if (valid_ids[index] == id) {
      return 1;
    }
  }
```

```
    return 0;
  }
  ...
```

validate_product.cpp 파일 수정

validate_product.cpp 파일을 열고 ValidateValueProvided, IsCategoryIdInArray
두 함수를 삭제합니다. 두 함수는 이제 공통 모듈 validate_core에 있으므로 컴파일러가 코
드 실행 시 인지할 수 있게 앞에 extern 키워드를 붙인 함수 시그니처를 extern "C" 블록 안
extern UpdateHostAboutError 함수 시그니처 앞에 선언합니다.

```
extern int ValidateValueProvided(const char* value, const char* error_message);
extern int IsIdInArray(char* selected_id, int* valid_ids, int array_length);
```

공통 모듈에서 함수명을 IsCategoryIdInArray → IsIdInArray로 변경했으니
ValidateCategory 함수도 IsIdInArray를 호출하도록 변경합니다.

예제 8-2 수정된 ValidateCategory 함수(validate_product.cpp)

```
  ...

  int ValidateCategory(char* category_id, int* valid_category_ids,
      int array_length) {
    if (ValidateValueProvided(category_id,
        "A Product Category must be selected.") == 0) {
      return 0;
    }

    if ((valid_category_ids == NULL) || (array_length == 0)) {
      UpdateHostAboutError("There are no Product Categories available.");
      return 0;
    }

    if (IsIdInArray(category_id, valid_category_ids,          ◁── IsCategoryIdInArray 대신
        array_length) == 0) {                                     IsIdInArray 함수를 호출한다.
      UpdateHostAboutError("The selected Product Category is not valid.");
      return 0;
```

```
    }

    return 1;
}
...
```

공통 모듈에서 상품수정 페이지에 해당되는 로직을 분리하는 작업은 여기까지입니다. 다음은 주문하기 폼을 새로 만들 차례입니다(그림 8-6).

2. 주문하기 폼 로직을 작성한다.

그림 8-6 주문하기 폼 로직을 작성한다.

8.1.2 주문하기 폼 로직을 위한 C++ 파일을 새로 작성

Chapter 8\8.1 EmDynamicLibraries\source\validate_order.cpp 파일을 만들고 편집기로 엽니다. 7장에서 사이드 모듈을 만들 때에는 런타임에 함수를 사용할 수 없었기 때문에 표준 C 라이브러리 헤더 파일을 안 넣었지만, 이번에는 사이드 모듈이 메인 모듈(validate_core)에 링크되고 메인 모듈은 표준 C 라이브러리를 갖다쓸 수 있으므로 사이드 모듈 역시 표준 C 라이브러리 함수를 사용할 수 있습니다.

표준 C 라이브러리, 엠스크립튼 헤더 파일 선언부, extern "C" 블록을 validate_order.cpp 파일에 추가합니다(예제 8-3).

예제 8-3 validate_order.cpp 파일에 헤더 파일 선언부와 extern "C" 블록을 추가

```
#include <cstdlib>

#ifdef __EMSCRIPTEN__
  #include <emscripten.h>
#endif

#ifdef __cplusplus
extern "C" {
```

```
#endif
```
⟵ 웹어셈블리 함수는 여기에 작성한다.
```
#ifdef __cplusplus
}
#endif
```

validate_core 공통 모듈의 ValidateValueProvided, IsIdInArray 함수 시그니처와 자바
스크립트에서 임포트할 UpdateHostAboutError 함수 시그니처를 extern "C" 블록 안에 차
례차례 선언합니다.

```
extern int ValidateValueProvided(const char* value,
    const char* error_message);

extern int IsIdInArray(char* selected_id, int* valid_ids,
    int array_length);

extern void UpdateHostAboutError(const char* error_message);
```

주문하기 폼에는 상품명을 선택하는 드롭다운 리스트와 수량quantity 필드가 있습니다. 두 값은
모두 문자열 형태로 모듈에 전달되지만 실제로 상품 ID는 숫자입니다.

지금부터 사용자가 입력한 상품 ID와 수량을 검증하는 두 함수 ValidateProduct,
ValidateQuantity를 새로 작성하겠습니다.

ValidateProduct 함수

ValidateProduct 함수는 다음 값을 매개변수로 빋습니다.

- 사용자가 선택한 상품 ID
- 올바른 상품 ID가 담긴 정수 배열을 가리키는 포인터
- 올바른 상품 ID가 담긴 정수 배열의 원소 개수

이 함수는 다음 세 가지를 검증합니다.

- 사용자가 상품 ID를 입력했는가?
- 올바른 상품 ID가 담긴 정수 배열이 제공됐는가?
- 사용자가 선택한 상품 ID가 올바른 상품 ID가 담긴 정수 배열에 속한 원소인가?

세 가지 중 하나라도 실패하면 UpdateHostAboutError 함수를 호출해서 오류 메시지를 자바스크립트로 보낸 다음, 호출부에 0(에러 발생)을 반환하는 것으로 ValidateProduct 함수는 종료됩니다. 함수 끝까지 실행됐다면 아무 문제도 없다는 뜻이니 1(성공)을 반환합니다.

예제 8-4 ValidateProduct 함수 (validate_order.cpp)

```cpp
#ifdef __EMSCRIPTEN__
  EMSCRIPTEN_KEEPALIVE
#endif
int ValidateProduct(char* product_id, int* valid_product_ids,
    int array_length) {
  if (ValidateValueProvided(product_id,
      "A Product must be selected.") == 0) {     ◁── 전달된 값이 없으면 에러를 반환한다.
    return 0;
  }

  if ((valid_product_ids == NULL) || (array_length == 0)) {   ◁── 주어진 배열이 없거나 빈
    UpdateHostAboutError("There are no Products available.");       배열이면 에러를 반환한다.
    return 0;
  }

                                              사용자가 선택한 상품 ID가
                                              배열에 없는 값이면 에러를
  if (IsIdInArray(product_id, valid_product_ids,   반환한다.
      array_length) == 0) {   ◁──
    UpdateHostAboutError("The selected Product is not valid.");
    return 0;
  }

  return 1;   ◁── 아무 문제가 없다고
}                  호출부에 알린다.
```

ValidateQuantity 함수

ValidateQuantity 함수는 사용자가 입력한 수량을 전달받아 다음 두 가지를 검증합니다.

- 사용자가 수량을 입력했는가?
- 입력된 수량이 1 이상인가?

두 가지 중 하나라도 실패하면 UpdateHostAboutError 함수를 호출하서 오류 메시지를 자바스크립트로 보낸 다음, 0(에러 발생)을 반환하는 것으로 ValidateProduct 함수는 종료됩니다.

함수 끝까지 실행됐다면 아무 문제도 없다는 뜻이니 1(성공)을 반환합니다.

예제 8-5 ValidateQuantity 함수 (validate_order.cpp)

```cpp
#ifdef __EMSCRIPTEN__
  EMSCRIPTEN_KEEPALIVE
#endif
int ValidateQuantity(char* quantity) {
  if (ValidateValueProvided(quantity,
      "A quantity must be provided.") == 0) {    ◁── 전달된 값이 없으면 에러를 반환한다.
    return 0;
  }

  if (atoi(quantity) <= 0) {    ◁── 수량이 1보다 작으면 에러를 반환한다.
    UpdateHostAboutError("Please enter a valid quantity.");
    return 0;
  }

  return 1;    ◁── 아무 문제가 없다고 호출부에 알린다.
}
```

C++ 코드 작업을 마쳤으니 엠스크립튼으로 컴파일하여 웹어셈블리 모듈을 생성합시다(그림 8-7).

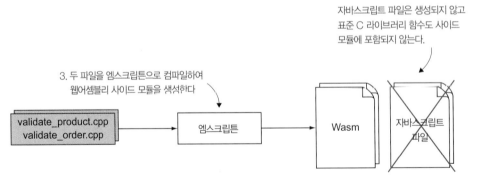

그림 8-7 두 파일을 컴파일하여 웹어셈블리 사이드 모듈을 생성한다.

8.1.3 엠스크립튼으로 웹어셈블리 사이드 모듈 생성

엠스크립튼으로 동적 링킹을 할 때에는 메인 모듈은 하나만 가능하며, 표준 C 라이브러리 함수 및 엠스크립튼 자바스크립트 파일은 메인 모듈의 일부로 포함됩니다. 사이드 모듈에는 이런 것들이 전혀 포함되지 않지만 메인 모듈에 링크해서 갖다쓰면 됩니다. 이 예제는 메인 모듈 (validate_core.cpp)과 두 사이드 모듈(validate_product.cpp, validate_order.cpp)로 구성됩니다.

엠스크립튼은 사이드 모듈에서 어떤 함수가 필요한지 미리 알 수 없기 때문에 기본적으로 메인 모듈을 생성할 때 표준 C 라이브러리 함수를 몽땅 웹어셈블리 모듈에 욱여넣습니다. 그 결과, 사용하는 표준 C 라이브러리 함수는 몇 개 안 되지만 쓸데없이 모듈이 비대해질 수 있습니다.

그래서 엠스크립튼에게 특정 표준 C 라이브러리 함수만 포함하라고 귀띔하여 메인 모듈을 최적화할 수 있습니다. 그러려면 어떤 함수를 포함시켜야 할지 결정해야 하는데, 혹여 빠뜨리는 함수가 없도록 코드 한줄 한줄 잘 살펴야 합니다. 표준 C 라이브러리 헤더 파일 선언부를 주석 처리한 상태에서 웹어셈블리 모듈을 컴파일해보는 것도 방법입니다. 표준 C 라이브러리 함수를 사용하는 코드가 있는데 함수 시그니처가 없으면 컴파일 에러가 날 테니 바로 알아볼 수 있겠죠.

우리는 두 번째 방법에 따라 사이드 모듈을 컴파일하겠습니다. 먼저 상품수정 페이지 사이드 모듈(validate_product.cpp)입니다(그림 8-8).

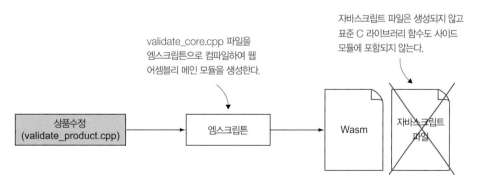

그림 8-8 상품수정 페이지의 검증 로직이 구현된 웹어셈블리 사이드 모듈을 생성한다.

상품수정 사이드 모듈 생성: validate_product.cpp

7장에서 웹어셈블리 사이드 모듈을 생성할 때에는 표준 C 라이브러리 헤더를 4장에서 작성한 코드로 대체했지만, 이번에는 런타임에 사이드 모듈이 메인 모듈에 링크되므로 그럴 필요가 없고 표준 C 라이브러리 함수는 메인 모듈에 그냥 두어도 됩니다.

사이드 모듈이 사용할 표준 C 라이브러리 함수 목록은 잠시 후 8.1.5절에서 메인 모듈을 컴파일할 때 엠스크립튼에 전달할 것입니다. 헤더 파일 선언부를 하나씩 주석 처리하면서 발생하는 컴파일 오류 메시지를 보면 사용 중인 표준 라이브러리 함수를 파악할 수 있습니다.

그런데 그 전에 정작 모듈 자체는 문제가 없는지 확인해봐야겠죠? 그래야 나중에 헤더 파일 선언부를 하나씩 주석 처리하며 컴파일 에러가 나도 그것이 함수 시그니처가 누락돼서 발생한 오류라는 것을 확신할 수 있을 것입니다. Chapter 8\8.1 EmDynamicLibraries\source 폴더에서 다음 명령을 실행합니다.

```
emcc validate_product.cpp -s SIDE_MODULE=2 -O1
    -o validate_product.wasm
```

콘솔창에 에러가 없다면 source 폴더에 validate_product.wasm 파일이 생성되어 있을 것입니다. Chapter 8\8.1 EmDynamicLibraries\source\validate_product.cpp 파일을 열고 cstdlib, cstring 헤더 파일 선언부를 주석 처리하고 저장합니다. 주석은 다시 해제해야하니 파일은 닫지 말고 그대로 둡니다.

명령줄에서 좀 전과 동일한 명령을 실행합니다.

```
emcc validate_product.cpp -s SIDE_MODULE=2  O1
    -o validate_product.wasm
```

콘솔창에 못 보던 오류 메시지가 뜰 것입니다(그림 8-9). NULL이 정의되어 있지 않다는 메시지는 일단 무시하고 넘어가도 좋습니다. strlen 함수가 정의되어 있지 않다고 합니다. 엠스크립튼으로 메인 모듈을 생성할 때 strlen 함수를 빠뜨리면 안 되겠군, 하고 기억합니다.

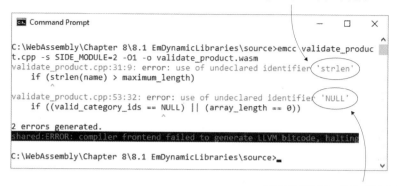

코드에서 사용된 표준 C 라이브러리 함수

정의되지 않은 NULL 에러는 일단 무시해도 된다.

그림 8-9 strlen 함수와 NULL 값이 정의되어 있지 않다는 오류가 발생한다.

validate_product.cpp 파일에서 **cstdlib, cstring** 헤더 파일 선언부를 다시 주석 해제하고 파일을 저장합니다.

다음은 주문하기 폼의 모듈을 생성할 차례입니다. 작업 과정은 상품수정 폼 모듈과 동일합니다 (그림 8–10).

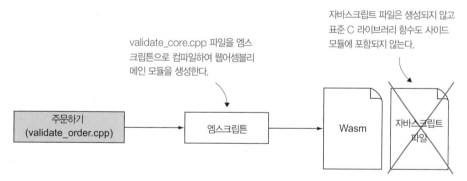

validate_core.cpp 파일을 엠스크립튼으로 컴파일하여 웹어셈블리 메인 모듈을 생성한다.

자바스크립트 파일은 생성되지 않고 표준 C 라이브러리 함수도 사이드 모듈에 포함되지 않는다.

주문하기
(validate_order.cpp)

엠스크립튼

Wasm

자바스크립트 파일

그림 8-10 주문하기 페이지의 검증 로직이 구현된 웹어셈블리 사이드 모듈을 생성한다.

주문하기 사이드 모듈 생성: validate_order.cpp

상품수정 페이지 모듈처럼 사용 중인 표준 C 라이브러리 함수를 알아내기 전에 코드 자체는 정상인지 컴파일하겠습니다. Chapter 8\8.1 EmDynamicLibraries\source 폴더에서 다음 명령을 실행합니다.

```
emcc validate_order.cpp -s SIDE_MODULE=2 -O1
    -o validate_order.wasm
```

콘솔창에 에러가 없다면 source 폴더에 validate_order.wasm 파일이 생성되어 있을 것입니다.

Chapter 8\8.1 EmDynamicLibraries\source\validate_order.cpp 파일을 열고 **cstdlib** 헤더 파일 선언부를 주석 처리하고 저장합니다. 명령줄에서 좀 전과 동일한 명령을 실행합니다.

```
emcc validate_order.cpp -s SIDE_MODULE=2 -O1
    -o validate_order.wasm
```

역시 콘솔창에 못 보던 오류 메시지가 뜰 것입니다(그림 8-11). 여기서도 NULL이 정의되어 있지 않다는 메시지는 그냥 무시해도 좋습니다. **atoi** 함수가 정의되어 있지 않다고 합니다. 엠스크립튼으로 메인 모듈을 생성할 때 **atoi** 함수를 빠뜨리면 안 되겠군, 하고 기억합니다.

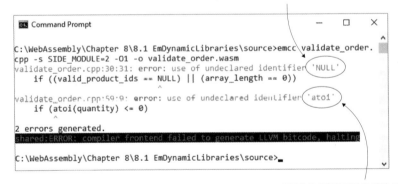

그림 8-11 atoi 함수와 NULL 값이 정의되어 있지 않다는 오류가 발생한다.

validate_order.cpp 파일에서 **cstdlib** 헤더 파일 선언부를 다시 주석 해제하고 파일을 저장합니다.

사이드 모듈 2개는 준비됐으니 다음은 메인 모듈에서 사용할 자바스크립트를 작성할 차례입니다(그림 8-12).

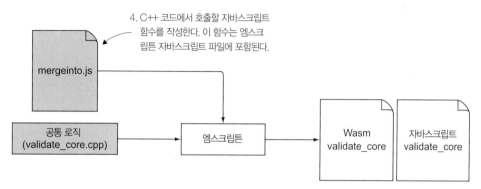

그림 8-12 검증 오류 시 C++ 코드에서 호출할 자바스크립트 함수를 정의한다. 이 함수는 엠스크립튼 자바스크립트 파일에 포함된다.

8.1.4 검증 결과를 처리할 자바스크립트 함수 정의

5장에서는 검증 오류 시 C++ 함수에서 호출하는 자바스크립트 함수 UpdateHostAboutError를 mergeinto.js 파일에 작성했습니다. 이 함수는 모듈 메모리에서 오류 메시지를 읽어 웹페이지의 메인 자바스크립트로 전달합니다.

다음 코드에서 보다시피, UpdateHostAboutError 함수는 mergeInto 함수가 두 번째 매개변수로 받는 자바스크립트 객체의 일부입니다. mergeInto 함수는 여러분이 작성한 함수를 엠스크립튼 객체 LibraryManager.library에 추가해서 엠스크립튼 자바스크립트 파일에 포함시킵니다.

```
mergeInto(LibraryManager.library, {
  UpdateHostAboutError: function(errorMessagePointer) {
    setErrorMessage(Module.UTF8ToString(errorMessagePointer));
  }
});
```

Chapter 5\5.1.1 EmJsLibrary\source\mergeinto.js 파일을 Chapter 8\8.1 EmDynamicLibraries\source 폴더에 복사합니다. 엠스크립튼으로 웹어셈블리 모듈을 생성할 때 `--js-library` 플래그를 지정하면 mergeinto.js 파일에 들어있는 자바스크립트가 엠스크립튼 생성 자바스크립트 파일에 포함될 것입니다.

이제 드디어 웹어셈블리 메인 모듈 차례가 되었습니다(그림 8-13).

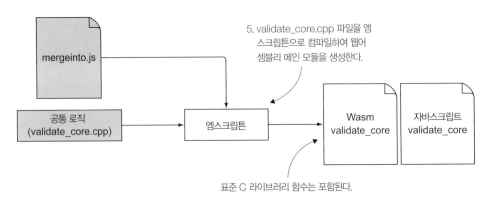

그림 8-13 validate_core.cpp 파일을 엠스크립튼으로 컴파일하여 웹어셈블리 메인 모듈을 생성한다. mergeinto.js 코드는 엠스크립튼 자바스크립트 파일에 포함된다.

8.1.5 엠스크립튼으로 웹어셈블리 메인 모듈 생성

7장과 마찬가지로 엠스크립튼으로 메인 모듈을 생성하려면 명령줄에서 `MAIN_MODULE` 플래그를 지정해야 합니다. 이 플래그 값을 1로 지정하면(`-s MAIN_MODULE=1`) 데드 코드dead code (불용 코드) 제거 기능이 꺼집니다.

> **NOTE_** 데드 코드 제거란, 코드에서 사용하지 않는 함수를 웹어셈블리 모듈에 넣지 않는 기능입니다.

데드 코드 제거 기능은 보통 메인 모듈에서는 사용하지 않습니다. 어떤 함수가 사이드 모듈에서 필요할지 미리 알 수 없기 때문에 메인 모듈은 여러분이 작성한 코드의 모든 함수와 표준 C 라이브러리 함수를 그대로 둡니다. 실제로 규모가 큰 애플리케이션이라면 사용하는 표준 C 라이브러리 함수가 엄청나게 많기 때문에 이렇게 하는 편이 좋습니다.

그러나 이 예제는 사용하는 표준 C 라이브러리 함수가 몇 개밖에 안 되는데 잡다한 함수까지 추가되면 쓸데없이 모듈이 커지고 다운로드/인스턴스화 시간이 길어집니다. 따라서 메인 모듈을 컴파일할 때 MAIN_MODULE 값을 2로 세팅해서 데드 코드 제거 기능을 활성화합니다.

```
-s MAIN_MODULE=2
```

> **NOTE_** 메인 모듈에 데드 코드 제거 기능을 활성화한다는 것은, 다시 말해 사이드 모듈에 필요한 함수를 여러분이 직접 알아서 처리하겠다는 뜻입니다.

앞서 validate_product, validate_order 사이드 모듈을 생성할 때 사용 중인 표준 C 라이브러리 함수가 각각 strlen, atoi라는 사실을 확인했습니다. 두 함수를 명령줄 배열 EXPORTED_FUNCTIONS에 추가하면 엠스크립튼은 생성된 모듈에 strlen, atoi 함수를 포함할 것입니다.

자바스크립트는 엠스크립튼 헬퍼 함수 ccall, stringToUTF8, UTF8ToString가 필요합니다. 엠스크립튼으로 컴파일할 때 명령줄에서 EXTRA_EXPORTED_RUNTIME_METHODS 배열에 두 함수를 추가해서 엠스크립튼 자바스크립트 파일에 포함시킵니다.

보통 웹어셈블리 모듈을 생성하면 엠스크립튼 자바스크립트는 전역 객체 Module로 존재합니다. 웹페이지 당 웹어셈블리 모듈이 하나뿐이면 상관없지만, 이 예제는 웹어셈블리 모듈 인스턴스가 2개 만들어집니다.

- 상품수정 페이지용 인스턴스
- 주문하기 페이지용 인스턴스

명령줄에서 -s MODULARIZE=1 플래그를 추가하면 엠스크립튼 자바스크립트의 Module 객체가 함수 안에 래핑됩니다.

> **역자 NOTE_** 실제로 -s MODULARIZE=1 플래그를 지정해서 컴파일하면 Module 객체를 매개변수로 받는 함수 안에 엠스크립튼으로 생성된 모든 자바스크립트가 래핑되어 있습니다. 따라서 모든 스크립트 로딩이 완료된 이후 이 함수 안에 있는 코드가 실행되며 Module 객체의 메서드를 호출할 수 있습니다. 자바스크립트 변수 Module에 즉시 호출 함수 표현식Immediately Invoked Function Expressions(IIFE)을 할당한 부분을 눈여겨 보시기 바랍니다.

```
var Module = (function() {
  var _scriptDir = typeof document !== 'undefined' && document.currentScript ?
document.currentScript.src : undefined;
  return (
    function(Module) {
      Module = Module || {};

      ...

    });
})();
```

> **NOTE_** MODULARIZE 플래그를 사용하지 않고 웹페이지에 엠스크립튼 자바스크립트 파일을 가리키는 링크만 추가하면 페이지에서 이 파일이 로딩될 때 웹어셈블리 모듈이 다운로드/인스턴스화됩니다. 그러나 **MODULARIZE** 플래그를 사용하면 여러분이 직접 자바스크립트에서 **Module** 객체 인스턴스를 생성하고 웹어 셈블리 모듈을 다운로드/인스턴스화해야 합니다.

자, 이제 공통 모듈 validate_core를 생성합시다. Chapter 8\8.1 EmDynamicLibraries\ source 폴더에서 다음 명령을 실행합니다.

```
emcc validate_core.cpp --js-library mergeinto.js -s MAIN_MODULE=2
    -s MODULARIZE=1
    -s EXPORTED_FUNCTIONS=['_strlen','_atoi']
    -s EXTRA_EXPORTED_RUNTIME_METHODS=['ccall','stringToUTF8',
    'UTF8ToString'] -o validate_core.js
```

이렇게 해서 웹어셈블리 모듈을 모두 생성했습니다. 남은 작업은 주문하기 페이지도 표시될 수 있도록 기존 HTML을 수정하고 동적 링킹을 자바스크립트로 구현하는 일입니다.

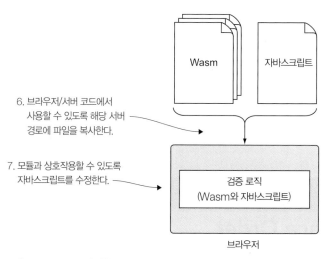

6. 브라우저/서버 코드에서
   사용할 수 있도록 해당 서버
   경로에 파일을 복사한다.

7. 모듈과 상호작용할 수 있도록
   자바스크립트를 수정한다.

그림 8-14 HTML 파일을 수정해서 주문하기 페이지를 추가하고 브라우저에서 웹어셈블리 모듈이 동적 링크될 수 있도록 자바스크립트를 수정한다.

8.2 웹페이지 수정하기

Chapter 8\8.1 EmDynamicLibraries\frontend 폴더를 만들고 다음 파일들을 복사해 넣습니다.

- Chapter 8\8.1 EmDynamicLibraries\source\validate_core.js, validate_core.wasm, validate_product.wasm, validate_ order.wasm
- Chapter 5\5.1.1 EmJsLibrary\frontend\editproduct.html, editproduct.js

주문하기 폼은 상품수정 폼과 같은 웹페이지에 추가될 테니 파일명은 일반화하는 게 좋겠습니다. editproduct.html을 index.html로, editproduct.js를 index.js로 각각 파일명을 변경합니다.

index.html 파일을 열고 네비게이션 바와 주문하기 폼 컨트롤을 추가합니다(그림 8-15). 웹페이지에 메뉴처럼 표시되는 네비게이션 영역은 ⟨nav⟩ 태그로 구현합니다.

HTML 파일에서 메뉴를 만들 때에는 보통 메뉴 항목을 ⟨ul⟩, ⟨li⟩ 태그로 정의하고 CSS 스타일을 적용합니다. ⟨ul⟩ 태그는 Unordered List(순서 없는 리스트)의 약자로 불릿[bullet]을 사용합니다. Ordered List(순서 있는 리스트)의 약자인 `<ol>` 태그는 비교적 사용 빈도가 낮습니다. `<ul>` 태그 안에 하나 이상의 `<li>` 태그(List Item, 리스트 항목)를 사용해서 각 메뉴 항목을 지정합니다. 네비게이션 바를 구현하는 자세한 방법은 W3 스쿨즈 가이드[1] 를 참고하기 바랍니다.

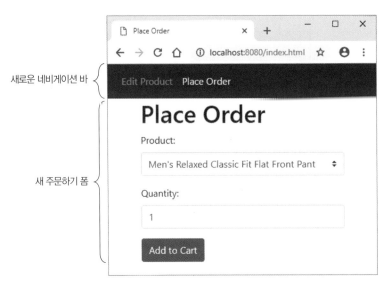

그림 8-15 상품수정 웹페이지에 새로 추가할 네비게이션 바와 주문하기 폼

`index.html` 파일의 `<body onload="initializePage()">` 태그와 첫 번째 `<div class="container">` 사이에 [예제 8-6] 코드를 추가합니다.

예제 8-6 네비게이션 바가 추가된 HTML

```
...

<nav class="navbar navbar-expand-sm bg-dark navbar-dark">   ← 새 네비게이션 바
  <ul class="navbar-nav">
    <li class="nav-item">
      <a id="navEditProduct" class="nav-link" href="#Edit Product"
         onclick="switchForm(true)">Edit Product</a>   ┐ 이 링크를 클릭하면
    </li>                                               ┘ 상품수정 폼으로 이동한다.
    <li class="nav-item">
```

---

1 http://www.w3schools.com/css/css_navbar.asp

```
      <a id="navPlaceOrder" class="nav-link" href="#PlaceOrder"
        onclick="switchForm(false)">Place Order</a>  ◁──┐ 이 링크를 클릭하면
    </li>                                                 │ 주문하기 폼으로 이동한다.
  </ul>
</nav>
...
```

어떤 폼이 화면에 표시됐는지 사용자에게 그때그때 보여주기 위해 `<h1>` 태그에 `formTitle`라는 id 속성을 추가합니다. 원래 태그 안에 있던 텍스트는 삭제하고 앞으로는 자바스크립트를 이용해 타이틀을 변경합니다.

```
<h1 id="formTitle"></h1>
```

주문하기 폼이 표시되면 상품수정 폼은 숨겨야 하므로 자바스크립트로 보임^{show}/숨김^{hide}할 수 있도록 `<div>` 태그로 해당 HTML을 감쌉니다. 주문하기 폼은 상품수정 폼과 달리, 웹페이지가 처음 로딩될 때부터 표시되기 때문에 상품수정 폼을 감싼 `productForm`라는 id를 가진 `<div>` 태그에 `style="display:none"` 속성을 추가해서 기본 숨김 처리합니다. 이 `<div>` 태그는 저장 버튼 태그 다음에 답습니다.

저장 기능은 상품수정 폼에서만 의미가 있으므로 저장 버튼의 `onclick` 값은 `onClickSave()`를 `onClickSaveProduct()`로 변경합니다.

예제 8-8 index.html 파일의 상품수정 폼에서 수정된 HTML

```
...

<div id="productForm" style="display:none;">  ◁──┐ 상품수정 폼 컨트롤을
  <div class="form-group">                         │ 새로운 <div> 태그로 감싼다.
    <label for="name">Name:</label>
    <input type="text" class="form-control" id="name">
  </div>
  <div class="form-group">
    <label for="category">Category:</label>
    <select class="custom-select" id="category">
      <option value="0"></option>
      <option value="100">Jeans</option>
      <option value="101">Dress Pants</option>
```

```
          </select>
        </div>

        <button type="button" class="btn btn-primary"
            onclick="onClickSaveProduct()">Save</button>
    </div>
    ...
```

onclick 값은
onClickSaveProduct()으로 변경한다.

id가 productForm인
`<div>` 태그는 여기서 닫는다.

주문하기 폼도 상품수정 폼처럼 orderForm라는 id를 가진 `<div>` 태그로 감쌉니다.

주문하기 폼에는 3개의 컨트롤이 있습니다.

- 상품 드롭다운 리스트
- 수량 텍스트 박스
- 장바구니 추가 버튼

예제 8-8 주문하기 폼 HTML

```
...
<div id="orderForm" style="display:none;">
  <div class="form-group">
    <label for="product">Product:</label>
    <select class="custom-select" id="product">
      <option value="0"></option>
      <option value="200">Women's Mid Rise Skinny Jeans</option>
      <option value="301">
        Men's Relaxed Classic Fit Flat Front Pant
      </option>
    </select>
  </div>
  <div class="form-group">
    <label for="quantity">Quantity:</label>
    <input type="text" class="form-control" id="quantity" value="0">
  </div>

  <button type="button" class="btn btn-primary"
      onclick="onClickAddToCart()">Add to Cart</button>
</div>
...
```

마지막으로 수정할 부분은 index.html 파일 끝부분에서 자바스크립트 파일을 링크하는 코드입니다.

- editproduct.js → index.js로 파일명이 바뀌었으니 첫 번째 <script> 태그의 src 속성값을 index.js로 수정합니다.
- 엠스크립튼으로 메인 모듈을 생성할 때 validate_core.js라는 이름을 부여했으므로 두 번째 <script> 태그의 src 속성값을 validate_core.js로 수정합니다.

```
<script src="index.js"></script>
<script src="validate_core.js"></script>
```

이렇게 해서 HTML에 새 네비게이션 바와 주문하기 폼을 추가했습니다. 이제 새 웹어셈블리 모듈과 상호작용할 수 있게 자바스크립트를 수정하겠습니다.

8.2.1 웹페이지 자바스크립트 수정

index.js 파일을 엽니다. 이 파일의 자바스크립트는 상품수정, 주문하기 폼을 모두 처리해야 합니다. 우선 initialData 객체는 이름을 initialProductData로 바꾸어 상품수정 폼에서만 사용되는 객체임을 명시하는 게 좋겠습니다.

```
const initialProductData = {
  name: "Women's Mid Rise Skinny Jeans",
  categoryId: "100",
};
```

주문하기 폼은 사용자가 상품 드롭다운 리스트에서 선택한 상품 ID가 올바른지 검증해야 하므로 이 웹어셈블리 모듈에 올바른 ID가 담긴 배열을 전달해야 합니다. index.js 파일에서 다음 코드를 VALID_CATEGORY_IDS 배열 뒤에 추가합니다.

```
const VALID_PRODUCT_IDS = [200, 301];
```

메인 모듈(validate_core.wasm) 컴파일 시 Module 객체는 여러 개 생성될 수 있기 때문에 메인 모듈 자신의 Module 객체를 함수로 감싸도록 엠스크립튼에게 지시합니다. 이렇게 하는 이유는, 웹페이지 하나에 웹어셈블리 모듈 인스턴스가 2개 만들어지기 때문입니다.

상품수정 폼의 웹어셈블리 인스턴스에서는 메인 모듈이 상품수정 사이드 모듈 validate_product.wasm에 링크되어 있습니다. 주문하기 폼 역시 웹어셈블리 인스턴스를 갖고 있고 메인 모듈이 주문하기 사이드 모듈 validate_order.wasm에 링크되어 있습니다.

index.js 파일에 이 두 엠스크립튼 모듈 인스턴스를 담으려면 VALID_PRODUCT_IDS 배열 다음에 전역 변수 2개를 추가합니다.

```
let productModule = null;      ◁── 링크된 모듈 validate_core, validate_product를 담는다.
let orderModule = null;        ◁── 링크된 모듈 validate_core, validate_order를 담는다.
```

initializePage 함수

상품명 필드, 카테고리 드롭다운 리스트를 채우기 위한 객체 initialData를 initialProductData로 이름을 변경합니다.

SPA 웹사이트라서 네비게이션 바에 있는 링크를 클릭해도 새 페이지로 이동하는 게 아니라, 브라우저 주소창 URL 끝부분에 프래그먼트fragment(조각) 식별자가 붙고 웹페이지 컨텐츠가 동적으로 갱신되어 새로운 폼이 표시됩니다. 그러므로 프래그먼트 식별자까지 포함된 URL을 다른 사람에게 보내서 클릭해보라고 하면 마치 처음부터 네비게이션 바의 링크를 클릭해서 접속한 것처럼 화면에 표시됩니다.

> **NOTE_** 프래그먼트 식별자는 해시(#) 심볼로 시작하며 URL 끝에 붙입니다. 웹페이지의 특정 영역을 나타내는 용도이며 필수는 아닙니다. 프래그먼트 식별자가 포함된 하이퍼링크를 클릭하면 웹페이지의 해당 위치로 바로 이동하므로 긴 문서를 탐색할 때 유용합니다.

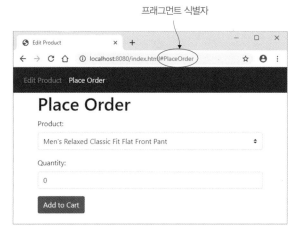

프래그먼트 식별자

그림 8-16 웹페이지 URL에 PlaceOrder라는 프래그먼트 식별자가 생긴다.

프래그먼트 식별자에 따라 상품수정, 주문하기 두 폼 중 하나가 화면에 표시되므로 initializePage 함수 끝에서 분기를 해야 합니다. 기본은 상품수정 폼을 표시하고 프래그먼트 식별자 #placeorder가 URL 뒤에 붙어있으면 주문하기 폼을 표시하는 걸로 하겠습니다. 프래그먼트 식별자를 감지하는 코드 다음에 해당되는 폼을 표시하는 함수 호출부를 추가합니다.

예제 8-9 수정된 initializePage 함수(index.js)

```
...
function initializePage() {                           initialData를
  document.getElementById("name").value = initialProductData.name;   ◁── initialProductData로 변경한다.

  const category = document.getElementById("category");
  const count = category.length;
  for (let index = 0; index < count; index++) {
    if (category[index].value === initialProductData.categoryId) {  ◁──
      category.selectedIndex = index;                   initialData를
      break;                                    initialProductData로
    }                                            변경한다.
  }

  let showEditProduct = true;   ◁── 기본적으로 상품수정 폼을 표시한다.      URL에 프래그먼트 식별
  if ((window.location.hash) &&                                  자가 포함돼 있고 그것이
      (window.location.hash.toLowerCase() === "#placeorder")) {  ◁── #placeorder라면,
    showEditProduct = false;   ◁── 주문하기 폼을 표시한다.
  }
```

```
      switchForm(showEditProduct);        ◁──┐ 해당되는 폼을 표시한다.
   }
   ...
```

switchForm 함수

switchForm은 상품수정, 주문하기 폼 둘 중 하나를 표시하는 함수입니다. 다음과 같은 일을
합니다.

- 이미 화면에서 표시된 요류 메시지기 있으면 지웁니다.
- 요청한 폼에 해당하는 네비게이션 바의 항목을 하이라이트highlight(강조)합니다.
- 요청한 폼의 타이틀(<h1> 태그)을 자바스크립트로 변경합니다.
- 다른 폼은 감추고 요청한 폼만 보입니다.

MODULARIZE 플래그를 지정해 모듈을 컴파일했고 엠스크립튼은 웹어셈블리 모듈을 자동으로
다운로드/인스턴스화하기 때문에 엠스크립튼 Module 객체 인스턴스는 직접 생성해야 합니다.

요청한 폼에 해당하는 객체 인스턴스가 아직 생성되지 않았으면 switchForm 함수에서 생성하
면 됩니다. 엠스크립튼 Module 객체에 자바스크립트 객체를 전달하면 코드 실행을 제어할 수
있으니, 이 객체를 이용해서 dynamicLibraries 배열 프로퍼티를 통해 링크할 사이드 모듈의
이름을 전달하면 됩니다.

예제 8-10 switchForm 함수(index.js)

```
...
function switchForm(showEditProduct) {
  setErrorMessage("");                          ┌─ 요청한 폼에 해당되는 네비게이션 바의
  setActiveNavLink(showEditProduct);   ◁─────┤ 항목을 하이라이트한다.
  setFormTitle(showEditProduct);   ◁──┤ 타이틀을 수정한다.

  if (showEditProduct) {   ◁──┤ 상품수정 폼을 표시할 경우.
    if (productModule === null) {   ◁──┤ Module 객체가 아직 생성되지 않았다면,
      productModule = new Module({   ◁──┤ 메인 모듈의 웹어셈블리 인스턴스를 새로 생성한다.
        dynamicLibraries: ['validate_product.wasm']   ◁──┐ 링크할 사이드 모듈
      });                                                │ (validate_product.wasm)을
    }                                                    │ 엠스크립튼에게 지시한다.
```

```
    showElement("productForm", true);    ◁─── 주문하기 폼을 감추고
    showElement("orderForm", false);          상품수정 폼을 보인다.
} else {  ◁─┤ 주문하기 폼을 표시할 경우.
    if (orderModule === null) {  ◁─── Module 객체가 아직 생성되지 않았다면,
      orderModule = new Module({  ◁─┤ 메인 모듈의 웹어셈블리 인스턴스를 새로 생성한다.
        dynamicLibraries: ['validate_order.wasm']  ◁─┐
      });                                            링크할 사이드 모듈
    }                                                (validate_order.wasm)을
                                                     엠스크립튼에게 알린다.

    showElement("productForm", false);   ◁─── 상품수정 폼을 감추고
    showElement("orderForm", true);           주문하기 폼을 보인다.
  }
}
...
```

setActiveNavLink 함수

네비게이션 바는 DOM 엘리먼트의 `classList` 객체를 이용해서 CSS 클래스를 개별적으로 적용/해제할 수 있습니다.

두 네비게이션 바에 "active" 클래스명을 모두 삭제한 다음 현재 표시된 폼에 해당하는 엘리먼트에만 이 클래스를 적용해서 하이라이트합니다.

예제 8-11 setActiveNavLink 함수(index.js)

```
...
function setActiveNavLink(Editproduct) {
  const navEditProduct = document.getElementById("navEditProduct");
  const navPlaceOrder = document.getElementById("navPlaceOrder");
  navEditProduct.classList.remove("active");   ◁─── 두 엘리먼트의 "active" 클래스를
  navPlaceOrder.classList.remove("active");         모두 삭제한다.

  if (editProduct) { navEditProduct.classList.add("active"); }  ◁─┐
  else { navPlaceOrder.classList.add("active"); }               현재 표시된 폼에 해
}                                                                당하는 엘리먼트에만
...                                                              "active" 클래스를
                                                                 적용한다.
```

setFormTitle 함수

다음은 웹페이지 `<h1>` 태그에 폼 타이틀을 표시하는 `setFormTitle` 함수입니다.

```
function setFormTitle(editProduct) {
  const title = (editProduct ? "Edit Product" : "Place Order");
  document.getElementById("formTitle").innerText = title;
}
```

원래 처음에는 웹페이지 에러 영역만 표시/숨김했기 때문에 엘리먼트를 보임/숨김하는 코드는 `setErrorMessage` 함수에 있었습니다. 이제는 웹페이지에 이렇게 처리할 엘리먼트가 하나 더 생겼으니 별도 함수로 코드를 빼내는 게 좋습니다.

showElement 함수

다음은 주어진 엘리먼트(`elementId`)를 표시/숨김하는 `showElement` 함수입니다.

```
function showElement(elementId, show) {
  const element = document.getElementById(elementId);
  element.style.display = (show ? "" : "none");
}
```

주문하기 폼의 검증 로직은 사용자가 상품 드롭다운 리스트에서 선택한 상품 ID를 가져와야 합니다. 앞 장에서 작성한 `getSelectedCategoryId`는 상품수정 폼의 카테고리 드롭다운 리스트에만 해당되는 함수라서 주문하기 폼에서도 함께 사용할 수 있게 이름부터 일반화하는 게 좋겠습니다.

getSelectedDropdownId 함수

`getSelectedCategoryId` → `getSelectedDropdownId`로 함수명을 바꾸고 `elementId`라는 매개변수를 추가합니다. 함수 본문에서는 `category` 변수를 `dropdown`으로 이름을 바꾸고 `getElementById` 함수 호출부의 `"category"` 문자열을 `elementId`로 변경합니다.

```
function getSelectedDropdownId(elementId) {
  const dropdown = document.getElementById(elementId);
  const index = dropdown.selectedIndex;
  if (index !== -1) { return dropdown[index].value; }

  return "0";
}
```

함수명을 getSelectedDrop
downId로 바꾸고 elementId라
는 매개변수를 추가한다.

변수명을 dropdown으로 바꾸고
elementId를 getElementById
함수에 넘겨 호출한다.

setErrorMessage 함수

setErrorMessage 함수는 엘리먼트 스타일을 직접 적용하는 대신, 좀 전에 작성한 showElement
함수를 호출하도록 수정합니다.

```
function setErrorMessage(error) {
  const errorMessage = document.getElementById("errorMessage");
  errorMessage.innerText = error;
  showElement("errorMessage", (error !== ""));
}
```

에러가 나면 errorMessage 엘리먼트를 표시
하되 에러가 없으면 이 엘리먼트를 숨긴다.

웹페이지에 폼이 2개 있으니 저장 버튼의 클릭 이벤트를 처리하는 onClickSave 함수도 마땅
히 이름을 바꿔야 합니다.

onClickSave 함수

onClickSave 함수는 이제 상품수정 폼에만 해당되니 onClickSaveProduct로 명칭을 구체화
합니다. getSelectedCategoryId → getSelectedDropdownId로 함수명이 변경됐으므로 함
수 호출부도 적절히 수정하고 getSelectedDropdownId 함수를 호출하면서 카테고리 드롭다
운 ID("category")를 매개변수로 전달합니다.

예제 8-12 onClickSaveProduct로 이름이 변경된 onClickSave 함수 코드(index.js)

```
...

function onClickSaveProduct() {
```

onClickSave를 onClickSaveProduct
로 함수명을 바꾼다.

```
        setErrorMessage("");

        const name = document.getElementById("name").value;        ┌ 호출 함수명을 변경하고 카테고리
        const categoryId = getSelectedDropdownId("category"); ◁──┘  드롭다운 ID를 지정한다.


        if (validateName(name) && validateCategory(categoryId)) {
        ◁──┐ 오류가 없으니 데이터를 서버에 전달한다.
        }
    }
    ...
```

MODULARIZE 플래그를 적용하여 메인 모듈을 컴파일했기 때문에 엠스크립튼은 웹어
셈블리 모듈을 자동으로 다운로드/인스턴스화하지 않습니다. 따라서 validateName,
validateCategory 함수는 엠스크립튼 Module 객체 대신 여러분이 생성한 Module 인스턴스
productModule를 호출하도록 고쳐야 합니다.

validateName, validateCategory 함수

validateName, validateCategory 함수는 엠스크립튼 Module 객체 대신 모듈 인스턴스
productModule를 호출하도록 수정합니다.

예제 8-13 수정된 validateName, validateCategory 함수(index.js)

```
    ...
    function validateName(name) {                                    │ Module을
      const isValid = productModule.ccall('ValidateName', ◁──────│ productModule로 변경한다.
          'number',
          ['string', 'number'],
          [name, MAXIMUM_NAME_LENGTH]);
        return (isValid === 1);
      }

    function validateCategory(categoryId) {                          │ Module을
      const arrayLength = VALID_CATEGORY_IDS.length;                 │ productModule
      const bytesPerElement = productModule.HEAP32.BYTES_PER_ELEMENT; ◁─│ 로 변경한다.
      const arrayPointer = productModule._malloc((arrayLength * ◁─┐
          bytesPerElement));                                        │ Module을
                                                                    │ productModule로
                                                                    │ 변경한다.
```

```
productModule.HEAP32.set(VALID_CATEGORY_IDS,    ← ─┐ Module을
    (arrayPointer / bytesPerElement));               productModule로
                                                     변경한다.

const isValid = productModule.ccall('ValidateCategory',   ← ─┐ Module을
    'number',                                                   productModule로
    ['string', 'number', 'number'],                             변경한다.
    [categoryId, arrayPointer, arrayLength]);

productModule._free(arrayPointer);    ← ─┐ Module을
                                            productModule로
return (isValid === 1);                     변경한다.
}
```

onClickAddToCart 함수

주문하기 폼의 onClickAddToCart 함수는 상품수정 폼의 onClickSaveProduct 함수와 거의
같습니다. 사용자가 상품 드롭다운 리스트에서 선택한 ID와 입력한 수량 값을 받으면 자바스
크립트 함수 validateProduct, validateQuantity는 웹어셈블리 모듈을 호출해서 사용자
입력 데이터를 검증합니다. 오류가 없으면 데이터를 서버에 전달합니다.

예제 8-14 onClickAddToCart 함수(index.js)

```
...

function onClickAddToCart() {
  setErrorMessage("");
                                                      ┌─ 사용자가 상품 드롭다운
                                                      │  리스트에서 선택한 ID를
  const productId = getSelectedDropdownId("product");  ─┘ 얻는다.
  const quantity = document.getElementById("quantity").value;   ← ─┐ 사용자가 입력한
                                                                      수량 값을 가져온다.
  if (validateProduct(productId) &&    ← ─┤ 상품 ID를 검증한다.
    validateQuantity(quantity)) {    ← ─┤ 수량 값을 검증한다.

    }    ← ─┐ 오류가 없으니 데이터를
          │  서버에 전달한다.
}
```

validateProduct 함수

validateProduct는 모듈 함수 ValidateProduct를 호출하는 자바스크립트 함수입니다. 다음은 C++ 코드에 선언된 이 함수의 시그니처입니다.

```
int ValidateProduct(char* product_id,
    int* valid_product_ids,
    int array_length);
```

자바스크립트 함수 validateProduct는 모듈 함수 ValidateProduct에 다음 값을 매개변수로 전달합니다.

- 사용자가 선택한 상품 ID
- 유효한 ID 배열
- 배열 길이

사용자가 선택한 상품 ID를 문자열 형태로 모듈에 넘기면 엠스크립튼 ccall 함수가 매개변수형을 'string'으로 명시해 문자열 메모리를 대신 관리해줍니다.

유효한 ID 배열은 정수(32비트)지만 8비트 정수를 취급할 경우에 한하여 배열 메모리 관리를 ccall 함수에 대신 맡길 수 있습니다. 따라서 배열 값을 담을 모듈 메모리 일부를 수동 할당해서 그곳에 값을 복사한 다음, 이 배열을 가리키는 메모리 포인터를 ValidateProduct 함수에 전달합니다. 웹어셈블리에서 포인터는 32비트 정숫값으로 나타내므로 매개변수형은 'number'로 명시합니다.

예제 8-15 validateProduct 함수(index.js)

```
...
function validateProduct(productId) {
  const arrayLength = VALID_PRODUCT_IDS.length;
  const bytesPerElement = orderModule.HEAP32.BYTES_PER_ELEMENT;
  const arrayPointer = orderModule._malloc((arrayLength *
      bytesPerElement));   ◁── 각 배열 원소에 메모리를 넉넉히 할당한다.
  orderModule.HEAP32.set(VALID_PRODUCT_IDS,
      (arrayPointer / bytesPerElement));   ◁── 배열 원소들을 모듈 메모리에 복사한다.
```

```
const isValid = orderModule.ccall('ValidateProduct',
    'number',
    ['string', 'number', 'number'],
    [productId, arrayPointer, arrayLength]);
```
→ 모듈 함수 ValidateProduct를
호출한다.

```
orderModule._free(arrayPointer);
```
→ 배열에 할당됐던
메모리를 해제한다.

```
    return (isValid === 1);
}
```

이제 사용자가 입력한 수량 값을 검증하는 validateQuantity 함수만 남았습니다.

validateQuantity 함수

validateQuantity는 모듈 함수 ValidateQuantity를 호출하는 자바스크립트 함수입니다.
다음은 C++ 코드에 선언된 이 함수의 시그니처입니다.

```
int ValidateQuantity(char* quantity);
```

사용자가 입력한 수량 값을 문자열 형태로 모듈에 넘기면 엠스크립튼 ccall 함수가 매개변수
형을 'string'으로 명시해 이 문자열의 메모리를 대신 관리합니다.

```
function validateQuantity(quantity) {
  const isValid = orderModule.ccall('ValidateQuantity', 'number',
      ['string'],
      [quantity]);

  return (isValid === 1);
}
```

8.2.2 실행 결과

http://localhost:8080/index.html에 접속해서 네비게이션 바에 있는 링크를 클릭해보고
해당 폼이 잘 표시되는지 확인합니다. 상품수정 폼과 주문하기 폼이 교대로 화면에 표시되고

가장 마지막에 클릭한 폼의 프래그먼트 식별자가 URL 끝에 붙을 것입니다(그림 8-17).

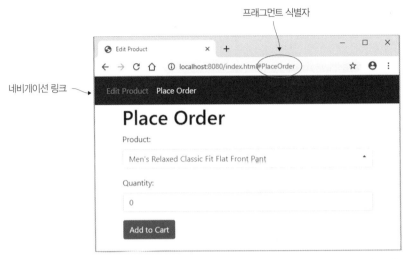

그림 8-17 네비게이션 바에서 주문하기 링크를 클릭하면 주문하기 폼이 표시되고 URL 끝에 프래그먼트 식별자가 추가된다.

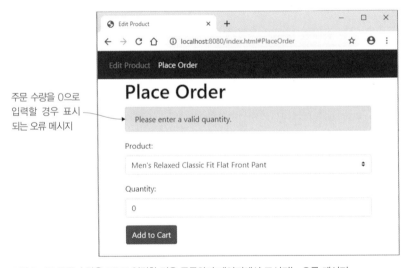

그림 8-18 주문 수량을 0으로 입력할 경우 주문하기 페이지에서 표시되는 오류 메시지

상품 드롭다운 리스트에서 아무거나 선택하고 수량을 0으로 입력한 다음 장바구니 버튼을 클릭합니다. [그림 8-18]처럼 오류 메시지가 표시되면 정상입니다.

8.3 실제 용례

- 웹페이지가 로드된 이후 특정 시점까지 웹어셈블리 모듈을 다운로드/인스턴스화할 필요가 없다면, 모듈 컴파일 시 -s MODULARIZE=1 플래그를 적용합니다. 이렇게 모듈 다운로드/인스턴스화 시점을 제어하면 웹사이트 초기 로딩 속도가 빨라집니다.

- -s MODULARIZE=1 플래그를 적용하면 웹어셈블리 모듈의 인스턴스를 여러 개 생성할 수 있습니다. 부하가 많아 실행 시간이 오래 걸릴 수 있는 SPA에서 필요할 때 모듈 인스턴스를 만들고 필요없을 때 인스턴스를 없애면 메모리 사용량을 줄일 수 있습니다.

8.4 연습 문제

1 process_fulfillment.wasm라는 사이드 모듈이 있다. 엠스크립튼으로 새 Module 객체 인스턴스를 생성해서 이 사이드 모듈에 동적 링크하려면 어떻게 해야 하는가?

2 웹어셈블리 메인 모듈 컴파일 시 Module 객체를 엠스크립튼 자바스크립트 파일에 있는 함수로 감싸기 위해 사용하는 플래그는 무엇인가?

→ 해답은 부록 D에 있습니다.

8.5 마치며

- 메인 모듈을 컴파일할 때 명령줄에 -s MODULARIZE=1 플래그를 지정하면 엠스크립튼 자바스크립트 모듈을 여러 개 생성할 수 있습니다.

- MODULARIZE 플래그를 적용해서 메인 모듈을 컴파일하는 경우, Module 객체를 커스터마이징한 자바스크립트 객체를 Module 생성자에 전달합니다.

- 메인 모듈에 -s MAIN_MODULE=2 플래그를 적용하면 데드 코드 제거 기능을 켤 수 있습니다. 하지만 이렇게 하려면 사이드 모듈에서 어떤 함수를 살려둘지 명령줄의 EXPORTED_FUNCTIONS 배열에 명시해야 합니다.

- 사용 중인 표준 C 라이브러리 함수를 파악하려면 헤더 파일을 하나씩 주석 처리해서 모듈을 컴파일해보면 됩니다. 주석 처리한 함수가 사용 중이라면 정의되지 않은 함수라고 명령줄에서 에러가 날 것입니다.

스레딩: 웹 워커와 pthread

이 장의 핵심 내용

◆ 웹 워커로 웹어셈블리 모듈을 가져와 컴파일

◆ 엠스크립튼 자바스크립트를 대신하여 웹어셈블리 모듈을 인스턴스화

◆ pthread를 응용한 웹어셈블리 모듈 작성

이 장에서는 브라우저에서 웹어셈블리 모듈의 스레드를 활용하는 기법을 소개합니다.

> **NOTE_** 스레드^{thread}는 프로세스 내부의 실행 경로입니다. 하나의 프로세스는 여러 스레드를 거느릴 수 있습니다. pthread(포직스^{POSIX} 스레드라고도 함)는 프로그래밍 언어에 독립적인 실행 모듈에 관한 표준 POSIX.1c에 정의된 API입니다(자세한 내용은 위키백과[1]를 참고하기 바랍니다).

기본적으로 웹페이지 UI와 자바스크립트는 싱글 스레드^{single thread}로 동작합니다. 그래서 너무 많은 일을 서버에서 처리하려고 하면 UI로 제어권이 돌아오지 않아 화면이 멈춘 것처럼 보일 때가 있습니다. 화면에 표시된 컨트롤이 꼼짝도 안 하고 버튼을 눌러도 아무 반응이 없으면 사용자는 당황스럽겠죠.

---

1 https://en.wikipedia.org/ wiki/POSIX_Threads

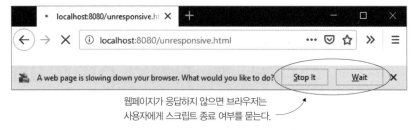

웹페이지가 응답하지 않으면 브라우저는
사용자에게 스크립트 종료 여부를 묻는다.

그림 9-1 실행 시간이 긴 프로세스 때문에 파이어폭스 브라우저가 응답이 없는 모습

웹페이지가 너무 오래(보통 10초 내외) 응답이 없으면 브라우저는 페이지를 강제로 멈출지 사용자에게 묻습니다(그림 9-1). 사용자가 웹페이지 스크립트를 멈추면 다시 새로고침하기 전에는 페이지가 정상 작동하지 않을 것입니다.

> **NOTE_** 동기/비동기 함수 모두 지원하는 웹 API가 있다면 페이지 응답성을 개선하기 위해 가능한 한 비동기 함수를 사용하는 게 좋습니다.

무거운 작업은 가급적 UI에 영향을 주지 않고 처리하는 게 최선입니다. 이에 브라우저 제작사는 웹 워커web worker라는 기술을 고안했습니다.

9.1 웹 워커의 이점

웹 워커가 무슨 일을 하길래 이런 기술을 사용하는 걸까요? 웹 워커를 이용하면 브라우저에 백그라운드 스레드를 만들 수 있고 UI 스레드와 별개의 스레드를 하나 더 만들어 자바스크립트를 실행할 수 있습니다. 두 스레드는 서로 메시지를 주고받으며 소통합니다.

UI 스레드와는 달리, 웹 워커는 필요 시 동기 함수를 사용할 수 있습니다. 그렇게 해도 UI 스레드를 차단하지 않기 때문입니다. 웹 워커 내에서 또 다른 워커를 생성할 수도 있고, 웹소켓, IndexedDB 등 UI 스레드에 접근할 수 있는 다양한 기술을 활용할 수 있습니다. 웹 워커에서 사용 가능한 전체 API 목록은 MDN 문서[2]를 참고하기 바랍니다.

------

2 http://mng.bz/gVBG

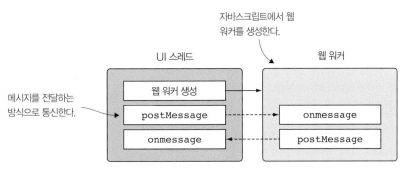

그림 9-2 자바스크립트에서 웹 워커를 생성하고 메시지를 전달하는 방식으로 통신한다.

요즘 디바이스는 대부분 멀티 코어 CPU가 장착되어 있어 웹 워커는 더욱 활용 가치가 높습니다. 작업을 여러 스레드로 나누어 처리하면 전체 소요 시간도 줄어들 것입니다. 웹 워커는 모바일 브라우저를 비롯한 거의 모든 웹 브라우저에서 지원됩니다.

웹어셈블리 모듈에서 웹 워커는 다음과 같이 응용할 수 있습니다.

- 9.3절에서 설명하겠지만, 웹 워커로 웹어셈블리 모듈을 프리패치prefetch할(미리 가져올) 수 있습니다. 웹 워커로 모듈을 다운로드/컴파일한 다음, 컴파일된 모듈을 메인 스레드에 전달하고 컴파일된 모듈을 인스턴스화하여 평상시처럼 사용하면 됩니다.
- 엠스크립튼으로 웹어셈블리 모듈을 2개 만들고, 하나는 메인 스레드에, 다른 하나는 웹 워커에 둡니다. 두 모듈은 엠스크립튼 워커 API에 정의된 헬퍼 함수를 통해 서로 통신합니다. 이 장은 이 부분까지는 다루지 않지만, 수많은 엠스크립튼 함수의 자바스크립트 버전을 곧 보게 될 것입니다. 엠스크립튼 워커 API에 관한 자세한 내용은 공식 문서[3]를 참고하기 바랍니다.

> **NOTE_** 한 모듈은 메인 스레드에서, 또 다른 모듈은 웹 워커에서 실행하려면 C/C++ 파일을 2개 작성하고 -s BUILD_AS_WORKER=1 플래그를 적용해 컴파일해야 합니다.

- 앞으로 포스트 MVP 스펙이 완성되면 웹어셈블리 모듈에서 pthread를 사용할 수 있는 특별한 웹 워커가 개발될 것입니다. 지금은 실험 단계라서 브라우저에 따라 설정 플래그를 켜야 코드가 실행되는 수준입니다. 자세한 내용은 9.4절에서 pthread를 설명할 때 다시 이야기하겠습니다.

---

3 http://mng.bz/eD1q

9.2 웹 워커 사용 시 주의 사항

웹 워커를 사용하기 전에 몇 가지 주의 사항을 알려드립니다.

- 웹 워커는 시동 비용과 메모리 비용이 높습니다. 따라서 대량으로 만들어 쓰는 건 적절치 않습니다.
- 웹 워커는 백그라운드 스레드에서 실행되므로 웹페이지 UI와 DOM에 직접 접근할 수 없습니다.
- 웹 워커와 통신하는 유일한 방법은 postMessage 메서드를 호출하고 onmessage 이벤트 핸들러로 메시지에 응답하는 것입니다.
- 백그라운드 스레드가 UI 스레드를 차단할 일은 없지만, 그만큼 디바이스 리소스를 사용하게 될 테니 프로세스와 메모리를 불필요하게 낭비하지 않도록 주의해야 합니다. 스마트폰에 설치된 수많은 앱들이 사용자 모르게 수많은 네트워크 요청을 주고받아 데이터 요금이 추가되고 배터리가 더 닳는 것처럼 말입니다.
- 웹 워커는 아직 브라우저에서만 사용할 수 있습니다. 따라서 Node.js도 지원해야 하는 웹어셈블리 모듈이라면 다시 생각해볼 필요가 있습니다. Node.js는 10.5 버전부터 웹 워커 스레드를 지원하기 시작했지만 아직 실험 단계이고 엠스크립튼은 지원하지 않습니다. Node.js 워커 스레드 지원에 관한 자세한 내용은 공식 문서[4]를 참고하기 바랍니다.

9.3 웹 워커로 웹어셈블리 모듈 프리패치

페이지를 처음 로드한 이후 특정 시점에 웹어셈블리 모듈이 필요한 웹페이지가 있고, 해당 모듈을 가급적 그 시점에 다운로드/인스턴스화하도록 미룰 수 있다면 초기 페이지 로딩 시간을 줄일 수 있습니다. 웹페이지의 반응성을 최대한 좋게 유지하려면 백그라운드 스레드에서 웹 워커로 웹어셈블리 모듈을 다운로드/인스턴스화하는 게 좋습니다.

이 절에서는 브라우저와 웹 워커가 상호작용하는 과정을 배웁니다(그림 9-3).

- 웹 워커를 생성합니다.
- 웹어셈블리 모듈을 다운로드/컴파일합니다.
- 워커와 메인 UI 스레드가 메시지를 주고받습니다.
- 웹어셈블리 모듈을 다운로드/인스턴스화하는 엠스크립튼의 기본 로직을 재정의 override하고 이미 컴파일된 모듈을 사용합니다.

---

4 https://nodejs.org/api/ worker_threads.html

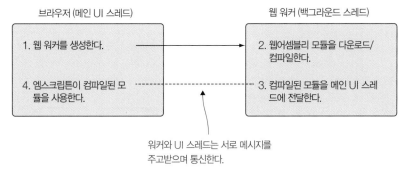

그림 9-3 브라우저(메인 UI 스레드)와 웹 워커(백그라운드 스레드)가 상호작용하는 과정

작업은 다음 순서대로 진행하겠습니다(그림 9-4).

1 7장의 calculate_primes.cpp 코드를 수정해서 소수를 찾는 데 걸린 시간을 구합니다.

2 엠스크립튼으로 calculate_prime.cpp 파일을 컴파일하여 웹어셈블리 파일을 생성합니다.

3 웹어셈블리 파일을 브라우저에서 사용할 수 있도록 해당 서버 경로에 복사합니다.

4 웹 워커를 생성할 웹페이지 HTML 및 자바스크립트를 작성하고 워커에서 받은 컴파일된 모듈을 엠스크립튼 자바스크립트로 사용합니다.

5 웹어셈블리 모듈을 다운로드/컴파일할 웹 워커용 자바스크립트를 작성합니다.

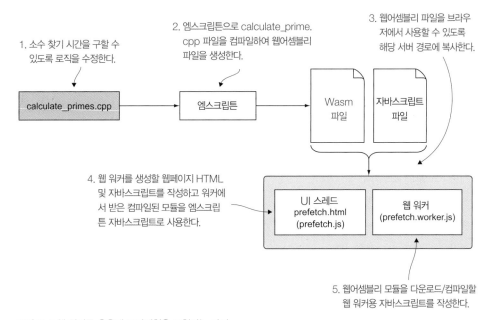

그림 9-4 웹 워커를 응용해 프리페칭을 구현하는 과정

먼저, 소수를 찾는 데 걸린 시간을 구하기 위해 calculate_primes 로직을 수정하겠습니다(그림 9-4).

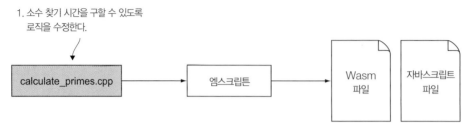

1. 소수 찾기 시간을 구할 수 있도록 로직을 수정한다.

calculate_primes.cpp

엠스크립튼

Wasm 파일

자바스크립트 파일

그림 9-5 소수 찾기 시간을 구할 수 있도록 calculate_primes.cpp 파일의 로직을 수정한다

9.3.1 calculate_primes 로직 수정

Chapter 9\9.3 pre-fetch\source 폴더를 만들고 Chapter 7\7.2.2 dlopen\source\calculate_primes.cpp 파일을 복사해 넣은 다음 편집기로 엽니다.

주어진 범위에서 찾은 소수는 vector 헤더에 정의된 vector 클래스에 담고, 소수를 찾는 데 걸린 시간은 chrono 헤더에 정의된 high_resolution_clock 클래스로 측정하겠습니다. 두 헤더 선언부를 calculate_primes.cpp 파일에 다음과 같이 추가합니다.

```
#include <vector>
#include <chrono>
```

FindPrimes 함수가 모듈 밖에서 호출될 일은 없으니 EMSCRIPTEN_KEEPALIVE는 삭제합니다.

전에는 FindPrimes 함수에서 소수가 발견될 때마다 printf 함수를 호출했지만, 이 예제는 하나씩 소수를 vector 객체에 추가할 것입니다. 매번 자바스크립트를 호출하면 그만큼 지연이 발생하므로 소수를 찾는 시간을 정확히 측정할 수 없겠죠. main 함수는 찾은 소수를 브라우저 콘솔창에 보내도록 수정합니다.

FindPrimes 함수는 다음과 같이 수정합니다.

- std::vector<int> 레퍼런스 매개변수를 함수에 추가합니다.

- printf 호출부는 모두 삭제합니다.

- if(IsPrime(i)) {...} 블록에서 i를 vector 레퍼런스에 추가합니다.

```cpp
void FindPrimes(int start, int end,
    std::vector<int>& primes_found) {        ⟵ vector 레퍼런스 매개변수를 추가한다.
  for (int i = start; i <= end; i += 2) {
    if (IsPrime(i)) {
      primes_found.push_back(i);             ⟵ 소수를 리스트에 추가한다.
    }
  }
}
```

main 함수는 다음과 같이 수정합니다.

- 주어진 소수 범위가 표시되도록 브라우저 콘솔창을 업데이트합니다.

- FindPrimes 함수의 실행 시간은 이 함수 호출 전후의 시차로 계산합니다.

- 찾은 소수를 vector 객체에 담아 FindPrimes 함수에 전달합니다.

- FindPrimes 함수의 실행 시간이 표시되도록 브라우저 콘솔창을 업데이트합니다.

- vector 객체의 값을 하나씩 순회하며 소수를 하나씩 출력합니다.

예제 9-1 main 함수(calculate_primes.cpp)

```cpp
...
int main() {
  int start = 3, end = 1000000;
  printf("Prime numbers between %d and %d:\n", start, end);

  std::chrono::high_resolution_clock::time_point duration_start =
      std::chrono::high_resolution_clock::now();        ⟵ FindPrimes 함수의
                                                          실행 시작 시간을 기록한다.
```

----

5 https://en.cppreference .com/w/cpp/container/vector

```
    std::vector<int> primes_found;
    FindPrimes(start, end, primes_found);        ◀──  정숫값을 담을 vector 객체를 만들고
                                                       FindPrimes 함수에 이 객체를 전달한다.

    std::chrono::high_resolution_clock::time_point duration_end =
        std::chrono::high_resolution_clock::now();  ◀──  FindPrimes 함수의 실행 종료 시간을
                                                          기록한다.
    std::chrono::duration<double, std::milli> duration =
        (duration_end - duration_start);        ◀──  FindPrimes 함수의 실행 시간을
                                                      밀리 초 단위로 계산한다.
    printf("FindPrimes took %f milliseconds to execute\n", duration.count());

    printf("The values found:\n");
    for(int n : primes_found) {    ◀──  vector 객체에 포함된 값을 하나씩
      printf("%d ", n);                 순회하며 콘솔창에 출력한다.
    }
    printf("\n");

    return 0;
}
```

그럼, 엠스크립튼으로 calculate_primes.cpp 파일을 컴파일하여 웹어셈블리 파일을 생성하겠습니다(그림 9-6).

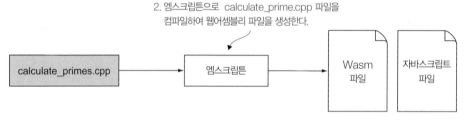

그림 9-6 calculate_prime.cpp 파일을 컴파일하여 웹어셈블리 파일을 생성한다.

9.3.2 엠스크립튼으로 웹어셈블리 파일 생성

calculate_primes.cpp 파일의 C++ 코드는 **chrono**를 사용합니다. **chrono**는 ISO C++ 2011 표준에서 처음 선보인 기능이므로 엠스크립튼의 프런트엔드 컴파일러인 클랭에게 이

표준을 사용하라고 알리려면 -std=c++11 플래그를 적용해야 합니다.

> **NOTE_** 엠스크립튼은 클랭이라는, C++ 코드를 받아 LLVM IR로 컴파일하는 프런트엔드 컴파일러를 사용합니다. 클랭이 사용하는 기본 C++ 표준은 C++98이지만 -std 플래그에 다른 표준(C++98/C++03, C++11, C++14, C++17)을 지정할 수 있습니다. 자세한 내용은 공식 문서[6]를 참고하기 바랍니다.

엠스크립튼 **Module** 객체는 웹페이지가 로딩된 다음에 초기화하므로 -s MODULARIZE=1 플래그를 추가해서 엠스크립튼 생성 자바스크립 파일의 **Module** 객체를 함수 안에 래핑합니다. 이런 식으로 여러분이 직접 인스턴스를 생성하기 전에 **Module** 객체가 초기화되지 않도록 초기화 시점을 제어할 수 있습니다.

calculate_primes.cpp 파일을 웹어셈블리 모듈로 컴파일합니다. Chapter 9\9.3 prefetch\ source 폴더에서 다음 명령을 실행합니다.

```
emcc calculate_primes.cpp -O1 -std=c++11 -s MODULARIZE=1
    -o calculate_primes.js
```

9.3.3 파일을 해당 서버 경로에 복사

웹사이트에서 사용하려면 생성된 웹어셈블리 파일을 해당 서버 경로에 복사해야 합니다. 그리고 웹 워커를 생성할 웹페이지의 HTML, 자바스크립트를 작성합니다. 웹페이지가 컴파일된 웹어셈블리 모듈을 워커로부터 전달받으면 엠스크립튼 자바스크립트는 모듈을 다운로드하지 않고 주어진 컴파일된 모듈을 그대로 사용합니다(그림 9-7).

---

6 https://clang.llvm.org/cxx_status.html

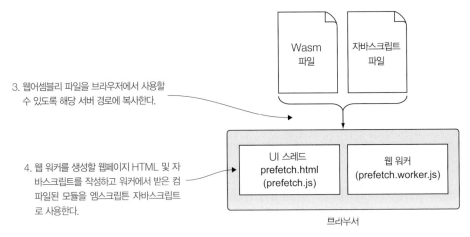

3. 웹어셈블리 파일을 브라우저에서 사용할 수 있도록 해당 서버 경로에 복사한다.

4. 웹 워커를 생성할 웹페이지 HTML 및 자바스크립트를 작성하고 워커에서 받은 컴파일된 모듈을 엠스크립튼 자바스크립트로 사용한다.

그림 9-7 웹어셈블리 파일을 해당 서버 경로에 복사하고 웹페이지 HTML 및 자바스크립트를 작성한다.

Chapter 9\9.3 pre-fetch\frontend 폴더를 만들고 다음 파일을 복사해 넣습니다.

- source\calculate_primes.wasm, calculate_primes.js
- Chapter 7\7.2.4 ManualLinking\frontend\main.html. 이 파일은 prefetch.html로 파일명을 바꿉니다.

9.3.4 웹페이지 HTML 파일 작성

Chapter 9\9.3 pre-fetch\frontend\prefetch.html 파일을 엽니다. 새 <script> 태그를 추가하고 src 속성값에 지금부터 작성할 prefetch.js 파일을 참조하도록 지정합니다. 엠스크립튼 자바스크립트 파일을 로드하려면 기존 <script> 태그의 src 속성값도 calculate_primes.js로 바꿔야 합니다.

예제 9-2 prefetch.html 파일

```
<!DOCTYPE html>
  <html>
  <head>
    <meta charset="utf-8"/>
  </head>
  <body>
    HTML page I created for my WebAssembly module.
```

```
    <script src="prefetch.js"></script>⟵─┤ prefetch.js 파일을 참조하는 새 <script> 태그를 추가한다.
    <script src="calculate_primes.js"></script>   ⟵─┐ 기존 <script> 태그는 src 속성값을
  </body>                                           │ calculate_primes.js로 변경한다.
</html>
```

9.3.5 웹페이지 자바스크립트 파일 작성

Chapter 9\9.3 prefetch\frontend\prefetch.js 파일을 만들고 엽니다. 이 파일의 자바스크립트는 다음과 같은 일을 합니다.

- 웹 워커를 생성하고 onmessage 이벤트 리스너를 붙입니다.
  - 웹 워커가 onmessage 이벤트 리스너를 호출할 때 수신한 컴파일된 모듈을 전역 변수(compiledModule)에 할당합니다.
  - 엠스크립튼 Module 객체 인스턴스를 생성하고 엠스크립튼 함수 instantiateWasm의 콜백 함수(onInstantiateWasm)를 지정합니다.
- instantiateWasm의 콜백 함수를 정의합니다. 이 함수가 호출되면 전역 변수(compiledModule)에 보관된 컴파일된 모듈을 인스턴스화하여 엠스크립튼 코드에 전달합니다.

> **NOTE_** instantiateWasm는 엠스크립튼 자바스크립트에서 웹어셈블리 모듈을 인스턴스화하기 위해 호출하는 함수입니다. 엠스크립튼 자바스크립트는 웹어셈블리 모듈을 자동으로 다운로드/인스턴스화하지만 이 함수를 이용하면 그 작업을 여러분이 직접 처리할 수 있습니다. prefetch.js 파일에 다음 두 전역 변수를 선언합니다.

```
let compiledModule = null;
let emscriptenModule = null;
```

- compiledModule: 웹 워커로부터 받은 컴파일된 모듈
- emscriptenModule: 엠스크립튼 자바스크립트의 Module 객체 인스턴스

웹 워커를 만들고 onmessage 이벤트 리스너에 붙이기

웹 워커는 Worker 객체의 인스턴스 형태로 생성합니다. 이 객체의 생성자는 워커 코드가 있는 자바스크립트 파일 경로(이 예제는 prefetch.worker.js)를 매개변수로 받습니다.

이렇게 생성한 Worker 객체의 postMessage 메서드를 호출하면 워커 메시지를 전달할 수 있고, onmessage라는 이벤트 리스너를 붙이면 워커 메시지를 수신할 수도 있습니다. 워커에서 메시지가 수신되면 이벤트가 발생하여 이 리스너가 실행되고, 앞서 선언한 전역 변수 compiledModule에 전달받은 컴파일된 웹어셈블리 모듈을 세팅합니다.

> **NOTE_** onmessage 이벤트 리스너는 호출부가 **data** 프로퍼티에 데이터를 세팅하여 보낸 **MessageEvent** 객체를 받습니다. **Event** 객체를 상속한 **MessageEvent** 객체는 타깃 객체에 의해 수신된 메시지를 나타냅니다. **MessageEvent** 객체에 관한 자세한 내용은 MDN 문서[7]를 참고하기 바랍니다.

onmessage 이벤트 핸들러는 엠스크립튼 함수 instantiateWasm이 콜백 함수를 지정해서 엠스크립튼 자바스크립트 Module 객체를 인스턴스화합니다. 엠스크립튼 기본 로직을 오버라이드하고 전역 변수를 통해 받은 컴파일된 모듈을 인스턴스화하려면 반드시 콜백 함수를 지정해야 합니다.

```
const worker = new Worker("prefetch.worker.js");     ◁── 웹 워커를 생성한다.
worker.onmessage = function(e) {  ◁── 워커 메시지의 이벤트 리스너를 추가한다.
  compiledModule = e.data;    ◁── 컴파일된 모듈을
                                   전역 변수에 세팅한다.      엠스크립튼 Module 객체를
                                                             인스턴스화한다.
  emscriptenModule = new Module({  ◁──
    instantiateWasm: onInstantiateWasm     ◁──
  });                                          instantiateWasm의
}                                              콜백 함수를 지정한다.
```

instantiateWasm 함수의 콜백 함수 정의

콜백 함수 instantiateWasm는 다음 두 가지 정보를 매개변수로 받습니다.

importObject

- 웹어셈블리 자바스크립트 API의 instantiate 함수를 보내는 데 필요한 객체입니다.

successCallback

----

7 http://mng.bz/pyPw

- 인스턴스화한 웹어셈블리 모듈을 엠스크립튼으로 다시 돌려보낼 때 사용합니다.

instantiateWasm 함수는 웹어셈블리 모듈을 인스턴스화하는 방식의 동기, 비동기 여부에 따라 반환값이 달라집니다.

- (이 예제처럼) 비동기 함수를 사용할 경우, 빈 자바스크립트 객체({})를 반환합니다.
- 동기 함수를 사용할 경우, 모듈 인스턴스의 exports 객체를 반환합니다. 하지만 여러분이 작성한 자바스크립트가 브라우저 메인 스레드에서 실행되고 다른 브라우저에 의해 차단될 수 있다면 웹어셈블리 자바스크립트 API를 동기적으로 호출하는 방식은 권장하지 않습니다.

WebAssembly.instantiateStreaming 함수는 컴파일된 모듈을 받지 않기 때문에 이 함수로는 웹어셈블리 모듈을 인스턴스화할 수 없습니다. 대신, 오버로드된 다음 두 WebAssembly.instantiate 함수를 사용합니다.

```
Promise<ResultObject> WebAssembly.instantiate(bufferSource, importObject);
```

- 기본primary 오버로드 함수입니다. 웹어셈블리 바이너리에 있는 바이트코드를 어레이버퍼 형태로 받아 모듈을 컴파일/인스턴스화합니다. 함수가 반환한 프라미스가 해석되면 WebAssembly.Module(컴파일된 모듈)과 WebAssembly.Instance 객체 둘 다 세팅된 객체를 받습니다.

```
Promise<WebAssembly.Instance> WebAssembly.instantiate(module, importObject);
```

- 이 오버로드 함수는 WebAssembly.Module 객체를 받아 인스턴스화됩니다. 함수가 반환한 프라미스가 해석되면 WebAssembly.Instance 객체만 받습니다. 이 예제는 이 함수를 사용합니다.

다음 코드를 onmessage 이벤트 핸들러에 추가합니다.

```
function onInstantiateWasm(importObject, successCallback) {  ◁── 엠스크립튼 함수
  WebAssembly.instantiate(compiledModule,                        instantiateWasm의 콜백 함수
      importObject).then(instance =>  ◁── 컴파일된 모듈을 인스턴스화한다.
    successCallback(instance)  ◁── 인스턴스화한 모듈을 엠스크립튼
  );                              콜백 함수에 전달한다.

  return {};  ◁── 비동기로 처리됐기 때문에 빈
}              자바스크립트 객체를 반환한다.
```

메인 자바스크립트는 여기까지입니다. 이제 웹어셈블리 모듈을 가져와 컴파일한 후 UI 스레드에 전달하는 웹 워커 자바스크립트만 작성하면 됩니다(그림 9-8).

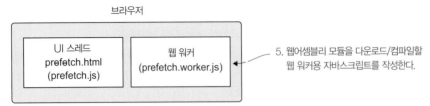

그림 9-8 웹어셈블리 모듈을 다운로드/컴파일할 웹 워커용 자바스크립트를 작성한다. 웹어셈블리 모듈은 컴파일된 후 UI 스레드에 전달된다.

9.3.6 웹 워커 자바스크립트 파일 작성

Chapter 9\9.3 prefetch\frontend\prefetch.worker.js 파일을 만들고 편집기로 엽니다.

> **NOTE_** 자바스크립트 파일의 명명 규칙은 따로 없지만, 관례에 따라 [워커를 생성하는 자바스크립트 파일명].worker.js 식으로 파일명을 정하면 일반 자바스크립트 파일과 확실히 구별되고 파일 간의 관계도 쉽게 알수 있어 코드 디버깅 등 유지보수 측면에서 좋습니다.

웹 워커는 일단 웹어셈블리 모듈 calculate_primes.wasm을 가져와서 `WebAssembly.compileStreaming` 함수로 컴파일합니다. 컴파일이 끝나면 전역 객체 `self`의 `postMessage` 메서드를 호출해서 컴파일된 모듈을 UI 스레드에 전달합니다.

> **NOTE_** 웹 브라우저 UI 스레드에서는 **window**가 전역 객체지만 웹 워커에서는 **self**가 전역 객체입니다.

```
WebAssembly.compileStreaming(fetch("calculate_primes.wasm"))    ← 웹어셈블리 모듈을
.then(module => {                                                  다운로드/컴파일한다.
  self.postMessage(module);    ← 컴파일된 모듈을
});                              메인 스레드에 전달한다.
```

긴 작업이 끝났습니다. 브라우저에서 결과를 확인해봅시다.

9.3.7 실행 결과

http://localhost:8080/prefetch.html에 접속해서, 개발자 도구 콘솔창에서 소수들과 총 소요 시간이 제대로 표시되는지 확인합니다(그림 9-9).

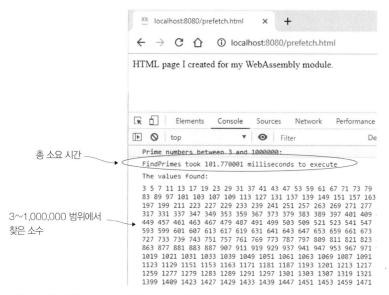

그림 9-9 웹어셈블리 모듈에서 찾은 소수들과 총 소요 시간

자, 그런데 3~1,000,000 범위의 소수를 101.77 밀리 초보다 더 빨리 찾을 수는 없을까요? 범위를 잘게 나누어 여러 스레드로 병렬 실행하면 소요 시간을 줄일 수 있습니다.

9.4 pthread 활용

웹어셈블리는 웹 워커와 공유 어레이버퍼를 통해 pthread를 지원합니다.

공유 어레이버퍼는 웹어셈블리 모듈 메모리에서 쓰이는 어레이버퍼와 거의 같지만, 메인 모듈과 각 웹 워커가 모듈 메모리를 서로 공유할 수 있다는 차이점이 있습니다. 또 메모리를 **원자적**으로 동기화할 수 있습니다.

모듈과 웹 워커가 메모리를 공유하므로 메모리의 동일한 데이터를 읽고 쓸 수 있습니다. 원자적으로 메모리에 접근하므로 다음과 같은 일들이 가능합니다.

- 예측 가능한 값을 읽고 씁니다.
- 현재 작업은 다음 작업이 시작되기 전에 끝납니다.
- 작업이 방해받지[interrupt] 않습니다.

다양한 메모리 접근 명령어 등 웹어셈블리 스레드 제안에 관한 자세한 내용은 깃허브 페이지[8]를, 엠스크립튼의 pthread 지원에 관한 자세한 내용은 공식 문서[9]를 참고하기 바랍니다.

> **NOTE_** 공유 어레이버퍼[SharedArrayBuffer]는 브라우저 제작사가 스펙터[Spectre]/멜트다운[Meltdown] 취약점이 악용되는 것을 방지하기 위해 지원을 중단하였고 pthread에 관합 웹어셈블기 스레드 제안은 2018년 1월 현재 보류된 상태입니다. 따라서 공유 어레이버퍼를 악용하지 못하게 할 대책을 강구하고 있는 동안에는 크롬 브라우저 데스크톱 버전에서만 pthread를 사용할 수 있고 파이어폭스 브라우저는 플래그를 따로 켜야 합니다(파이어폭스의 사용 방법은 9.4.3절에서 다시 이야기합니다).

이 예제는 다음과 같이 작업을 진행하겠습니다.

1 9.3절의 calculate_primes.cpp 코드를 수정해서 pthread를 4개 생성합니다. 소수를 찾을 범위를 잘게 나누어 이 네 pthread에 할당할 것입니다.

2 pthread 지원 기능을 켠 상태로 웹어셈블리 모듈을 컴파일합니다. 여기서는 엠스크립튼 HTML 템플릿을 이용해 결과를 확인합니다.

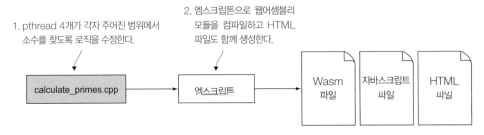

그림 9-10 pthread 4개가 각자 주어진 범위에서 소수를 찾도록 로직을 수정한다.

---

8 http://mng.bz/O9xa
9 https://emscripten.org/docs/porting/pthreads.html

9.4.1 pthread를 4개 만들어 쓰도록 calculate_primes 로직 수정

Chapter9\9.4 pthreads\source 폴더를 만들고 9.3 prefetch\source\calculate_primes.cpp 파일을 복사해 넣은 다음 편집기로 엽니다.

먼저 pthread를 사용하는 데 필요한 헤더 파일을 선언합니다.

```
#include <pthread.h>
```

첫 번째로 수정할 코드는 FindPrimes 함수입니다.

FindPrimes 함수 수정

이 함수에는 주어진 범위 시작값이 홀수인지 체크하는 코드가 필요합니다. 시작값이 짝수면 루프가 홀수부터 시작되도록 1만큼 늘립니다.

```
void FindPrimes(int start, int end,
    std::vector<int>& primes_found) {
  if (start % 2 == 0) { start++; }  ◁── 짝수에 1을 더해서 홀수로 만든다.

  for (int i = start; i <= end; i += 2) {
    if (IsPrime(i)) {
      primes_found.push_back(i);
    }
  }
}
```

pthread 시작 루틴 작성

각 pthread의 시작 루틴으로 사용할 함수를 작성해야 합니다. 이 함수도 결국 FindPrimes 함수를 호출하지만 범위 시작/종료값은 알아야 합니다. 그리고 FindPrimes 함수가 찾은 소수를 담을 vector 객체도 받아야 합니다.

pthread의 시작 루틴은 매개변수를 하나만 받기 때문에 필요한 값은 모두 하나의 객체에 담아 보내야 합니다. 다음과 같이 구조체를 정의하여 FindPrimes 함수 다음에 추가합니다.

```
struct thread_args {
  int start;
  int end;
  std::vector<int> primes_found;
};
```

pthread의 시작 루틴은 전달된 매개변수를 가리키는 **void*** 매개변수 1개를 받고 **void***를 반환합니다. pthread 생성 시 필요한 값을 thread_args 객체에서 추출해서 FindPrimes 함수에 넘깁니다.

```
void* thread_func(void* arg) {  ◁—┤ 시작 루틴은 pthread 생성 시점에 호출된다.
  struct thread_args* args = (struct thread_args*)arg;  ◁──┐ arg 값을 thread_args
                                                            포인터에 캐스팅한다.
  FindPrimes(args->start, args->end, args->primes_found);  ◁──┐ args 포인터에 할당된 값들을
                                                               FindPrimes 함수에
  return arg;                                                  넘겨 호출한다.
}
```

마지막으로 main 함수만 수정하면 됩니다.

main 함수 수정

main 함수는 pthread를 4개 생성하고 각 pthread에 소수를 찾을 범위를 알려주도록 수정해야 합니다. 우선 pthread_create 함수에 다음 값을 매개변수로 넘겨 pthread를 생성합니다.

- 스레드 생성 성공 시 스레드 ID가 담길 pthread_t 변수
- 생성할 스레드의 속성값. 이 예제는 NULL을 지정해 기본 속성을 사용합니다.
- 스레드의 시작 루틴
- 시작 루틴의 매개변수에 전달할 값

> **NOTE_** 속성 객체는 pthread_attr_init 함수를 호출해서 생성합니다. 이 함수는 기본 속성값을 pthread_attr_t 객체에 담아 반환하는데, 이 객체만 있으면 다양한 pthread_attr 함수를 호출해서 속성값을 조정할 수 있습니다. 이 객체를 다 쓴 다음에는 pthread_attr_destroy 함수를 호출해서 정리해야 합니다. pthread 속성 객체에 관한 자세한 정보는 공식 문서[10]를 참고하기 바랍니다.

----

10 https://linux.die.net/ man/3/pthread_attr_init

pthread를 생성한 다음, 3~199,999 사이의 소수를 찾도록 메인 스레드에서 FindPrimes 함수를 호출합니다.

FindPrimes 함수를 메인 스레드에서 호출한 이후 다 찾은 소수들을 출력하기 전까지는 각 pthread를 계속 체크해야 합니다. 이렇게 전체 pthread가 실행을 다 마칠 때까지 메인 스레드를 대기시키기 위해 pthread_join 함수를 호출하고 해당 스레드 ID를 첫 번째 매개변수로 전달합니다. 두 번째 매개변수를 이용하면 조인된 스레드의 종료 상태를 가져올 수 있지만, 이 예제는 군이 그럴 필요는 없으니 NULL을 넘깁니다. 호출이 성공하면 pthread_create, pthread_join 두 함수는 0을 반환합니다.

예제 9-3 main 함수(calculate_primes.cpp)

```cpp
...
int main() {
  int start = 3, end = 1000000;
  printf("Prime numbers between %d and %d:\n", start, end);

  std::chrono::high_resolution_clock::time_point duration_start =
      std::chrono::high_resolution_clock::now();

  pthread_t thread_ids[4];          ← 생성된 각 스레드의 ID
  struct thread_args args[5];   ←        전체 프로세스를 관장하는 메인 스레드를
                                          포함한 각 스레드의 매개변수
                                     메인 스레드가 자신이 찾은 소수들은 첫 번째
  int args_index = 1;     ←        args 인덱스에 둘 수 있게 0은 건너뛴다.
  int args_start = 200000;      ←        첫 번째 백그라운드 스레드는
                                          200,000부터 소수를 찾는다.
  for (int i = 0; i < 4; i++) {
    args[args_index].start = args_start;    ←┤ 현재 스레드의 범위 시작/종료값을 세팅한다.
    args[args_index].end = (args_start + 199999);

    if (pthread_create(&thread_ids[i], ←
        NULL,  ← 스레드의 기본 속성값을 사용한다.      pthread를 생성한다. 성공 시 스레드
        thread_func, ←                                ID는 이 배열 인덱스에 할당된다.
        &args[args_index])) { ←
      perror("Thread create failed");
      return 1;                                 스레드의 시작 루틴
    }                                     현재 스레드의 매개변수

    args_index += 1;      ←┤ 루프 인덱스를 1만큼 늘린다.
    args_start += 200000;
```

```
  }

  FindPrimes(3, 199999, args[0].primes_found);   ◁─┐ 메인 스레드 역시 소수를 찾고 그 결과는
                                                    └ 첫 번째 args 인덱스에 넣는다.
  for (int j = 0; j < 4; j++) {
    pthread_join(thread_ids[j], NULL);   ◁─┐ 모든 pthread가 완료될 때까지
  }                                        └ 대기하라고 메인 스레드에 알린다.

  std::chrono::high_resolution_clock::time_point duration_end =
      std::chrono::high_resolution_clock::now();

  std::chrono::duration<double, std::milli> duration =
      (duration_end - duration_start);

  printf("FindPrimes took %f milliseconds to execute\n", duration.count());

  printf("The values found:\n");
  for (int k = 0; k < 5; k++) {   ◁─┤ args 배열을 순회한다.
    for(int n : args[k].primes_found) {   ◁─┐ 현재 args 배열 원소에 있는
      printf("%d ", n);                     └ 소수 리스트를 순회한다.
    }
  }
  printf("\n");

  return 0;
}
```

2. 엠스크립튼으로 웹어셈블리 모듈을 컴파일하고
   HTML 파일도 함께 생성한다.

그림 9-11 웹어셈블리 모듈을 컴파일하고 HTML 파일도 함께 생성한다.

9.4.2 엠스크립튼으로 웹어셈블리 파일 생성

웹어셈블리 모듈을 컴파일할 때 명령줄에 -s USE_PTHREADS=1 플래그를 적용하면 pthread가 켜집니다. 사용할 스레드 개수는 -s PTHREAD_POOL_SIZE=4 식으로 지정합니다.

> **NOTE_** PTHREAD_POOL_SIZE 플래그 값을 0보다 크게 설정하면 여러분이 작성한 코드에서 **pthread_create** 함수를 호출하는 시점이 아니라, 모듈 인스턴스화 시점에 전체 웹 워커가 스레드 풀에 생성됩니다. 따라서 필요 이상의 스레드를 요청하면 아무 일도 하지 않으면서 브라우저 메모리만 차지한 스레드가 많아지고 그만큼 시작 시간도 길어집니다. 그리고 모든 지원 대상 브라우저에서 웹어셈블리 모듈을 꼼꼼히 테스트하기 바랍니다. 파이어폭스는 동시 웹 워커 인스턴스를 512개까지 지원하는데, 이 수치는 브라우저마다 다릅니다.

PTHREAD_POOL_SIZE 플래그를 설정하지 않으면 기본값 0이 적용됩니다. 이렇게 하면 웹 워커는 모듈 인스턴스화 시점이 아닌, pthread_create 함수 호출 시점에 생성되지만, 스레드는 곧바로 실행되지 않고 브라우저에게 먼저 실행을 양보합니다. 이 기능을 다음과 같이 활용할 수 있을 것입니다.

- 여러분의 모듈에 pthread_create를 호출하는 함수, pthread_join을 호출하는 함수, 이렇게 두 함수를 정의합니다.
- 자바스크립트에서 pthread_create 코드를 트리거하는 함수를 호출합니다.
- pthread_join 함수를 호출해서 결과를 얻습니다.

Chapter 9\9.4 pthreads\source 폴더에서 다음 명령을 실행합니다.

```
emcc calculate_primes.cpp -O1 -std=c++11 -s USE_PTHREADS=1
    -s PTHREAD_POOL_SIZE=4 -o pthreads.html
```

확장자가 .mem인 파일이 생겼을 것입니다(그림 9-12). 이 파일은 나머지 생성된 파일들과 함께 배포해야 합니다.

> **NOTE_** .mem 파일에는 모듈의 Data 섹션에 해당하는 (모듈 인스턴스화 시 선형 메모리에 로드될) 데이터 세그먼트가 들어 있습니다. 이렇게 데이터 세그먼트를 자체 파일로 갖고 있으면 웹어셈블리 모듈을 여러 번 인스턴스화하더라도 데이터는 메모리에 한번만 로드하면 됩니다. 각 스레드는 자신만의 모듈 인스턴스를 갖고 통신하고 모든 모듈은 동일한 메모리를 공유한다. 이것이 pthread를 설정하는 방식입니다.

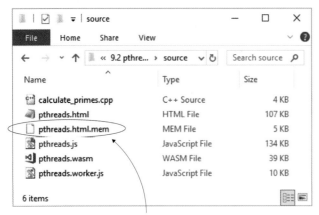

이 파일에는 모듈의 Data 섹션에 해당하는 데이터
세그먼트가 들어있다. 모듈 인스턴스화 시 이 파일의
내용이 모듈 선형 메모리에 로드된다.

그림 9-12 calculate_primes.cpp 파일을 컴파일하여 생성한 파일들. 엠스크립튼은 모듈의 Data 섹션에 해당하는
데이터 세그먼트를 자신의 파일에 둔다.

9.4.3 실행 결과

이 책을 집필하는 현재, 웹어셈블리 스레드는 크롬 데스크톱 버전에서만 지원됩니다. 좀 전에
생성한 pthreads.html을 파이어폭스 브라우저에서 확인하려면 해당 플래그를 설정하여 스레
드 기능을 켜야 합니다.

파이어폭스 브라우저를 열고 주소창에 `about:config`를 입력합니다. [그림 9-13]과 같은 화
면이 나오면 "I accept the risk!" 버튼을 클릭해서 설정 화면으로 넘어갑니다.

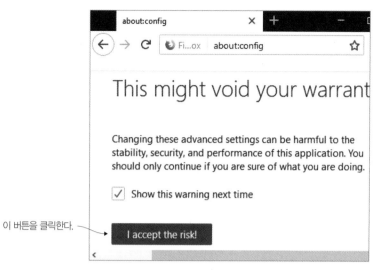

이 버튼을 클릭한다.

그림 9-13 파이어폭스 브라우저의 경고 화면. "I accept the risk!" 버튼을 클릭해서 설정 화면으로 넘어간다.

설정 항목들이 죽 나열된 화면의 상단 텍스트 박스에서 `javascript.options.shared_memory`를 입력하면 설정 항목이 1건 검색될 것입니다. 이 항목을 **더블 클릭**하거나 **우측 버튼 클릭** 후 콘텍스트 메뉴에서 Toggle을 선택하면 플래그 값이 `true`로 변경됩니다.

> **NOTE_** 파이어폭스에서 이 옵션은 보안 문제로 기본값이 `false`입니다. 테스트를 마친 후에는 다시 `false`로 돌려놓기 바랍니다.

> **NOTE_** 파이썬의 SimpleHTTPServer가 웹 워커가 사용하는 자바스크립트 파일에 해당하는 미디어 타입을 제대로 참조하지 못한다는 말들을 들었습니다. `application/javascript`을 사용해야 맞는데 `text/plain`을 쓰는 사람들도 있으니, 크롬에서 에러가 나면 파이어폭스에서 웹페이지를 한번 열어보기 바랍니다.

http://localhost: 8080/pthreads.html에 접속해서 개발자 도구 콘솔창에 총 소요 시간과 소수들이 제대로 표시되는지 확인합니다(그림 9-14).

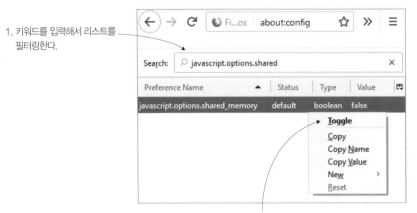

1. 키워드를 입력해서 리스트를 필터링한다.

2. 항목을 찾아 더블 클릭하거나, 우측 버튼을 클릭 후 콘텍스트 메뉴에서 Toggle을 선택하여 플래그를 활성화한다.

그림 9-14 파이어폭스 브라우저에서 `javascript.options.shared_memory` 설정을 변경한다.

pthread 4개와 메인 스레드로 나누어 실행한 결과 3~100,000 범위의 소수를 찾는 시간이 싱글 스레드로 실행했던 것보다 약 3배 정도 빨라졌습니다!(그림 9-15)

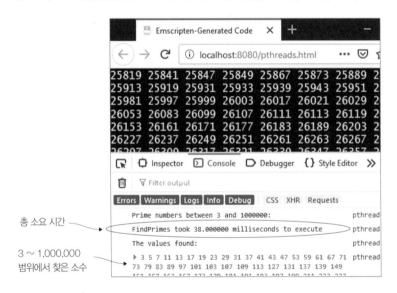

총 소요 시간

3 ~ 1,000,000 범위에서 찾은 소수

그림 9-15 pthread 4개와 메인 스레드를 실행한 결과 화면. 총 소요 시간이 38 밀리 초로 상당히 줄었다.

9.5 실제 용례

- 웹 워커는 웹어셈블리의 pthread와 동일하지는 않지만, pthread 미지원 브라우저에서도 폴리필polyfill 형태로 사용하면 병렬 처리를 할 수 있습니다.

- 웹어셈블리 모듈이 필요한 시점에 웹 워커로 프리패치/컴파일할 수 있습니다. 덕분에 웹페이지를 처음 로드할 때 다운로드/인스턴스화 작업량이 줄어 시간이 절약되고 응답성이 개선되어 UI 측면에서 좋습니다.

- 프라나브 즈하Pranav Jha와 센틸 파드마나반Senthil Padmanabhan의 "이베이의 웹어셈블리 실전 응용 사례WebAssembly at eBay: A Real-World Use Case"[11]라는 글을 보면 이베이에서 자사의 바코드 스캐너를 개선하기 위해 웹 워커 및 자바스크립트 라이브러리 위주로 웹어셈블리를 어떻게 활용했는지 엿볼 수 있습니다.

9.6 연습 문제

1 C++ 17에 있는 기능을 사용해야 한다면, 웹어셈블리 모듈 컴파일 시 어떤 플래그를 지정해야 하는가?

2 9.4절 calculate_primes에서 스레드를 3개로 줄이면 소요 시간에 어떤 영향을 미치는지 테스트하시오. 또 스레드를 5개로 늘리고 메인 스레드 로직을 모두 pthread로 옮기면 소요 시간이 어떻게 달라지는지 테스트하시오.

➡ 해답은 부록 D에 있습니다.

9.7 마치며

- 브라우저 메인 UI 스레드에 너무 많은 부하가 집중되면 UI가 반응을 하지 않습니다. 일정 시간 이런 상태가 지속되면 "이 스크립트의 실행을 멈추시겠습니까?"라는 확인창이 화면에 뜰 것입니다.

- 브라우저는 웹 워커라는 백그라운드 스레드를 여러 개 만들어 메시지를 주고받는 방식으로 통신합니다. 웹 워커는 DOM을 비롯한 브라우저 UI 엘리먼트에는 일체 접근할 수 없습니다.

- 웹 워커를 활용하면 웹어셈블리 모듈처럼 앞으로 웹페이지에 필요할 것으로 예상되는 리소스를 프리패치할 수 있습니다.

- 콜백 함수 instantiateWasm를 구현하면 엠스크립튼 자바스크립트 대신 웹어셈블리 모듈을 가져와 인스턴스화할 수 있습니다.

- 파이어폭스는 웹어셈블리 pthread를 지원하지만 아직 실험 단계이고 플래그를 지정해야 합니다. 크롬 데스크톱 버전은 플래그 없이도 pthread를 기본 지원합니다. 웹어셈블리 모듈을 컴파일할 때 명령줄에서

---

11 http://mng.bz/Ye1a

-s USE_PTHREADS, -s PTHREAD_POOL_SIZE 플래그를 지정합니다.

- 웹어셈블리 pthread는 스레드에 웹 워커를 사용하며 공유 어레이버퍼는 스레드 간 공유 메모리로 씁니다. 그리고 원자적 메모리 접근 명령을 이용해 메모리와의 상호작용을 동기화합니다.

- 웹어셈블리 모듈 컴파일 시 명령줄에서 PTHREAD_POOL_SIZE 플래그에 1보다 같거나 큰 수치를 지정하면 모듈을 인스턴스화할 때 해당 pthread의 웹 워커가 모두 생성됩니다. 이 플래그를 0으로 지정하면 pthread는 필요에 따라 생성되지만 스레드가 먼저 브라우저로 실행을 되돌리지 않는 한 바로 실행되지는 않습니다.

- 기본 표준 C++98이 아닌 C++ 표준을 사용하려면 클랭(엠스크립튼 프런트엔드 컴파일러)에 -std 플래그를 지정합니다.

CHAPTER 10

Node.js 환경의 웹어셈블리 모듈

> **이 장의 핵심 내용**
> ◆ 엠스크립튼 자바스크립트로 웹어셈블리 모듈을 로드
> ◆ 웹어셈블리 자바스크립트 API로 웹어셈블리 모듈을 로드
> ◆ 자바스크립트를 직접 호출하는 웹어셈블리
> ◆ 함수 포인터로 자바스크립트를 호출하는 웹어셈블리

이 장에서는 Node.js 환경에서 웹어셈블리 모듈을 사용하는 방법을 설명합니다. Node.js는 브라우저와 몇 가지 차이점이 있지만(예: GUI가 없다), 웹어셈블리 모듈을 사용하는 데 필요한 자바스크립트는 별반 다를 게 없습니다. 단, Node.js의 지원 대상 버전에서 웹어셈블리 모듈이 잘 동작하는지 꼭 테스트해봐야 합니다.

> **NOTE_** Node.js는 크롬 웹 브라우저를 움직이는 V8 엔진을 기반으로 개발된 자바스크립트 런타임입니다. Node.js 덕분에 서버 사이드에서도 자바스크립트를 사용할 수 있고 입맛에 맞게 골라 쓸 수 있는 오픈 소스 패키지도 무궁무진합니다. Node.js를 체계적으로 학습하려는 독자께는 매닝사에서 출간된 『Node.js 인 액션(2판)』[1]을 권합니다.

WASI는 웹 브라우저 아닌 환경에서도 웹어셈블리를 사용하기 위해 호스트에서 일관된 인터페이스를 구현할 수 있도록 고안된 규격입니다. 엣지 컴퓨팅edge computing, 서버리스, IoT(사물인터넷) 호스트 등 WASI를 지원하는 호스트는 어디라도 웹어셈블리 모듈을 작동시킬 수 있게 하자는 것입니다. 이 규격에 관한 자세한 정보는 사이먼 비숑Simon Bisson의 "모질라가 WASI로

---

1 http://www.manning.com/books/node-js-in-action-second-edition

웹어셈블리를 브라우저 너머로 확장하다Mozilla Extends WebAssembly Beyond the Browser with WASI"[2]를 참고하기 바랍니다.

10.1 지난 내용 복습하기

이쯤에서 지금까지 설명한 내용을 간단히 복습하겠습니다. 웹어셈블리를 이용하면 C++로 개발한 데스크톱 애플리케이션을 온라인 솔루션으로 전환할 때 기존 코드를 재활용할 수 있는 이점이 있습니다(4~6장). 또 그밖의 여러 환경에서도 기존 코드를 재활용할 수 있어서 동일한 코드를 둘 이상의 버전으로 나누어 관리해야 할 경우와 비교하면 사람의 실수로 에러가 발생할 가능성이 낮습니다. 코드 재활용은 곧 일관성을 의미하므로 모든 시스템에서 일관된 비즈니스 로직을 실행할 수 있으며, 관리해야 할 소스 코드가 하나뿐이라서 운영 인력을 줄일 수 있고 생산성이 더 높은 분야에 집중할 수 있습니다.

엠스크립튼으로 컴파일하여 웹어셈블리 모듈을 생성하려면 기존 C++ 코드를 어떻게 고쳐야 하는지 예제를 통해 설명했습니다(그림 10-1). 그 결과, 데스크톱 애플리케이션과 웹 브라우저, 두 환경은 모두 동일한 코드를 사용할 수 있었지만, 서버 코드에서 웹어셈블리 모듈과 상호작용하는 방법은 설명하지 않고 넘어간 것을 기억하실 것입니다.

이 장에서는 Node.js에서 웹어셈블리 모듈을 어떻게 로드하는지, 그리고 모듈에서 자바스크립트를 직접, 또는 함수 포인터를 통해 호출하는 방법을 살펴보겠습니다.

10.2 서버 사이드 검증하기

온라인 버전으로 개발한 POS 애플리케이션의 상품수정 페이지에서 검증을 마친 데이터를 서버에 전달하고자 합니다. 악의적인 사용자가 클라이언트 사이드(브라우저) 검증을 우회하는 건 어렵지 않기 때문에 사용자가 입력한 데이터는 반드시 서버 코드에서도 한번 더 검증을 해야 합니다(그림 10-2).

---

2 http://mng.bz/E19R

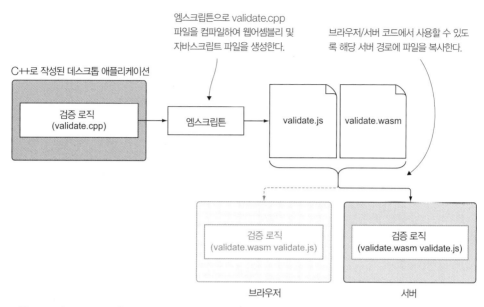

그림 10-1 기존 C++ 로직을 수정해서 서버 코드에서 사용 가능한 웹어셈블리 모듈을 개발하는 과정

서버 코드는 Node.js를 사용하며 Node.js는 이미 웹어셈블리를 지원하므로 검증 로직을 다시 개발할 필요는 없습니다. 따라서 앞서 브라우저에서 테스트를 끝낸 웹어셈블리 모듈을 다시 사용하면 되고, 결국 데스크톱 애플리케이션, 웹 브라우저, Node.js 세 군데서 동일한 C++ 코드를 사용하는 셈입니다.

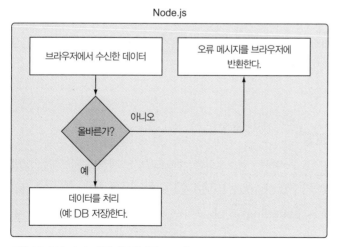

그림 10-2 Node.js 환경에서의 검증 프로세스

10.3 엠스크립튼 내장 모듈 다루기

엠스크립튼으로 컴파일해서 웹어셈블리 모듈 및 엠스크립튼 자바스크립트 파일을 생성하는 과정은 브라우저 환경과 별 차이점이 없지만, Node.js에서는 HTML 파일을 생성하지 않으며, 엠스크립튼 자바스크립트 파일을 로드하고 모듈 로드/인스턴스화를 대행하는 자바스크립트 파일을 생성합니다.

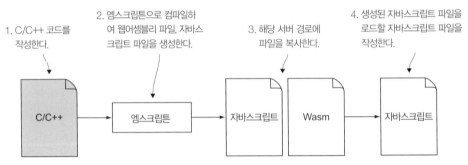

그림 10-3 기존 C++ 로직을 수정해서 서버 코드에서 사용 가능한 웹어셈블리 모듈을 개발하는 과정(웹어셈블리 생성 자바스크립트도 함께 생성함)

엠스크립튼 자바스크립트를 불러쓰는 방법은 실행 환경마다 다릅니다.

- 브라우저: 엠스크립튼 자바스크립트 파일을 HTML 파일의 <script> 태그로 참조합니다.
- Node.js: 엠스크립튼 자바스크립트 파일을 require 함수에 전달합니다.

엠스크립튼 자바스크립트 파일을 이용하면 실행 환경이 브라우저인지, Node.js인지 자동 감지하여 모듈을 로드/인스턴스화합니다. 파일만 로드하면 나머지 뒷처리는 알아서 처리하니 정말 간편하죠.

10.3.1 웹어셈블리 모듈 로딩

웹어셈블리 모듈을 다운로드/인스턴스화하는 엠스크립튼 자바스크립트 파일을 로드하는 방법을 알아보겠습니다. 실습 파일을 저장할 Chapter 10\10.3.1 JsPlumbingPrimes\backend 폴더를 만들고 Chapter 3\3.4 js_plumbing\js_plumbing.wasm, js_plumbing.js 두 파일을 복사해 넣습니다.

복사한 backend 폴더에서 js_plumbing_nodejs.js 파일을 만들고 편집기로 엽니다. Node.js 내장 함수 **require**를 호출하면서 엠스크립튼 자바스크립트 파일 js_plumbinb.js의 경로를 전달할 것입니다. Node.js가 js_plumbinb.js 파일을 로드하면 이 파일에 생성된 코드는 실행 환경이 Node.js임을 알아차리고 웹어셈블리 모듈 js_plumbing.wasm을 자동으로 로드/인스턴스화합니다.

js_plumbing_nodejs.js 파일에 다음 코드를 추가합니다.

```
require('./js_plumbing.js');   ◁─┤ 엠스크립튼 자바스크립트를 연결한다.
```

실행 결과

Node.js에서는 콘솔창에서 실행할 자바스크립트 파일을 **node** 명령 다음에 입력합니다. Chapter 10\10.3.1 JsPlumbingPrimes\backend 폴더에서 다음 명령을 실행합니다.

```
node js_plumbing_nodejs.js
```

콘솔창에 "Prime numbers between 3 and 100,000:" 텍스트 밑으로 3~100,000 범위에서 찾은 소수들이 출력될 것입니다(그림 10-4).

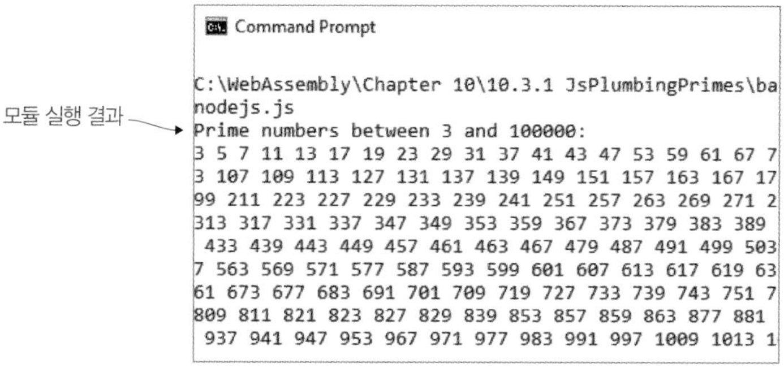

모듈 실행 결과 →

그림 **10-4** Node.js에서 웹어셈블리 모듈을 실행한 결과

10.3.2 웹어셈블리 모듈 함수 호출

4장에서는 데스크톱 POS 애플리케이션을 웹 기반의 온라인 시스템으로 전환하는 과정을 다루었습니다(그림 10-5). 사용자 입력 데이터는 웹페이지에서 1차 검증을 마친 뒤 서버 코드로 넘어가 DB 저장 등 후속 처리가 진행됩니다. 이 때 서버 사이드가 Node.js 환경이면 브라우저에서 했던 것과 동일한 방법으로 웹어셈블리 모듈을 이용하여 데이터를 검증할 수 있습니다.

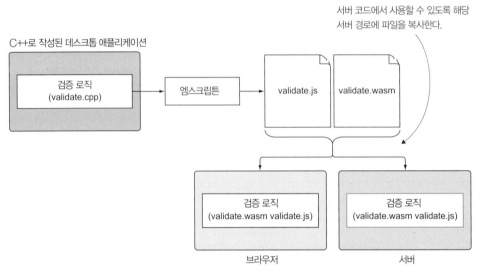

그림 10-5 서버 코드에서 사용할 수 있도록 해당 서버 경로에 생성된 웹어셈블리 파일을 복사한다.

Node.js용 서버 코드 구현

실습 파일을 저장할 Chapter 10\10.3.2 JsPlumbing\backend\WebAssembly 폴더를 만들고 다음과 같이 작업합니다.

- Chapter 4\4.1 js_plumbing\frontend\validate.js, validate.wasm, editproduct.js 파일을 복사해 넣습니다.
- editproduct.js를 nodejs_validate.js로 파일명을 변경하고 편집기로 엽니다.

웹페이지에서 데이터를 받는 대신, `InitialData` 객체로 데이터를 받겠습니다. 그 전에 객체 이름을 `clientData`로 변경합니다.

```
const clientData = {  ◁──┤ 브라우저에서 데이터를 받는 것처럼 흉내내기 위한 객체
  name: "Women's Mid Rise Skinny Jeans",
  categoryId: "100",
};
```

Node.js 환경이라고 특별한 자바스크립트가 필요한 것은 아닙니다. UI가 없으니 사용자가 조작 가능한 입력 컨트롤이 없다는 사실만 기억하면 됩니다. nodejs_validate.js 파일에 작성했던 두 헬퍼 함수는 필요 없으니 삭제합니다.

- initializePage
- getSelectedCategoryId

모듈에서 받은 오류 메시지를 표시할 UI 엘리먼트가 없으니 콘솔창에 출력하는 걸로 대신하겠습니다. setErrorMessage 함수는 다음과 같이 console.log를 사용하도록 수정합니다.

```
function setErrorMessage(error) { console.log(error); }  ◁──┐ 오류 메시지는 콘솔창에
                                                              대신 출력한다.
```

브라우저에서 엠스크립튼 자바스크립트 파일을 불러쓰면 여러분이 작성한 자바스크립트에서 전역 객체 Module에 접근할 수 있지만 상당수 헬퍼 함수는 전역 스코프에 있습니다. 가령 _malloc, _free, UTF8ToString 같은 함수도 전역 스코프에 있어서 Module._malloc처럼 앞에 Module을 붙이지 않아도 직접 호출할 수 있습니다. 그러나 Node.js에서는 require 호출 결과 반환된 객체가 Module이기 때문에 오직 이 객체를 통해서만 엠스크립튼 헬퍼 함수를 사용할 수 있습니다.

> **NOTE_** require 함수가 반환한 객체의 명명 규칙이 따로 있는 건 아니지만, 브라우저 환경과 동일한 자바스크립트를 사용하므로 그냥 Module이라고 명명하면 대부분의 자바스크립트를 수정할 필요가 없어 편합니다. 다른 이름을 붙여야 한다면 Module.ccall 같은 코드를 모두 찾아 Module 대신 원하는 객체명으로 바꿔주면 됩니다.

엠스크립튼 자바스크립트 파일(validate.js)을 로드하기 위해 nodejs_validate.js 파일의 setErrorMessage 함수 다음에 require 함수 호출부를 추가합니다.

```
const Module = require('./validate.js');   ←   엠스크립튼 자바스크립트를 로드하고 require 함수가
                                               반환한 객체를 Module 변수에 세팅한다.
```

브라우저, Node.js 두 환경 모두 웹어셈블리 모듈은 비동기 방식으로 인스턴스화합니다. 따라서 엠스크립튼 자바스크립트가 상호작용할 준비가 완료되는 시점에 실행시킬 onRuntime Initialized 함수를 정의합니다.

onClickSave 함수를 Module 객체의 onRuntimeInitialized 프로퍼티에 있는 함수로 변경하고, 폼 컨트롤에서 name, categoryId를 추출하는 대신 clientData 객체에서 얻도록 함수 코드를 수정합니다.

예제 10-1 onClickSave 함수를 onRuntimeInitialized 프로퍼티로 바꾼다.

```
...
Module['onRuntimeInitialized'] = function() {  ←  onClickSave 함수는 이제
  let errorMessage = "";                           onRuntimeInitialized 프로퍼티가 되었다.
  const errorMessagePointer = Module._malloc(256);

  if (!validateName(clientData.name, errorMessagePointer) ||  ←  clientData 객체의
      !validateCategory(clientData.categoryId,                   name 프로퍼티를 검증한다.
          errorMessagePointer)) {
    errorMessage = Module.UTF8ToString(errorMessagePointer);  clientData 객체의
  }                                                           categoryId 프로퍼티를
                                                              검증한다.
  Module._free(errorMessagePointer);

  setErrorMessage(errorMessage);
  if (errorMessage === "") {
        ←  오류가 없으니 데이터를
  }          서버에 전달한다.
}
...
```

nodejs_validate.js 파일에서 나머지 코드는 고칠 필요가 없습니다.

실행 결과

지금은 코드를 실행해도 **clientData** 객체에 올바른 데이터가 세팅되어 있어서 검증 오류는 나지 않습니다. 그러니 일부러 오류가 나도록 데이터를 조작(예: name 프로퍼티 값을 빈 값으로 바꾼다(name: ""))한 다음 다시 실행하겠습니다.

Chapter 10\10.3.2 JsPlumbing\backend 폴더에서 다음 명령을 실행합니다.

```
node nodejs_validate.js
```

[그림 10-6]처럼 오류 메시지가 표시되면 정상입니다.

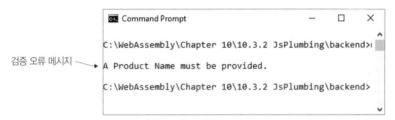

그림 10-6 Node.js에서 발생한 상품명 오류

그런데 Node.js에서 실행되는 도중에 웹어셈블리 모듈에서 자바스크립트 파일을 어떻게 호출한 걸까요?

10.3.3 웹어셈블리 모듈에서 자바스크립트 호출

10.3.2절에서 보았듯이, 자바스크립트 함수가 모듈 호출 후 응답을 기다릴 수도 있지만, 모듈에서 어떤 작업(예: 데이터를 더 가져오거나 업데이트를 제공)을 수행한 뒤 직접 자바스크립트를 호출하고 싶은 경우도 있을 것입니다.

이 절에서 사용한 웹어셈블리 모듈에는 엠스크립튼 자바스크립트 파일의 함수가 포함되어 있습니다. 모듈은 검증 오류 시 이 함수를 호출하면서 오류 메시지를 가리키는 포인터를 전달하고, 그러면 이 함수는 모듈 메모리에서 오류 메시지를 읽어 메인 자바스크립트의 **setErrorMessage** 함수에 전달합니다.

Node.js용 서버 코드 구현

실습 파일을 보관할 Chapter 10\10.3.3 EmJsLibrary\backend 폴더를 만들고 다음과 같이 작업합니다.

- Chapter 5\5.1.1 EmJsLibrary\frontend\validate.js, validate.wasm, editproduct.js 파일을 복사해 넣습니다.
- editproduct.js를 nodejs_validate.js로 파일명을 변경하고 편집기로 엽니다.

nodejs_validate.js 파일에서 `initialData`를 `clientData`로 객체명을 변경합니다.

```
const clientData = {  ⸺┤ clientData로 객체명을 변경한다.
  name: "Women's Mid Rise Skinny Jeans",
  categoryId: "100",
};
```

다음 두 함수는 필요없으니 삭제합니다.

- initializePage
- getSelectedCategoryId

보다시피 Node.js에서는 여러분이 작성한 자바스크립트를 엠스크립튼 자바스크립트 파일에 포함하는 것은 별로 좋지 않습니다. `require` 함수를 호출하여 자바스크립트 파일을 로드하기 때문에 이 파일 안에 있는 코드가 자신의 스코프에 한정되며, 엠스크립튼 자바스크립트 파일은 (자신을 로드한) 부모 스코프에 있는 함수에 접근할 수 없기 때문입니다. `require` 함수로 로드된 자바스크립트는 자기 완비형이라서 부모 스코프를 호출할 일이 없습니다.

모듈에서 부모 스코프를 호출할 필요가 있나면 (다음 절에서 설명하겠지만) 부모가 전달한 함수 포인터를 사용하는 방법이 좋습니다. 하지만 이 예제는 엠스크립튼으로 생성한 validate.js 코드에서 자신이 호출해야 할 `setErrorMessage` 함수는 접근할 수 없기 때문에 이 함수를 일반 함수가 아닌, 전역 객체에 부속된 함수로 만드는 우회책을 구사해야 합니다.

> **NOTE_ 추가 정보**
>
> 브라우저에서는 최상위 스코프가 전역 스코프(**window** 객체)지만, Node.js에서는 모듈 자신이 최상위 스코프입니다. 따라서 모든 변수와 객체가 모듈에 로컬입니다. Node.js에서는 전역 객체가 곧 전역 스코프입니다.

setErrorMessage 함수에서 엠스크립튼 자바스크립트에 접근하기 위해 다음 코드처럼 이 함수를 전역 객체의 일부로 만듭니다. 오류 메시지는 콘솔창에 출력되도록 console.log 함수를 호출합니다.

```javascript
global.setErrorMessage = function(error) {   ◁── 함수를 전역 객체의 일부로 만든다.
  console.log(error);   ◁── 오류 메시지를
}                           콘솔창에 출력한다.
```

엠스크립튼 자바스크립트 파일(validate.js)을 로드하기 위해 nodejs_validate.js 파일의 setErrorMessage 함수 다음에 require 함수 호출부를 추가합니다.

```javascript
const Module = require('./validate.js');   ◁── 엠스크립튼 자바스크립트를 로드하고 require 함수가
                                                반환한 객체를 Module 변수에 세팅한다.
```

onClickSave 함수는 Module 객체의 onRuntimeInitialized 프로퍼티로 바꿉니다. 또 name, categoryId 값은 setErrorMessage 함수를 호출해서 가져오는 게 아니라 clientData 객체에서 얻도록 코드를 수정합니다.

```javascript
                                                           onClickSave 함수는 이제
                                                           onRuntimeInitialized 프로퍼티가 되었다.
Module['onRuntimeInitialized'] = function() {   ◁──
  if (validateName(clientData.name) &&   ◁── clientData 객체의 name 프로퍼티를 검증한다.
      validateCategory(clientData.categoryId)){   ◁── clientData 객체의
                                                     categoryId 프로퍼티를 검증한다.
    }   ◁── 오류가 없으니 데이터를
          서버에 전달한다.
}
```

nodejs_validate.js 파일에서 나머지 코드는 고칠 필요가 없습니다.

실행 결과

name, categoryId 프로퍼티에 잘못된 값을 넣고 검증 로직이 제대로 동작하는지 테스트합니다. 예를 들어, VALID_CATEGORY_IDS 배열에 없는 값을 categoryId로 지정해서 파일을 저장합니다.

Node.js에서 자바스크립트 파일을 실행하기 위해 Chapter 10\10.3.3 EmJsLibrary\
backend 폴더에서 다음 명령을 실행합니다.

```
node nodejs_validate.js
```

[그림 10-7]처럼 오류 메시지가 표시되면 정상입니다.

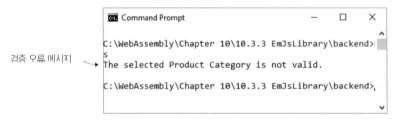

검증 오류 메시지

그림 10-7 Node.js에서 발생한 상품 카테고리 오류

Node.js에서는 엠스크립튼 자바스크립트 라이브러리로 애플리케이션의 메인 자바스크립트를
호출하는 건 **require** 함수의 스코프 이슈 때문에 별로 좋지 않습니다. Node.js에서 여러분이
작성한 자바스크립트를 엠스크립튼 자바스크립트 파일에 추가하고자 한다면 자기 완비형 코드
를 만들어 부모 코드를 호출하지 않도록 하는 게 최선입니다.

만약 Node.js 환경에서 웹어셈블리 모듈에서 애플리케이션의 메인 자바스크립트를 호출해야
한다면 바로 다음에 배울 함수 포인터를 사용하는 방법이 더 낫습니다.

10.3.4 웹어셈블리 모듈에서 자바스크립트 함수 포인터 호출

자바스크립트를 직접 호출할 수 있으면 여러모로 유용하지만 여러분의 자바스크립트는 모듈
인스턴스화 시 해당 함수를 제공해야 하며, 일단 이 함수가 모듈로 넘어간 이후에는 교체하는
것은 불가능합니다. 대개는 이런 작동 방식이 문제가 안 되지만, 필요할 때마다 호출할 함수를
모듈에 전달해야 할 경우도 있을 것입니다.

Node.js용 서버 코드 구현

실습 파일을 저장할 Chapter 10\10.3.4 EmFunctionPointers\back-end 폴더를 만들고 다음과 같이 작업합니다.

- Chapter 6\6.1.2 EmFunctionPointers\frontend\validate.js, validate.wasm, editproduct.js 세 파일을 복사합니다.
- editproduct.js를 nodejs_validate.js로 파일명을 변경하고 편집기로 엽니다.

nodejs_validate.js 파일에서 initialData를 clientData로 객체명을 변경합니다.

```
const clientData = {  ◁── 브라우저에서 데이터를 받는 것처럼 흉내내기 위한 객체
  name: "Women's Mid Rise Skinny Jeans",
  categoryId: "100",
};
```

다음 두 함수는 필요없으니 삭제합니다.

- initializePage
- getSelectedCategoryId

setErrorMessage 함수는 console.log를 호출하도록 변경합니다.

```
function setErrorMessage(error) { console.log(error); }  ◁── Node.js 환경은 UI가 없기 때문에
                                                              오류 메시지는 콘솔창에 출력한다.
```

엠스크립튼 자바스크립트 파일(validate.js)을 로드하기 위해 nodejs_validate.js 파일의 setErrorMessage 함수 다음에 require 함수 호출부를 추가합니다.

```
const Module = require('./validate.js');  ◁── 엠스크립튼 자바스크립트를 로드하고 require 함수가
                                               반환한 객체를 Module 변수에 세팅한다.
```

onClickSave 함수는 Module 객체의 onRuntimeInitialized 프로퍼티로 바꿉니다. 또 name, categoryId 값은 setErrorMessage 함수를 호출해서 가져오는 게 아니라 clientData 객체에서 얻도록 코드를 수정합니다.

예제 10-2 onClickSave 함수를 onRuntimeInitialized 프로퍼티로 변경한다.

```
...

Module['onRuntimeInitialized'] = function() {          onClickSave 함수는 이제
  Promise.all([                                        onRuntimeInitialized 프로퍼티가 되었다.
      validateName(clientData.name),
      validateCategory(clientData.categoryId)          clientData 객체의
  ])                                                   name 프로퍼티를 검증한다.
  .then(() => {
                                                       clientData 객체의 categoryId 프
  })            오류가 없으니 데이터를 서버에 전달한다.    로퍼티를 검증한다.
  .catch((error) => {
    setErrorMessage(error);
  });
}
```

nodejs_validate.js 파일에서 나머지 코드는 고칠 필요가 없습니다.

실행 결과

name 프로퍼티에 MAXIMUM_NAME_LENGTH, 즉 50자를 초과하는 값을 넣고 검증 로직이 제대로 동작하는지 테스트합니다. 예를 들어, "This is a very long product name to test the validation logic."처럼 긴 문자열을 입력하고 파일을 저장합니다.

Node.js에서 자바스크립트 파일을 실행하기 위해 Chapter 10\10.3.4 EmJsLibrary\backend 폴더에서 다음 명령을 실행합니다.

```
node nodejs_validate.js
```

[그림 10-8]처럼 오류 메시지가 표시되면 정상입니다.

검증 오류 메시지 →

그림 10-8 Node.js에서 발생한 상품명 길이 초과 오류

지금까지 Node.js 환경에서 엠스크립튼 자바스크립트와 함께 생성된 웹어셈블리 모듈의 사용법을 설명했습니다. 다음 절에서는 엠스크립튼 자바스크립트는 배제하고 웹어셈블리 모듈만 생성하여 사용하는 방법을 살펴보겠습니다.

10.4 웹어셈블리 자바스크립트 API 활용

프로덕션 환경에서는 일반적으로 엠스크립튼 컴파일러로 생성한 자바스크립트 파일을 포함합니다. 이 자바스크립트 파일은 웹어셈블리 모듈을 자동으로 내려받고 웹어셈블리 자바스크립트 API와의 상호작용을 대행합니다. 또 이 파일은 모듈과 더 쉽게 상호작용할 수 있게 해주는 풍부한 헬퍼 함수를 제공합니다.

웹어셈블리를 처음 배울 때에는 .wasm 파일을 직접 내려받고 웹어셈블리 자바스크립트 API를 다뤄보아야 학습에 더 도움이 됩니다. 모듈이 임포트할 값들과 함수가 포함된 자바스크립트 객체를 생성하고 API를 이용해 모듈을 컴파일/인스턴스화한 이후에는 모듈 익스포트에 접근할 수 있으므로 모듈과 상호작용이 가능합니다.

웹어셈블리가 더 널리 보급될수록 브라우저 기능 확장용 서드파티 모듈도 많이 개발될 것입니다. 엠스크립튼 이외의 툴로 컴파일된 서드파티 모듈을 사용하게 될 수도 있으므로 엠스크립튼 자바스크립트를 쓰지 않고 모듈을 다루는 방법을 알아두면 큰 도움이 될 것입니다.

3~6장에서는 엠스크립튼 컴파일러에 **SIDE_MODULE** 플래그를 적용해 .wasm 파일 하나만 생성했습니다. 표준 C 라이브러리 함수, 엠스크립튼 자바스크립트 파일이 빠진 모듈이죠. 자바스크립트 파일이 없으니 웹어셈블리 자바스크립트 API를 이용해 모듈을 로드/인스턴스화하는 자바스크립트는 직접 작성해야 합니다(그림 10-9] 4단계).

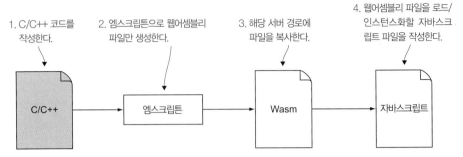

1. C/C++ 코드를
작성한다.

2. 엠스크립튼으로 웹어셈블리
파일만 생성한다.

3. 해당 서버 경로에
파일을 복사한다.

4. 웹어셈블리 파일을 로드/
인스턴스화할 자바스크
립트 파일을 작성한다.

C/C++ → 엠스크립튼 → Wasm → 자바스크립트

그림 10-9 기존 C++ 로직을 수정해서 서버 코드에서 사용 가능한 웹어셈블리 모듈을 개발하는 과정(웹어셈블리 생성 자바스크립트는 생성하지 않음)

10.4.1 웹어셈블리 모듈 로딩

Node.js에서 3장의 side_module.wasm을 실행하려면 웹어셈블리 자바스크립트 API로 모듈을 로드/인스턴스화해야 합니다.

Node.js용 서버 코드 구현

실습 파일을 저장할 Chapter 10\10.4.1 SideModuleIncrement\backend 폴더를 만들고 다음과 같이 작업합니다.

- Chapter 3\3.5.1 side_module\side_module.wasm 파일을 복사해 넣습니다.
- side_module_nodejs.js 파일을 만들고 편집기로 엽니다.

Node.js가 이미 서버에서 실행 중이고 .wasm 파일이 자바스크립트 파일과 동일한 폴더에 있으니 이 파일은 가져올 필요가 없습니다. Node.js에서는 파일 시스템^{File System} 모듈을 이용해서 웹어셈블리 파일의 바이트를 읽습니다. `WebAssembly.instantiate` 함수를 호출해서 모듈을 작동시키는 방법은 브라우저 환경과 동일합니다.

파일 시스템 모듈을 포함하려면 `require` 함수에 `'fs'` 문자열을 전달합니다. `require` 함수는 `readFile`, `writeFile` 등 다양한 파일 시스템에 접근 가능한 객체를 반환하지만 이 장에서는 `readFile` 객체만 있어도 충분합니다. Node.js 파일 시스템의 객체 및 함수에 관한 자세한 내용은 공식 문서[3]를 참고하기 바랍니다.

side_module.wasm 파일의 콘텐츠는 파일 시스템 모듈의 readFile 함수를 호출해 비동기로 읽습니다. 이 함수는 '읽을 파일의 경로, 각종 옵션 값(예: 파일 인코딩), 에러 객체(읽기 실패 시) 또는 파일 바이트(읽기 성공 시)를 받는 콜백 함수를 매개변수로 받습니다. 여기서는 편의상 두 번째 옵션 매개변수는 사용하지 않겠습니다.

> NOTE_ 파일 시스템 모듈의 readFile 함수 및 두 번째 옵션 매개변수에 관한 자세한 정보는 공식 문서[4]를 참고하기 바랍니다.

다음 코드는 파일 시스템 객체('fs')를 로드하고 readFile 함수를 호출합니다. 에러가 발생해서 콜백 함수에 error가 전달되면 에러를 던지고, 별 문제가 없으면 수신한 바이트를 instantiateWebAssembly 함수에 전달합니다.

```
const fs = require('fs');         ◁── 파일 시스템 객체를 로드한다.
fs.readFile('side_module.wasm', function(error, bytes) {    ◁── 파일을 비동기로 읽는다.
  if (error) { throw error; }   ◁── 파일을 읽는 도중
                                    에러가 나면 다시 던진다.
  instantiateWebAssembly(bytes);   ◁── 파일 바이트를 instantiateWebAssembly
});                                    함수에 전달한다.
```

[예제 10-3]은 bytes라는 매개변수를 받는 instantiateWebAssembly 함수입니다. 이 함수는 __memory_base 프로퍼티가 0인 env 객체를 importObject 변수에 세팅하고 자신이 수신한 바이트와 함께 importObject를 넘겨 WebAssembly.instantiate 함수를 호출합니다. 그런 다음, then 메서드에서 모듈 함수 _Increment를 호출하면서 2를 전달하고 그 결괏값을 콘솔창에 출력합니다.

예제 10-3 instantiateWebAssembly 함수

```
function instantiateWebAssembly(bytes) {
  const importObject = {
    env: {
```

---

3 https://nodejs.org/api/fs.html
4 http://mng.bz/rPjy

```
    __memory_base: 0,
  }
};

WebAssembly.instantiate(bytes, importObject).then(result => {
  const value = result.instance.exports._Increment(2);
  console.log(value.toString());    ◁── 결괏값을 콘솔창에 출력한다.
});
}
```

실행 결과

Node.js에서 자바스크립트 파일을 실행하기 위해 Chapter 10\10.4.1 SideModule
Increment\backend 폴더에서 다음 명령을 실행합니다.

```
node side_module_nodejs.js
```

[그림 10-10]처럼 _Increment 함수의 호출 결과가 표시되면 정상입니다.

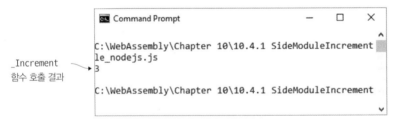

그림 10-10 Node.js에서 모듈 함수 _Increment를 호출한 결과

10.4.2 웹어셈블리 모듈 함수 호출

이제 (4.2.2절에서 작성한) 웹어셈블리 파일 validate.wasm를 Node.js 서버의 해당 경로에
복사하고, 브라우저에서 수신한 데이터 처리 로직과 모듈 처리 로직 사이의 간극을 메울 자바
스크립트 파일을 작성하면 마무리됩니다.

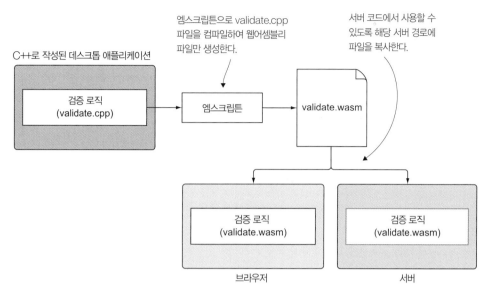

그림 10-11 서버 코드에서 사용할 수 있도록 해당 서버 경로에 생성된 웹어셈블리 파일을 복사한다.

Node.js용 서버 코드 구현

Chapter 10\10.4.2 SideModule\backend 폴더를 만들고 다음과 같이 작업합니다.

- Chapter 4\4.2 side_ module\frontend\editproduct.js, validate.wasm 파일을 복사해 넣습니다.
- editproduct.js를 nodejs_validate.js로 파일명을 변경하고 편집기로 엽니다.

nodejs_validate.js 파일에 있는 자바스크립트는 웹 브라우저용 코드라서 Node.js에서 실행하려면 몇 군데 손을 보아야 합니다.

문자열을 모듈 메모리에 복사하려고 사용한 자바스크립트 객체 TextEncoder는, Node.js에서는 util 패키지에 있기 때문에 파일 첫부분에 require 함수로 패키지를 추가합니다.

```
const util = require('util');  ◁── TextEncoder 객체를 사용하기 위해 util 패키지를 로드한다.
```

initialData를 clientData로 객체명을 변경합니다.

```
const clientData = {  ◁── initialData 객체를 clientData로 이름을 바꾼다.
  name: "Women's Mid Rise Skinny Jeans",
```

```
  categoryId: "100",
};
```

nodejs_validate.js 파일에서 initializePage 함수 앞에 다음 코드를 추가합니다. validate. wasm 파일에서 읽은 바이트를 instantiateWebAssembly 함수에 전달하는 코드입니다.

```
const fs = require('fs');
fs.readFile('validate.wasm', function(error, bytes) {   ◁── validate.wasm 파일에서
                                                            바이트를 읽는다.
  if (error) { throw error; }

  instantiateWebAssembly(bytes);   ◁── 읽은 바이트를 이 함수에 전달하다
});
```

initializePage 함수는 다음과 같이 수정합니다.

- 함수명을 instantiateWebAssembly로 바꾸고 bytes 매개변수를 추가합니다.
- name을 세팅하는 코드와 그 다음에 나오는 category 코드 라인을 삭제합니다. 이렇게 고치면 instantiateWebAssembly 함수 첫부분에 모듈 메모리 코드 라인이 올 것입니다.
- WebAssembly.instantiateStreaming를 WebAssembly.instantiate로 바꾸고 fetch("validate. wasm") 매개변수를 bytes로 변경합니다.
- 마지막으로, WebAssembly.instantiate 호출부의 then 메서드에서 moduleExports 코드 라인 다음에 곧이어 작성할 validateData 함수의 호출부를 추가합니다.

예제 10-4 initializePage를 instantiateWebAssembly로 함수명을 변경한다.

```
  ...
                                          함수명을 instantiateWebAssembly로
                                          바꾸고 bytes 매개변수를 추가한다.
function instantiateWebAssembly(bytes) {   ◁──
  moduleMemory = new WebAssembly.Memory({initial: 256});

  const importObject = {
    env: {
      __memory_base: 0,
      memory: moduleMemory,               instantiateStreaming 대신
    }                                      instantiate 함수를 호출하고
  };                                        fetch 대신 bytes를 넘긴다.

  WebAssembly.instantiate(bytes, importObject).then(result => {   ◁──
```

```
        moduleExports = result.instance.exports;
        validateData();      ◁─── 모듈 인스턴스화 이후
    });                            validateData를 호출한다.
}
...
```

getSelectedCategoryId 함수는 필요 없으니 삭제합니다. setErrorMessage 함수는 error
를 콘솔창에 출력하도록 수정합니다.

```
function setErrorMessage(error) { console.log(error); } ◁─── 오류 메시지는 콘솔창에 출력한다.
```

onClickSave는 모듈 인스턴스화 이후 호출되는 함수이므로 validateData로 이름을 변경합
니다. if 문 위에서 name, categoryId를 추출하는 코드 2줄은 삭제하고 name, categoryId
변수 앞에 각각 clientData 객체를 붙입니다.

예제 10-5 onClickSave를 validateData로 함수명을 변경한다.

```
...
                              onClickSave를 validateData로
function validateData() {  ◁─ 함수명을 변경한다.
  let errorMessage = "";                                        clientData 객체의
  const errorMessagePointer = moduleExports._create_buffer(256);  name 값을
                                                                validateName 함수에
  if (!validateName(clientData.name, errorMessagePointer) ||  ◁─ 넘긴다.
      !validateCategory(clientData.categoryId, ◁─
          errorMessagePointer)) {
    errorMessage = getStringFromMemory(errorMessagePointer);
  }
                                                                clientData 객체
  moduleExports._free_buffer(errorMessagePointer);               의 categoryId 값을
                                                                validateCategory
  setErrorMessage(errorMessage);                                  함수에 넘긴다.
  if (errorMessage === "") {
        ◁─ 오류가 없으니 데이터를
  }          서버에 전달한다.
}
...
```

마지막으로 수정할 코드는 copyStringToMemory 함수입니다. TextEncoder는 브라우저에서는 전역 객체지만 Node.js에서는 util 패키지에 있는 객체이므로 앞서 로드한 util을 TextEncoder 객체 앞에 붙입니다.

```javascript
function copyStringToMemory(value, memoryOffset) {
    const bytes = new Uint8Array(moduleMemory.buffer);
    bytes.set(new util.TextEncoder().encode((value + "\0")),   ← Node.js에서는 TextEncoder
        memoryOffset);                                             객체가 util 패키지에 있다.
}
```

nodejs_validate.js 파일의 나머지 부분은 고칠 필요가 없습니다.

실행 결과

categoryId 프로퍼티에 잘못된 값을 넣어보고 검증 로직이 제대로 동작하는지 테스트합니다. 예를 들어, VALID_CATEGORY_IDS 배열에 없는 아무 값이나 categoryId로 지정하고 파일을 저장합니다. Chapter 10\10.4.2 SideModule\backend 폴더에서 다음 명령을 실행합니다.

```
node nodejs_validate.js
```

[그림 10-12]처럼 오류 메시지가 표시되면 정상입니다.

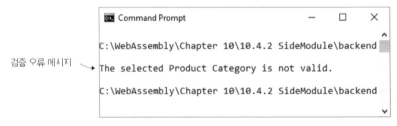

그림 10-12 Node.js에서 발생한 상품 카테고리 오류

10.4.3 웹어셈블리 모듈에서 자바스크립트 호출

실행 시간이 긴 작업을 모듈에서 수행해야 할 경우, 모듈에서 직접 자바스크립트를 호출하는

게 더 낫습니다. 자바스크립트로 함수를 호출해서 결과를 기다리게 하지 않고 일정한 주기로 모듈이 자바스크립트를 호출해서 추가 정보를 얻거나 자신의 정보를 업데이트하는 것입니다.

그러나 엠스크립튼 자바스크립트를 사용하지 않으면 모든 자바스크립트가 같은 스코프에 위치하므로 약간 상황이 다릅니다. 모듈은 자바스크립트를 호출해서 메인 코드에 접근해야 합니다 (그림 10-13).

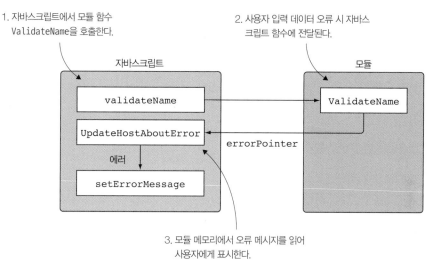

그림 10-13 엠스크립튼 자바스크립트를 사용하지 않을 때 콜백 로직이 동작하는 과정

Node.js용 서버 코드 구현

Chapter 10\10.4.3 SideModuleCallingJS\backend 폴더를 만들고 다음과 같이 작업합니다.

- Chapter 5\5.2.1 Side-ModuleCallingJS\frontend\editproduct.js, validate.wasm 파일을 복사해 넣습니다.
- editproduct.js를 nodejs_validate.js로 파일명을 변경하고 편집기로 엽니다.

Node.js에서 nodejs_validate.js 파일이 실행되도록 수정합니다. 이 파일은 util 패키지의 **TextEncoder** 객체에 있는 **copyStringToMemory** 함수를 사용하므로 다음과 같이 앞부분에 패키지를 추가합니다.

```
const util = require('util'); ◁─┤ TextEncoder 객체를 사용할 수 있도록 util 패키지를 로드한다.
```

initialData를 clientData로 객체명을 변경하고 *initializePage* 함수 앞에 다음 코드를 추가합니다. validate.wasm 파일에서 읽은 바이트를 instantiateWebAssembly 함수에 전달하는 코드입니다.

```
const fs = require('fs');
fs.readFile('validate.wasm', function(error, bytes) {  ◁──┤ validate.wasm 파일에서
  if (error) { throw error; }                              바이트를 읽는다.

  instantiateWebAssembly(bytes);  ◁──┤ 읽은 바이트를
});                                     이 함수에 전달한다.
```

initializePage 함수는 다음과 같이 수정합니다.

- 함수명을 instantiateWebAssembly로 바꾸고 bytes 매개변수를 추가합니다.
- moduleMemory 코드 라인 이전 부분을 모두 삭제합니다.
- WebAssembly.instantiateStreaming를 WebAssembly.instantiate로 바꾸고 fetch("validate. wasm") 매개변수를 bytes로 변경합니다.
- 마지막으로, WebAssembly.instantiate 호출부의 then 메서드에서 moduleExports 코드 라인 다음에 곧이어 작성할 validateData 함수의 호출부를 추가합니다.

예제 10-6 initializePage를 instantiateWebAssembly로 함수명을 변경한다.

```
...
                                         ┌ 함수명을 instantiateWebAssembly
                                         │ 로 바꾸고 bytes 매개변수를 추가한다.
function instantiateWebAssembly(bytes) {  ◁─┘
  moduleMemory = new WebAssembly.Memory({initial: 256});

  const importObject = {
    env: {
      __memory_base: 0,
      memory: moduleMemory,
      _UpdateHostAboutError: function(errorMessagePointer) {
        setErrorMessage(getStringFromMemory(errorMessagePointer));
      },
    }
  };
```

```
  WebAssembly.instantiate(bytes, importObject).then(result => {    ⊲
    moduleExports = result.instance.exports;
    validateData();    ⊲──┐ 모듈 인스턴스화 이후
  });                      └ validateData를 호출한다.
}
...
```

instantiateStreaming 대신 instantiate 함수를 호출하고 fetch 대신 bytes를 넘긴다.

getSelectedCategoryId 함수는 필요 없으니 삭제합니다. setErrorMessage 함수는 error 를 콘솔창에 출력하도록 수정합니다.

```
function setErrorMessage(error) { console.log(error); }    ⊲── 오류 메시지는 콘솔창에 출력한다.
```

onClickSave 함수는 다음과 같이 수정합니다.

- 함수명을 validateData로 바꿉니다.
- setErrorMessage(), const name, const categoryId 코드 라인을 삭제합니다.
- if 조건문에서 name, categoryId 앞에 clientData를 붙입니다.

```
function validateData() {    ⊲── onClickSave를 validateData로 함수명을 변경한다.
  if (validateName(clientData.name) &&    ⊲── clientData 객체의 name 값을 validateName 함수에 넘긴다.
      validateCategory(clientData.categoryId)) {    ⊲──┐ clientData 객체의
                                                       │ categoryId 값을
      ⊲──┐ 오류가 없으니 데이터를                          │ validateCategory
  }      └ 서버에 전달한다.                               │ 함수에 넘긴다.
}
```

마지막으로 수정할 코드는 copyStringToMemory 함수입니다. TextEncoder는 브라우저에서는 전역 객체지만 Node.js에서는 util 패키지에 있는 객체이므로 앞서 로드한 util을 TextEncoder 객체 앞에 붙입니다.

```
function copyStringToMemory(value, memoryOffset) {
  const bytes = new Uint8Array(moduleMemory.buffer);
  bytes.set(new util.TextEncoder().encode((value + "\0")),    ⊲──┐ Node.js에서는
      memoryOffset);                                              │ TextEncoder 객체가
}                                                                 │ util 패키지에 있다.
```

nodejs_validate.js 파일의 나머지 부분은 고칠 필요가 없습니다.

실행 결과

name 프로퍼티에 MAXIMUM_NAME_LENGTH, 즉 50자를 초과하는 값을 넣고 검증 로직이 제대로 동작하는지 테스트합니다. 예를 들어, "This is a very long product name to test the validation logic."처럼 긴 문자열을 입력하고 파일을 저장합니다. Chapter 10\10.4.3 SideModule\backend 폴더에서 다음 명령을 실행합니다.

```
node nodejs validate js
```

[그림 10-14]처럼 오류 메시지가 표시되면 정상입니다.

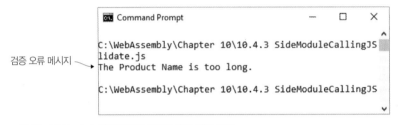

검증 오류 메시지 →

그림 10-14 Node.js에서 발생한 상품명 길이 초과 오류

10.4.4 웹어셈블리 모듈에서 자바스크립트 함수 포인터 호출

자바스크립트를 직접 호출하는 것보다 자바스크립트 함수 포인터를 모듈에 전달하면 특정 함수에 의존하지 않게 되므로 더 유연해집니다. 단, 함수 시그니처가 올바르다는 전제 하에 모듈을 함수에 전달할 수 있습니다. 또 자바스크립트를 설정하는 방법에 따라 여러분의 자바스크립트에 도달하려면 함수를 여러 번 호출해야 할 수 있는데, 함수 포인터가 있으면 모듈이 직접 함수를 호출할 수 있습니다.

웹어셈블리 모듈은 함수 포인터를 사용해 모듈 내에 위치한 함수를 가리키거나 함수를 임포트할 수 있습니다. 여기서는 편의상 6.2절에서 작성한 웹어셈블리 모듈을 다시 사용하겠습니다. 이 모듈은 여러분이 작성한 자바스크립트 함수 OnSuccess, OnError 중 하나를 호출하는데,

이런 식으로 모듈에서 자바스크립트를 호출할 수 있습니다(그림 10-15).

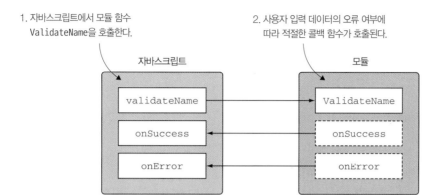

1. 자바스크립트에서 모듈 함수 ValidateName을 호출한다.

2. 사용자 입력 데이터의 오류 여부에 따라 적절한 콜백 함수가 호출된다.

그림 10-15 모듈은 인스턴스화 시 자바스크립트 함수 onSuccess, onError를 임포트한다. 두 함수 중 하나를 모듈 함수 ValidateName이 호출하여 결국 자바스크립트를 호출하게 된다

Node.js용 서버 코드 구현

6장에서 작성한 자바스크립트를 Node.js 환경에 맞게 코드를 수정하겠습니다. Chapter 10\10.4.4 SideModuleFunctionPointers\backend 폴더를 만들고 다음과 같이 작업합니다.

- Chapter 6\6.2.2 Side-ModuleFunctionPointers\frontend\editproduct.js, validate.wasm 파일을 복사해 넣습니다.
- editproduct.js를 nodejs_validate.js로 파일명을 변경하고 편집기로 엽니다.

문자열을 모듈 메모리에 복사하려고 사용한 자바스크립트 객체 **TextEncoder**는 Node.js에서 **util** 패키지에 있기 때문에 파일 첫부분에 **require** 함수로 패키지를 추가합니다.

```
const util = require('util');  ◁── TextEncoder 객체를 사용하기 위해 util 패키지를 로드한다.
```

initialData를 **clientData**로 객체명을 변경하고 nodejs_validate.js 파일에서 다음 코드를 **initializePage** 함수 앞에 추가합니다. validate.wasm 파일에서 읽은 바이트를 **instantiateWebAssembly** 함수에 전달하는 코드입니다.

```
const fs = require('fs');
fs.readFile('validate.wasm', function(error, bytes) {        ┌─ validate.wasm 파일에서
  if (error) { throw error; }                                │  바이트를 읽는다.

  instantiateWebAssembly(bytes);    ◁──┐ 읽은 바이트를
});                                     └ 이 함수에 전달한다.
```

initializePage 함수는 다음과 같이 수정합니다.

- 함수명을 instantiateWebAssembly로 바꾸고 bytes 매개변수를 추가합니다.

- moduleMemory 코드 라인 이전 부분을 삭제합니다.

- WebAssembly.instantiateStreaming를 WebAssembly.instantiate로 바꾸고 fetch("validate.
  wasm") 매개변수를 bytes로 변경합니다.

- 마지막으로, WebAssembly.instantiate 호출부의 then 메서드에서 moduleExports 코드 라인 다음에
  곧이어 작성할 validateData 함수의 호출부를 추가합니다.

예제 10-7 initializePage를 instantiateWebAssembly로 함수명을 변경한다.

```
...                                         ┌─ 함수명을 instantiateWebAssembly
function instantiateWebAssembly(bytes) {  ◁─┤  로 바꾸고 bytes 매개변수를 추가한다.
  moduleMemory = new WebAssembly.Memory({initial: 256});
  moduleTable = new WebAssembly.Table({initial: 1, element: "anyfunc"});

  const importObject = {
    env: {
      __memory_base: 0,
      memory: moduleMemory,
      __table_base: 0,
      table: moduleTable,
      abort: function(i) { throw new Error('abort'); },
    }
  };

  WebAssembly.instantiate(bytes, importObject).then(result => { ◁─────┐
    moduleExports = result.instance.exports;                          │

    validateOnSuccessNameIndex = addToTable(() => {    instantiateStreaming 대신
      onSuccessCallback(validateNameCallbacks);        instantiate 함수를 호출하고
    }, 'v');                                             fetch 대신 bytes를 넘긴다.
```

```
        validateOnSuccessCategoryIndex = addToTable((() => {
            onSuccessCallback(validateCategoryCallbacks);
        }, 'v');

        validateOnErrorNameIndex = addToTable(((errorMessagePointer) => {
            onErrorCallback(validateNameCallbacks, errorMessagePointer);
        }, 'vi');

        validateOnErrorCategoryIndex = addToTable(((errorMessagePointer) => {
            onErrorCallback(validateCategoryCallbacks, errorMessagePointer);
        }, 'vi');

        validateData();    ◁─────  모듈 인스턴스화 이후
    });                            validateData를 호출한다.
}
...
```

getSelectedCategoryId 함수는 필요 없으니 삭제합니다. setErrorMessage 함수는 error 를 콘솔창에 출력하도록 수정합니다.

```
function setErrorMessage(error) { console.log(error); }  ◁──┤ 오류 메시지는 콘솔창에 출력한다.
```

onClickSave 함수는 다음과 같이 고칩니다.

- 함수명을 validateData로 바꿉니다.
- setErrorMessage(), const name, const categoryId 코드 라인을 삭제합니다.
- if 조건문에서 name, categoryId 앞에 clientData를 붙입니다.

예제 10-8 onClickSave를 validateData로 함수명을 변경한다.

```
...
                                     │ onClickSave를 validateData로
function validateData() {    ◁─────  │ 함수명을 변경한다.
  Promise.all([                       │ clientData 객체의 name 값을
    validateName(clientData.name),  ◁─┤ validateName 함수에 넘긴다.
    validateCategory(clientData.categoryId)  ◁─
  ])                                        │ clientData 객체의
  .then(() => {                             │ categoryId 값을
                                            │ validateCategory 함수에
      ◁──┐ 오류가 없으니 데이터를            │ 넘긴다.
  })       서버에 전달한다.
```

```
      .catch((error) => {
        setErrorMessage(error);
      });
  }
  ...
```

마지막으로 수정할 코드는 **copyStringToMemory** 함수입니다. **TextEncoder**는 브라우저에서는 전역 객체지만 Node.js에서는 util 패키지에 있는 객체이므로 앞서 로드한 util을 **TextEncoder** 객체 앞에 붙입니다.

```
function copyStringToMemory(value, memoryOffset) {
  const bytes = new Uint8Array(moduleMemory.buffer);
  bytes.set(new util.TextEncoder().encode((value + "\0")),     ◁── Node.js에서는
      memoryOffset);                                                TextEncoder 객체가
}                                                                  util 패키지에 있다.
```

nodejs_validate.js 파일의 나머지 부분은 고칠 필요가 없습니다.

실행 결과

name 프로퍼티 값에 빈 값을 세팅(name: "")한 상태에서 Chapter 10\10.4.4 SideModule\backend 폴더에서 다음 명령을 실행합니다.

```
node nodejs_validate.js
```

[그림 10-14]처럼 오류 메시지가 표시되면 정상입니다.

검증 오류 메시지 →

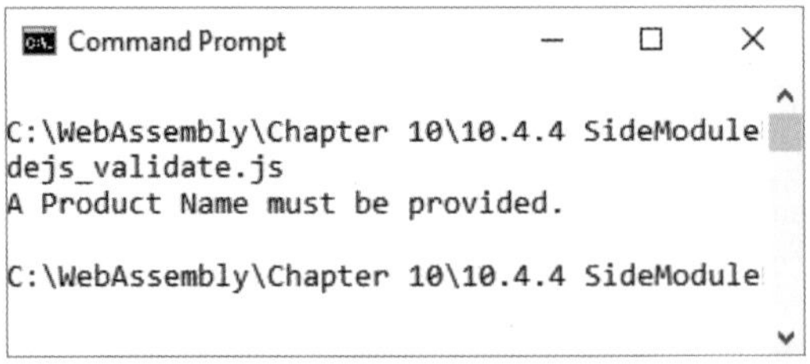

```
■ Command Prompt                 —      □     ×

C:\WebAssembly\Chapter 10\10.4.4 SideModule
dejs_validate.js
A Product Name must be provided.

C:\WebAssembly\Chapter 10\10.4.4 SideModule
```

그림 10-16 Node.js에서 발생한 상품명 검증 오류

10.5 실제 용례

- 이 장에서 배운 것처럼 Node.js는 명령줄에서 실행되므로 로컬 PC에서 웹어셈블리 로직을 이용해 일상 업무를 처리할 수 있습니다.
- Node.js 환경에서 웹 소켓을 응용하면 웹 애플리케이션에서 실시간 협력 체계^{collaboration}을 구현하는 데 유용합니다.
- 게임 프로그램에 채팅 컴포넌트를 추가할 때 Node.js를 활용합니다.

10.6 연습 문제

1 Node.js 환경에서 엠스크립튼 자바스크립트 파일을 로드하려면 어떤 함수를 호출해야 하는가?
2 웹어셈블리 모듈이 준비 완료되는 시점을 통보받기 위해 설정하는 `Module` 프로퍼티는 무엇인가?
3 Node.js에서 동적 링킹을 하려면 8장의 index.js 파일을 어떻게 수정해야 하는가?

➔ 해답은 부록 D에 있습니다.

10.7 마치며

- 웹어셈블리 모듈은 Node.js 환경에서도 사용할 수 있습니다. 필요한 자바스크립트도 브라우저 환경에서 개발했던 것과 거의 같습니다.
- 엠스크립튼 자바스크립트가 포함된 모듈은 `require` 함수를 이용해 자동으로 로드/인스턴스화합니다. 그러나 브라우저 환경과 달리, 전역 범위에서 사용 가능한 엠스크립튼 헬퍼 함수는 하나도 없습니다. 엠스크립튼 자바스크립트 파일에 있는 함수는 모두 `require` 함수에서 반환된 객체를 통해 접근해야 합니다.
- Node.js는 `WebAssembly.instantiateStreaming` 함수를 지원하지 않기 때문에 `WebAssembly.instantiate` 함수를 사용합니다. 웹어셈블리 모듈을 웹 브라우저, Node.js 두 환경에서 모두 사용하기 위해 하나의 자바스크립트 파일을 작성하려면 3.7절에서 배운 기능 감지가 필요합니다.
- Node.js에서 웹어셈블리 파일을 수동 로드할 경우에는 이 파일이 앞으로 실행할 자바스크립트와 같은 머신에 있기 때문에 `fetch` 메서드는 사용하지 않습니다. 대신, 파일 시스템에서 웹어셈블리 파일의 바이트를 읽은 다음 `WebAssembly.instantiate` 함수에 바이트를 전달합니다.
- `require` 함수를 호출하는 코드와 엠스크립튼 자바스크립트 사이의 스코프 문제 탓에 여러분이 작성한 자바스크립트를 엠스크립튼 자바스크립트 파일에 추가하려면, 자기 완비형 코드를 작성해야 하며 부모 코드를 호출해선 안 됩니다.

디버깅과 테스팅

개발을 하다보면 에러가 나서 디버깅을 하는 일이 비일비재합니다. 경우에 따라 코드만 대충 봐도 해결 가능한 문제도 있지만 깊게 파헤쳐야만 겨우 원인을 알 수 있는 문제도 많습니다. 4부에서는 웹어셈블리 모듈의 다양한 디버그/테스트 기법을 설명하겠습니다.

11장은 카드 짝 맞추기 게임을 직접 개발하면서 웹어셈블리 텍스트 포맷에 대해 설명합니다.

12장은 11장에서 만든 게임을 기능 확장하는 예제를 통해 웹어셈블리 모듈의 다양한 디버깅 방법을 살펴봅니다.

마지막 13장은 웹어셈블리 모듈의 통합 테스트를 작성함으로써 이 책에서 배운 모든 웹어셈블리 개발 스킬을 완성합니다.

Part IV

디버깅과 테스팅

CHAPTER **11**

웹어셈블리 텍스트 포맷

이 장의 핵심 내용

◆ 웹어셈블리 모듈을 텍스트 포맷 코드로 만들기

◆ 텍스트 포맷 코드를 wat2wasm을 이용해 바이너리 모듈로 컴파일

◆ wat2wasm으로 만든 모듈을 엠스크립튼 생성 모듈에 링크

◆ 카드 짝 맞추기 게임의 HTML 및 자바스크립트 개발

웹어셈블리는 파일 크기를 최대한 줄여 다운로드/전송 속도를 높이기 위해 바이너리 파일 포맷으로 설계됐습니다. 이는 개발자가 작성한 코드를 스스로 숨길 수 있게 하려는 의도가 아니라 실은 그 반대입니다. 웹어셈블리는 웹의 개방성을 표방하는 기술이므로 바이너리 포맷과 같은 텍스트 포맷이 공존합니다.

텍스트 포맷 덕분에 브라우저 사용자도 개발자 도구에서 웹어셈블리를 자바스크립트를 살펴보는 것처럼 들여다볼 수 있습니다. 웹어셈블리 모듈에 소스 맵이 포함되어 있지 않아도 바이너리 포맷에 상응하는 텍스트 포맷 코드를 보면서 얼마든지 디버깅을 할 수 있습니다(그림 11-1).

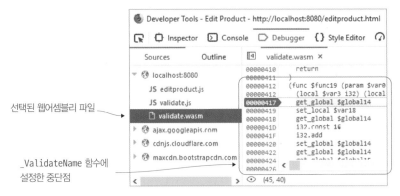

그림 11-1 파이어폭스 개발자 도구. 4.1절에서 개발한 웹어셈블리 모듈 함수 _ValidateName에 중단점을 설정했다.

선택된 웹어셈블리 파일

_ValidateName 함수에
설정한 중단점

이 장에서는 아주 재미있는(?) 카드 짝 맞추기^{card matching} 게임을 만들어보겠습니다(그림 11-2). 레벨 1(첫째 판)이 시작되면 2행 2열로 놓인 카드 4개가 뒤집혀 있습니다^{facedown}. 게임을 하는 사용자^{player}(플레이어)는 카드 2개를 연달아 클릭해서 펼쳐보고^{faceup} 두 카드가 짝이 맞으면 사라지고 짝이 안 맞으면 다시 뒤집힙니다. 여러분도 예전에 이런 게임을 한두 번은 해보았을 겁니다.

카드 짝 맞추기 게임의 레벨 1
화면. 선택한 두 카드가 짝이
안 맞으면 다시 뒤집힌다.

그림 11-2 카드 짝 맞추기 게임의 레벨 1 화면

플레이어가 레벨을 클리어하면 다시 게임하거나 다음 레벨로 넘어갈 수 있다.

그림 11-3 플레이어가 레벨을 클리어하면 축하 화면이 표시된다.

플레이어가 모든 카드의 짝을 다 맞추면 해당 레벨이 클리어되고, 이후 같은 레벨을 다시 게임할지, 아니면 다음 레벨로 넘어갈지 선택할 수 있습니다(그림 11-3).

다음 장에서 웹어셈블리 모듈을 디버깅하는 방법을 설명하기 전에 텍스트 포맷에 관한 기본 지식은 미리 갖춰두어야 합니다. 이 장에서는 웹어셈블리 텍스트 포맷을 이용해 카드 짝 맞추기 게임의 코어 로직을 개발하면서 텍스트 포맷의 작동 원리를 설명하겠습니다. 카드 짝 맞추기 게임의 코어 로직은 웹어셈블리 바이너리 툴킷의 온라인 툴을 사용해 웹어셈블리 모듈로 컴파일하고 게임 UI는 HTML, CSS, 이미지로 구현합니다.

텍스트 포맷만으로 모듈을 빌드할 경우 `malloc`, `free` 같은 표준 C 라이브러리 함수는 사용할 수 없습니다. 하지만 예제 텍스트 포맷 모듈에서 필요한 함수들을 익스포트하는 엠스크립튼 생성 모듈을 간단히 작성하여 해결할 수 있습니다.

카드 짝 맞추기 게임은 다음과 순서대로 개발합니다(그림 11-4).

1 게임 코어 로직을 웹어셈블리 텍스트 포맷으로 작성합니다.
2 웹어셈블리 바이너리 툴킷을 이용해 텍스트 포맷 파일(card.wasm)을 컴파일하여 웹어셈블리 모듈을 생성합니다.
3 cards.wasm 모듈이 필요한 표준 C 라이브러리 함수를 사용할 수 있게 해주는 C++ 파일을 작성합니다.
4 엠스크립튼으로 C++ 파일을 컴파일하여 웹어셈블리 모듈을 생성합니다.
5 생성된 웹어셈블리 파일을 브라우저에서 사용할 수 있도록 해당 서버 경로에 복사하고, HTML 파일과 두 웹어셈블리 모듈을 로드/링크할 자바스크립트와 플레이어 정보를 모듈에 전달할 자바스크립트를 각각 작성합니다.

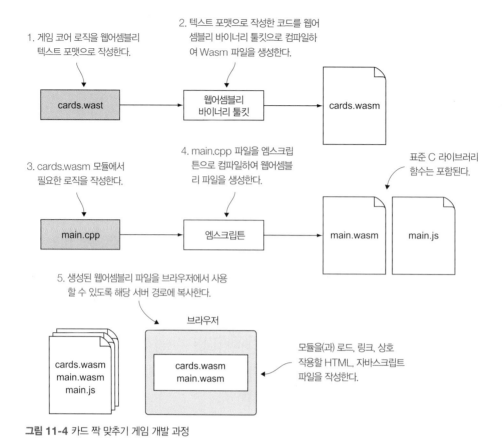

그림 11-4 카드 짝 맞추기 게임 개발 과정

11.1 웹어셈블리 텍스트 포맷으로 게임 코어 로직 작성하기

웹어셈블리 텍스트 포맷은 모듈 엘리먼트를 S-표현식 노드 형태로 간단하게 표현할 수 있습니다. 각각의 S-표현식은 괄호 ()로 감쌉니다. 노드 유형을 의미하는 라벨로 시작해 이후 노드에는 공백으로 구분된 속성값 리스트나 다른 노드가 계속 등장합니다. 텍스트 포맷은 사람이 읽기 편하게 보통 자식 노드는 개행문자linefeed로 구분하며, 부모/자식 관계를 쉽게 알아볼 수 있도록 들여쓰기indentation합니다.

텍스트 포맷에서는 함수나 매개변수 같은 항목을 대부분 인덱스로 참조하지만 이런 항목들이 아주 많을 경우 만사를 인덱스로 참조하면 너무 헷갈립니다. 그래서 항목을 정의할 때 선택적으로 변수명을 붙일 수 있는데, 필자도 이 장에 나오는 모든 변수와 함수에 이름을 붙였습니다.

변수명은 $로 시작하며, 그 다음에 변수가 뜻하는 글자 또는 숫자가 옵니다. 보통 $func처럼 변수명에 자료형까지 포함되지만, add 함수에 $add라는 변수명을 붙이는 식으로도 사용할 수 있습니다. $func0처럼 변수명 바로 뒤에 인덱스를 붙여쓰기도 합니다.

1장에서 배웠듯이, 웹어셈블리에서 지원되는 자료형은 네 가지입니다. 불리언Boolean 값은 32비트 정수(0은 false, 나머지는 true)로, 문자열을 비롯한 기타 자료형은 모듈 선형 메모리linear memory에 나타냅니다.

- i32: 32비트 정수
- i64: 64비트 정수
- f32: 32비트 부동소수
- f64: 64비트 부동소수

이 네 가지 자료형을 더 쉽게 다루기 위해 텍스트 포맷에는 각 자료형과 이름이 동일한 객체가 있습니다. 예를 들어, i32 값 2개를 더하려면 i32.add, 10.5는 f32.const 10.5로 사용합니다. 객체별 메모리 및 수치 명령어 목록은 웹어셈블리 깃허브[1]를 참고하기 바랍니다.

11.1.1 모듈 섹션

웹어셈블리 모듈의 표준/커스텀 섹션은 이미 2장에서 자세히 설명했습니다. 표준 섹션은 고유한 쓰임새가 있고 구조가 명확하며 모듈 인스턴스화 시점에 검증을 하지만 커스텀 섹션은 표준 섹션에 해당되지 않는 용도로 사용하기 위해 모듈 내부에 데이터를 넣은 것으로, 잘못 배치되어도 에러가 나지는 않습니다.

[그림 11-5]는 바이너리 바이트코드의 기본 구조입니다. 표준 섹션은 모두 옵션이고 각각 한 번만 지정할 수 있습니다. 커스텀 섹션도 표준 섹션처럼 옵션이지만 표준 섹션 앞, 뒤, 중간 어디건 올 수 있습니다.

---

1 http://webassembly.github.io/spec/core/text/instructions.html

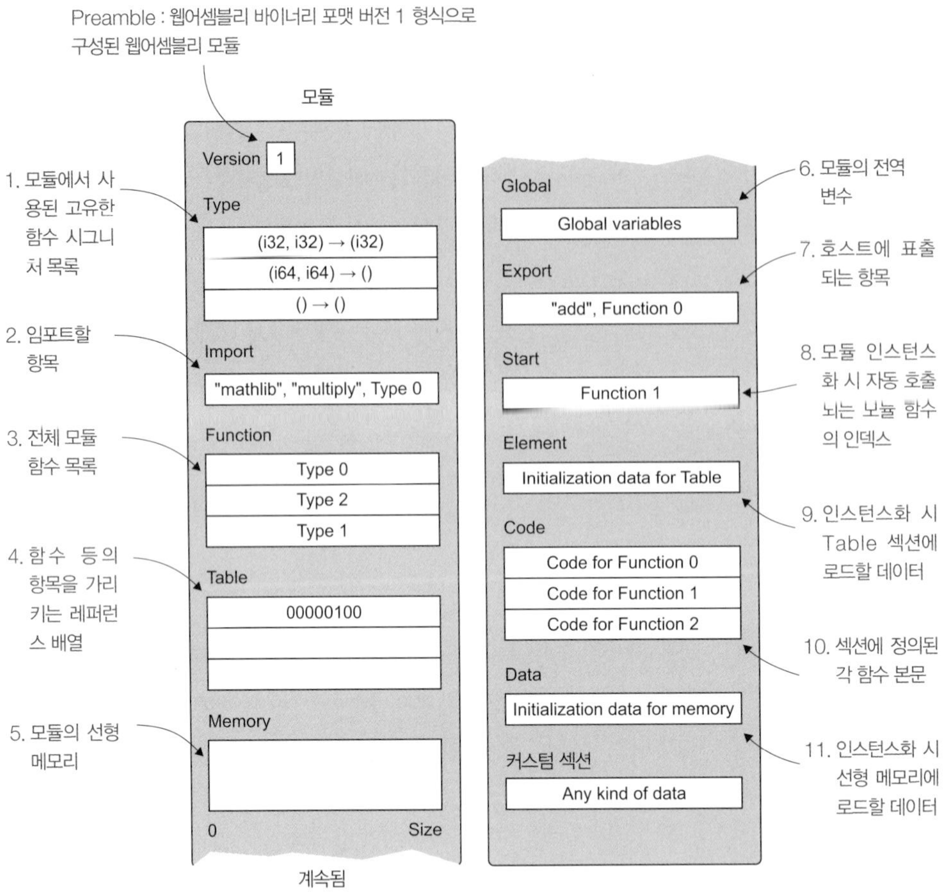

Preamble : 웹어셈블리 바이너리 포맷 버전 1 형식으로
구성된 웹어셈블리 모듈

모듈

Version 1

1. 모듈에서 사용된 고유한 함수 시그니처 목록

Type
(i32, i32) → (i32)
(i64, i64) → ()
() → ()

2. 임포트할 항목

Import
"mathlib", "multiply", Type 0

3. 전체 모듈 함수 목록

Function
Type 0
Type 2
Type 1

4. 함수 등의 항목을 가리키는 레퍼런스 배열

Table
00000100

5. 모듈의 선형 메모리

Memory

0   Size

계속됨

Global
Global variables

6. 모듈의 전역 변수

Export
"add", Function 0

7. 호스트에 표출되는 항목

Start
Function 1

8. 모듈 인스턴스화 시 자동 호출되는 노뮬 함수의 인덱스

Element
Initialization data for Table

9. 인스턴스화 시 Table 섹션에 로드할 데이터

Code
Code for Function 0
Code for Function 1
Code for Function 2

10. 섹션에 정의된 각 함수 본문

Data
Initialization data for memory

커스텀 섹션
Any kind of data

11. 인스턴스화 시 선형 메모리에 로드할 데이터

그림 11-5 표준/커스텀 섹션 중심으로 나타낸 웹어셈블리 바이너리 바이트코드의 기본 구조

텍스트 포맷에는 바이너리 포맷의 표준 섹션에 해당하는 S-표현식 라벨이 정해져 있습니다 (표 11-1).

표 11-1 각 표준 섹션에 해당하는 S-표현식 라벨

바이너리 포맷	텍스트 포맷	바이너리 포맷	텍스트 포맷
Preamble	module	Global	global
Type	type	Export	export
Import	import	Start	start
Function	func	Element	elem
Table	table	Code	–
Memory	memory	Data	data

[표 11-1]에서 바이너리 포맷의 Code 섹션에 배정된 텍스트 포맷 라벨은 없습니다. 그리고 바이너리 포맷은 함수 시그니처와 함수 본문가 별도의 섹션에 있지만, 텍스트 포맷은 함수 본문가 func S-표현식의 일부로 함수에 포함되어 있습니다.

바이너리 포맷의 표준 섹션은 모두 옵션이며, [표 11-1]에 나열된 순서대로 한번씩만 사용할 수 있습니다. 그러나 텍스트 포맷에서는 import S-표현식이 table, memory, global, func S-표현식 앞에 온다는 제약만 있습니다.

> **NOTE_** 연관된 노드를 가급적 한곳에, 바이너리 파일과 동일한 순서로 두면 코드 유지 보수 측면에서 좋습니다.

11.1.2 주석

텍스트 포맷에서 주석을 붙이는 방법은 두 가지입니다. 첫째, 한줄짜리 주석single-line comment은 더블 세미콜론double semicolon을 앞에 붙입니다.

```
;; this is a single-line comment
```

둘째, (;으로 시작해 ;)로 감싸면 여러 줄을 블록으로 처리할 수 있습니다. 이런 식으로 주석을 달아 엘리먼트 내부에서 인덱스를 표시하는 툴도 있습니다.

```
(; 0 ;)
```

11.1.3 함수 시그니처

함수 시그니처는 본문 없이 함수의 틀을 선언한 코드입니다. 함수 시그니처의 S-표현식은 func 라벨 다음에 변수명을 선택적으로 덧붙입니다.

매개변수를 받는 함수는 param S-표현식으로 매개변수형을 나타냅니다. 예를 들어, 다음은 32비트 정수 하나를 매개변수로 받고 아무 값도 반환하지 않는 함수의 시그니처입니다.

```
(func (param i32))
```

여러 매개변수를 받는 함수는 그 개수만큼 param 노드를 추가합니다. 예를 들어, 다음은 32비트 정수 2개를 매개변수로 받고 아무 값도 반환하지 않는 함수의 시그니처입니다.

```
(func (param i32) (param i32))
```

param 노드를 한번만 써서 매개변수형을 공백으로 띄어 쓰면 코드가 더 간결해집니다.

```
(func (param i32 i32))
```

값을 반환하는 함수는 result S-표현식으로 반환형을 나타냅니다. 예를 들어, 다음은 32비트 정수 2개를 매개변수로 받고 32비트 정수를 반환하는 함수의 시그니처입니다.

```
(func (param i32 i32) (result i32))
```

매개변수를 받지 않고 아무 값도 반환하지 않는 함수는 param, result 노드 모두 쓰지 않습니다.

```
(func)
```

텍스트 포맷에 관한 기본 지식은 일단 이 정도만 이해하고 바로 게임 로직을 작성해보겠습니다.

그림 11-6 게임 코어 로직을 웹어셈블리 텍스트 포맷으로 작성한다.

11.1.4 module 노드

실습 파일을 저장할 Chapter 11\source 폴더를 생성하고 텍스트 포맷 코드를 작성할 cards. wast 파일을 만듭니다.

웹어셈블리 텍스트 포맷의 루트는 module S-표현식 노드입니다. 나머지 모듈 엘리먼트는 이 노드의 자식 노드입니다. 웹어셈블리 모듈 섹션은 전부 옵션이라서 빈 모듈도 가능한데, 텍스트 포맷으로 표현하면 (module)입니다.

module 노드는 바이너리 포맷의 Preamble 섹션과 같습니다(그림 11-7). 사용 중인 바이너리 포맷의 버전 넘버는 텍스트 포맷을 바이너리 포맷으로 변환하는 툴이 자동 삽입합니다.

게임 코어 로직을 개발하는 첫 단계는 cards.wast 파일에 모듈 노드를 추가하는 일입니다.

```
(module  ⬅—|  module 노드가 루트다.
    ⬅—|  나머지 모듈 엘리먼트는 module 노드의 자식 노드다.
)
```

Preamble: 웹어셈블리 바이너리 포맷 버전 1 형식으로
구성된 웹어셈블리 모듈임을 의미한다.

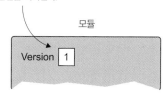

그림 11-7 모듈 노드는 바이너리 포맷의 Preamble 섹션과 같다. 버전 넘버는 바이너리 포맷 파일을 생성하는 데 사용한 툴로 지정한다.

이제 모듈의 표준 섹션을 module 노드의 자식 노드로 추가합니다. 첫 번째 자식 노드는 type 노드가 유력합니다. 그러나 모듈 로직에 필요한 함수를 임포트하거나 직접 작성하기 전에는 어떤 함수 시그니처를 모듈에 선언해야 할지 모르기 때문에 type 노드는 잠시 넘어가고 나중에 모듈 함수를 작성할 때마다 하나씩 추가하겠습니다.

module 노드에 추가할 첫 번째 섹션은 import 노드입니다.

11.1.5 import 노드

Import 섹션에는 함수, 테이블, 메모리, 글로벌 임포트 등 모듈에서 사용하는 모든 항목을 선언합니다. 이 예제도 모듈에 여러 가지 함수와 메모리를 임포트해야 합니다(그림 11-8).

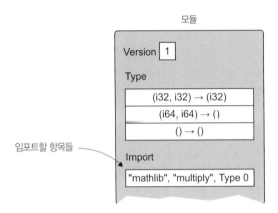

그림 11-8 모듈에 임포트할 항목은 모두 Import 섹션에 선언한다.

import 노드는 'import 라벨 + 네임스페이스명 + 임포트할 항목명 + 임포트할 데이터' 형식의 S-표현식으로 정의합니다. 엠스크립튼으로 생성한 모듈의 네임스페이스명은 "env"로 구별합니다. 엠스크립튼은 임포트할 항목명 앞에 언더스코어 문자를 추가하므로 일관성을 유지하기 위해 자바스크립트에도 똑같이 언더스코어를 붙입니다.

다음은 i32 매개변수를 2개 받고 i32 값을 반환하는 함수를 임포트하는 import 노드입니다.

```
(import "env" "_Add"  ◁─┤ "env"는 네임스페이스명, "_Add"는 임포트할 항목명이다.
  (func $add (param i32 i32) (result i32))  ◁─┐ i32 매개변수를 2개 받고 i32 값을
)                                              반환하는 함수를 임포트한다.
```

웹어셈블리 모듈 인스턴스화 시 자바스크립트 객체(importObject)를 WebAssembly. instantiateStreaming 함수에 전달해야 합니다. 예를 들어, 앞서 정의한 _Add 함수를 받는 모듈이라면 다음과 같이 객체를 생성해서 전달합니다.

```
const importObject = {
  env: {  ◁─┤ 객체명은 네임스페이스명(env)과 반드시 일치해야 한다.
```

```
    Add: function(value1, value2) {
      return value1 + value2;
    }
  }
};
```

항목명은 콜론 좌측, 임포트할
항목은 우측에 적는다.

import 노드 추가

카드 짝 맞추기 게임은 모듈이 여러 단계에서 자바스크립트를 호출해서 게임 상태를 업데이트
하기 위해 다양한 자바스크립트 함수를 임포트합니다(표 11-2).

표 11-2 임포트할 자바스크립트 함수들

항목명	매개변수	목적
_GenerateCards	rows, columns, level	카드를 몇 행, 몇 열로 생성할지 지정한다. level은 현재 플레이어가 게임 중인 레벨을 화면에 표시하기 위해 받는다.
_FlipCard	row, column, cardValue	주어진 행, 열의 카드를 뒤집는다. cardValue가 -1이면 (짝이 맞지 않아) 카드를 뒤집고, 그밖의 값이면 (플레이어가 처음에 클릭한 것이니) 카드를 펼친다.
_RemoveCards	row1, column1, row2, column2	주어진 행, 열의 두 카드를 (짝이 맞았기 때문에) 제거한다.
_LevelComplete	level, anotherLevel	플레이어가 현재 레벨(level)을 클리어한 것으로 표시하고 다음 레벨 (anotherLevel)이 존재하는지 확인한다. 자바스크립트로 표시한 요약 화면에서 플레이어는 현재 레벨을 다시 게임하거나 (다음 레벨이 있다면) 다음 레벨로 넘어갈 수 있다.
_Pause	namePointer, milliseconds	두 카드가 짝이 맞아 제거하거나, 짝이 안 맞아 다시 뒤집기 전에 잠시 실행을 중단하여 카드를 화면에 표시한다. namePointer는 호출할 함수명 문자열이 저장된 모듈 메모리의 인덱스이다. milliseconds는 namePointer가 가리키는 함수를 호출하기 전까지 대기하는 시간이다.

자바스크립트는 요청받은 항목을 _GenerateCards 같은 항목명을 이용해 특정합니다. 하지만
여러분이 모듈에 작성한 코드에서는 임포트된 항목을 인덱스나 (변수명을 지정했을 경우) 변
수명으로 참조합니다. 인덱스로 참조하면 아무래도 헷갈리기 쉬워서 임포트할 항목에 각각 변
수명을 달겠습니다.

[표 11-2] 함수들을 cards.wast 파일의 module S-표현식 안에 [예제 11-1]과 같이 import S-표현식 형태로 추가합니다.

예제 11-1 자바스크립트 함수를 임포트하기 위한 import S-표현식

```
...

(import "env" "_GenerateCards"
  (func $GenerateCards (param i32 i32 i32))    ◁── 카드를 몇 행, 몇 열로 생성할지 지정한다.
)
(import "env" "_FlipCard"
  (func $FlipCard (param i32 i32 i32))    ◁── 주어진 행, 열에 있는 카드를 뒤집는다.
)
(import "env" "_RemoveCards"
  (func $RemoveCards (param i32 i32 i32 i32))    ◁── 주어진 행, 열에 있는
)                                                    두 카드를 제거한다.
(import "env" "_LevelComplete"
  (func $LevelComplete (param i32 i32))    ◁── 플레이어가 현재 레벨을 클리어했다고
)                                               표시하고 다음 레벨이 있는지 찾아본다.
(import "env" "_Pause" (func $Pause (param i32 i32)))    ◁── 주어진 시간(밀리 초) 경과 후
...                                                          주어진 함수를 호출한다.
```

이 장 후반부에서는 이 모듈과 런타임에 수동으로 연결되는 엠스크립튼 생성 모듈을 빌드할 것입니다. 엠스크립튼 생성 모듈은 메모리를 관리하는 malloc, free 함수뿐만 아니라, 난수random number를 생성하는 유틸리티 함수도 제공합니다.

표 11-3 엠스크립튼 생성 모듈에서 임포트하는 항목들

아이템 명	형식	매개변수	목적
memory	메모리		이 모듈이 공유할 엠스크립튼 생성 모듈의 선형 메모리
_SeedRandomNumberGenerator	함수		난수 발생기generator의 시드seed[2]를 설정한다
_GetRandomNumber	함수	범위	주어진 범위에서 난수를 찾아 반환한다
_malloc	함수	크기	주어진 바이트만큼 메모리를 할당한다
_free	함수	포인터	주어진 포인터에 할당했던 메모리를 해제한다

함수 임포트는 자바스크립트로 임포트했던 것과 정의하는 방법은 동일합니다. 단, 이번에는 메

---

2 옮긴이_ 난수를 발생시킬 때 기준이 되는 시작 숫자. 시작 숫자가 같으면 동일한 난수열이 생성됩니다.

모리 임포트라는 유일한 차이점이 있습니다. 무엇을 임포트하든지 import 노드의 전반부, 즉 'import 라벨 + 네임스페이스명 + 임포트할 항목명' 부분은 똑같고 후반부 '임포트할 데이터' 부분만 다릅니다.

memory 노드는 'memory 라벨 + 변수명(옵션) + 초기 메모리 페이지 수 + 최대 메모리 페이지 수(옵션)' 형식의 S-표현식으로 정의합니다. 각 메모리 페이지는 64KB(1KB는 1,024바이트, 1 페이지는 65,536바이트에 해당)입니다. 예를 들어, 다음은 초기 메모리 페이지 수가 1 이고 최대 10 페이지까지 확장 가능한 모듈 메모리를 나타낸 것입니다.

```
(memory 1 10)
```

예제 11-2 엠스크립튼 생성 모듈에 있는 import S-표현식

```
...

(import "env" "memory" (memory $memory 256))   ◁─┐ 모듈 메모리
(import "env" "_SeedRandomNumberGenerator"
  (func $SeedRandomNumberGenerator) ◁─┐ 난수 발생기의 시드를 설정한다.
)
(import "env" "_GetRandomNumber"
  (func $GetRandomNumber (param i32) (result i32))   ◁─┐ 주어진 범위에서 난수를 얻는다.
)
(import "env" "_malloc" (func $malloc (param i32) (result i32)))
(import "env" "_free" (func $free (param i32)))
...
```

11.1.6 global 노드

Global 섹션에는 모듈에 내장된 모든 전역 변수를 선언합니다. 전역 변수도 임포트할 수 있습니다(그림 11-9).

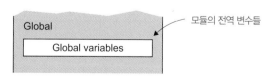

그림 11-9 모듈에 내장된 전역 변수는 모두 Global 섹션에 선언한다.

전역 변수는 모든 함수가 사용 가능하도록 모듈 레벨에 선언합니다. 변숫값은 불변immutable (상수) 또는 가변mutable입니다. global 노드는 'global 라벨 + 변수명(옵션) + 변수형 + 기본값' 형식의 S-표현식으로 정의합니다. 다음은 32비트 정수형이고 기본값이 25인 불변 전역 변수 (상수) $MAX를 정의한 global 노드입니다.

```
(global $MAX i32 (i32.const 25))
```

가변 전역 변수는 변수형 앞에 **mut** 라벨을 붙입니다. 다음은 32비트 부동소수형이고 기본값이 1.5인 가변 전역 변수 $total을 정의한 global 노드입니다.

```
(global $total (mut f32) (f32.const 1.5))
```

global 노드 추가

카드 짝 맞추기 게임에 필요한 전역 변수는 모두 기본값이 0인 32비트 정수입니다. import S-표현식 다음에 이 게임의 레벨이 총 3개까지 있음을 나타내는 불변 전역 변수 $MAX_LEVEL을 선언합니다.

```
(global $MAX_LEVEL i32 (i32.const 3))
```

이 변수 다음에 추가할 전역 변수는 모두 가변 변수입니다. 다음은 카드 값 배열이 저장된 모듈의 메모리 위치를 가리키는 전역 변수 $cards입니다.

```
(global $cards (mut i32) (i32.const 0))
```

현재 레벨($current_level)과 레벨 클리어까지 앞으로 짝을 맞춰야 하는 카드 수($matches_remaining)를 담을 변수도 필요합니다. 현재 레벨의 카드 행, 열 값은 각각 $column, $row 변수에 할당합니다.

```
(global $current_level (mut i32) (i32.const 0))
(global $rows (mut i32) (i32.const 0))
(global $columns (mut i32) (i32.const 0))
(global $matches_remaining (mut i32) (i32.const 0))
```

플레이어가 첫 번째 카드를 클릭하면 카드의 행, 열 값을 기록해야 합니다. 그래야 플레이어가 두 번째 카드를 클릭할 때 짝이 맞는지 비교해서 두 카드를 제거할지, 아니면 다시 앞면으로 되돌릴지 결정할 수 있겠죠.

플레이어가 두 번째 카드를 클릭하면 실행 제어권은 자바스크립트로 넘어갑니다. 따라서 클릭한 두 카드가 짝이 맞아 제거하든지, 아니면 다시 앞면으로 되돌리기 전에 플레이어가 선택한 카드를 잠깐 화면에 보여줄 시간을 주기 위해 게임을 일시 중지합니다. 실행 함수가 종료되면 지역 변숫값은 소실되므로 두 번째 카드의 값과 행, 열 값도 어디엔가 담아두어야 합니다.

```
(global $first_card_row (mut i32) (i32.const 0))
(global $first_card_column (mut i32) (i32.const 0))
(global $first_card_value (mut i32) (i32.const 0))
(global $second_card_row (mut i32) (i32.const 0))
(global $second_card_column (mut i32) (i32.const 0))
(global $second_card_value (mut i32) (i32.const 0))
```

실행 제어권이 자바스크립트로 넘어갈 때 플레이어가 계속 연달아 카드를 클릭하게 방치하면 곤란하므로, 플래그 성격의 변수($execution_paused)를 이용해 자바스크립트에서 콜백하여 실행 제어권이 다시 모듈에 넘어올 때까지 일시 중지 상태임을 나타냅니다.

```
(global $execution_paused (mut i32) (i32.const 0))
```

11.1.7 export 노드

Export 섹션에는 모듈 인스턴스화 시 호스트 환경에 반환할 전체 항목(함수, 테이블, 메모리, 글로벌)을 선언합니다. 이 항목들은 호스트 환경에서 접근하여 사용하는 모듈의 일부분입니다.

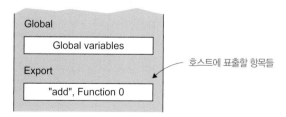

그림 11-10 호스트 환경에서 사용할 모듈 항목은 모두 Export 섹션에 나열한다.

export 노드는 'export 라벨 + 호출부에서 사용할 이름 + 익스포트할 항목명' 형식의 S–표현식으로 정의합니다.

어떤 함수를 익스포트하려면 export 노드의 S–표현식 끝부분에 0부터 시작하는 인덱스 또는 모듈에서 익스포트를 통해 참조하려는 함수의 변수명을 func 키워드 다음에 지정합니다. 다음은 모듈에서 $add라는 변수명으로 참조할 함수를 호스트는 _Add로 바라보도록 함수를 익스포트하는 export 노드입니다.

```
(export "_Add" (func $add))
```

export 노드 추가

카드 짝 맞추기 게임에서는 다음 모듈 함수를 익스포트해야 합니다.

- $CardSelected: 플레이어가 카드를 클릭할 때마다 자바스크립트가 호출하는 모듈 함수입니다. 두 번째 카드 클릭으로 이 함수가 호출된 경우에는 임포트된 자바스크립트 함수 $Pause를 호출합니다. $Pause 함수는 실행을 잠깐 중지했다가 $SecondCardSelectedCallback 함수를 호출합니다.

- $SecondCardSelectedCallback: 자바스크립트 함수 $Pause가 호출하는 모듈 함수입니다. 플레이어가 클릭한 두 카드의 짝이 맞는지 비교하고 짝이 맞으면 제거하고 짝이 안 맞으면 다시 뒤집습니다. 남은 카드가 하나도 없으면 자바스크립트 함수 $LevelComplete를 호출합니다.

- $ReplayLevel: 플레이어가 현재 레벨을 클리어한 다음 요약 화면에서 Replay 버튼을 클릭할 때 호출되는 함수입니다.

- $PlayNextLevel: 플레이어가 클리어한 레벨이 마지막 레벨이 아닐 때 요약 화면에 표시되는 Next Level 버튼을 클릭하면 호출되는 함수입니다.

```
(export "_CardSelected" (func $CardSelected))  ⟵┤ 플레이어가 어느 카드를 클릭했는지
                                                 │ 모듈에 알린다.
(export "_SecondCardSelectedCallback"
  (func $SecondCardSelectedCallback)  ⟵┤ $Pause 함수의 타임아웃 완료 시
)                                       │ 호출되는 콜백 함수
(export "_ReplayLevel" (func $ReplayLevel))  ⟵┤ 현재 레벨을 리셋한다.
(export "_PlayNextLevel" (func $PlayNextLevel))  ⟵┤ 다음 레벨을 준비한다.
```

11.1.8 start 노드

Start 섹션에는 모듈 인스턴스화 이후 익스포트된 항목이 호출 가능한 상태가 되기 이전에 호출할 함수를 지정합니다. 이 섹션에 지정된 함수는 임포트할 수 없고 반드시 모듈 내에 존재해야 합니다.

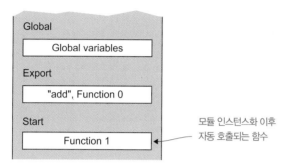

그림 11-11 모듈 인스턴스화 이후 자동 호출할 함수는 Start 섹션에 명시한다.

카드 짝 맞추기 게임에서는 전역 변수와 메모리를 초기화하고 첫 번째 레벨을 시작하는 용도로 Start 섹션을 사용하겠습니다.

start 노드는 'start 라벨 + 함수 인덱스 또는 변수명' 형식의 S-표현식으로 정의합니다. 다음은 모듈 인스턴스화 시 $main 함수를 자동으로 호출하는 start 노드입니다.

```
(start $main)
```

11.1.9 code 노드

[그림 11-12]에서 보다시피, 바이너리 포맷은 Function(정의)과 Code(본문) 섹션이 분리되어 있지만, 텍스트 포맷은 하나의 func S-표현식에 있습니다. 엠스크립튼으로 생성한 텍스트 포맷이나 브라우저 코드를 보면, 함수는 보통 Code 섹션에 있으므로 필자도 일관성을 유지하는 차원에서 그렇게 하겠습니다.

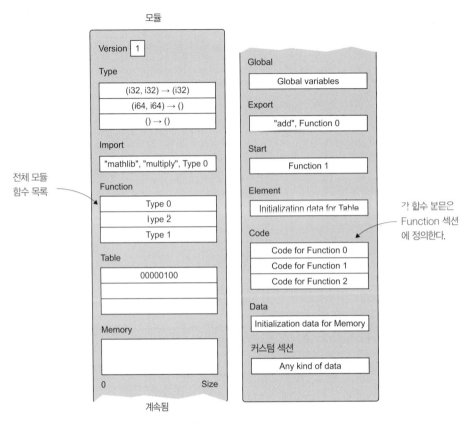

그림 11-12 바이너리 포맷의 함수 및 Code 섹션

웹어셈블리 코드는 개수가 정해진 값을 푸시push/팝pop[3]하는 스택 머신stack machine처럼 실행됩니다. [그림 11-12]에서 함수 0이 처음 호출되면 빈 스택이 할당되고, 함수 0이 종료될 즈음에 웹어셈블리 프레임워크는 스택에 남아있는 항목이 i32 값인지 검사합니다. 아무 값도 반환하지 않는 함수일 경우 이 시점에 스택은 반드시 비어있어야 합니다.

> **NOTE_** 함수 본문 안에서 텍스트 포맷은 S-표현식, 스택 머신, 또는 이 둘을 조합한 스타일 모두를 지원합니다. 필자는 이 장에서 브라우저가 사용하는 스택 머신 스타일을 사용했습니다. 조건문, 루프문을 다른 방법으로 작성하는 다양한 S-표현식 예제는 부록 E를 참고하기 바랍니다.

---

3 옮긴이_ 자료구조에 관한 국내 역서는 대부분 스택에 값을 밀어넣는다(push), 스택에 있는 값을 꺼낸다(pop)는 표현을 사용하지만 실제 코드에서도 push, pop이라는 원어를 그대로 사용하므로 이 책에서는 한국어로는 다소 어색할 수도 있지만 원어를 음차한 '푸시(push) 한다', '팝(pop)한다'는 동사를 사용하여 옮깁니다.

카드 짝 맞추기 게임의 기능을 본격적으로 개발하기 전에 변수를 다루는 방법을 알아보겠습니다.

변수 선언

웹어셈블리에는 전역 변수와 지역 변수가 있습니다. 전역 변수는 모든 함수가 접근할 수 있고 지역 변수는 자신이 정의된 함수 안에서만 사용할 수 있습니다.

지역 변수는 'local 라벨 + 변수명(옵션) + 변수형' 형식의 S-표현식으로 정의합니다. 지역 변수는 함수 안에서 제일 먼저 선언해야 합니다. 다음은 f32형 지역 변수 $float, 이름이 없는 i32형 지역 변수를 선언한 것입니다.

```
(local $float f32)
(local i32)
```

이름이 없는 변수는 0부터 시작하는 인덱스로 참조합니다. 한 가지 유의할 점은, 함수의 매개변수도 변수라서 첫 번째 인덱스에 배정된다는 사실입니다.

변수에 값을 세팅하려면 원하는 값을 먼저 스택에 올려놓고 set_local 또는 tee_local 명령어로 스택에 있는 값을 팝해야 합니다. tee_local은 세팅된 값도 반환한다는 점에서 set_local과 다릅니다. 전역 변수도 set_global 명령어를 사용해 똑같은 방법으로 값을 세팅합니다.

다음은 부동소수 10.3을 스택에 푸시하고 set_local 명령으로 스택에 있는 값을 다시 팝하여 지역 변수 $float를 세팅한 코드입니다.

```
f32.const 10.3
set_local $float
```

변수에 할당된 값을 가져와 스택에 푸시하는 명령어는, 지역 변수는 get_local, 전역 변수는 get_global입니다. 다음은 함수의 매개변숫값 $param0를 스택에 푸시하는 코드입니다.

```
get_local $param0
```

$InitializeRowsAndColumns 함수

$InitializeRowsAndColumns는 i32 매개변수($level)를 받고 아무 값도 반환하지 않는 함수입니다. 이 함수는 $level 값에 따라 전역 변수 $rows, $columns를 적절한 값으로 세팅합니다. 카드의 행, 열 조합은 레벨마다 상이하므로 먼저 $level 값을 확인해야 합니다. $level이 1인지(즉, 레벨 1인지) 체크하려면 $level 값과 i32.const 1을 차례로 스택에 푸시하고 i32.eq 명령으로 스택 최상단 두 값을 팝해서 비교하면 됩니다. 두 값이 같으면 1, 다르면 0이 스택에 푸시됩니다.

```
get_local $level
i32.const 1
i32.eq  ◁──┤ $level 값이 1이면 1, 아니면 0을 스택에 푸시한다.
```

스택에 있는 값이 불리언 형식이면 if 문으로 스택 최상단 값을 팝하여 true/false를 체크합니다. if 문은 0을 false, 그밖의 값은 true로 간주합니다. true면 레벨 1이므로 $row, $column 값을 i32.const 2로 세팅합니다.

```
get_local $level
i32.const 1
i32.eq

if
  ◁──┤ 스택 최상단 값이 0이 아니면 이 블록의 코드가 실행된다.
end
```

---

4 http://mng.bz/xljX

카드 짝 맞추기 게임은 레벨 3까지 있으므로 동일한 체크를 3번 반복합니다. $level이 2이면 스택에 푸시하는 비교 대상 값을 i32.const 2로, $level이 3이면 i32.const 3으로 바꾸면 됩니다.

레벨에 따라 전역 변수 $rows, $columns는 다음과 같이 세팅합니다.

- 레벨 1: $row는 i32.const 2, $column은 i32.const 2
- 레벨 2: $row는 i32.const 2, $column은 i32.const 3
- 레벨 3: $row는 i32.const 2, $column은 i32.const 4

화면 구조상 레벨 6까지도 가능하지만 여기서는 편의상 레벨 3까지만 구현하겠습니다.

예제 11-3 $InitializeRowsAndColumns 함수

```
...

(func $InitializeRowsAndColumns (param $level i32)
  get_local $level      ◁── 매개변숫값을 스택에 푸시한다.
  i32.const 1           ◁── 1을 스택에 푸시한다.
  i32.eq   ◁── 스택 최상단 두 값을 스택에서 팝한다. 두 값이 같은지 비교한 결괏값을 다시 스택에 푸시한다.
  if       ◁── 스택 최상단 값을 스택에서 팝한다. true면 2를 푸시하고 전역 변수를 세팅한다.
    i32.const 2         ◁── 2를 스택에 푸시한다.
    set_global $rows    ◁── 스택 최상단 값을 팝해서 전역 변수 $rows에 할당한다.
    i32.const 2         ◁── 2를 스택에 푸시한다.
    set_global $columns ◁── 스택 최상단 값을 팝해서
  end                        전역 변수 $columns에 할당한다.

  get_local $level
  i32.const 2
  i32.eq
  if
    i32.const 2              레벨 2일 경우,
    set_global $rows    ◁── 전역 변수 $rows를 2로 세팅한다.
    i32.const 3
    set_global $columns ◁── 레벨 2일 경우,
  end                        전역 변수 $columns를 3으로 세팅한다.

  get_local $level
  i32.const 3
  i32.eq
  if
```

```
      i32.const 2
      set_global $rows           ┐ 레벨 3일 경우,
                              ◁──┘ 전역 변수 $rows를 2로 세팅한다.
      i32.const 4
      set_global $columns     ◁──┐ 레벨 3일 경우,
   end                           └ 전역 변수 $columns를 4로 세팅한다.
 )
```

$ResetSelectedCardValues 함수

$ResetSelectedCardValues는 매개변수를 받지 않고 아무 값도 반환하지 않는 함수입니다. 이 함수는 플레이어가 클릭한 첫 번째, 두 번째 카드의 전역 변수를 −1로 세팅해서 현재 모든 카드가 뒤집힌 상태라는 것을 다른 게임 로직에 알립니다.

예제 11-4 $ResetSelectedCardValues 함수

```
  ...

  (func $ResetSelectedCardValues
    i32.const -1
    set_global $first_card_row

    i32.const -1
    set_global $first_card_column

    i32.const -1
    set_global $first_card_value

    i32.const -1
    set_global $second_card_row

    i32.const -1
    set_global $second_card_column

    i32.const -1
    set_global $second_card_value
  )
```

$InitializeCards 함수

$InitializeCards는 i32 매개변수 $level를 받고 아무 값도 반환하지 않는 함수입니다. 이 함수는 $level에 알맞은 값으로 전역 변수를 세팅하고 $cards 배열을 생성/적재 후 잘 섞습니다shuffle.

지역 변수는 함수 내부에서 제일 먼저 선언해야 합니다. 일단 i32 지역 변수 $count를 선언합니다.

```
(local $count i32)
```

주어진 $level 값을 스택에 푸시하고 set_global 명령어로 스택에서 팝한 값을 전역 변수 $current_level에 세팅합니다.

```
get_local $level
set_global $current_level
```

그리고 다시 $level 값을 스택에 푸시하고 $InitializeRowsAndColumns 함수를 호출해서 $level에 알맞은 값으로 전역 변수 $rows, $columns를 세팅합니다. 이 함수는 하나의 매개변수를 받기 때문에 스택에서 $level 값을 팝하여 전달합니다.

```
get_local $level
call $InitializeRowsAndColumns
```

$ResetSelectedCardValues 함수를 호출해서 첫 번째, 두 번째 카드의 전역 변수를 −1로 리셋합니다. 이 함수는 매개변수를 받지 않으므로 호출할 때 스택에 값을 넣지 않아도 됩니다.

```
call $ResetSelectedCardValues
```

전역 변수 $rows, $columns 값에 따라 현재 레벨에서 필요한 카드 개수를 계산합니다. 두 전역 변숫값을 스택에 푸시하고 i32.mul 명령어를 호출해 두 값을 곱한 결괏값을 다시 스택에 푸시합니다. set_local 명령어로 스택에서 곱셈 결괏값을 팝하여 지역 변수 $count에 세팅합니다.

```
get_global $rows
get_global $columns
i32.mul
set_local $count
```

남아있는 카드 짝의 개수도 구해야 합니다. $count와 i32.const 2를 스택에 푸시하고 i32.div_s 명령어를 호출해 두 값을 스택에서 팝하여 $count/2한 값을 다시 스택에 푸시합니다. set_global 명령어로 두 값을 나눈 결괏값을 스택에서 팝하여 전역 변수 $matches_remaining에 세팅합니다.

```
get_local $count
i32.const 2
i32.div_s
set_global $matches_remaining
```

i32 값을 담을 메모리 공간도 할당해야 합니다. i32 값 하나는 4바이트를 차지하므로 $count에 4를 곱한 값만큼 메모리가 필요합니다. i32.mul로 곱해도 되지만 좌측 시프트 명령어 i32.shl를 사용하면 연산이 훨씬 빠릅니다. 2만큼 좌측 시프트는 4를 곱한 것과 같습니다.

이렇게 계산된 총 바이트 수를 엠스크립튼 생성 모듈에서 임포트한 $malloc 함수에 전달하여 호출하면 할당된 메모리 블록의 시작 인덱스가 반환됩니다. 이 인덱스를 set_global 명령으로 지역 변수 $cards에 세팅합니다.

```
get_local $count
i32.const 2
i32.shl
call $malloc
set_global $cards
```

그리고 $PopulateArray 함수를 호출하면서 현재 레벨에 해당하는 카드 수를 전달합니다. 이 함수는 주어진 카드 수만큼 $cards 배열에 값 쌍을 추가합니다(예: 0, 0, 1, 1, 2, 2).

```
get_local $count
call $PopulateArray
```

마지막으로 $ShuffleArray 함수를 호출해서 $cards 배열의 원소를 잘 섞어줍니다.

```
get_local $count
call $ShuffleArray
```

예제 11-5 $InitializeCards 함수

```
...

(func $InitializeCards (param $level i32)
  (local $count i32)

  get_local $level
  set_global $current_level   ◁─── 현재 레벨을 전역 변수
                                    $current_level에 세팅한다.
  get_local $level
  call $InitializeRowsAndColumns  ◁─── 현재 레벨에 알맞게 전역 변수 $rows,
                                        $columns 변수를 세팅한다.
  call $ResetSelectedCardValues  ◁─── 첫 번째, 두 번째 카드 값을 리셋한다.

  get_global $rows  ◁─── 현재 레벨의 카드 개수를 구한다.
  get_global $columns
  i32.mul
  set_local $count

  get_local $count  ◁─── 현재 레벨의 카드 짝의 개수를 구한다.
  i32.const 2
  i32.div_s
  set_global $matches_remaining

  get_local $count
  i32.const 2    │ 32비트 정수를 나타내는 배열 각 원소
  i32.shl    ◁───│ (4바이트)를 2만큼 좌측 시프트한다.
  call $malloc  ◁─── $malloc 함수로 메모리를 할당한다.
  set_global $cards
```

```
    get_local $count
    call $PopulateArray    ◁─┐ 배열을 값 쌍으로 채운다.

    get_local $count
    call $ShuffleArray    ◁─┐ 배열 원소들을 섞는다.
)
```

$PopulateArray 함수

$PopulateArray 함수는 현재 레벨의 카드 개수만큼 값 쌍을 추가합니다(예: 0, 0, 1, 1, 2, 2).

예제 11-6 $PopulateArray 함수

```
...

(func $PopulateArray (param $array_length i32)
  (local $index i32)
  (local $card_value i32)

  i32.const 0
  set_local $index

  i32.const 0
  set_local $card_value

  loop $while-populate
    get_local $index
    call $GetMemoryLocationFromIndex
    get_local $card value
    i32.store    ◁─┐ $index에 위치한 메모리를
                    │ $card_value 값으로 세팅한다.
    get_local $index
    i32.const 1
    i32.add
    set_local $index    ◁─┐ $index를 1만큼 늘린다.

    get_local $index
    call $GetMemoryLocationFromIndex
    get_local $card_value
```

```
        i32.store        ◁─────┐  $index에 위치한 메모리를
                               │  $card_value 값으로 세팅한다.
        get_local $card_value
        i32.const 1
        i32.add
        set_local $card_value  ◁────┐  다음 루프를 위해 $card_value 값을
                                    │  1만큼 늘린다.
        get_local $index
        i32.const 1
        i32.add
        set_local $index    ◁────┐  다음 루프를 위해 $index를
                                 │  1만큼 늘린다.
        get_local $index
        get_local $array_length
        i32.lt_s
        if
          br $while-populate  ◁───┐  $index가 $array_length보다
        end                       │  작으면 루프를 반복한다.
      end $while-populate
  )
```

$GetMemoryLocationFromIndex 함수

$GetMemoryLocationFromIndex는 i32 매개변수($index)를 받고 i32 값을 반환하는 함수입니다. 이 함수는 $cards 배열에서 주어진 인덱스의 메모리 위치를 가져옵니다.

$GetMemoryLocationFromIndex 함수는 $index와 i32.const 2를 스택에 푸시하고 i32.shl 명령어로 2만큼 좌측 시프트합니다. 즉, 스택에서 두 값을 팝하여 $index 값을 2만큼 시프트(4를 곱)하고 그 결괏값을 다시 스택에 푸시합니다.

그리고 get_global 명령어로 $cards 배열의 메모리 시작 위치를 스택에 푸시하고 i32.add 명령어를 호출하면 앞서 계산한 곱셈 결괏값에 메모리 시작 위치를 더한 값을 다시 스택에 푸시하는 셈입니다. 이렇게 최종적으로 스택에 남아있는 i32 결괏값은 $GetMemoryLocationFromIndex 함수의 반환값으로 호출부에 반환됩니다.

```
(func $GetMemoryLocationFromIndex (param $index i32) (result i32)
  get_local $index
  i32.const 2
```

```
    i32.shl   ←┐ $index를 2만큼 좌측 시프트한다.

    get_global $cards
    i32.add   ←┐ 배열의 메모리 시작 위치에 인덱스 위치를 더한다.
)
```

$ShuffleArray 함수

$ShuffleArray는 i32 매개변수($array_length)를 받고 아무 값도 반환하지 않는 함수입니다. 이 함수의 임무는 $cards 배열 원소를 섞는 것입니다.

> **NOTE_** 이 함수는 피셔–예이츠Fisher–Yates 셔플 알고리즘으로 섞습니다. 자세한 내용은 이 사이트[5]를 참고하기 바랍니다.

이 함수는 일단 루프에서 사용할 지역 변수를 정의한 다음, 엠스크립튼 생성 모듈에서 임포트한 $SeedRandomNumberGenerator 함수로 난수 발생기의 시드를 설정합니다.

루프는 $cards 배열을 거꾸로 순회하기 때문에 $index는 $array_length - 1부터 0이 될 때까지 반복됩니다.

루프 안에서는 엠스크립튼 생성 모듈에서 임포트한 $GetRandomNumber 함수를 호출하여 주어진 범위의 난수를 가져옵니다. $index에 1을 더한 값을 넘겨 1과 $index + 1 사이의 난수를 얻고 지역 변수 $card_to_swap에 세팅합니다.

```
get_local $index
i32.const 1
i32.add   ←┐ 1부터 시작하는 인덱스를 얻기 위해 $index에 1을 더한다.
call $GetRandomNumber
set_local $card_to_swap
```

교체할 랜덤 카드의 인덱스가 정해지면, 현재 인덱스에 해당하는 카드의 메모리 위치와 인덱스를 교체할 카드가 결정되므로 각각 지역 변수 $memory_location1, $memory_location2에 값을 보관합니다.

---

5 https://gist.github.com/ sundeepblue/10501662

두 메모리 위치가 발견되면 i32.load 명령어로 현재 인덱스의 값($memory_location1)을 메모리에서 읽습니다. 스택 최상단 항목(메모리 위치)을 팝하여 이 메모리 위치에서 i32 값을 읽은 뒤 그 값을 다시 스택에 푸시하는 것입니다. 데이터를 $memory_location2에서 $memory_location1로 옮기는 동안 소실되지 않도록 지역 변수 $card_value에 세팅합니다.

```
get_local $memory_location1
i32.load
set_local $card_value
```

요 다음 코드는 조금 난해하게 느껴질 수 있습니다. $memory_location1에 있는 값(현재 인덱스)과 $memory_location2에 있는 값(인덱스를 교체할 카드)을 차례로 스택에 푸시합니다. 그런 다음 i32.load 명령어로 스택 최상단 항목($memory_location2, 즉 인덱스를 교체할 카드)을 팝하여 이 메모리 위치에 있는 값을 읽은 다음 다시 스택에 푸시합니다.

$memory_location1(현재 인덱스)는 이미 스택에 있고 $memory_location2에서 읽은 값도 지금은 스택에 있으니 i32.store 명령어를 호출해서 스택 최상단에 있는 두 항목을 팝하여 메모리에 올립니다. 즉, 최상단 항목이 저장할 값이고 그 다음 항목이 값을 저장할 메모리 위치입니다.

```
get_local $memory_location1  ◁─┤ $index의 메모리 위치를 스택에 푸시한다.
get_local $memory_location2  ◁─┤ 인덱스를 교체할 카드의 메모리 위치를 스택에 푸시한다.
i32.load  ◁─┤ $memory_location2를 스택에서 팝하여 이 메모리 위치에 있는 값을 스택에 푸시한다.
i32.store  ◁─┤ $memory_location2에 있는 값을 $memory_location1의 메모리 인덱스에 저장한다.
```

지금은 $memory_location2에 있는 값이 $memory_location1에 있으니 $memory_location1에 있는 값을 $memory_location2에 저장하면 서로 값이 교체됩니다.

```
get_local $memory_location2
get_local $card_value
i32.store
```

루프 끝에서 $index 값을 1만큼 줄이고 이 값이 0보다 같거나 작을 때까지 계속 반복합니다.

많이 복잡하긴 하지만 지금까지 설명한 내용을 종합하면 [예제 11-7]의 **$ShuffleArray** 함수 코드가 완성됩니다.

예제 11-7 $ShuffleArray 함수

```
...

(func $ShuffleArray (param $array_length i32)
  (local $index i32)
  (local $memory_location1 i32)
  (local $memory_location2 i32)
  (local $card_to_swap i32)
  (local $card_value i32)

  call $SeedRandomNumberGenerator       ◁─┐ 난수 발생기의 시드를 설정한다.

  get_local $array_length        ◁─┐ 루프는 배열 끝에서 처음 방향으로
  i32.const 1                       │ 반복된다.
  i32.sub
  set_local $index

  loop $while-shuffle
    get_local $index
    i32.const 1
    i32.add
    call $GetRandomNumber        ◁─┐ 이 인덱스에 있는 항목과
    set_local $card_to_swap        │ 교체할 랜덤 카드를 정한다.

    get_local $index
    call $GetMemoryLocationFromIndex   ◁─┐ 주어진 인덱스에 해당하는
    set_local $memory_location1          │ 메모리 위치를 얻는다.

    get_local $card_to_swap
    call $GetMemoryLocationFromIndex   ◁─┐ $card_to_swap에 해당하는
    set_local $memory_location2          │ 메모리 위치를 얻는다.

    get_local $memory_location1   ◁─┐ 배열의 현재 인덱스에 있는
    i32.load                         │ 카드 값을 메모리에서 가져온다.
    set_local $card_value

    get_local $memory_location1
    get_local $memory_location2
    i32.load   ◁─┤ $memory_location2를 팝하고 이 메모리 위치에 있는 값을 스택에 푸시한다.
```

```
        i32.store  ◁─┐ $memory_location2에 있는 값을
                      └ $memory_location1에 저장한다.
        get_local $memory_location2
        get_local $card_value
        i32.store  ◁─┐ 카드 값을 $card_to_swap의
                      └ 값이 있었던 메모리 위치에 넣는다.
        get_local $index  ◁─┐ 인덱스를 1만큼 줄인다.
        i32.const 1
        i32.sub
        set_local $index

        get_local $index  ◁─┐ 인덱스는 0보다 크므로
        i32.const 0          └ 루프를 계속 반복한다.
        i32.gt_s
        if
          br $while-shuffle
        end
    end $while-shuffle
)
```

$PlayLevel 함수

$PlayLevel은 i32 매개변수($level)를 받고 아무 값도 반환하지 않는 함수입니다. 카드를 초기화해서 화면에 보여주는 일을 합니다.

이 함수는 카드를 초기화하기 위해 $level을 스택에 푸시하고 $InitializeCards 함수를 호출합니다. $InitializeCards는 하나의 매개변수를 받는 함수이므로 스택 최상단 항목을 팝하여 전달합니다.

그 다음, 자바스크립트 함수 $GenerateCards를 호출해서 현재 레벨에 해당되는 개수만큼 카드를 플레이어에게 보입니다. 전역 변수 $rows, $columns와 $level 값을 차례로 스택에 푸시하고 $GenerateCards를 호출하면, 매개변수를 3개 받는 이 함수에 스택 최상단의 세 항목이 그대로 전달됩니다.

```
(func $PlayLevel (param $level i32)
    get_local $level  ◁─┤ $level 값을 스택에 푸시한다.
    call $InitializeCards  ◁─┤ 카드 값, 전역 변숫값을 현재 레벨에 알맞게 초기화한다.
    get_global $rows  ◁─┤ $rows 값을 스택에 푸시한다.
```

```
    get_global $columns   ⟵─┤ $columns 값을 스택에 푸시한다.
    get_local $level      ⟵─┤ $level 값을 스택에 푸시한다.
    call $GenerateCards   ⟵─┐ 자바스크립트 함수를 호출하여
 )                           └ 화면에 카드를 표시한다.
```

$GetCardValue 함수

$GetCardValue는 i32 매개변수 2개($row, $column)를 받고 i32 값을 반환하는 함수입니다. 이 함수는 주어진 행, 열에 위치한 카드에 할당된 값을 가져옵니다. 행, 열이 주어지면 $cards 배열에서의 인덱스는 다음 수식으로 계산합니다.

```
row * columns + column
```

이 수식을 텍스트 포맷으로 구현하면 됩니다. 매개변수 $row와 전역 변수 $columns의 값을 스택에 푸시하고 i32.mul 명령어를 호출한 다음, 스택 최상단 항목 2개를 팝하여 서로 곱한 값을 다시 스택에 푸시합니다.

$column 매개변수는 아직 스택에 남아 있으니 여기서 i32.add 명령어를 호출하고 스택 최상단에 있는 두 항목을 팝하여 서로 더한 값을 다시 스택에 푸시합니다. 이렇게 하면 카드 값을 찾기 위해 $cards 배열의 어느 인덱스를 참조할지 알 수 있습니다.

```
    get_local $row
    get_global $columns
    i32.mul  ⟵─┤ $row와 $colums를 곱한다.
    get_local $column
    i32.add  ⟵─┤ 방금 선 삽한 값에 $columns를 더한다.
```

배열 인덱스를 계산한 다음에는 $cards 배열의 인덱스가 각각 4바이트(즉, 32비트 정수)이므로 2만큼 좌측 시프트(4를 곱)하고, 이 배열의 메모리 시작 위치 + 계산된 배열 인덱스에 위치한 모듈 메모리에서 값을 읽습니다. 그리고 i32.load 명령어로 스택 최상단 항목, 즉 메모리 인덱스를 팝하여 이 메모리 위치에 있는 값을 읽고 다시 스택에 푸시합니다. 이 값을 스택에 그대로 두면 이 함수는 i32 값을 반환하므로 함수 종료 시 호출부에 반환될 것입니다.

예제 11-8 $GetCardValue 함수

```
...

(func $GetCardValue (param $row i32) (param $column i32) (result i32)
  get_local $row
  get_global $columns
  i32.mul    ◁──┤ $row, $columns를 곱한다.
  get_local $column
  i32.add    ◁──┤ 방금 전 곱한 값에 $columns를 더한다.

  i32.const 2     ┤ 각 인덱스는 32비트 정수를 나타내므로
  i32.shl    ◁──┤ 인덱스 값을 2만큼 좌측 시프트(4를 곱)한다.
  get_global $cards
  i32.add    ◁──┤ $cards 배열의 시작 위치에 위에서 계산한 인덱스를 더한다.
  i32.load   ◁──┐
)                 ┤ 메모리에서 값을 읽어 스택에 두면 결국
                  ┤ 호출부로 반환된다.
```

$CardSelected 함수

$CardSelected는 i32 매개변수 2개($row, $column)를 받고 아무 값도 반환하지 않는 함수입니다. 플레이어가 카드를 클릭할 때 자바스크립트가 호출하는 모듈 함수입니다.

이 함수는 일단 현재 실행이 일시 정지된 상태인지부터 확인합니다. 다시 말하지만 플레이어가 두 번째 카드를 클릭해서 첫 번째, 두 번째 카드가 사라지거나 다시 뒤집히기 전에 일부러 뜸을 들여 실행을 잠시 멈추는 것입니다. 만약 이런 상황에서 이 함수가 호출되면 return으로 그냥 함수를 종료합니다.

```
get_global $execution_paused
i32.const 1
i32.eq
if
  return
end
```

그렇지 않은 경우(실행이 일시 정지된 상태가 아니면)에는 $GetCardValue 함수를 호출해서 주어진 행, 열에 위치한 카드 값을 가져와 지역 변수 $card_value에 세팅합니다.

```
get_local $row
get_local $column
call $GetCardValue
set_local $card_value
```

그리고 자바스크립트 함수 **$FlipCard**를 호출하여 플레이어가 클릭한 카드를 펼칩니다.

```
get_local $row
get_local $column
get_local $card_value
call $FlipCard
```

$first_card_row 값이 −1이면 첫 번째 카드를 펼치기 전이라는 뜻이므로 if 블록의 코드를 실행하고, 그렇지 않으면 첫 번째 카드는 이미 펼쳐진 상태이니 else 블록의 코드를 실행합니다.

```
get_global $first_card_row
i32.const -1
i32.eq
if
                ← $first_card_row 값이 −1이면
 else             첫 번째 카드를 아직 펼치기 전이다.
                ← $first_card_row 값이 −1이 아니면
 end              첫 번째 카드는 이미 펼쳐진 상태다.
```

if 블록 코드는 **$row**, **$column**, **$card_value** 값을 각각 전역 변수 **$first_card row**, **$first_card_column**, **$first_card_value**에 세팅합니다.

else 블록 코드는 **$IsFirstCard** 함수를 호출해서 주어진 **$row**, **$column** 값이 첫 번째 카드를 가리키는지, 즉 플레이어가 같은 카드를 두 번 연달아 클릭했는지 확인합니다. 만약 그렇다면 **return** 문으로 함수를 종료합니다.

```
get_local $row
get_local $column
call $IsFirstCard
if
  return
end
```

플레이어가 첫 번째와 다른 카드를 클릭했다면 else 블록 코드는 $row, $column, $card_value 값을 각각 전역 변수 $first_card_row, $first_card_column, $first_card_value 에 세팅합니다. 여기서 $execution_paused 변수에는 i32.const 1을 세팅하여 지금 실행이 일시 중지된 상태이고 이 함수는 실행이 재개되기 전에는 플레이어가 카드를 클릭해도 반응하지 않을거란 사실을 밝힙니다.

마지막으로 else 블록 코드는 i32.const 1024, i32.const 600을 차례로 스택에 푸시합니다. 1024는 "SecondCardSelectedCallback" 문자열의 메모리 위치로, 이 장 뒷부분의 Data 섹션에 지정할 값입니다. 600은 자바스크립트 실행을 일시 중지할 시간(밀리 초)입니다.

1024, 600 두 값을 스택에 푸시하고 자바스크립트 함수 $Pause를 호출하면, 스택 최상단에 있는 두 값이 이 함수의 매개변수로 전달됩니다.

```
i32.const 1024
i32.const 600
call $Pause
```

지금까지 설명한 내용을 종합하면 [예제 11-9]의 $CardSelected 함수 코드가 완성됩니다.

예제 11-9 $CardSelected 함수

```
...
(func $CardSelected (param $row i32) (param $column i32)
  (local $card_value i32)

  get_global $execution_paused      ◁── 게임이 일시 중지된 상태에서는
  i32.const 1                           플레이어가 클릭해도 무시한다.
  i32.eq
  if
```

```
    return
  end

  get_local $row
  get_local $column
  call $GetCardValue ◁──┤ 주어진 행, 열에 위치한 카드 값을 얻는다.
  set_local $card_value

  get_local $row
  get_local $column
  get_local $card_value
  call $FlipCard ◁──┤ 자바스크립트 함수를 호출해서 카드를 펼친다.

  get_global $first_card_row
  i32.const -1
  i32.eq
  if ◁──┤ 아직 플레이어가 클릭한 카드가 없다면,
    get_local $row ◁──┤ 지금 클릭한 카드 정보를 저장한다.
    set_global $first_card_row
    get_local $column
    set_global $first_card_column

    get_local $card_value
    set_global $first_card_value
  else ◁──┤ 플레이어가 첫 번째 카드를 클릭한 상태라면,
    get_local $row
    get_local $column
    call $IsFirstCard ◁──┐ 플레이어가 같은 카드를 한번 더
    if                   │ 클릭한 거라면 함수를 그냥 종료한다.
      return
    end

    get_local $row ◁──┤ 두 번째 카드 정보를 저장한다.
    set_global $second_card_row

    get_local $column
    set_global $second_card_column

    get_local $card_value
    set_global $second_card_value

    i32.const 1          ┌ $Pause 함수에서 모듈로 콜백되기 전까지는
    set_global $execution_paused ◁──┤ 플레이어가 클릭해도 반응하지 않는다.
```

```
                      "SecondCardSelectedCallback"
    i32.const 1024  ◁   문자열의 메모리 위치
    i32.const 600   ◁
    call $Pause     ◁   자바스크립트로 $SecondCardSelectedCallback 함수를
                        호출하기 전까지 소요 시간
  end
)                       자바스크립트 함수 $Pause를 호출한다.
```

$IsFirstCard 함수

$IsFirstCard는 i32 매개변수 2개($row, $column)를 받고 i32 값을 반환하는 함수입니다. 이 함수는 주어진 행, 열에 위치한 카드가 플레이어가 클릭한 첫 번째 카드인지 확인합니다.

$row 값이 전역 변수 $first_card_row 값과 일치하는지, $column 값이 전역 변수 $first_card_column 값과 일치하는지 체크하고 그 결과를 각각 지역 변수 $rows_equal, $columns_equal에 세팅합니다.

그런 다음, $rows_equal, $columns_equal 값을 스택에 푸시하고 i32.and 명령어를 호출합니다. 스택 최상단의 두 항목을 팝하여 AND 논리 연산 후 결과를 다시 스택에 푸시합니다. 이 함수는 i32 값을 반환하므로 스택에 남아있는 AND 논리 연산 결과는 함수 종료 시 호출부로 반환됩니다.

예제 11-10 $IsFirstCard 함수

```
...

(func $IsFirstCard (param $row i32) (param $column i32) (result i32)
  (local $rows_equal i32)
  (local $columns_equal i32)

  get_global $first_card_row
  get_local $row
  i32.eq  ◁─┤ 첫 번째 카드의 열과 현재 열이 일치하는지 비교한다.
  set_local $rows_equal

  get_global $first_card_column
  get_local $column
  i32.eq  ◁─┤ 첫 번째 카드의 행과 현재 행이 일치하는지 비교한다.
  set_local $columns_equal
```

```
    get_local $rows_equal
    get_local $columns_equal
    i32.and ◁─┐ AND 논리 연산을 하여
  )          └ 행, 열이 모두 동일한지 확인한다.
```

$SecondCardSelectedCallback 함수

$SecondCardSelectedCallback은 매개변수, 반환값이 없고, 타임아웃 종료 시 자바스크립트 함수 $Pause가 콜백하는 함수입니다. 이 함수는 플레이어가 선택한 두 카드가 짝이 맞는지 체크합니다. 짝이 맞으면 자바스크립트 함수 $RemoveCards를 호출해서 두 카드를 제거하고 전역 변수 $matches_remaining 값을 1만큼 줄이지만, 짝이 안 맞으면 자바스크립트 함수 $FlipCard를 호출해서 두 카드를 다시 뒤집습니다. 플레이어가 클릭한 카드를 저장한 전역 변수들의 값은 리셋되고 $execution_paused는 0으로 바꾸어 모듈이 일시 중지 상태가 아님을 밝힙니다.

또 $matches_remaining이 0, 즉 현재 레벨이 클리어됐는지 확인합니다. 플레이어가 레벨을 클리어했다면, 엠스크립튼 생성 모듈에서 임포트한 $free 함수를 호출해서 $cards 배열에 할당된 메모리를 해제하고, 자바스크립트 함수 $LevelComplete를 호출하여 플레이어에게 레벨 클리어 사실을 알립니다.

예제 11-11 $SecondCardSelectedCallback 함수

```
...
(func $SecondCardSelectedCallback
  (local $is_last_level i32)

  get_global $first_card_value
  get_global $second_card_value
  i32.eq
  if ◁─┤ 플레이어가 클릭한 두 카드가 짝이 맞으면,
    get_global $first_card_row
    get_global $first_card_column
    get_global $second_card_row
    get_global $second_card_column
```

```
    call $RemoveCards  ◁─┤ 자바스크립트로 두 카드를 숨긴다.

    get_global $matches_remaining
    i32.const 1
    i32.sub
    set_global $matches_remaining  ◁─┤ 전역 변수를 1만큼 줄인다.
else  ◁─┤ 플레이어가 클릭한 두 카드가 짝이 안 맞으면,
  get_global $first_card_row
  get_global $first_card_column
  i32.const -1
  call $FlipCard  ◁─┤ 자바스크립트로 첫 번째 카드를 뒤집는다.

  get_global $second_card_row
  get_global $second_card_column
  i32.const -1
  call $FlipCard  ◁─┤ 자바스크립트로 두 번째 카드를 뒤집는다.
end

call $ResetSelectedCardValues  ◁─┐ 선택한 카드의 전역 변숫값을
                                 └─ -1로 세팅한다.
i32.const 0
set_global $execution_paused  ◁─┐ $CardSelected 함수가 다시 클릭 이
                               └─ 벤트를 처리하게끔 플래그를 세팅한다.
get_global $matches_remaining
i32.const 0
i32.eq
if  ◁─┤ 짝을 맞출 카드가 더 이상 없으면,
  get_global $cards
  call $free  ◁─┤ 전역 변수 $cards에 할당된 메모리를 해제한다.

  get_global $current_level
  get_global $MAX_LEVEL
  i32.lt_s
  set_local $is_last_level  ◁─┤ 현재 레벨이 마지막 레벨인지 확인한다.

  get_global $current_level
  get_local $is_last_level
  call $LevelComplete  ◁─┐ 자바스크립트 함수를 호출해서 플레이어에게
                        └─ 다음 레벨로 넘어갈 것인지 묻는다.
end
)
```

$ReplayLevel 함수

$ReplayLevel는 매개변수를 받지 않고 아무 값도 반환하지 않는 함수입니다. 플레이어가 Replay 버튼을 누를 때 자바스크립트가 이 함수를 호출합니다. 이 함수는 전역 변수 $current_level을 $PlayLevel 함수에 전달합니다.

```
(func $ReplayLevel
  get_global $current_level
  call $PlayLevel
)
```

$PlayNextLevel 함수

$PlayNextLevel은 매개변수를 받지 않고 아무 값도 반환하지 않는 함수입니다. 플레이어가 Next Level 버튼을 누를 때 자바스크립트가 이 함수를 호출합니다. 이 함수는 전역 변수 $current_level에 1을 더한 값을 $PlayLevel 함수에 전달합니다.

```
(func $PlayNextLevel
  get_global $current_level
  i32.const 1
  i32.add
  call $PlayLevel
)
```

$main 함수

$main 함수는 매개변수를 받지 않고 아무 값도 반환하지 않습니다. 이 함수는 Start 노드의 일부라서 모듈 인스턴스화 시점에 자동 실행되며, 카드 짝 맞추기 게임은 레벨 1부터 시작하므로 $PlayLevel 함수에 1을 넘겨 호출합니다.

```
(func $main
  i32.const 1
  call $PlayLevel
)
```

11.1.10 type 노드

Type 섹션에는 임포트할 함수를 비롯해 모듈에서 사용하는 모든 고유한 함수 시그니처를 선언합니다(그림 11-13). 바이너리 툴킷으로 모듈을 생성하면 모듈 내부에 정의된 함수와 임포트 함수의 시그니처를 보고 툴킷이 시그니처를 결정할 수 있으므로 type 노드는 옵션입니다. 하지만 이 장에서는 개발자 도구에서 텍스트 포맷을 보면서 선언된 type S-표현식을 확인하고 모든 섹션을 다 다뤄보자는 의미에서 type 노드도 정의하겠습니다.

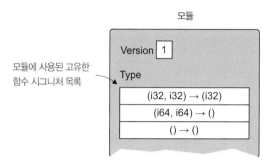

그림 11-13 임포트할 함수를 비롯하여 모듈에서 사용되는 모든 함수 각각의 시그니처 목록은 Type 섹션에 선언한다.

type 노드는 'type 라벨 + 변수명(옵션) + 함수 시그니처' 형식의 S-표현식으로 정의합니다. 다음은 매개변수를 받지 않고 아무 값도 반환하지 않는 함수 시그니처의 type 노드입니다.

```
(type (func))
```

명명 규칙이 따로 있는 건 아니지만 필자는 $FUNCSIG$vi 형식의 엠스크립튼 명명 관례를 따르겠습니다. 두 번째 달러($) 다음 값이 함수 시그니처이고, 첫 번째 문자가 반환형, 두 번째 문자가 매개변수형입니다. 엠스크립튼에서는 다음과 같은 기호를 사용합니다.

- v: Void
- i: 32비트 정수
- j: 64비트 정수
- f: 32비트 부동소수
- d: 64비트 부동소수

Type 섹션은 모듈 가장 앞부분에 등장하는 섹션이지만, 모듈 함수를 먼저 작성할 수 있도록 지금까지 구현을 미룬 것입니다. 지금부터 함수와 임포트를 자세히 살펴보면서 전체 고유한 함수 시그니처의 목록을 완성해보겠습니다.

type 노드 추가

이 모듈에 작성한 함수와 임포트한 함수를 종합하면 7가지 고유한 함수 시그니처로 분류됩니다(표 11-4).

표 11-4 이 모듈에 사용한 7가지 고유한 함수 시그니처

반환형	매개변수1	매개변수2	매개변수3	매개변수4	엠스크립튼 시그니처
void	-	-	-	-	v
void	i32	-	-	-	vi
void	i32	i32	-	-	vii
void	i32	i32	i32	-	viii
void	i32	i32	i32	i32	viiii
i32	i32	-	-	-	ii
i32	i32	i32	-	-	iii

지금부터 할 일은, [표 11-4]에 나열된 7가지 고유한 함수 시그니처 각각의 type 노드를 생성하는 것입니다. 다음 7개 S-표현식을 module 노드 안, import 노드 앞에 추가합니다.

```
   (type $FUNCSIG$v (func)) ◁── 매개변수, 반환값이 없는 함수 시그니처
   (type $FUNCSIG$vi (func (param i32))) ◁── i32 매개변수 1개를 받고 아무 값도 반환하지 않는 함수 시그니처
┌▷ (type $FUNCSIG$vii (func (param i32 i32)))
│  i32 매개변수 2개를 받고 아무 값도 반환하지 않는 함수 시그니처
┌▷ (type $FUNCSIG$viii (func (param i32 i32 i32)))
│  i32 매개변수 3개를 받고 아무 값도 반환하지 않는 함수 시그니처
┌▷ (type $FUNCSIG$viiii (func (param i32 i32 i32 i32)))
│  i32 매개변수 4개를 받고 아무 값도 반환하지 않는 함수 시그니처
┌▷ (type $FUNCSIG$ii (func (param i32) (result i32)))
│  i32 매개변수 1개를 받고 i32 값을 반환하는 함수 시그니처
┌▷ (type $FUNCSIG$iii (func (param i32 i32) (result i32)))
│  i32 매개변수 2개를 받고 i32 값을 반환하는 함수 시그니처
```

이제 이 게임에서 정의할 섹션은 Data 섹션만 남았습니다.

11.1.11 data 노드

Data 섹션에는 모듈 인스턴스화 시 선형 메모리에 로드할 데이터를 선언합니다(그림 11-14).

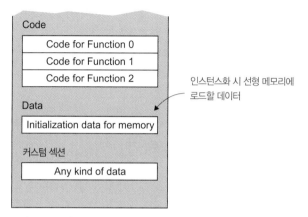

그림 11-14 인스턴스화 시 모듈 선형 메모리에 로드할 데이터는 Data 섹션에 선언한다.

data 노드는 'data 라벨 + 데이터가 담길 모듈 메모리의 위치를 나타내는 S-표현식 + 메모리에 로드할 데이터가 담긴 문자열' 형식의 S-표현식으로 정의합니다.

카드 짝 맞추게 게임에서는 "SecondCardSelectedCallback" 문자열을 모듈 메모리에 로드해야 합니다. 이 모듈은 런타임에 엠스크립튼 생성 모듈에 수동 링크되고, 엠스크립튼 생성 모듈은 어느 시점에 자신의 데이터도 모듈 메모리에 적재할 것입니다. 따라서 엠스크립튼 생성 모듈이 메모리에 뭔가 쌓아두려고 할 경우 공간을 미리 확보하기 위해 "SecondCardSelectedCallback" 문자열을 메모리 인덱스 1024에 로드합니다.

```
(data (i32.const 1024) "SecondCardSelectedCallback")
```

수고하셨습니다! 텍스트 포맷으로 모듈을 작성했으니 이제 바이너리 모듈로 변환해보겠습니다(그림 11-15).

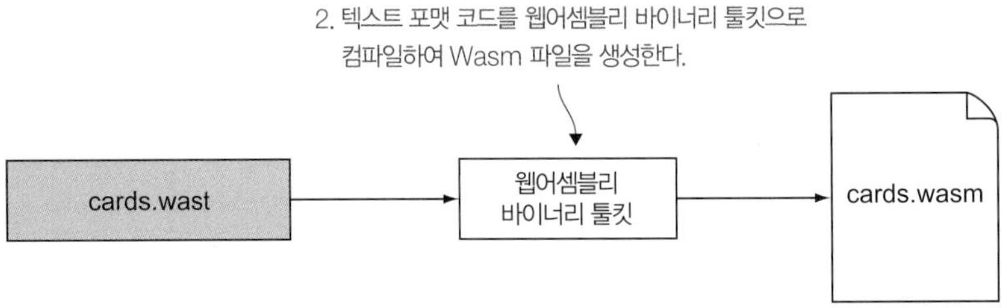

그림 11-15 텍스트 포맷 코드를 컴파일하여 Wasm 파일을 생성한다.

11.2 텍스트 포맷에서 웹어셈블리 모듈 생성하기

wat2wasm은 웹어셈블리 텍스트 포맷 코드를 웹어셈블리 모듈로 컴파일할 때 사용하는 온라인 툴입니다. 먼저 브라우저를 열고 wat2wasm 사이트[6]에 접속합니다. 좌측 상단 패널에 cards.wast 코드를 복사해서 붙여넣고 Download 버튼을 클릭하면 바로 웹어셈블리 모듈을 내려받을 수 있습니다. 이 Wasm 파일을 Chapter 11\source 폴더에 내려받고 cards.wasm으로 파일명을 변경합니다.

---

6 https://webassembly.github.io/wabt/demo/wat2wasm

1. 좌측 상단 패널에 cards.wast 파일의
코드를 붙여넣는다.

2. 웹어셈블리 파일을
내려받는다.

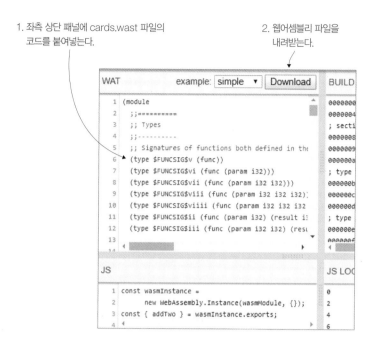

그림 11-16 좌측 상단 패널에 cards.wast 파일의 코드를 붙여넣고 웹어셈블리 파일을 내려받는다.

3. 모듈에서 필요한
로직을 작성한다.

4. 파일을 엠스크립튼으로 컴파일하여
웹어셈블리 파일을 생성한다.

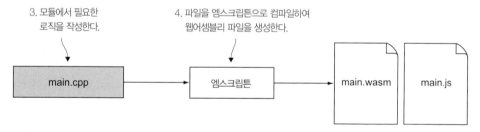

그림 11-17 cards.wasm 모듈에서 필요한 로직이 구현된 C++ 파일을 컴파일하여 웹어셈블리 파일을 생성한다.

11.3 엠스크립튼 생성 모듈

엠스크립튼 생성 모듈은 필요한 (메모리 관리 함수 malloc/free, 난수 발생기 함수 srand/ rand 같은) 표준 C 라이브러리 함수를 cards.wasm 모듈에 제공하며, 이 두 모듈은 런타임에 수동으로 링크할 것입니다. 이제 C++ 파일을 작성하겠습니다(그림 11-18).

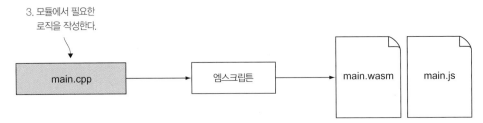

그림 11-18 cards.wasm 모듈에서 필요한 로직을 작성한다.

11.3.1 C++ 파일 작성

Chapter 11\source\main.cpp 파일을 만들고 편집기로 엽니다. 이 파일에서는 게임 로직 모듈에 필요한 함수 2개를 익스포트할 것입니다.

첫 번째 함수는 srand 함수에 시드 값을 전달하는 SeedRandomNumberGenerator입니다. 여기서는 시드 값을 time 함수로 조회한 현재 시간으로 하겠습니다. time 함수는 시간 정보를 담을 time_t형 포인터를 매개변수로 받지만, 이 예제는 그냥 간단히 NULL을 넘기면 됩니다.

```
EMSCRIPTEN_KEEPALIVE
void SeedRandomNumberGenerator() { srand(time(NULL)); }
```

두 번째 함수는 주어진 숫자 범위에서 난수를 추출 후 반환하는 GetRandomNumber입니다. 예를 들어, 범윗값이 10이면 난수는 0~9 사이에서 추출됩니다.

```
EMSCRTPTFN_KEEPALIVE
int GetRandomNumber(int range) { return (rand() % range); }
```

기타 모듈에서 필요한 malloc, free 함수는 엠스크립튼 생성 모듈이 자동으로 포함합니다.

예제 11-12 main.cpp 파일

```
#include <cstdlib>
#include <ctime>
#include <emscripten.h>
```

```
#ifdef __cplusplus
extern "C" {
#endif

EMSCRIPTEN_KEEPALIVE
void SeedRandomNumberGenerator() { srand(time(NULL)); }

EMSCRIPTEN_KEEPALIVE
int GetRandomNumber(int range) { return (rand() % range); }

#ifdef __cplusplus
}
#endif
```

그럼, main.cpp 파일을 엠스크립튼으로 컴파일하여 웹어셈블리 모듈을 생성하겠습니다(그림 11-19).

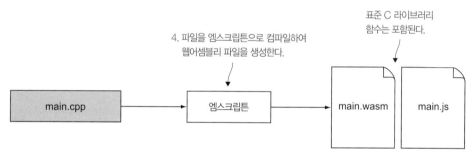

그림 11-19 main.cpp 파일을 컴파일하여 웹어셈블리 파일을 생성한다.

11.3.2 웹어셈블리 모듈 생성

main.cpp 파일이 있는 폴더에서 다음 명령을 실행합니다.

```
emcc main.cpp -o main.js
```

생성된 파일은 브라우저에서 사용 가능한 서버 경로에 복사합니다(그림 11-20). 이제 브라우저에서 이 모듈과 상호작용할 HTML, 자바스크립트 파일을 작성하겠습니다.

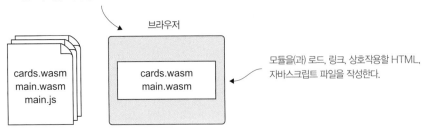

5. 생성된 웹어셈블리 파일을 브라우저에서 사용할 수
   있도록 해당 서버 경로에 복사한다.

브라우저

cards.wasm
main.wasm
main.js

cards.wasm
main.wasm

모듈을(과) 로드, 링크, 상호작용할 HTML,
자바스크립트 파일을 작성한다.

그림 11-20 생성된 웹어셈블리 파일을 해당 서버 경로에 복사하고 모듈을(과) 로드, 링크, 상호작용할 HTML, 자바스크립트 파일을 작성한다.

11.4 HTML 및 자바스크립트 파일 작성하기

실습 파일을 저장할 Chapter 11\frontend 폴더를 만들고 다음 파일들을 복사해 넣습니다.

- cards.wasm
- main.wasm
- main.js
- Chapter 4\4.1 js_plumbing\frontend\editproduct.html. 이 파일은 복사 후 game.html으로 파일명을 변경합니다.

11.4.1 HTML8L 파일 수정

우선 game.html 파일을 편집기로 열고 `<title>` 태그 안 텍스트를 Edit Product에서 Wasm Match로 변경합니다.

```
<title>Wasm Match</title>
```

`<head>` 태그 안의 마지막 `<script>` 태그 다음에는 카드 스타일이 정의된 CSS 파일을 참조하는

<link> 태그를 추가합니다.

```
<link rel="stylesheet" href="game.css">
```

> **NOTE_** game.css 파일은 이 책의 소스 코드에 있습니다(www.manning.com/books/webassembly–in–action). game.css 파일을 찾아 game.html 파일이 있는 폴더에 추가하면 됩니다.

<body> 태그의 onload="initializePage()" 속성은 필요없으니 삭제합니다.

```
<body>
```

그 아래 <div> 태그의 class 속성값은 root-container를 넣고 이 태그의 바디는 모두 삭제합니다.

```
<div class="root-container">  ◁── class명은 root-container로 변경한다.
              ◁── div 태그 안의 HTML은 모두 제거한다.
</div>
```

게임명과 현재 레벨을 표시하는 HTML은 <div class="root-container">...</div> 아래에 추가합니다. 플레이어가 다음 레벨로 넘어가면 <h3> 태그의 바디를 자바스크립트로 바꾸면 됩니다.

```
<header class="container-fluid">
  <h1>Wasm Match</h1>  ◁── 게임명을 페이지에 표시한다.
  <h3 id="currentLevel">Level 1</h3>  ◁── 현재 게임 중인 레벨을 표시한다.
</header>
```

그리고 게임 카드를 렌더링할 div 태그를 추가합니다.

```
<div id="cardContainer" class="container-fluid"></div>
```

플레이어가 레벨을 클리어하면 화면에 표시될 요약 화면의 HTML도 코딩해야 합니다. 플레이어가 현재 레벨을 다시 게임하거나, (마지막 레벨을 클리어하기 전이면) 다음 레벨로 넘어갈지 버튼을 눌러 선택하는 영역입니다.

```
<div id="levelComplete" class="container-fluid summary"
    style="display:none;">          기본은 숨김 처리한다. 플레이어가 레벨을 클리어할
  <h1>Congratulations!</h1>          경우에만 자바스크립트로 이 div를 보인다.
  <h3 id="levelSummary"></h3>       플레이어가 클리어한 레벨
                                     정보는 여기에 담는다.
  <button class="btn btn-primary"
      onclick="replayLevel();">Replay</Button>   현재 레벨을 다시 게임하려면 Replay
                                                  버튼을 클릭한다.
  <button class="btn btn-primary" id="playNextLevel"
      onclick="playNextLevel();">Next Level</Button>   다음 레벨을 게임하려면 Next Level 버튼을
</div>                                                   클릭한다. 다음 레벨이 없다면 숨긴다.
```

game.html 파일에서 마지막으로 수정할 부분은 파일 끝에 있는 `<script>` 태그입니다. 두 모듈을 서로 링크하고 모듈과 상호작용하는 자바스크립트는 game.js 파일에 작성합니다. 첫 번째 `<script>` 태그의 src 속성은 game.js, 두 번째 `<script>` 태그의 src 속성은 main.js(엠스크립튼 자바스크립트)으로 각각 변경합니다.

```
<script src="game.js"></script>     editproduct.js를 game.js로 파일명을 변경한다.
<script src="main.js"></script>     validate.js를 game.js로 파일명을 변경한다.
```

두 모듈을 링크하고 cards.wasm 모듈의 메인 로직과 상호작용할 자바스크립트도 필요합니다.

11.4.2 자바스크립트 파일 작성

frontend 폴더에 game.js 파일을 만들고 편집기로 엽니다. 모듈 메모리, 익스포트된 함수를 각각 할당할 전역 변수 2개를 선언합니다.

```
let moduleMemory = null;
let moduleExports = null;
```

Module 객체를 생성하고 콜백 함수 instantiateWasm를 작성합니다. instantiateWasm 함

수를 이용하면 엠스크립튼 생성 웹어셈블리 모듈을 다운로드/인스턴스화하는 과정을 직접 제어할 수 있습니다. cards.wasm 파일을 다운로드/인스턴스화한 다음 엠스크립튼 생성 모듈에 링크하면 됩니다.

instantiateWasm 함수는 다음과 같은 일을 합니다.

- 나중에 자바스크립트에서 사용할 수 있도록 importObject의 memory 객체 레퍼런스를 전역 변수 moduleMemory에 할당합니다.
- 인스턴스화 이후 main.wasm 모듈 인스턴스를 가리키는 변수 mainInstance를 선언합니다.
- WebAssembly.instantiateStreaming 함수를 호출해 main.wasm 모듈을 가져오고 엠스크립튼에서 받아온 importObject를 이 모듈에 전달합니다.
- Promise 객체의 then 메서드에서 sideImportObject 객체를 세팅합니다. 일단 main.wasm 모듈에 있는 함수들과 여러분이 작성한 자바스크립트 함수를 이 객체에 차곡차곡 담습니다. 그런 다음 WebAssembly.instantiateStreaming 함수를 호출해서 cards.wasm 모듈을 가져오고 이 모듈에 sideImportObject 객체를 전달합니다.
- 두 번째 then 메서드에서 전역 변수 moduleExports에 모듈의 익스포트 레퍼런스를 할당하고 main.wasm 모듈 인스턴스를 엠스크립튼에 전달합니다.

예제 11-13 game.js 파일의 Module 객체 (game.js)

```
...
var Module = {          ← 엠스크립튼 자바스크립트는 여러분이 작성한 코드가 뭔가        이 함수 덕분에 메인 모듈의
                          오버라이드하려고 하는지 이 객체를 보고 판단한다.            인스턴스화 과정을 제어할
  instantiateWasm: function(importObject, successCallback) {  ←              수 있다.
    moduleMemory = importObject.env.memory;  ← 자바스크립트에서 사용할 수 있도록
    let mainInstance = null;                    memory 객체 레퍼런스를 전역 변수에 보관한다.

    WebAssembly.instantiateStreaming(fetch("main.wasm"),
        importObject)  ←— 엠스크립튼 생성 웹어셈블리 모듈을 다운로드/인스턴스화한다.
    .then(result => {
      mainInstance = result.instance;  ←— main.wasm 모듈 인스턴스를 변수에 세팅한다.

      const sideImportObject = {  ←— cards.wasm 모듈에 전달할 sideImportObject 객체를 생성한다.
        env: {
          memory: moduleMemory,  ←— 메인 모듈 인스턴스와 동일한 메모리를 사용한다.
          _malloc: mainInstance.exports._malloc,
          _free: mainInstance.exports._free,
          _SeedRandomNumberGenerator:
              mainInstance.exports._SeedRandomNumberGenerator,
          _GetRandomNumber: mainInstance.exports._GetRandomNumber,
          _GenerateCards: generateCards,
```

```
        _FlipCard: flipCard,
        _RemoveCards: removeCards,
        _LevelComplete: levelComplete,
        _Pause: pause,
      }
    };

    return WebAssembly.instantiateStreaming(fetch("cards.wasm"),
        sideImportObject)    ◁── cards.wasm 모듈을 다운로드/인스턴스화한다.
  }).then(sideInstanceResult => {
    moduleExports = sideInstanceResult.instance.exports;    ◁──┐ 자바스크립트에서 사용할 수
                                                               │ 있도록 cards.wasm 모듈의
                                                               │ 익스포트를 변수에 세팅한다.
    successCallback(mainInstance);    ◁──┐ 메인 모듈 인스턴스를
  });                                    │ 엠스크립튼 자바스크립트에
                                         │ 전달한다.
    return {};    ◁──┐ 모든 작업은 비동기로
  }               │ 처리되므로 빈 객체를
};                │ 도로 전달한다.
```

cards.wasm 모듈이 인스턴스화되면 자동으로 레벨 1부터 시작합니다. 자바스크립트 함수 generateCards를 호출하고 레벨 1에 해당하는 카드가 화면에 펼쳐지겠죠. 이 함수는 플레이어가 현재 레벨을 다시 게임하거나 다음 레벨로 넘어가기 위해 해당 버튼을 클릭할 때에도 호출됩니다.

예제 11-14 generateCards 함수 (game.js)

```
...
                                                       ┌─ 이 함수는 모듈이 호출한다. 주어진
function generateCards(rows, columns, level) {    ◁──┤ 레벨에 해당하는 카드를 화면에 표시한다.
  document.getElementById("currentLevel").innerText
      = 'Level ${level}';    ◁──┐ 현재 레벨이 표시되도록 헤더 부분을 변경한다.

  let html = "";    ◁──┐ 카드에 해당하는 HTML
  for (let row = 0; row < rows; row++) {
    html += "<div>";    ◁──┐ 행마다 하나의 div 태그로 그린다.

    for (let column = 0; column < columns; column++) {
      html += "<div id=\"" + getCardId(row, column)
          + "\" class=\"CardBack\" onclick=\"onClickCard("
```

```
            + row + "," + column + ");\">"<span></span></div>";     ← 현재 행에 맞는 HTML을
    }                                                                    세팅한다.

    html += "</div>";     ← 현재 행의 div 태그를 닫는다.
  }

  document.getElementById("cardContainer").innerHTML = html;     ← 카드 영역의 HTML을
}                                                                   업데이트한다.
```

getCardId 함수는 화면에 표시된 카드마다 'card_행_열' 형식의 ID를 부여합니다.

```
function getCardId(row, column) {
  return ("card_" + row + "_" + column);
}
```

flipCard 함수는 플레이어가 어떤 카드를 클릭할 때마다 호출돼서 주어진 행, 열에 있는 카드를 펼치거나 뒤집습니다. 플레이어가 두 번째 카드를 클릭하면 첫 번째 카드와 짝이 맞는지 비교하고 맞지 않으면 플레이어가 직접 확인할 수 있게 잠시 실행을 멈춘 후 flipCard 함수를 다시 2번 호출해서 두 카드를 모두 뒤집습니다. cardValue 값이 −1이면 카드를 뒤집으라는 뜻입니다.

```
function flipCard(row, column, cardValue) {     ← 모듈에서 호출하는 함수다. 카드를 펼치거나 뒤집는다.
  const card = getCard(row, column);     ← DOM상의 카드 ID를 얻는다.
  card.className = "CardBack";     ← 카드를 뒤집는 게 기본 동작이다.

  if (cardValue !== -1) {     ← −1 아닌 값이면 카드는 펼친다.
    card.className = ("CardFace "
        + getClassForCardValue(cardValue));     ← CardFace는 카드 클래스명이고 이미지
  }                                                클래스명은 getClassForCardValue
}                                                  함수에서 받아온다.
```

getCard 함수는 주어진 행, 열에 위치한 카드의 DOM 객체를 반환합니다.

```
function getCard(row, column) {
  return document.getElementById(getCardId(row, column));
}
```

카드를 펼칠 때 화면에 보일 이미지는 두 번째 CSS 클래스명으로 구분합니다. 카드에 할당된 값은 게임 총 레벨 수에 따라 다르겠지만, 이 예제는 레벨 3까지 있으므로 0, 1, 2 중 하나입니다. getClassForCardValue 함수는 'Type + 카드 값' 형식의 클래스명(Type0, Type1, Type2)을 반환합니다.

```javascript
function getClassForCardValue(cardValue) {
  return ("Type" + cardValue);
}
```

플레이어가 클릭한 두 카드의 짝이 맞으면 다음 removeCards 함수를 호출해서 두 카드를 숨깁니다.

```javascript
function removeCards(firstCardRow, firstCardColumn,
    secondCardRow, secondCardColumn) {           // 첫 번째 카드에 해당하는 DOM
  let card = getCard(firstCardRow, firstCardColumn);  // 객체를 얻는다.
  card.style.visibility = "hidden";              // 첫 번째 카드를 숨긴다. 카드는 숨김 처리되지만 차지하고
                                                 // 있는 공간이 없어지는 건 아니므로 위치는 불변이다.
  card = getCard(secondCardRow, secondCardColumn);
  card.style.visibility = "hidden";              // 두 번째 카드를 숨긴다.
}
```

현재 레벨에 있는 카드 짝을 다 맞추면 levelComplete 함수가 호출되고, 플레이어는 현재 레벨을 다시 게임할지, 아니면 (남은 레벨이 있는 경우) 다음 레벨로 넘어갈지 선택할 수 있습니다.

예제 11-15 levelComplete 함수(game.js)

```javascript
...

function levelComplete(level, hasAnotherLevel) {
  document.getElementById("levelComplete").style.display
      = "";                                      // 레벨 클리어 영역을 표시한다.

  document.getElementById("levelSummary").innerText =
      'You've completed level ${level}!';        // 플레이어가 클리어한 레벨을 표시한다.

  if (!hasAnotherLevel) {                         // 남은 레벨이 없으면 Next Level 버튼을 숨긴다.
    document.getElementById("playNextLevel").style.display =
```

```
      "none";
    }
  }
```

pause 함수는 이름처럼 게임 실행을 일시 중지합니다. 주어진 시간(milliseconds, 밀리 초) 동안 실행을 멈춘 뒤 주어진 모듈 함수(callbackNamePointer)를 자바스크립트에서 호출합니다. 이미 여러 번 언급했지만, 플레이어가 두 번째 카드를 클릭할 때 짝이 맞아 두 카드를 숨김 처리하거나 짝이 안 맞아 도로 뒤집기 전에 플레이어가 확인할 시간이 필요하기 때문에 이런 로직을 구현하는 것입니다.

```
function pause(callbackNamePointer, milliseconds) {
  window.setTimeout(function() {        ◁──┐ 타임아웃 시점에 호출할 익명 함수를 생성한다.
    const name = ("_" +
        getStringFromMemory(callbackNamePointer));  ◁──┐ 모듈 메모리에서 함수명을 조회하고
                                                         앞에 언더스코어 문자를 붙인다.
    moduleExports[name]();   ◁──┐ name에 해당하는 모듈 함수를 호출한다.
  }, milliseconds);   ◁──┐ 주어진 시간 경과 후
}                          타임아웃이 발생한다.
```

getStringFromMemory 함수는 모듈 메모리에서 문자열을 읽습니다. 기능상 차이가 없으니 10장에서 작성했던 코드를 그대로 갖다 쓰겠습니다.

예제 11-16 getStringFromMemory 함수(game.js)

```
...

function getStringFromMemory(memoryOffset) {
  let returnValue = "";

  const size = 256;
  const bytes = new Uint8Array(moduleMemory.buffer, memoryOffset, size);

  let character = "";
  for (let i = 0; i < size; i++) {
    character = String.fromCharCode(bytes[i]);
    if (character === "\0") { break;}
    returnValue += character;
  }
```

```
      return returnValue;
  }
```

카드 클릭 이벤트가 발생할 때마다 클릭된 카드의 div 태그는 onClickCard 함수를 호
출하면서 자신의 행, 열 값을 전달하고, onClickCard 함수는 이 두 값을 다시 모듈 함수
_CardSelected에 전달합니다.

```
function onClickCard(row, col) {
    moduleExports._CardSelected(row, col);   ◁─┐ 이 행, 열에 있는 카드가 클릭됐음을 모듈에 알린다.
}
```

플레이어가 레벨 클리어 영역에서 Replay 버튼을 클릭하면 replayLevel 함수가 호출됩니다.
이 함수는 레벨 클리어 영역을 숨기고 모듈 함수 _ReplayLevel를 호출해서 플레이어가 현재
레벨을 다시 게임하도록 만듭니다.

```
function replayLevel() {
    document.getElementById("levelComplete").style.display
        = "none";   ◁─┐ 레벨 클리어 영역을 숨긴다.

    moduleExports._ReplayLevel();   ◁─┐ 현재 레벨을 다시 게임할 거라고 모듈에 알린다.
}
```

플레이어가 레벨 클리어 영역에서 Next Level 버튼을 클릭하면 다음 playNextLevel 함수가
호출됩니다. 이 함수는 레벨 클리어 영역을 숨기고 모듈 함수 _PlayNextLevel를 호출해서 다
음 레벨로 넘어갑니다.

```
function playNextLevel() {
    document.getElementById("levelComplete").style.display = "none";

    moduleExports._PlayNextLevel();   ◁─┐ 다음 레벨의 게임을 진행할 것임을 모듈에 알린다.
}
```

자, 그럼 작성한 코드를 실행해보겠습니다.

11.5 실행 결과

http://localhost:8080/game.html에 접속하면 카드 짝 맞추기 게임 페이지가 멋지게 펼쳐질 것입니다(그림 11-21). 머리도 식힐 겸 게임을 한껏 즐겨보세요!

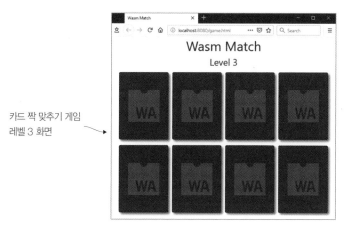

카드 짝 맞추기 게임
레벨 3 화면

그림 11-21 카드 짝 맞추기 게임 레벨 3 화면

11.6 실제 용례

- 다음 장에서 설명하겠지만, 텍스트 포맷을 이용하면 소스 맵을 사용할 수 없을 때에도 웹어셈블리 모듈의 내용을 브라우저에서 볼 수 있습니다. 또 에러가 났을 때 텍스트 포맷에 중단점을 설정하고 한 스텝씩 흘려보면 로컬에서 재현 불가한 문제를 추적할 수 있습니다.

- 6장에서 배웠고 12장에서도 다룰 내용이지만, emcc 명령에 −g 플래그를 적용하면 엠스크립튼이 .wast 파일을 생성합니다. 모듈 인스턴스화 시 에러가 발생하거나 뭔가 제대로 작동하지 않는데 그 원인을 도통 알 수 없는 경우 이 .wast 파일을 뜯어보면 해결의 실마리를 얻을 수 있습니다.

11.7 연습 문제

1 웹어셈블리 바이너리 툴킷을 이용해 웹어셈블리 모듈을 생성할 때 S–표현식 table, memory, global, func 앞에 어떤 S–표현식 노드를 붙여야 하는가?

2 카드 짝 맞추기 게임을 레벨 6까지 즐길 수 있도록 텍스트 포맷 코드에 있는 InitializeRowsAndColumns 함수를 수정하시오.

- 레벨 4는 3행×4열
- 레벨 5는 4행×4열
- 레벨 6는 4행×5열

➔ 해답은 부록 D에 있습니다

11.8 마치며

- 웹어셈블리에는 바이너리 포맷과 동등한 텍스트 포맷이 있습니다. 덕분에 바이너리 포맷을 직접 다루지 않고도 사람이 읽을 수 있는 텍스트를 보면서 모듈을 다룰 수 있습니다.

- 텍스트 포맷 코드를 보면 브라우저 사용자가 마치 자바스크립트를 다루듯 웹어셈블리 모듈을 조사할 수 있습니다.

- 텍스트 포맷은 손으로 코딩하려고 만든 것은 아니지만, 웹어셈블리 바이너리 툴킷 같은 도구를 활용하면 코딩할 수 있습니다.

- 텍스트 포맷은 S–표현식을 이용해 모듈 엘리먼트를 간단히 표현합니다. module 노드가 루트이고 나머지는 모두 이 노드의 자식들입니다.

- 바이너리 포맷의 표준 섹션에 해당하는 S–표현식도 있습니다. import 노드의 위치만 조심하면 됩니다. 이 노드를 넣을 경우 table, memory, global, func 노드 앞에 두어야 하며, 바이너리 포맷의 Function, Code 섹션은 텍스트 포맷에서는 단일 func S–표현식으로 나타냅니다.

- 웹어셈블리가 지원하는 네 가지 자료형은 텍스트 포맷에서 각각 i32(32비트 정수), i64(64비트 정수), f32(32비트 부동소수), f64(64비트 부동소수)입니다.

- 이 네 가지 자료형을 간편하게 다루기 위해 텍스트 포맷에는 타입명과 동일한 객체가 있습니다(예: i32.add).

- 함수 코드는 값을 푸시/팝하는 스택 머신처럼 동작하며, 스택 머신 포맷 또는 S–표현식 포맷으로 기술합니다. 브라우저는 스택 머신 포맷으로 함수 코드를 나타냅니다.

- 반환값이 없는 함수는 실행 종료 시 반드시 스택을 비워야 합니다. 이와는 정반대로, 반환값이 있는 함수는 실행 종료 시 반환할 값을 반드시 스택에 넣어두어야 합니다.

- 항목은 인덱스나 변수명으로 참조합니다.

- 함수 매개변수는 지역 변수로 취급하며, 매개변수의 인덱스는 함수에 정의된 모든 지역 변수보다 우선합니다. 또 지역 변수는 함수 내부에서 다른 그 어떤 것보다 먼저 정의돼야 합니다.

- 현재 브라우저는 지역/전역 변수에 대한 get/set 명령을 각각 set_local, get_global로 나타냅니다. 웹어셈블리 스펙이 최근에 개정되어 local.set, global.get으로 변경됐지만 호출하는 방식은 아직 원래 포맷 그대로입니다.

CHAPTER 12

디버깅

이 장의 핵심 내용

◆ 다양한 웹어셈블리 모듈 디버깅 방법

◆ 컴파일 또는 런타임 도중의 에러 처리

◆ 개발자 도구로 디버깅

코드가 원하는 대로 동작하지 않으면 문제의 원인을 밝혀낼 방법을 강구해야 합니다. 코드를 살펴보고 간단히 해결될 때도 있지만 오랜 시간 깊이 파헤쳐야 하는 경우도 있습니다.

이 책을 쓰는 현재, 웹어셈블리 디버깅 옵션은 다소 제한적이지만, 향후 브라우저, 통합 개발 환경Integrated Development Environment (IDE) 툴이 발전하면서 많이 달라질 것입니다. 지금은 다음과 같은 방법으로 웹어셈블리 모듈을 디버깅할 수 있습니다.

- 코드를 조금씩 고쳐가며 컴파일과 테스트를 자주하면 버그를 잡기가 쉽습니다. 에러가 났을 때 변경된 코드를 잘 읽어보면 문제가 해결될 가능성이 높습니다.

- 컴파일 시 문제가 발생하면 엠스크립튼 디버깅 모드를 켜서 세세한 내용까지 출력합니다. 환경 변수 EMCC_DEBUG를 설정하거나 컴파일러 플래그 -v를 적용하면 디버깅 모드가 활성화되어 디버그 로그와 중간 파일이 모두 출력되므로 유용합니다. 엠스크립튼 디버깅 모드에 관한 자세한 가이드는 공식 문서[1]를 참고하기 바랍니다.

- 임포트된 자바스크립트 함수나 엠스크립튼 매크로(부록 C 참고), 또는 printf 같은 함수로 모듈에서 브라우저 콘솔창에 특정 데이터를 출력합니다. 이렇게 하면 어느 시점에 어떤 함수가 호출됐고 변수에 어떤 값이 세팅됐는지 알 수 있습니다. 의심가는 곳부터 로깅하고 점점 범위를 좁혀가며 로깅을 계속합니다.

- 웹어셈블리 모듈을 텍스트 포맷으로 볼 수 있는 브라우저에서 중단점을 설정하고 한 스텝씩 흘려봅니다.

---

1 http://mng.bz/JzdZ

이 방법은 이 장에서 설명할 것입니다.

- 엠스크립튼 플래그 -g를 적용하면(예: -g0, -g1, -g2, -g3, -g4) 숫자가 커질수록 점점 더 많은 디버깅 정보가 컴파일 결과물에 기록됩니다(-g 플래그에 숫자를 지정하지 않으면 -g3으로 적용됩니다). 엠스크립튼은 생성된 바이너리 파일에 해당하는 텍스트 포맷 파일(.wast)도 함께 생성하므로 링킹 문제(예: 인스턴스화 중 모듈에 올바른 항목이 전달되지 못함)가 있을 경우 원인을 찾아내는 데 유용합니다. 텍스트 포맷 파일을 뜯어보면 임포트가 제대로 수행되어 올바른 항목이 제공됐는지 체크할 수 있습니다. -g 플래그에 관한 자세한 정보는 공식 문서[2]를 참고하기 바랍니다.
- 특히, 플래그 -g4를 적용하면 앞으로 유력한 디버깅 방법인 소스 맵이 생성됩니다. 소스 맵이 있으면 브라우저 디버거에서 C/C++ 코드를 볼 수 있어서 중단점에 도달했는지 알 수 있습니다. 그러나 이 방법은 이 글을 쓰는 현재 그리 잘 동작하지 않습니다. 예를 들어, 함수의 매개변수를 명명해도 실제로 텍스트 포맷은 var0 같은 변수를 사용하므로 제대로 관찰하기가 어렵습니다. 디버거에서 코드를 스텝 오버step over하는 작업도 여러 번 시도해야 가능합니다. 하나의 문statement도 내부적으로는 텍스트 포맷에서 여러 스텝에 걸쳐 진행되지만, 스텝 오버 호출은 텍스트 포맷 문 단위로 일어나기 때문입니다.

이 장에서는 이전 장에서 개발한 카드 짝 맞추기 게임을 디버깅하는 방법들을 설명하겠습니다.

12.1 게임 확장하기

플레이어가 몇 번 시도 끝에 레벨을 클리어했는지 알려주는 기능을 카드 짝 맞추기 게임에 추가하려고 합니다(그림 12-1). 짝이 맞든, 맞지 않든 플레이어가 두 번째 카드를 클릭하면 무조건 1회 시도한 것으로 간주합니다. 코드를 디버깅하면서 트러블슈팅troubleshooting하는 과정을 예시하기 위해 필자는 일부러 코드에 오류를 심을 것입니다. 앞 장에서는 웹어셈블리 모듈을 먼저 고치고 자바스크립트는 나중에 수정했는데, 여기서는 모듈 함수, 자바스크립트 함수를 한꺼번에 수정하겠습니다.

---

2 http://mng.bz/wlj5

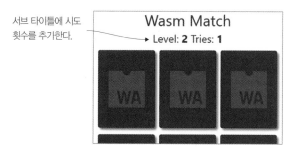

서브 타이틀에 시도
횟수를 추가한다.

그림 12-1 서브 타이틀에 시도 횟수가 표시되도록 수정한 카드 짝 맞추기 게임의 레벨 2 화면

시도 횟수 표시 기능을 추가하는 과정은 대략 이렇습니다(그림 12-2).

1 서브 타이틀에 시도 횟수가 표시되도록 HTML을 수정합니다.

2 텍스트 포맷과 자바스크립트를 수정해서 레벨 시작 시 시도 횟수를 웹페이지에 표시합니다.

3 시도 횟수를 1만큼 늘리는 코드를 추가하고 플레이어가 두 번째 카드를 클릭할 때마다 시도 횟수를 업데이트합니다.

4 플레이어가 레벨 클리어 시 표시되는 요약 화면에 시도 횟수를 전달합니다.

12.2 HTML 수정하기

실습 파일을 저장할 Chapter 12 폴더를 만들고 여기에 Chapter 11\frontend, Chapter 11\source 폴더를 각각 통째로 복사해 넣습니다.

frontend\game.html 파일을 편집기로 엽니다. 자바스크립트로 Level 1, Level 2, ⋯ 식으로 세팅했던 <h3> 태그에 다음과 같이 시도 횟수를 추가합니다.

- <h3> 태그의 id 속성과 그 값을 삭제합니다.
- Level: 텍스트와 현재 레벨을 나타내는 <span> 태그를 추가합니다. <span> 태그의 id 속성값은 currentLevel로 세팅합니다.
- Tries: 텍스트와 시도 횟수를 나타내는 <span> 태그를 추가합니다. <span> 태그의 id 속성값은 tries로 세팅합니다.

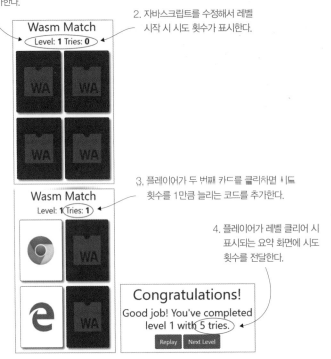

1. HTML을 수정해서 서브 타이틀에 시도 횟수를 추가한다.

2. 자바스크립트를 수정해서 레벨 시작 시 시도 횟수가 표시한다.

3. 플레이어가 두 번째 카드를 클릭하면 시도 횟수를 1만큼 늘리는 코드를 추가한다.

4. 플레이어가 레벨 클리어 시 표시되는 요약 화면에 시도 횟수를 전달한다.

그림 12-2 카드 짝 맞추기 게임에 시도 횟수 표시 기능을 추가하는 과정

```
<header class="container-fluid">
  <h1>Wasm Match</h1>
  <h3>  ⟵— id 속성과 그 값을 삭제한다.
    Level: <span id="currentLevel">1</span>
    Tries: <span id="tries"></span>
  </h3>
</header>
```

12.3 시도 횟수 표시하기

게임이 시작되면 바로 시도 횟수가 표시되도록 다음과 같이 코드를 수정합니다(그림 12-3).

1 자바스크립트 함수 generateCards를 수정해서 레벨 시작 시 표시할 시도 횟수를 별도의 매개변수로 받습니다.

2 텍스트 포맷에 시도 횟수를 세팅할 전역 변수 $tries를 선언하고 $PlayLevel 함수를 수정해서 자바스크립트 함수 generateCards에 시도 횟수를 전달합니다.

3 웹어셈블리 바이너리 툴킷으로 텍스트 포맷을 컴파일하여 웹어셈블리 모듈(cards.wasm)을 생성합니다.

4 생성된 웹어셈블리 파일을 브라우저에서 사용할 수 있도록 해당 서버 경로에 복사한 다음, 변경한 코드가 제대로 작동되는지 테스트합니다.

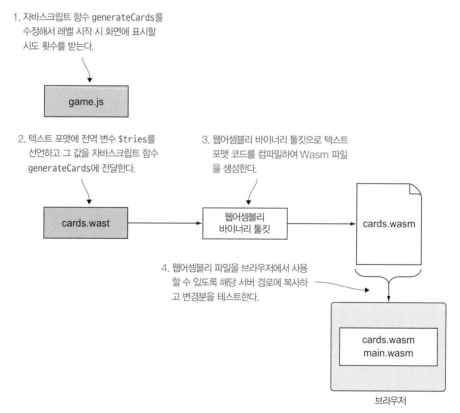

그림 12-3 레벨 시작 시 시도 횟수가 표시되도록 자바스크립트 및 텍스트 포맷 코드를 수정한다.

12.3.1 generateCards 자바스크립트 함수

game.js 파일을 열고 generateCards 함수 코드를 찾아 기존 매개변수 다음에 **tries**를 4번째 매개변수로 추가합니다. 웹어셈블리 모듈은 게임이 시작되면 시도 횟수 값을 generateCards 함수에 전달해서 화면에 표시합니다.

예제 12-1 generateCards 함수(game.js)

```
...
function generateCards(rows, columns, level, tries) {    ◁─── tries를 4번째
  document.getElementById("currentLevel").innerText = level;    매개변수로 추가한다.
  document.getElementById("tries").innerText = tries;    ◁─── 레벨을 표시한다.
                                                        ◁─── 시도 횟수를 표시한다.
  let html = "";
  for (let row = 0; row < rows; row++) {
    html += "<div>";

    for (let column = 0; column < columns; column++) {
      html += "<div id=\"" + getCardId(row, column)
          + "\" class=\"CardBack\" onclick=\"onClickCard("
          + row + "," + column + ");\"><span></span></div>";
    }

    html += "</div>";
  }

  document.getElementById("cardContainer").innerHTML = html;
}
...
```

자바스크립트 함수 generateCards에 시도 횟수 값을 전달하기 위해 텍스트 포맷에서 전역 변수 **$tries**를 선언합니다(그림 12-4).

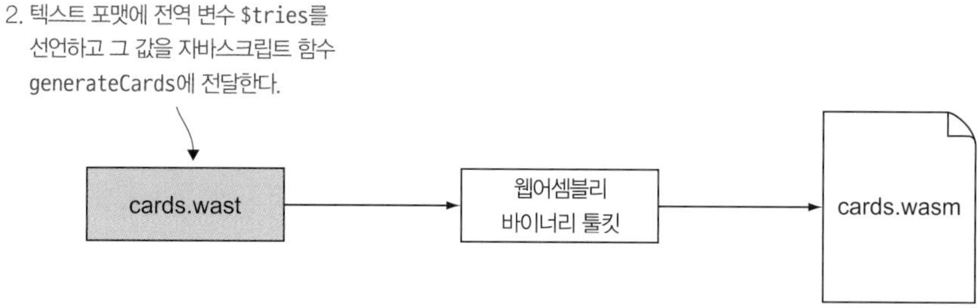

2. 텍스트 포맷에 전역 변수 $tries를
   선언하고 그 값을 자바스크립트 함수
   generateCards에 전달한다.

그림 12-4 전역 변수 $tries를 선언하고 그 값을 자바스크립트 함수 generateCards에 전달한다.

12.3.2 텍스트 포맷 수정

cards.wast 파일을 열고 Global 섹션으로 이동합니다.

전역 변수 $matches_remaining 다음에 i32 가변 전역 변수인 $tries를 추가합니다.

```
(global $tries (mut i32) (i32.const 0))
```

앞서 말했듯이, 이 전역 변수는 generateCards 함수의 4번째 매개변수로 전달됩니다. $PlayLevel 함수 코드를 찾아 $GenerateCards 함수 호출부($level 변수 ~ call $GenerateCards 코드 라인)에서 $tries 변수를 4번째 매개변수로 스택에 푸시합니다.

```
(func $PlayLevel (param $level i32)
  get_local $level
  call $InitializeCards

  get_global $rows
  get_global $columns
  get_local $level
  get_global $tries        ◁── $tries 값을 스택에 푸시하여
  call $GenerateCards          generateCard 함수의 네 번째
)                              매개변수로 전달한다.
```

레벨이 시작될 때마다 $tries 값이 리셋되도록 $InitializeCards 함수 끝부분에서 call $ShuffleArray 코드 라인 다음 줄에 다음 코드를 추가합니다.

```
get_global 6
set_global $tries
```

텍스트 포맷 코딩은 여기까지입니다. 이제 웹어셈블리 바이너리 툴킷으로 텍스트 포맷 코드를 컴파일하여 cards.wasm 파일을 생성합니다.

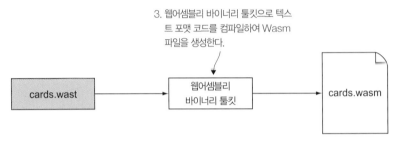

그림 12-5 텍스트 포맷 코드를 컴파일하여 Wasm 파일을 생성한다.

12.3.3 Wasm 파일 생성

11.2절에서 소개한 온라인 툴 wat2wasm을 이용해서 cards.wast 파일을 컴파일합니다. 그런데 우측 상단 패널에 못 보던 오류 메시지가 표시될 것입니다(그림 12-6).

그림 12-6 cards.wast 파일 컴파일 시 발생한 오류

11장에서는 별 문제 없이 컴파일됐고 오류 메시지에 $GenerateCards 함수가 있는 걸 보니 아마도 $PlayLevel 함수를 잘못 고친 듯싶습니다. $GenerateCards 문자열로 코드를 검색하면 금세 오류가 발견될 것입니다. Import 섹션에 자바스크립트 함수 _GenerateCards의 import 노드가 있는데, 4번째 i32 매개변수를 함수 시그니처에 깜빡 잊고 추가하지 않았습니다.

$PlayLevel 함수 코드를 찾아보면 $GenerateCards 함수가 아직도 매개변수 3개를 받는 것으로 되어 있습니다. 그러니 스택에서 세 항목을 팝하여 $GenerateCards 함수에 전달하면 $rows 값은 스택에 홀로 남겨지고 $GenerateCards 함수 반환 시 $PlayLevel 함수는 스택에 뭔가 남겨둔 상태로 종료됩니다. $PlayLevel은 아무 값도 반환하지 않는 함수인데 스택에 값이 남아있기 때문에 오류가 난 것이죠.

```
(func $PlayLevel (param $level i32)        ◁── 반환값이 없다. 함수 종료 시
  get_local $level                              스택은 비워둬야 한다.
  call $InitializeCards

  get_global $rows          ◁── 스택에 처음 푸시한다. $GenerateCards 함수
  get_global $columns           호출 시 이 값이 스택에 잔류하게 된다.
  get_local $level
  get_global $tries
  call $GenerateCards       ◁── 스택 최상단 세 항목을 팝하여
)                               $GenerateCards 함수에 전달한다.
```

Import 섹션으로 가서 다음과 같이 $GenerateCards 함수에 4번째 i32 매개변수를 추가합니다.

```
(import "env" "_GenerateCards"
  (func $GenerateCards (param i32 i32 i32 i32))
)
```

cards.wast 파일 코드를 다시 한번 좌측 상단 패널에 붙여넣고 오류 없이 생성된 wasm 파일을 frontend 폴더에 내려받습니다.

변경분이 제대로 반영됐는지 테스트합시다.

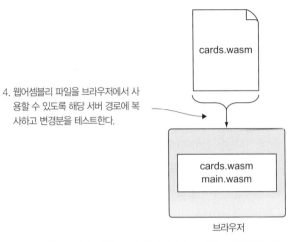

4. 웹어셈블리 파일을 브라우저에서 사용할 수 있도록 해당 서버 경로에 복사하고 변경분을 테스트한다.

그림 12-7 웹어셈블리 파일을 해당 서버 경로에 복사하고 변경분을 테스트한다.

12.3.4 변경분 테스트

games.html 파일을 수정할 때 Tries: 텍스트 우측의 <span> 태그 바디는 비워두었습니다. 따라서 게임 시작 시 Tries: 0으로 표시되면 변경한 코드가 정상 작동하는 것이고, Tries: 텍스트만 표시되면 뭔가 오류가 있다는 뜻입니다. http://localhost:8080/game.html에 접속하여 화면을 확인합니다(그림 12-8).

값이 표시되는 것으로 보아 변경한 코드가 잘 동작하고 있다

그림 12-8 Tries: 라벨 옆에 0이 표시되는 것으로 보아 변경한 코드가 잘 동작하고 있다.

다음 절에서는 플레이어가 두 번째 카드를 클릭할 때마다 전역 변수 $tries가 하나씩 증가하고 이 값이 웹페이지의 Tries: 라벨 옆에 표시되도록 수정하겠습니다.

3. 플레이어가 두 번째 카드를 클릭하면 시도 횟수를 1만큼 늘리는 코드를 추가한다.

그림 12-9 플레이어가 두 번째 카드를 클릭하면 시도 횟수는 1만큼 증가한다.

12.4 시도 횟수 늘리기

플레이어가 두 번째 카드를 클릭할 때마다 시도 횟수를 1만큼 늘리는 과정은 이렇습니다.

1 game.js 파일에 자바스크립트 함수 updateTriesTotal를 추가합니다. 이 함수는 시도 횟수를 모듈에서 받아 그 값으로 웹페이지를 업데이트합니다.

2 텍스트 포맷 코드를 고쳐 updateTriesTotal 함수를 임포트합니다. 플레이어가 두 번째 카드를 클릭할 때마다 텍스트 포맷에서 $tries 값을 1만큼 늘리고 그 값을 자바스크립트 함수에 전달합니다.

3 웹어셈블리 바이너리 툴킷으로 텍스트 포맷을 컴파일하여 웹어셈블리 모듈(cards.wasm)을 생성합니다.

4 생성된 웹어셈블리 파일을 브라우저에서 사용할 수 있도록 해당 서버 경로에 복사한 다음, 변경한 코드가 제대로 작동되는지 테스트합니다.

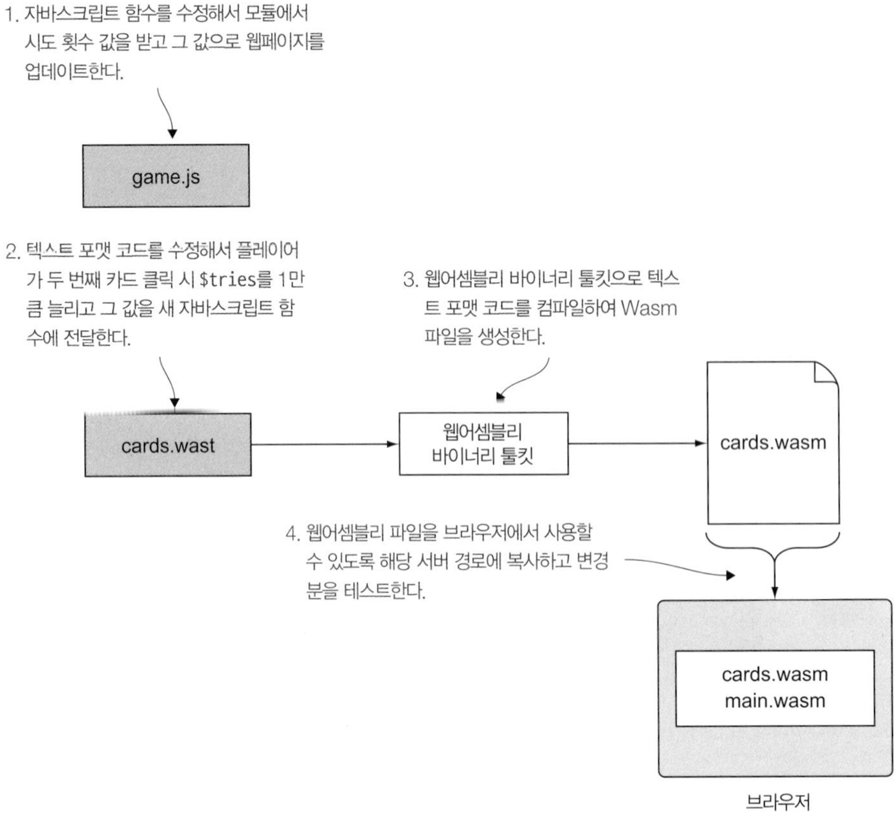

1. 자바스크립트 함수를 수정해서 모듈에서
   시도 횟수 값을 받고 그 값으로 웹페이지를
   업데이트한다.

2. 텍스트 포맷 코드를 수정해서 플레이어
   가 두 번째 카드 클릭 시 $tries를 1만
   큼 늘리고 그 값을 새 자바스크립트 함
   수에 전달한다.

3. 웹어셈블리 바이너리 툴킷으로 텍스
   트 포맷 코드를 컴파일하여 Wasm
   파일을 생성한다.

cards.wast → 웹어셈블리 바이너리 툴킷 → cards.wasm

4. 웹어셈블리 파일을 브라우저에서 사용할
   수 있도록 해당 서버 경로에 복사하고 변경
   분을 테스트한다.

cards.wasm
main.wasm

브라우저

그림 12-10 플레이어가 두 번째 카드를 클릭 시 시도 횟수를 1만큼 늘리는 과정

12.4.1 updateTriesTotal 자바스크립트 함수

updateTriesTotal는 매개변수 tries를 받아 화면에 표시하는 함수입니다. generateCards
함수의 document.getElementById 코드 라인을 복사해서 이 함수의 본문에 다음과 같이 추
가합니다.

```
function updateTriesTotal(tries) {
  document.getElementById("tries").innerText = tries;
}
```

generateCards 함수의 document.getElementById 코드 라인은 이 updateTriesTotal 함수를 호출하는 코드로 변경합니다.

```
updateTriesTotal(tries);
```

텍스트 포맷 역시 플레이어가 두 번째 카드를 클릭할 때마다 $tries 값을 1만큼 늘리도록 수정해야 합니다. 이렇게 늘어난 시도 횟수는 새로운 자바스크립트 함수에 전달됩니다(그림 12-11).

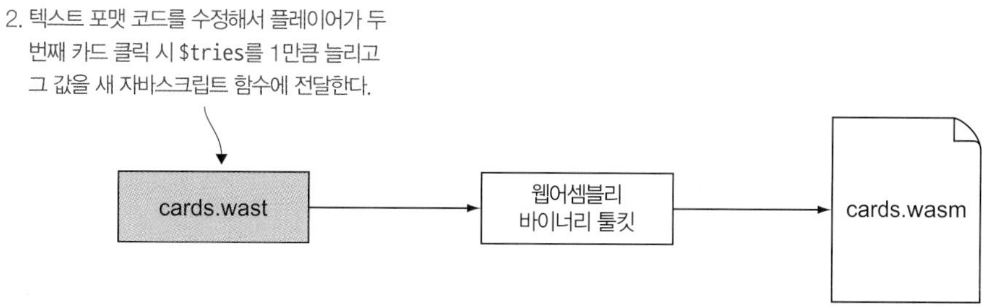

그림 12-11 플레이어가 두 번째 카드 클릭 시 $tries를 1만큼 늘리고 그 값을 새 자바스크립트 함수에 전달한다.

12.4.2 텍스트 포맷 수정

하나씩 증가한 $tries 값을 화면에 전달하여 표시하려면 자바스크립트 함수 updateTriesTotal를 임포트하는 import 노드를 추가해야 합니다. cards.wast 파일의 Import 섹션에서 i32 매개변수를 받는 $UpdateTriesTotal 함수의 import 노드를 $GenerateCards 함수의 import 노드 다음에 추가합니다.

```
(import "env" "_UpdateTriesTotal"
  (func $UpdateTriesTotal (param i32))
)
```

$SecondCardSelectedCallback 함수는 플레이어가 두 번째 카드를 클릭할 때 첫 번째 클릭한 카드와 짝이 맞아 제거하거나, 짝이 안 맞아 다시 뒤집기 전에 실행이 일시 중지된 후 호출

되는 콜백 함수입니다.

if 블록 다음에 나오는 코드에서 전역 변수 $tries에 1을 더한 다음, 그 값을 $Update TriesTotal 함수에 전달하여 업데이트된 시도 횟수를 자바스크립트로 화면에 표시합니다(예제 12-2). 변경되지 않은 코드는 지면상 생략합니다.

예제 12-2 $SecondCardSelectedCallback 함수(cards.wast)

```
(func $SecondCardSelectedCallback
  (local $is_last_level i32)

  get_global $first_card_value
  get_global $second_card_value
  i32.eq
  if          ◁─┐ 플레이어가 클릭한 두 카드가 짝이 맞는다.
    ◁─┐ 자바스크립트로 카드를 숨기고 $matches_remaining 값을 1만큼 줄인다.
  else    ◁─┐ 플레이어가 클릭한 두 카드가 짝이 안 맞는다.
    ◁─┐ 자바스크립트로 카드를 다시 뒤집는다.
  end

  get_global $tries    ◁─┐ 값을 1만큼 늘린다.
  i32.const 10
  i32.add
  set_global $tries

  get_global $tries
  call $UpdateTriesTotal    ◁─┐ 늘어난 시도 횟수를 자바스크립트에
                                 전달해 화면에 표시한다.
)
```

이렇게 코딩한 텍스트 포맷을 컴파일하여 웹어셈블리 파일을 생성합시다(그림 12-12).

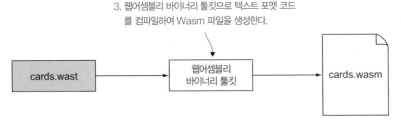

3. 웹어셈블리 바이너리 툴킷으로 텍스트 포맷 코드를 컴파일하여 Wasm 파일을 생성한다.

cards.wast → 웹어셈블리 바이너리 툴킷 → cards.wasm

그림 12-12 텍스트 포맷 코드를 컴파일하여 Wasm 파일을 생성한다.

12.4.3 Wasm 파일 생성

11.2절에서 실습한 것처럼 온라인 툴 wat2wasm을 이용해서 웹어셈블리 텍스트 포맷 cards. wast 파일을 웹어셈블리 모듈로 컴파일합니다. 다운로드Download 버튼을 클릭해서 frontend 폴더에 내려받고 파일명은 cards.wasm로 수정합니다. 수정한 cards.wasm 코드가 제대로 작동되는지 확인합니다.

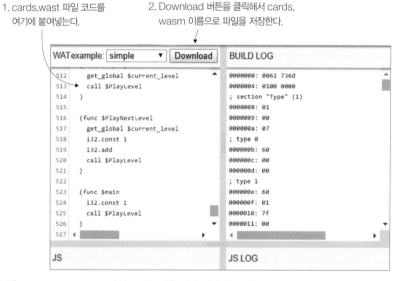

그림 12-13 cards.wast 파일 코드를 좌측 상단 패널에 붙여넣고 Download 버튼을 클릭해서 웹어셈블리 파일을 cards.wasm라는 이름으로 내려받는다.

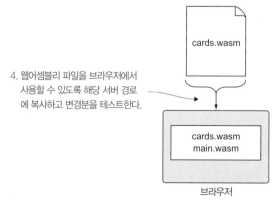

그림 12-14 웹어셈블리 파일을 해당 서버 경로에 복사하고 변경분을 테스트한다.

12.4.4 변경분 테스트

실수 없이 코딩했다면 두 번째 카드를 클릭할 때 $tries 값이 하나씩 증가하고 그 값이 화면에 바로 반영될 것입니다. 그런데 http://localhost:8080/game.html에 접속해보니 뭔가 이상합니다. Tries: 옆에 아무 것도 표시되지 않네요.

그림 12-15 시도 횟수가 표시되지 않는다, 뭔가 문제가 생겼다!

웹페이지가 이상하게 동작할 경우(지금과 같이 숫자가 이상하게 표시되거나 마우스를 클릭해도 아무 반응이 없다면) 그 원인은 십중팔구 자바스크립트 에러입니다. 개발자 도구 콘솔창에 들어가서 오류 메시지를 확인합니다. 역시나 _UpdateTriesTotal 필드에서 자바스크립트 오류가 발생했습니다(그림 12-16).

이 메시지는 두 가지 중요한 단서를 제공합니다. 첫째, LinkError는 웹어셈블리 모듈 인스턴스화 중에 발생한 에러입니다. LinkError에 관한 자세한 정보는 MDN 문서[3]를 참고하기 바랍니다.

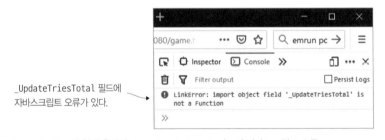

그림 12-16 콘솔창에 출력된 _UpdateTriesTotal 필드의 자바스크립트 오류

둘째, _UpdateTriesTotal 필드에 문제가 있습니다. _UpdateTriesTotal는 좀 전에 다음 코드에서 자바스크립트 함수를 임포트하려고 import 노드에 부여한 함수명입니다.

---

3 http://mng.bz/qXjx

```
(import "env" "_UpdateTriesTotal"
  (func $UpdateTriesTotal (param i32))
)
```

텍스트 포맷 코드를 다시 봐도 import 노드는 문제가 없어 보입니다. 컴파일할 때에도 문제가 없었으니 모듈도 원인은 아닌 듯싶고 아무래도 자바스크립트가 의심스럽습니다.

game.js 파일을 엽니다. updateTriesTotal 함수 자체는 아무리 보아도 (하나의 매개변수를 받고 아무 값도 반환하지 않는) 시그니처를 비롯해 별다른 문제가 없습니다.

```
function updateTriesTotal(tries) {
  document.getElementById("tries").innerText = tries;
}
```

오, 그런데 LinkError가 발생했으니 cards.wasm 파일과 뭔가 연관이 있는 것 같습니다. cards.wasm 파일에서 WebAssembly.instantiateStreaming 코드를 찾습니다. 과연 sideImportObject를 보니 _UpdateTriesTotal 프로퍼티가 빠져 있군요!

[예제 12-3]과 같이 sideImportObject 객체에서 _GenerateCards 코드 라인 다음에 _UpdateTriesTotal 프로퍼티를 추가하여 정정합니다.

예제 12-3 sideImportObject 객체(games.js)

```
const sideImportObject = {
  env: {
    memory: moduleMemory,
    _malloc: mainInstance.exports._malloc,
    _free: mainInstance.exports._free,
    _SeedRandomNumberGenerator:
        mainInstance.exports._SeedRandomNumberGenerator,
    _GetRandomNumber: mainInstance.exports._GetRandomNumber,
    _GenerateCards: generateCards,
    _UpdateTriesTotal: updateTriesTotal,  ←── updateTriesTotal 함수를
    _FlipCard: flipCard,                       모듈에 전달한다.
    _RemoveCards: removeCards,
    _LevelComplete: levelComplete,
    _Pause: pause,
```

```
    }
  };
```

game.js 파일을 저장하고 웹페이지를 새로고침하면 자바스크립트 에러는 사라지고 페이지는
정상 표시될 것입니다.

두 번째 카드를 클릭할 때 Tries: 값이 잘 표시되는지 테스트합니다. 아이구! 시도 횟수가 표시
는 되는데 10, 20, 30, … 이런 식으로 증가하네요!

그림 12-17 시도 횟수가 1이 아닌 10만큼 증가했다.

디버깅을 하려면 브라우저에서 텍스트 포맷 코드를 한 스텝씩 흘러보는 게 최선입니다. 다
음 두 절은 여러분이 사용 중인 브라우저에 해당하는 내용만 읽고 다른 부분은 넘어가도 좋습
니다.

크롬 브라우저에서 디버깅

크롬 개발자 도구에서 Source 탭을 클릭하면 웹어셈블리 모듈 내부를 들여다볼 수 있습니다.
좌측 패널의 wasm 영역을 펼쳐보면 로드된 모듈이 순서대로 나열되어 있습니다. 첫 번째 로
드된 모듈이 main.wasm, 두 번째 로드된 모듈이 cards.wasm입니다(그림 12-18).

웹어셈블리 모듈을 펼쳐보면 모듈에 내장된 함수들이 0부터 시작하는 인덱스로 죽 표시됩니다. 여기에 임포트된 함수는 안 나오지만, 이들은 내장 함수보다 인덱스가 먼저 채번되므로 [그림 12-18]에서도 0이 아닌 10부터 인덱스가 시작됩니다.

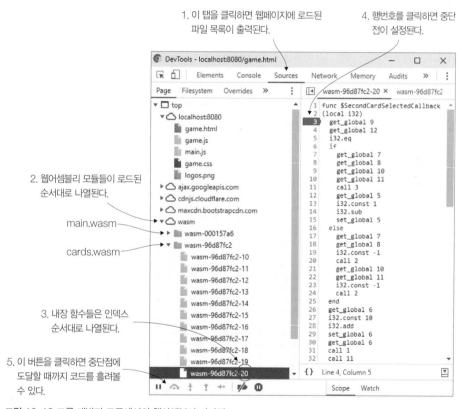

그림 12-18 크롬 개발자 도구에서의 웹어셈블리 디버깅

좌측 패널에서 함수를 클릭하면 우측 패널에는 해당 텍스트 포맷 코드가 표시되고 라인 넘버를 클릭하면 중단점을 설정할 수 있습니다. 이런 식으로 원하는 지점에서 스크립트 실행을 잠깐 멈춘 다음 각 코드에서 무슨 일이 일어났는지 확인하는 것입니다.

텍스트 포맷 코드는 인덱스 또는 변수명으로 함수와 변수를 호출할 수 있습니다. 크롬 개발자 도구는 변수명 대신 인덱스를 사용하기 때문에 조금 헷갈리기 쉽습니다. 그래서 어떤 값을 비교하려면 원본 코드나 텍스트 포맷 코드를 함께 열어두는 게 좋습니다.

파이어폭스에서 디버깅

파이어폭스 개발자 도구에서 Debugger 탭을 클릭하면 웹어셈블리 모듈 내부를 감상할 수 있습니다(그림 12-19). 좌측 패널에서 함수를 클릭하면 우측 패널에는 해당 텍스트 포맷 코드가 표시되고 라인 넘버를 클릭하면 중단점을 설정할 수 있습니다. 이런 식으로 원하는 지점에서 스크립트 실행을 잠깐 멈춘 다음 각 코드에서 무슨 일이 일어났는지 확인하는 것입니다.

[그림 12-19]에서 변수명만 보아서는 별로 도움이 안 됩니다. 어떤 코드가 지역 변수를 참조할 경우, 매개변수 아니면 함수 앞부분에 정의된 변수일 테니 그 값의 의미는 바로 파악할 수 있지만, 전역 변수는 파일 앞부분에 선언되어 있어서 $global7, $global12 같은 변수는 이름만으로는 구분하기 어렵습니다. 따라서 원본 코드 또는 텍스트 포맷 코드를 같이 열어두고 비교하는 게 훨씬 편합니다.

그런데 $tries 값은 왜 1이 아닌 10 단위로 늘어났을까요? $SecondCardSelectedCallback 함수를 디버깅해보겠습니다.

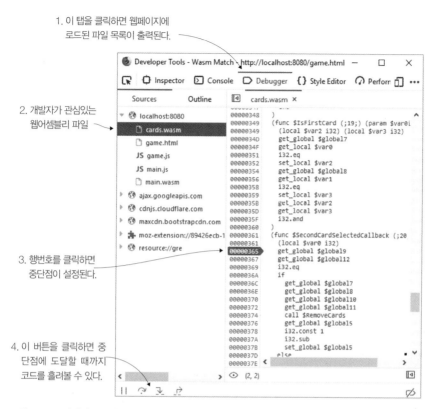

1. 이 탭을 클릭하면 웹페이지에
로드된 파일 목록이 출력된다.

2. 개발자가 관심있는
웹어셈블리 파일

3. 행번호를 클릭하면
중단점이 설정된다.

4. 이 버튼을 클릭하면 중
단점에 도달할 때까지
코드를 흘려볼 수 있다.

그림 12-19 파이어폭스 개발자 도구에서의 웹어셈블리 디버깅

$SecondCardSelectedCallback 함수 디버깅

$SecondCardSelectedCallback 함수를 디버깅하기 전에 전역 변수의 인덱스가 각각 가리키
는 대상을 미리 메모해두면 시간이 절약됩니다. 파이어폭스, 크롬 브라우저 모두 함수 코드에
서 전역 변수를 인덱스로 참조하기 때문입니다. [표 12-1]은 cards.wast 파일의 Global 섹션
에 있는 전역 변수와 인덱스를 정리한 표입니다.

지금부터 파이어폭스 개발자 도구 사용을 전제로 설명하겠습니다. 개발자 도구에서
$SecondCardSelectedCallback 함수를 찾아 지역 변수 선언부 다음 첫 번째 get_global 코
드 라인에 중단점을 설정합니다.

중단점을 트리거하기 위해 카드 2개를 클릭합니다. 디버거 창을 보면 Scopes라고 적힌 패널

이 있는데, 여기서 블록 영역을 펼치면 함수 스코프에 있는 전역 변숫값이 죽 나열됩니다(그림 12-20). [표 12-1]에 따르면 처음 두 차례 get_global 호출에 해당하는 변수는 각각 global9, global12이고 여기에 첫 번째 카드와 두 번째 카드 값이 담겨 있습니다. 물론, 카드는 랜덤하게 섞이기 때문에 여러분의 개발자 도구에 표시된 전역 변수는 이와 다를 수 있습니다. 필자의 PC에서는 global9, global12 변수에 각각 1, 0 값이 담겨 있네요.

표 12-1 각 전역 변수에 해당하는 인덱스

전역 변수	인덱스
$MAX_LEVEL	0
$cards	1
$current_level	2
$rows	3
$columns	4
$matches_remaining	5
$tries	6
$first_card_row	7
$first_card_column	8
$first_card_value	9
$second_card_row	10
$second_card_column	11
$second_card_value	12
$execution_paused	13

> **NOTE_** 크롬 개발자 도구에서는 Scopes 패널에 전역 변숫값이 표시되지 않고 Scopes 패널에서 로컬 항목을 펼치면 현재 스택에 쌓인 값을 보여주는 스택 항목이 나옵니다. 파이어폭스는 반대로 스택에 들어있는 내용물을 보여주지 않습니다. 여러분의 디버깅 필요에 알맞은 브라우저 디버거를 잘 선택해서 사용하기 바랍니다.

global9 값(1)과 global12(0)을 스택에 푸시하고 **i32.eq** 명령어를 호출하면, 스택 최상단의 두 값을 팝하여 동일한 값인지 비교한 후 그 결과를 다시 스택에 푸시합니다. 그리고 **if** 문에서 스택 최상단 항목을 팝하여 값이 true면 **if** 블록, false면 **else** 블록을 실행합니다. 여기서는 두 전역 변숫값이 다르므로 **else** 블록으로 넘어갈 것입니다.

else 블록에서는 global7, global8(첫 번째 클릭한 카드의 행, 열) 값과 더불어 −1을 스택에 푸시하고 자바스크립트 함수 FlipCards를 호출합니다. −1은 카드를 뒤집으라는 뜻입니다. 두 번째 카드도 뒤집어야 하니 global10, global11도 같은 작업을 반복합니다.

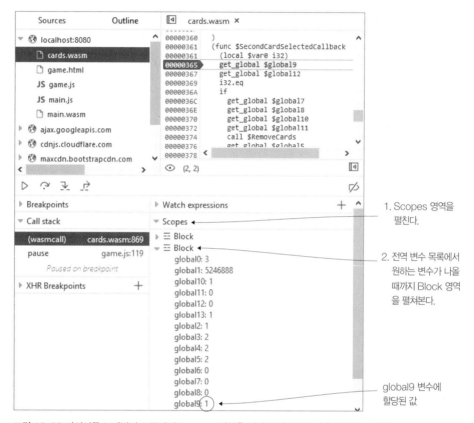

그림 12-20 파이어폭스 개발자 도구에서 Scopes 영역을 펼치면 전역 변숫값을 확인할 수 있다.

if 문 이후에 global6($tries) 값과 i32.const 10을 스택에 푸시하고 i32.add 명령어를 호출하면 스택 최상단 두 값을 팝하여 더하고 그 결괏값을 스택에 다시 푸시합니다. 결국 global6 변숫값에 10이 더해집니다.

네, 이제야 분명해졌습니다. Tries 값에 1이 아니라닌 10이 더해진 이유는 i32.const 1를 i32.const 10로 잘못 코딩했기 때문입니다. cards.wast 파일에서 $SecondCard SelectedCallback 함수를 찾아 다음과 같이 바로잡습니다.

```
get_global $tries
i32.const 1    ←──┐ 10을 1로 바꾼다.
i32.add
set_global $tries
```

Wasm 파일 재생성

11.2절에서 실습한 것처럼 온라인 툴 wat2wasm을 이용해서 웹어셈블리 텍스트 포맷 cards.
wast 파일을 웹어셈블리 모듈로 컴파일합니다. 다운로드 버튼을 클릭해서 frontend 폴더에
내려받고 파일명은 cards.wasm로 수정합니다. 웹페이지를 새로고침하고 카드 2개를 클릭해
서 Tries: 값이 10이 아닌 1만큼 증가하는지 확인합니다.

디버깅이라는 큰 산은 넘었고 테스트까지 마쳤습니다. 이제 마지막으로 요약 화면을 작업할
차례입니다. 요약 화면은 플레이어가 레벨 클리어 시 시도 횟수를 알려주는 기능입니다(그림
12–21).

4. 플레이어가 레벨 클리어 시 표시되는
요약 화면에 시도 횟수를 전달한다.

그림 12-21 플레이어가 레벨 클리어 시 표시되는 요약 화면에 시도 횟수를 전달한다.

12.5 요약 화면 업데이트하기

축하 메시지에 시도 횟수를 추가하는 과정은 이렇습니다(그림 12-22).

1 자바스크립트 함수 levelComplete에 매개변수(시도 횟수)를 추가하고 요약 화면 텍스트에 이 값을 넣습
니다.

2 텍스트 포맷을 수정해서 $tries 값을 levelComplete 함수에 전달합니다.

3 웹어셈블리 바이너리 툴킷으로 텍스트 포맷 코드를 컴파일하여 웹어셈블리 모듈(cards.wasm)을 생성합니다.

4 웹어셈블리 파일을 브라우저에서 사용할 수 있도록 해당 서버 경로에 복사하고 변경분을 테스트합니다.

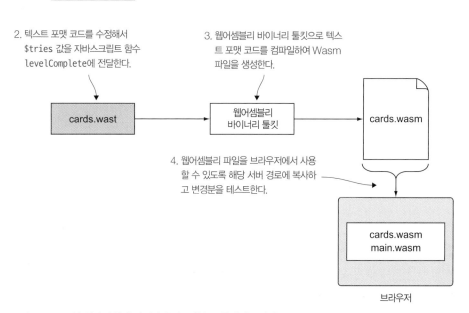

그림 12-22 요약 화면의 축하 메시지에 시도 횟수를 추가하는 과정

12.5.1 levelComplete 자바스크립트 함수

game.js 파일에서 levelComplete 함수를 찾아 매개변수 tries를 기존 level, hasAnother Level 매개변수 사이에 두 번째 매개변수로 추가합니다. DOM 엘리먼트 levelSummary의 바디를 세팅하는 텍스트에도 시도 횟수를 추가합니다.

```
function levelComplete(level, tries, hasAnotherLevel) {  ◁── tries 매개변수를 추가한다.
  document.getElementById("levelComplete").style.display = "";
  document.getElementById("levelSummary").innerText = 'Good job!
      You've completed level ${level} with ${tries} tries.';  ◁─┐ 시도 횟수도 함께 표시
                                                                │ 되도록 텍스트를 수정한다.
  if (!hasAnotherLevel) {
    document.getElementById("playNextLevel").style.display = "none";
  }
}
```

2. 텍스트 포맷 코드를 수정해서 $tries 값을 자바스
   크립트 함수 levelComplete에 전달한다.

그림 12-23 $tries 값을 자바스크립트 함수 levelComplete에 전달한다.

12.5.2 텍스트 포맷 수정

텍스트 포맷 코드는 $tries 값을 자바스크립트 함수 levelComplete에 전달하도록 수정합니다(그림 12-23). 단, 그 전에 import 노드 시그니처도 i32 매개변수를 3개 받도록 고쳐야 합니다.

cards.wast 파일에서 levelComplete 함수의 import 노드를 찾아 i32 매개변수를 하나 더 추가합니다.

```
(import "env" "_LevelComplete"
  (func $LevelComplete (param i32 i32 i32))
)
```

$LevelComplete 함수는 $SecondCardSelectedCallback 끝부분에서 호출되므로 먼저 $SecondCardSelectedCallback 함수를 찾습니다. levelComplete 함수의 두 번째 매개변수가 이제 $tries로 바뀌었으니 기존 두 라인 사이에 get_global 호출부를 끼워넣습니다.

```
get_global $current_level
get_global $tries    ◁──┤ $tries 값을 스택에 푸시한다.
get_local $is_last_level
call $LevelComplete
```

수정한 텍스트 포맷을 컴파일하여 웹어셈블리 파일을 생성합시다(그림 12-24).

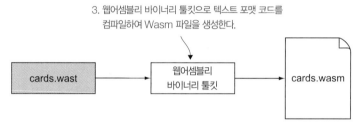

그림 12-24 텍스트 포맷 코드를 컴파일하여 Wasm 파일을 생성한다.

12.5.3 Wasm 파일 생성

11.2절에서 실습한 것처럼 온라인 툴 wat2wasm을 이용해서 웹어셈블리 텍스트 포맷 cards. wast 파일을 웹어셈블리 모듈로 컴파일합니다. 다운로드 버튼을 클릭해서 frontend 폴더에 내려받고 파일명은 cards.wasm으로 수정합니다(그림 12-25).

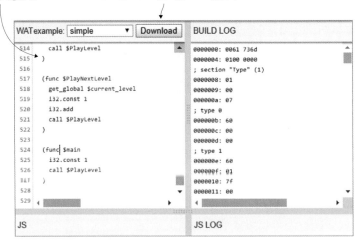

1. cards.wast 파일 코드를
   여기에 붙여넣는다.

2. Download 버튼을 클릭해서 파일을
   cards.wasm라는 이름으로 저장한다.

그림 12-25 cards.wast 파일 코드를 좌측 상단 패널에 붙여넣고 Download 버튼을 클릭해서 cards.wasm 이름으로 웹어셈블리 파일을 내려받는다.

수정한 cards.wasm 코드가 제대로 작동되는지 확인합니다(그림 12-26).

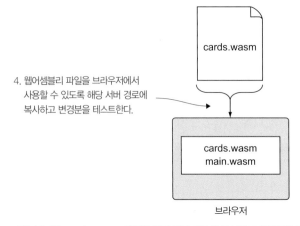

4. 웹어셈블리 파일을 브라우저에서
   사용할 수 있도록 해당 서버 경로에
   복사하고 변경분을 테스트한다.

그림 12-26 cards.wasm 파일을 해당 서버 경로에 복사하고 변경분을 테스트한다.

12.5.4 변경분 테스트

http://localhost:8080/game.html에 접속해서 레벨 1을 클릭하면 요약 화면에 시도 횟수가 표시될 것입니다(그림 12-27).

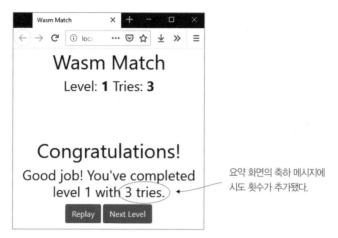

요약 화면의 축하 메시지에 시도 횟수가 추가됐다.

그림 12-27 축하 메시지에 시도 횟수가 추가된 요약 화면

12.6 연습 문제

1 변수에 접근하거나 함수를 호출하는 두 가지 방법은 무엇인가?

2 이미 눈치 챈 독자도 있겠지만, 게임을 리플레이하거나 다음 레벨로 넘어가도 시도 횟수 값은 리셋되지 않는다. 로그를 남겨서 그 원인을 찾아내시오.

➜ 해답은 부록 D에 있습니다.

12.7 마치며

- 엠스크립튼 컴파일 시 -v 플래그와 EMCC_DEBUG 환경 변수를 적용하면 디버그 모드로 전환해서 로그와 중간 단계의 파일들을 출력할 수 있습니다.
- 엠스크립튼 컴파일러의 -g 플래그 다음의 숫자를 높일수록(예: -g0, -g1, -g2, …) 컴파일 출력물에 더 많은

디버그 정보를 쌓을 수 있습니다. 뿐만 아니라 바이너리 파일에 해당하는 텍스트 포맷 버전의 파일(.wast)도 출력할 수 있어 트러블슈팅에 큰 도움이 됩니다.

- 브라우저 콘솔창에 로그를 남기면 모듈에서 무슨 일이 일어나는지 확인할 수 있습니다.

- -g4 플래그를 적용하면 엠스크립튼이 생성한 소스 맵을 통해 C/C++ 코드를 브라우저에서 살펴볼 수 있습니다. 그러나 이 책을 쓰는 현재 아직 이 기능은 아직 완성도가 떨어집니다.

- 일부 브라우저의 개발자 도구에서는 로드된 바이너리 파일을 텍스트 포맷으로 볼 수 있습니다. 중단점을 설정해서 코드를 스텝별로 흘려볼 수 있고 브라우저 지원 여부에 따라 변숫값을 확인하거나 스택에 쌓인 값을 들여다볼 수도 있습니다.

- 아직 브라우저마다 디버깅 기능이 조금씩 다르고 일관성이 떨어져서 디버깅 필요에 따라 여러 브라우저를 혼용해야 할 수도 있습니다.

테스팅과 향후 웹어셈블리 전망

이 장의 핵심 내용

◆ 모카를 활용한 테스트 자동화

◆ Node.js 명령줄에서 테스트를 실행

◆ 지원 대상 브라우저에서 테스트를 실행

개발 프로젝트의 어느 시점에 이르면 코드가 제대로 작동되는지 테스트해봐야 합니다. 초기에는 수동 테스트로도 충분하겠지만 코드가 점점 복잡해지면 테스트 단계를 더 구체화해서 버그가 없는지 확인할 필요가 있습니다. 그런데 개발자에게 테스트 자체는 아주 따분한 일이라서 집중을 해도 놓치는 것들이 많고 그 틈새로 버그가 스며들기 마련입니다.

테스터^{tester}는 한번에 한 가지만 테스트할 수 있고 사람은 늘 실수를 할 수 있기 때문에 수동 테스트는 불안정합니다. 게다가 여러 플랫폼을 지원하는 제품이라면 코드를 고칠 때마다 모든 플랫폼에서 동일한 테스트를 일일이 수행해야 하는데 결코 쉬운 일이 아닙니다.

자동화 테스트는 테스트 코드를 미리 작성해야 하는 부담은 있지만, 일단 작성만 해두면 여러모로 이점이 많습니다.

- 테스트 유형별로 신속하게 테스트를 실행할 수 있습니다.
- 원하는 빈도로 테스트를 실행할 수 있습니다. 이를테면, 개발자가 코드 체크인 전에 자신이 작업한 코드가 다른 시스템 파트에 영향이 없는지 미리 테스트해볼 수 있습니다.
- 원하는 때에 언제든지 실행할 수 있습니다. 가령, 실행 시간이 긴 테스트는 밤중에 돌려놓고 아침에 결과를 받아볼 수 있게 스케줄링하면 됩니다.
- 매번 정확히 똑같이 실행됩니다.

- 동일한 테스트를 상이한 플랫폼에서 수행할 수 있습니다. 특히, 웹 브라우저에 배포하는 웹어셈블리 모듈을 개발할 경우, 다양한 브라우저에서 작동 여부를 반드시 확인해야 하므로 아주 유용합니다.

물론, 자동화 테스트가 수동 테스트를 완전히 대체할 수는 없습니다. 그러나 단순 반복적인 일을 상당히 덜어주므로 실무자는 다른 중요한 일에 집중할 수 있습니다.

개발 단계에서 적용 가능한 테스트 종류는 다음과 같습니다.

- 개발자가 작성하는 단위 테스트unit test는 개별 단위(예: 기능) 로직이 제대로 작동하는지 확인하는 테스트입니다. 단위 테스트는 보통 파일 시스템, DB, 웹 요청 같은 요소에 의존하지 않는 방향으로 작성하므로 실행 시간이 빠른 편입니다. 개발 초기 단계에서 버그를 미리 솎아내는 용도로 유용하며, 어느 코드를 고쳤을 때 다른 파트에 영향을 미치는지(즉, 회귀regression 이슈가 없는지) 살펴볼 수 있습니다.
- 통합 테스트integration test는 둘 이상의 파트가 서로 잘 맞물려 작동되는지 확인하는 테스트입니다. 파일 시스템, DB 등 외부 요소에 의존하므로 테스트 시간이 비교적 깁니다.
- 그밖에도 시스템의 비즈니스 요건 충족 여부를 시험하는 인수 테스트acceptance test, 시스템에 심한 부하가 집중될 때 충분한 성능을 내는지 점검하는 성능 테스트performance test가 있습니다. 소프트웨어 테스트에 관한 자세한 내용은 위키백과 문서[1]를 참고하기 바랍니다.

개발을 마친 웹어셈블리 모듈도 당연히 테스트를 작성해서 동작 여부를 확인해야 합니다. 코드를 작성한 뒤 명령줄에서 바로 테스트 가능한 자바스크립트 프레임워크가 있으면 좋겠지만, 막상 실행해보면 브라우저마다 작동 메커니즘이 조금씩 다르고 한 브라우저에 있는 기능이 다른 브라우저에는 없는 경우도 있어서 브라우저에서 테스트 가능한 자바스크립트 프레임워크가 필요합니다.

이 장에서는 웹어셈블리 모듈을 쉽고 빠르게 테스트할 수 있는 자동화 통합 테스트의 작성 방법과 지원 대상 브라우저에서 테스트하는 방법을 살펴봅니다. 웹어셈블리 모듈을 이런 식으로 테스트할 수 있다, 정도만 살펴보고 모든 테스트 프레임워크를 다루거나 깊이 설명하지는 않겠습니다.

> **NOTE_** 자바스크립트 테스트 프레임워크는 제스트Jest, 모카Mocha, 퍼펫티어Puppeteer 등이 있습니다. 상세한 목록은 느와제 로탄나Nwose Lotanna가 미디엄Medium에 게시한 "2019년도 최고 자바스크립트 테스트 프레임워크Top Javascript Testing Frameworks in Demand for 2019"[2]을 참고하기 바랍니다. 이 책에서는 학습용으로 적합한 모카를 사용합니다.

----

1 https://en.wikipedia.org/wiki/Software_testing
2 http://mng.bz/py1w

13.1 자바스크립트 테스트 프레임워크 설치하기

테스트 프레임워크의 필수 요건은 두 가지를 꼽을 수 있습니다.

- IDE 또는 명령줄에서 테스트를 실행할 수 있어야 합니다. 그래야 코드를 체크인하기 전에 오류 여부를 재빠르게 확인할 수 있을 것입니다.
- 지원 대상 브라우저에서 제대로 작동되는지 확인하려면 브라우저에서도 테스트를 실행할 수 있어야 합니다.

필자는 이 장에서 두 가지 요건을 모두 충족하는 모카를 사용하겠습니다. 모카는 Node.js에서 명령줄로 실행할 수 있고 브라우저에서도 실행 가능한 자바스크립트 테스트 프레임워크입니다 (모카에 관한 자세한 내용은 공식 사이트[3]를 참고하기 바랍니다).

모카를 Node.js 환경에서만 사용한다면 Node.js에 내장된 **assert** 모듈을 어설션^assertion (단언) 라이브러리로 쓰면 됩니다. 어설션 라이브러리는 테스트를 실행한 결과가 요건을 충족하는지 확인하는 도구입니다. 예를 들어, 다음은 테스트 대상 코드를 호출한 결괏값이 2인지 어설션 라이브러리로 확인하는 코드입니다.

```
const result = codeUnderTest.increment(1);
expect(result).to.equal(2);
```

어설션 라이브러리는 분기문에서 예외를 던지는 코드에 비해 가독성이 좋고 관리하기 편합니다.

```
const result = codeUnderTest.increment(1);
if (result !== 2) {
  throw new Error('expected 2 but received ${result}');
}
```

이 장에서는 Node.js, 브라우저 두 환경에서 테스트 가능한 차이^Chai라는 라이브러리를 사용하겠습니다. 차이는 다양한 어설션 스타일을 제공하므로 여러분에게 익숙하고 편한 스타일을 선택할 수 있습니다. 필자는 Expect 스타일을 사용하여 설명하겠지만, 브라우저 호환성이 좋고 Node.js의 **assert** 모듈과 유사한 Assert 스타일도 있습니다. 차이의 어설션 스타일에 관한

---

3 https://mochajs.org

내용은 공식 문서[4]를 참고하기 바랍니다.

> **NOTE_** 모카는 차이 외에도 다양한 라이브러리를 지원합니다. 자세한 내용은 공식 문서[5]를 참고하기 바랍니다.

모카 프레임워크의 실행 기반인 Node.js는 이미 엠스크립튼 SDK에 포함되어 있어서 따로 설치할 필요가 없습니다. Node.js에는 자바스크립트 언어의 패키지 관리자인 노드 패키지 관리자[Node Package Manager](npm)가 포함돼 있습니다. 모카, 차이처럼 Node.js에서 불러쓸 수 있는 패키지는 현재 350,000개가 넘습니다(전체 목록은 공식 문서[6]를 참고하기 바랍니다).

모카를 PC에 설치하려면 우선 package.json 파일이 필요합니다.

13.1.1 package.json 파일

package.json 파일은 `npm init` 명령으로 생성합니다. 이 명령을 실행하면 프로젝트에 관한 몇 가지 질문을 하는데, 직접 값을 입력하거나 엔터키를 눌러 기본값(괄호로 감싸 표시된 값)으로 세팅합니다.

Chapter 13\13.2 tests 폴더에서 `npm init` 명령을 실행하고 값을 다음과 같이 지정합니다.

- package name은 `test`
- test command는 `mocha`
- 나머지 질문은 기본값으로 넘어갑니다.

[예제 13-1]과 같은 JSON 데이터가 채워진 package.json 파일이 13.2 tests 폴더에 생성될 것입니다. scripts 하위의 test 프로퍼티가 앞으로 13.2 tests 폴더에서 `npm test` 명령을 실행할 때 사용할 툴(모카)입니다.

---

4 http://www.chaijs.com/api
5 https://mochajs.org/#assertions
6 http://www.npmjs.com

```
{
  "name": "tests",
  "version": "1.0.0",
  "description": "",
  "main": "tests.js",
  "scripts": {
    "test": "mocha"    ◁──── npm test 명령을 실행하면
  },                          모카가 실행된다.
  "author": "",
  "license": "ISC"
}
```

13.1.2 모카 및 차이 설치

모카와 차이를 사용하기 위해 필요한 디펜던시를 package.json 파일에 추가합니다. Chapter 13\13.2 tests 폴더에서 다음 명령을 실행합니다.

```
npm install --save-dev mocha chai
```

13.2 테스트 작성 및 실행하기

웹어셈블리 모듈의 테스트를 작성하고 실행하는 과정은 이렇습니다(그림 13-1).

1 테스트를 작성합니다.

2 명령줄에서 테스트를 실행합니다.

3 테스트를 로드할 HTML 페이지를 작성합니다.

4 지원 대상 브라우저에서 테스트를 실행합니다.

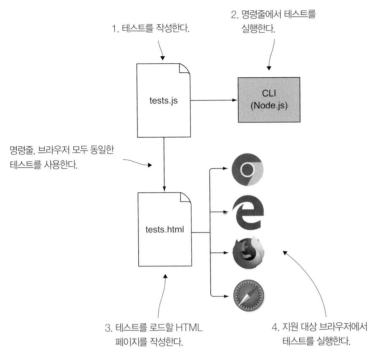

그림 13-1 테스트를 작성한 다음 지원 대상 브라우저와 명령줄에서 테스트를 실행하는 과정

13.2.1 테스트 작성

4장에서 작성했던 (상품명과 카테고리를 검증하는) 웹어셈블리 모듈을 테스트하는 코드를 작성해보겠습니다. 13.2 tests 폴더에서 다음과 같이 작업합니다.

- Chapter 4\4.1 js_plumbing\frontend\validate.js, validate.wasm 파일을 복사해 넣습니다.
- test.js 파일을 만들고 편집기로 엽니다.

테스트는 명령줄, 브라우저 환경별로 따로 만들지 않고 한 세트로 만듭니다. 동일한 것을 테스트하는데 굳이 별도로 코드를 작성할 필요는 없겠죠.

테스트는 환경에 따라 실행하는 방법이 조금 다릅니다. Node.js 기반의 모카는 당연히 명령줄에서 테스트를 실행합니다. 먼저, 테스트 실행 환경이 Node.js인지 확인하는 코드가 필요하므로 다음 코드를 test.js 파일에 추가합니다.

```
const IS_NODE = (typeof process === 'object' &&
    typeof require === 'function');
```

테스트 코드는 엠스크립튼 자바스크립트로 생성한 Module 객체와 차이 어설션 라이브러리에
접근 가능해야 합니다. Node.js 환경이라면 모카 before 메서드(곧 설명합니다) 내부에서
require 메서드로 이 두 라이브러리를 로드합니다. 먼저 두 라이브러리를 참조할 변수부터 정
의해야 합니다.

다음 코드를 const IS_NODE 라인 다음에 추가합니다. else 블록의 코드는 곧이어 설명합
니다.

```
if (IS_NODE) {        ←─┐ Node.js에서 테스트를 실행할 경우
  let chai = null;
  let Module = null;
}
else {        ←─┐ 브라우저에서 테스트를 실행할 경우
}
```

브라우저 환경에서는 HTML에서 <script> 태그로 자바스크립트 라이브러리를 로드할 때 차
이와 Module 객체가 생성됩니다. 엠스크립튼 자바스크립트 파일을 읽어들인 직후 모카를 실
행하면 Module 객체가 아직 준비가 덜 되어있을 공산이 큽니다. 따라서 엠스크립튼 자바스크
립트가 이 객체의 초기화 여부를 확인할 수 있도록 Module 객체를 생성합니다. 이 객체 내부에
onRuntimeInitialized 함수를 정의하고 엠스크립튼 자바스크립트가 이 함수를 호출하는 시
점에 모카 프레임워크로 테스트를 실행하면 됩니다.

방금 전 예제의 else 블록에 다음 코드를 추가합니다.

```
var Module = {
  onRuntimeInitialized: () => { mocha.run(); }    ←─┐ 모듈과 상호작용할 준비가 되었으니
};                                                      테스트를 시작한다.
```

그럼, 지금부터 본격적으로 테스트 코드를 작성하겠습니다.

describe 함수

모카에서는 describe 함수를 이용해 테스트 컬렉션test collection을 담습니다. 이 함수는 의미있는 명칭과 하나 이상의 테스트를 실행할 함수를 매개변수로 받습니다.

describe 함수는 필요 시 중첩도 가능합니다. 가령, 모듈 함수에 이 함수를 중첩해서 여러 테스트를 한데 모을 수 있습니다.

다음 코드를 if 문 다음에 추가합니다.

```
describe('Testing the validate.wasm module from chapter 4', () => {
});
```

선행/후행 함수

모카는 테스트 이전에 설정해야 할 선행 조건precondition과 테스트가 끝난 후 정리 작업을 정의할 수 있는 선행 함수pre-hook function와 후행 함수post-hook function를 제공합니다.

- before: describe 함수에 정의된 모든 테스트 이전에 실행됩니다.
- beforeEach: 각 테스트 이전에 실행됩니다.
- afterEach: 각 테스트 이후에 실행됩니다.
- after: describe 함수에 정의된 모든 테스트 이후에 실행됩니다.

Node.js 환경에서 라이브러리와 웹어셈블리 모듈을 로드하는 코드는 before 함수에 구현합니다. 웹어셈블리 모듈은 비동기로 인스턴스화하므로 상호작용할 준비가 완료되면 엠스크립튼 자바스크립트로 알림받을 수 있게 onRuntimeInitialized 함수를 정의합니다.

> NOTE_ 모카 함수(예: before 함수)에서 Promise 객체를 반환하면 모카는 이 프라미스가 완료될 때까지 대기합니다.

예제 13-2 before 함수

```
...
                          describe 함수에 정의된
before(() => {  ◄──────   모든 테스트 이전에 실행된다.
```

```
    if (IS_NODE) {      ←── Node.js에서 테스트할 경우.
      chai = require('chai');      ←── 차이 어설션 라이브러리를 로드한다.

      return new Promise((resolve) => {      ←── 프라미스를 반환한다.
        Module = require('./validate.js');      ←── 엠스크립튼 자바스크립트를 로드한다.
        Module['onRuntimeInitialized'] = () => {      ←── 모듈이 준비됐다는 엠스크립튼의 알림
          resolve();      ←── 프라미스가 정상 완료되었다.           을 리스닝한다.
        }
      });
    }
  });
```

it 함수

모카에서는 it 함수로 테스트를 작성합니다. 이 함수는 테스트명과 테스트 코드를 실행하는 함수를 매개변수로 받습니다.

첫 번째 테스트는 상품명에 아무것도 입력하지 않았을 때 모듈 함수 ValidateName이 적절한 오류 메시지를 반환하는지 확인합니다. 알맞은 메시지의 반환 여부는 차이 어설션 라이브러리로 확인합니다.

테스트 주도 개발Test-Driven Development (TDD) 방법론에 따르면, 테스트 대상 코드를 작성하기 전에 테스트 코드를 먼저 작성하고 아무런 기능도 없는 상태에서 테스트가 실패하는 것을 먼저 확인합니다. 그 이후로는 계속 테스트가 성공할 때까지 코드를 리팩터링하고, 또 다음 테스트를 작성하고… 이런 과정을 되풀이합니다. 즉, 테스트 실패는 기능을 완성해가는 가이드인 셈입니다.

그런데 이 책은 이미 앞 장에서 TDD와 정반대로 테스트하기 전에 기능을 먼저 다 구현해버렸습니다. 따라서 일부러 테스트를 실패하게 만들어 테스트가 성공하도록 오류를 고치는 과정을 되살리기 위해 필자는 올바른 오류 메시지를 "something"이라고 바꿔서 테스트를 실패하게 만들고자 합니다(실제 오류 메시지와 다르기만 하면 문자열은 어떤 것이라도 상관 없습니다).

다음 코드를 describe 함수 안의 before 함수 다음에 추가합니다.

예제 13-3 상품명을 빈 문자열로 입력할 경우 ValidateName 함수를 테스트하는 코드

```
...

it("Pass an empty string", () => {          ◁─── 테스트 자체를 정의한다.
  const errorMessagePointer = Module._malloc(256);
  const name = "";          ◁─── name에 빈 문자열을 할당한다.
  const expectedMessage = "something";          ◁─── 코드에서 올바른 오류 메시지로 간주하는 문자열. 여기서는 일부러
                                                     테스트를 실패하기 만들기 위해 엉뚱한 문자열을 할당했다.

  const isValid = Module.ccall('ValidateName',          ◁─── 모듈 함수 ValidateName을 호출한다.
    'number',
    ['string', 'number', 'number'],
    [name, 50, errorMessagePointer]);

  let errorMessage = "";
  if (isValid === 0) {          ◁─── 오류 발생 시 모듈 메모리에서 오류 메시지를 읽는다.
    errorMessage = Module.UTF8ToString(errorMessagePointer);
  }

  Module._free(errorMessagePointer);

  chai.expect(errorMessage).to.equal(expectedMessage);          ◁─── 반환된 메시지가 올바른지 체크한다.
});
```

두 번째 테스트는 입력한 상품명이 너무 긴 경우 ValidateName 함수가 올바른 오류 메시지를 반환하는지 확인합니다. 작성하는 과정은 이렇습니다.

- 첫 번째 테스트 코드를 복사해서 그 아래에 붙여넣습니다.
- it 함수 이름을 "Pass a string that's too long"로 변경합니다.
- name 변수의 값을 "Longer than 5 characters"로 세팅합니다.
- ValidateName 함수의 두 번째 매개변수에 50 대신 5를 전달합니다.

예제 13-4 상품명이 너무 길 경우 ValidateName 함수를 테스트하는 코드

```
...

it("Pass a string that's too long", () => {          ◁─── 테스트 대상을 분명히 드러나도록 명칭을 변경한다.
  const errorMessagePointer = Module._malloc(256);
  const name = "Longer than 5 characters";          ◁─── 5 글자보다 긴 이름을 제공한다.
  const expectedMessage = "something";
```

```
const isValid = Module.ccall('ValidateName',
    'number',
    ['string', 'number', 'number'],
    [name, 5, errorMessagePointer]);  ◁─┐ 상품명의 최대 길이가
                                        │ 5라고 함수에 알린다.
let errorMessage = "";
if (isValid === 0) {
  errorMessage = Module.UTF8ToString(errorMessagePointer);
}

Module._free(errorMessagePointer);

chai.expect(errorMessage).to.equal(expectedMessage);
});
```

수고하셨습니다! 첫 번째 웹어셈블리 테스트 세트가 완성되었으니 이제 실행해봅시다.

13.2.2 명령줄에서 테스트 실행

Chapter 13\13.2 tests 폴더에서 다음 명령을 실행합니다.

```
npm test tests.js
```

예상대로 테스트 결과는 실패입니다(그림 13-2). 요약 영역 밑을 보면 실패한 테스트가 나열되고 실패한 이유가 나옵니다. 일부러 맞지 않은 값을 입력했으니 당연히 실패하겠죠.

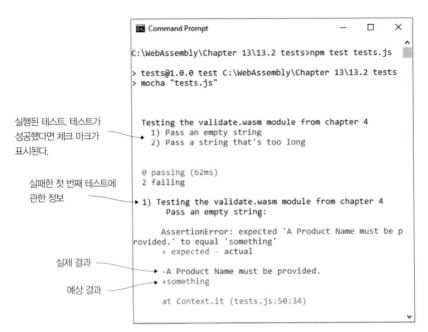

실행된 테스트. 테스트가 성공했다면 체크 마크가 표시된다.

실패한 첫 번째 테스트에 관한 정보

실제 결과

예상 결과

그림 13-2 명령줄에서 테스트를 실행한 결과. 일부러 'something'이라는 틀린 문자열을 세팅했기 때문에 두 테스트 모두 실패했다.

13.2.3 테스트를 로드할 HTML 페이지

이제 테스트가 성공하도록 바로잡아야 합니다. 그 전에 브라우저에서도 실행할 수 있도록 HTML 페이지를 만들겠습니다(그림 13-3). 테스트 코드는 명령줄에서 실행한 것과 동일합니다. 똑같은 대상을 테스트하는 코드를 환경마다 따로 만들어야 한다면 시간과 노력이 너무 많이 늘어가겠죠.

13.2 tests\tests.html 파일을 만들고 편집기로 엽니다.

> **NOTE_** 지금부터 작성할 HTML은 모카 웹사이트에 게시된 파일을 가져와 살짝 다듬은 것입니다. 원본 파일은 모카 사이트[7]를 참고하기 바랍니다.

---

7 https:// mochajs.org/#running-mocha-in-the-browser

Node.js에서는 차이 어설션 라이브러리와 웹어셈블리 모듈을 **require** 메서드로 로드했지만, 브라우저 환경에서 테스트할 때에는 <script> 태그로 웹페이지에 삽입합니다. 모카 HTML 템플릿에서 변경된 부분은 클래스가 **"mocha-init"**인 <script> 태그 다음부터입니다. test. array.js, test.object.js, test.xhr.js, 그리고 클래스가 **"mocha-exec"**인 <script> 태그를 테스트 파일 test.js과 엠스크립튼 자바스크립트 파일 validate.js로 교체합니다.

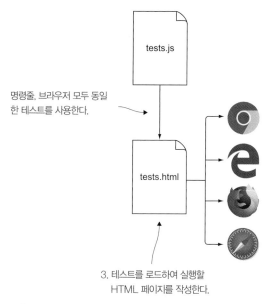

명령줄, 브라우저 모두 동일한 테스트를 사용한다.

tests.js

tests.html

3. 테스트를 로드하여 실행할 HTML 페이지를 작성한다.

그림 13-3 브라우저에서 테스트를 실행할 HTML 페이지를 작성한다.

한 가지 주의할 점은, test.js 파일을 엠스크립튼 자바스크립트 파일(validate.js)보다 앞에 두어야 한다는 사실입니다. 모듈이 준비됐을 때 **onRuntimeInitialized** 함수를 호출하도록 엠스크립튼에 지시하는 코드가 test.js 파일에 있기 때문입니다. 이 함수가 호출될 때 비로소 모카가 테스트를 실행합니다.

예제 13-5 test.html 파일

```
<!DOCTYPE html>
<html lang="en">
  <head>
    <meta charset="utf-8" />
    <title>Mocha Tests</title>
```

```
    <meta name="viewport"
          content="width=device-width, initial-scale=1.0" />
    <link rel="stylesheet" href="https://unpkg.com/mocha/mocha.css" />
  </head>
  <body>
    <div id="mocha"></div>

    <script src="https://unpkg.com/chai/chai.js"></script>
    <script src="https://unpkg.com/mocha/mocha.js"></script>

    <script class="mocha-init">
      mocha.setup('bdd');
      mocha.checkLeaks();
    </script>

    <script src="tests.js"></script>  ←──┐  테스트 파일(엠스크립튼 자바스크립트
    <script src="validate.js"></script> ←─┐ 파일 앞에 삽입해야 한다)
  </body>                                   └ 엠스크립튼 자바스크립트 파일
</html>
```

13.2.4 브라우저에서 테스트 실행

명령줄에서 실행했던 것과 똑같이 이번에는 브라우저에서 테스트를 돌려봅시다(그림 13-4).
http://localhost:8080/tests.html에 접속해서 테스트 결과를 확인합니다(그림 13-5).

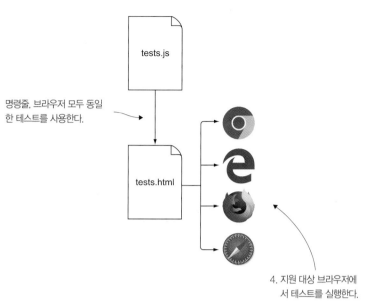

명령줄, 브라우저 모두 동일
한 테스트를 사용한다.

4. 지원 대상 브라우저에
서 테스트를 실행한다.

그림 13-4 브라우저에서 테스트를 실행한다.

13.2.5 테스트 성공시키기

이제 마지막으로 테스트가 성공하도록 코드를 수정하겠습니다. test.js 파일을 편집기로 열고
다음과 같이 작업합니다.

- "Pass an empty string" 테스트에서 expectedMessage 값을 "A Product Name must be provided."
  로 세팅합니다.

- "Pass a string that's too long" 테스트에서 expectedMessage 값을 빈 문자열("")으로 세팅하고
  ValidateName 모듈의 두 번째 매개변숫값을 5에서 50으로 늘립니다.

테스트가 실패하면 ×,
성공하면 ✓ 표시된다.

테스트 실패 사유

그림 13-5 브라우저에서 테스트를 실행한 결과

테스트가 정말 성공할까요? Chapter 13\13.2 tests 폴더에서 다음 명령을 실행합니다.

```
npm test tests.js
```

테스트는 성공할 것입니다(그림 13-6).

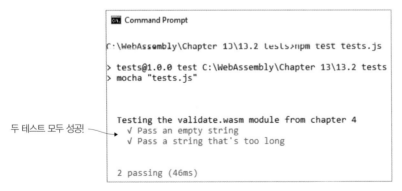

두 테스트 모두 성공!

그림 13-6 명령줄에서 두 테스트 모두 성공했다.

브라우저에서도 테스트가 성공하는지 확인합시다. http://localhost:8080/tests.html에 접속하면 성공했다는 체크 표시가 화면이 표시될 것입니다(그림 13-7).

두 테스트 모두 성공!

그림 13-7 브라우저에서 두 테스트 모두 성공했다.

13.3 앞으로 웹어셈블리의 전망

웹어셈블리는 2017년 MVP 상태에 진입한 이후 많은 변화를 겪었습니다. `WebAssembly.instantiateStreaming` 함수 도입으로 컴파일/인스턴스화가 한층 빨라졌고, 가변 전역 변수를 임포트/익스포트할 수 있는 기능이 추가됐습니다. 크롬 데스크톱 브라우저 버전부터 pthread가 지원되기 시작하는 등 브라우저 부문에서도 끊임없이 개선이 이루어지고 있습니다.

지금도 웹어셈블리 커뮤니티 그룹은 C/C++ 이외의 다른 프로그래밍 언어 개발자도 웹어셈블리를 쉽게 접할 수 있도록 진입 장벽을 낮추고 폭넓은 유스 케이스를 확보하고자 왕성하게 활동하고 있습니다. 웹어셈블리 기능 제안서와 현재 상태에 관한 정보는 관련 깃허브[8]를 참고하기 바랍니다.

브라우저 아닌 환경에서의 웹어셈블리 동작 방식을 표준화한 WASI 스펙 작업도 착수되었습니다. 린 클락Lin Clark이 모질라 사이트에 게시한 "WASI 표준화: 웹 외부에서 웹어셈블리를 실행하기 위한 시스템 인터페이스Standardizing WASI: A system interface to run WebAssembly outside the web"[9]라는 글을

---

8 https://github.com/WebAssembly/proposals
9 http://mng.bz/O9Pa

꼭 읽어보기 바랍니다.

웹어셈블리는 앞으로 계속 발전하고 기능도 확장될 전망입니다. 여러분이 사용하다가 문제가 있을 때 도움이 될 만한 자료를 몇 가지 남깁니다.

- 엠스크립튼 공식 사이트[10]
- 엠스크립튼 자체의 버그를 발견한 독자는 엠스크립튼 깃허브[11]를 방문하여 누군가 이미 버그 리포팅을 한 사실이 있는지, 해결책을 제시한 답글이 있는지 찾아보기 바랍니다.
- 엠스크립튼 커뮤니티는 아주 활발한 편이라서 릴리즈도 잦은 편입니다. 엠스크립튼에 문제가 있으면 최신 버전으로 업그레이드해서 해결되는 경우도 있습니다. 업그레이드 방법은 부록 A에서 다룹니다.
- 모질라 개발자 네트워크[12]는 웹어셈블리를 정말 잘 문서화한 곳입니다.
- 여러분의 의견을 이 책의 라이브북[13]에 자유롭게 댓글로 남겨주세요.
- 웹어셈블리 관련 내용은 필자 블로그[14]에도 계속 업데이트할 예정이니 많이 방문해주세요. 트위터(@Gerard_Gallant) 팔로우도 부탁합니다.

13.4 연습 문제

1 연관된 여러 테스트를 한데 묶을 때 사용하는 모카 함수는 무엇인가?
2 ValidateCategory 함수의 categoryId에 빈 문자열을 넘기면 적절한 오류 메시지가 반환될까? 테스트를 작성하여 확인하시오.

➜ 해답은 부록 D에 있습니다.

---

10 https://emscripten.org
11 https://github.com/emscripten-core/emscripten
12 https://developer.mozilla.org/en-US/docs/WebAssembly
13 https://livebook.manning.com/#!/book/webassembly-in-action/welcome
14 https://cggallant.blogspot.com

13.5 마치며

- 테스트를 자동화하려면 테스트 코드를 작성해야 하므로 시간은 걸리지만, 일단 작성해두면 필요할 때마다 몇 번이고 신속히 돌려볼 수 있고 다양한 플랫폼에서 매번 정확하게, 동일한 테스트를 실행할 수 있습니다.

- 테스트를 자동화해도 수동 테스트는 여전히 필요한 경우가 있겠지만, 단순 반복적인 작업은 컴퓨터에게 맡기고 사람은 좀 더 생산적인 일에 집중할 수 있습니다.

- 자바스크립트 테스팅 프레임워크인 모카는 어설션 라이브러리를 지원합니다. 모카는 명령줄, 브라우저 모두 실행 가능하며, 명령줄에서는 내부적으로 Node.js를 이용해 테스트를 실행합니다.

- 모카에서는 it 함수로 테스트 코드를 작성하고 describe 함수로 여러 테스트를 묶습니다.

- 모카는 다양한 사전/사후 후킹 함수(before, beforeEach, afterEach, after)를 지원하므로 테스트 실행 전 사전 작업, 또는 실행 후 정리 작업을 세팅할 수 있습니다.

- 모카 함수에서 프라미스가 반환되면 모카는 프라미스가 완료될 때까지 기다렸다가 진행합니다. 덕분에 비동기 작업을 수행할 때 유용합니다.

- 테스트가 실패하면 상세한 실패 사유가 표시됩니다.

- 테스트가 성공하면 체크 마크가 출력됩니다.

부록

Part V

부록

설치 및 도구 설정

이 부록의 핵심 내용

◆ 파이썬 설치

◆ 파이썬 로컬 웹 서버 시동

◆ 파이썬을 위한 웹어셈블리 미디어 타입의 설정 여부 확인 및 설정 방법

◆ 엠스크립튼 SDK 다운로드 및 설치

◆ 웹어셈블리 바이너리 툴킷 개요

부록 A에서는 메인 툴인 엠스크립튼을 비롯해 이 책의 예제를 실습하는 데 필요한 툴의 설치 및 설정 방법을 설명합니다. 엠스크립튼은 원래 C/C++ 코드를 asm.js로 트랜파일하려고 개발된 툴이지만, 웹어셈블리 모듈로 컴파일할 수 있게 변경되었습니다.[1]

A.1 파이썬

엠스크립튼 SDK를 실행하려면 적어도 2.7.12 버전 이상의 파이썬이 PC에 설치되어 있어야 합니다.[2] 콘솔창에서 다음 명령을 실행하면 파이썬 설치 여부와 버전을 확인할 수 있습니다.

---

1 옮긴이_ 저자는 부록 A에서 윈도우 PC를 기준으로 소개하고 있지만, 역자가 직접 실습을 진행해본 결과 파이썬을 윈도우 환경에서 사용한 경험이 많은 독자가 아니라면 리눅스 계열의 OS를 가상 머신에 설치하여 사용하거나 맥OS 사용을 권장합니다(엠스크립튼 공식 사이트에서도 윈도우에서 직접 엠스크립튼 컴파일은 권장하지 않습니다). 아니면 부록 F에 역자가 도커 이미지로 구축한 실습 환경을 그대로 내려받아 사용하는 방법을 간략히 안내했으니 참고하시면 실습 환경 준비 시간을 적잖이 단축시킬 수 있으리라 믿습니다.

2 옮긴이_ 2020년 5월 현재 최신 버전은 3.8.2입니다.

```
python -V
```

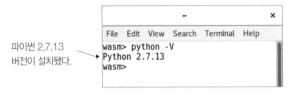

파이썬 2.7.13 버전이 설치됐다.

그림 A-1 파이썬 설치 여부 확인

파이썬이 설치돼 있으면 [그림 A-1]처럼 화면에 버전 정보가 표시될 것입니다. 파이썬이 아직 설치되어 있지 않다면 공식 사이트[3]에서 설치 파일을 내려받아 설치하기 바랍니다. 고급 패키지 툴Advanced Package Tool(APT)이 내장된 리눅스 배포판을 사용 중인 사용자는 터미널 창에서 다음 명령으로 간단히 설치할 수 있습니다.[4]

```
sudo apt install python-minimal
```

A.1.1 로컬 웹 서버 실행

이 책의 예제는 대부분 로컬 웹 서버에서 실행합니다. 일부 브라우저는 기본적으로 로컬 파일 시스템에 있는 파일을 실행할 수 없도록 차단하기 때문에 윈도우 탐색기 등에서 HTML 파일을 더블 클릭해도 웹어셈블리 자바스크립트 API 함수가 작동되지 않을 수 있습니다.

파이썬은 로컬 웹 서버가 내장되어 있고 설치 버전에 따라 두 가지 방법으로 시동할 수 있습니다. 명령줄을 열고 HTML 파일이 있는 폴더에서 다음 명령을 실행하면 로컬 웹 서버가 시동됩니다.

---

3 http://www.python.org/downloads

4 옮긴이_ CentOS, RedHat 계열의 리눅스 사용자는 yum을 이용하면 됩니다. 다만, 파이썬 3 이상 버전은 python 대신 python3 명령을 사용해야 하는데, ln -s 명령으로 심볼릭 링크를 걸어두면 예전처럼 python으로 실행 가능하니 구글 검색 등을 통해 참고하시기 바랍니다.

- 파이썬 2.x 버전

```
python -m SimpleHTTPServer 8080
```

- 파이썬 3.x 버전

```
python3 -m http.server 8080
```

별 문제가 없으면 HTTP 서버가 8080 포트에서 실행 중이라는 메시지가 표시됩니다(그림 A-2). 브라우저 주소창에서 http://localhost:8080+HTML 파일명을 입력하여 웹페이지를 띄워봅니다.

그림 A-2 8080 포트로 시동한 파이썬 2.x 로컬 웹 서버

엠스크립튼에 내장된 emrun 툴을 사용하는 방법도 있습니다. emrun은 파이썬 로컬 웹 서버를 시동해서 주어진 파일을 기본 브라우저에 표시합니다. 예를 들어, 다음은 현재 폴더의 test. html 파일을 브라우저에서 실행하는 명령입니다.

```
emrun --port 8080 test.html
```

NOTE_ 세 가지 명령 모두 로컬 웹 서버 시동 시점에 위치한 경로를 기준으로 실행됩니다.

A.1.2 웹어셈블리 미디어 타입

다목적 인터넷 메일 확장Multipurpose Internet Mail Extensions의 약자인 MIME은 원래 이메일 메시지의 컨텐츠 및 첨부 파일의 유형을 명시하기 위해 사용됐습니다. 브라우저도 파일의 미디어 타입을 기준으로 어떻게 처리할지 결정합니다.

웹어셈블리 파일이 처음 등장했을 때에는 application/octet-stream라는 미디어 타입으로 브라우저에 전달했습니다. .wasm 파일이 바이너리 데이터이기 때문입니다. 그러나 이후 application/wasm라는 더 구체화한 미디어 타입으로 변경됐습니다.

그런데 아쉽게도 미디어 타입을 표준화하는 기관, 인터넷 할당 번호 관리기관Internet Assigned Numbers Authority(IANA)에 미디어 타입을 새로 등록되기까지는 다소 시간이 걸리므로[5] 기본 미디어 타입 목록에서 application/wasm이 누락된 웹 서버가 아직도 많습니다. 따라서 브라우저가 웹어셈블리 모듈을 올바르게 처리하려면 웹 서버 설정에 이 미디어 타입이 포함되어 있는지 확인해야 합니다.

다른 웹 서버를 선호한다면 굳이 파이썬을 로컬 웹 서버로 고집할 이유는 없지만, 다른 웹 서버가 하나도 설치되어 있지 않다면 엠스크립튼 SDK에 내장된 파이썬 웹 서버가 사용하기는 편합니다. 맥OS 또는 리눅스 사용자는 웹어셈블리 미디어 타입을 파이썬의 미디어 타입 목록에 추가하기 전에 다음 명령으로 등록 여부를 먼저 확인합니다.

```
grep 'wasm' /etc/mime.types
```

파이썬에 wasm 확장자가 추가되어 있으면 [그림 A-3]처럼 표시되지만, 아무것도 표시되지 않는다면 누락된 것이니 다음과 같이 직접 mime.types 파일에 한 줄을 추가하면 됩니다. gedit를 사용할 수 없는 경우 vi 등의 다른 편집기를 써도 됩니다.

```
sudo gedit /etc/mime.types
application/wasm wasm
```

웹어셈블리 미디어 타입이 정의돼 있다.

그림 A-3 우분투에 설치된 파이썬의 미디어 타입 목록에 웹어셈블리가 있다.

....

[5] 2020년 8월 현재, 아직도 application/wasm은 미등록 상태입니다. 전체 목록은 http://www.iana.org/assignments/media-types/media-types.xhtml를 참고하기 바랍니다.

윈도우 PC 사용자는 mimetypes.py 파일을 열어보면 특정 미디어 타입의 등록 여부를 알 수 있습니다. 파이썬 설치 폴더 밑의 Lib 폴더에서 다음 명령을 실행합니다.

```
type mimetypes.py | find "wasm"
```

파이썬에 wasm 확장자가 추가되어 있으면 [그림 A-4]처럼 표시되지만, 아무것도 표시되지 않는다면 누락된 것입니다.

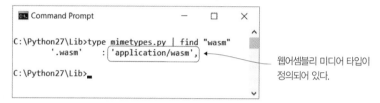

그림 A-4 윈도우에 설치된 파이썬의 미디어 타입 목록에 웹어셈블리가 있다

mimetypes.py 파일을 열어 **types_map = {** 부분을 찾아 다음 한 줄을 추가 후 파일을 저장하면 수동으로 추가할 수 있습니다(그림 A-5).

```
'.wasm' : 'application/wasm',
```

그림 A-5 비주얼 스튜디오 코드에서 mimetypes.py 파일을 열어 types_map 블록을 확인한다.

A.2 엠스크립튼

이 책을 쓰는 현재, 엠스크립튼 SDK 최신 버전은 1.38.45이지만, 정기적으로 업데이트되고 있으니 여러분은 더 최신 버전을 사용하게 될 것입니다.[6]

SDK를 다운로드하기 전에 먼저 설치 여부를 확인합니다. [그림 A-6]처럼 SDK와 함께 설치된 툴들도 화면에 표시되어 있으면 이미 설치된 것이니 A.3절로 넘어가도 좋습니다.

```
emsdk list
```

그림 A-6 엠스크립튼 SDK 1.38.16 버전이 설치됐다.

SDK는 설치돼 있지만 구버전인 경우 다음 명령으로 버전을 업데이트합니다.

```
emsdk update
```

A.2.1 엠스크립튼 SDK 다운로드

브라우저를 열고 엠스크립튼 깃허브[7]에 접속해 화면 우측에 있는 녹색 "Clone or Download" 버튼을 클릭하고 Download ZIP 링크를 클릭합니다(그림 A-7).

---

6 옮긴이_ 역자가 실습한 버전은 1.39.13입니다. 1.39.0+ 버전부터 호환성 이슈가 있으니 부록 F의 F.2절을 참고하시기 바라며, 버전 문제를 신경쓰고 싶지 않은 분들은 저자가 사용한 1.38.45 버전을 특정하여 설치하면 됩니다.

7 https://github.com/emscripten-core/emsdk

원하는 경로에 내려받은 압축 파일을 풀고 콘솔창에서 이 폴더로 이동합니다.

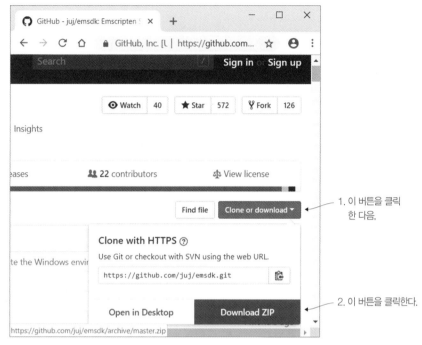

그림 A-7 "Clone or Download" 버튼을 클릭한 다음, "Download ZIP" 버튼을 클릭해서 엠스크립튼 SDK를 내려받는다.

A.2.2 윈도우 사용자

다음 명령으로 SDK 최신 툴을 내려받습니다.[8]

```
emsdk install latest
```

다음은 최신 SDK 버전을 현재 사용자에 대해 활성화하는 명령입니다. --global 플래그를 적용하면 프로그램이 윈도우 레지스트리에 접근하므로 콘솔창을 관리자 권한으로 띄워야 합니다.

---

8 옮긴이_ latest 대신 ./emsdk install 1.38.45처럼 버전을 특정하면 해당 버전의 엠스크립튼이 설치됩니다.

```
emsdk activate latest --global
```

A.2.3 맥/리눅스 사용자

다음 명령으로 SDK 최신 툴을 내려받습니다.[9]

```
./emsdk install latest
```

그리고 최신 SDK 버전을 활성화합니다.

```
./emsdk activate latest
```

다음은 현재 실행 중인 터미널에서 환경 변숫값을 바로 적용하는 명령입니다.

```
source ./emsdk_env.sh
```

이렇게 하면 앞에 ./를 붙일 필요가 없어서 좋지만 환경 변수는 캐시되지 않기 때문에 매번 터미널을 열 때마다 이 명령을 실행해야 합니다. 따라서 .bash_profile 같은 프로파일 파일에 emsdk-master가 위치한 절대 경로까지 포함하여 이 명령을 추가하면 터미널 실행 시 자동 적용됩니다.

A.2.4 설치가 잘 안 될 경우

실제로 설치를 해보니 잘 안 되거나 어려움이 있으면 윈도우, 맥, 리눅스 등 플랫폼에 따라 안

----

9 옮긴이_ latest 대신 ./emsdk install 1.38.45처럼 버전을 특정하면 해당 버전의 엠스크립튼이 설치됩니다.

내되어 있는 공식 문서[10]를 참고하기 바랍니다. 이전에 설치된 시스템 라이브러리와 충돌이 나서 엠스크립튼 SDK를 설치할 수 없는 경우 엠스크립튼 소스를 내려받아 빌드하면 됩니다.[11]

A.3 Node.js

Node.js는 크롬 웹 브라우저를 구동하는 핵심 엔진 V8에 기반을 둔 런타임입니다. 엠스크립튼 SDK를 설치하면 Node.js도 함께 설치됩니다. Node.js 환경에서는 자바스크립트를 서버 코드로 사용할 수 있고, 필요에 따라 수많은 오픈 소스 패키지를 골라쓰는 재미가 있습니다. 웹어셈블리 모듈은 Node.js 환경에서도 실행되며 이 책에도 관련 예제가 있습니다.

Node.js는 웹어셈블리를 지원하는 8 버전 이상을 설치해야 합니다. 엠스크립튼 SDK와 함께 설치된 툴 목록은 `emsdk list` 명령으로 조회할 수 있는데, 여기서 INSTALLED라고 표시된 Node.js의 버전을 확인합니다(그림 A-8).

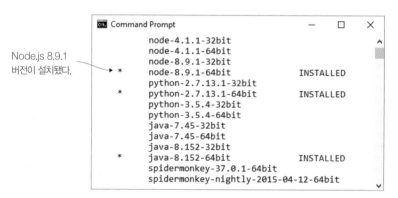

그림 A-8 Node.js 8.9.1 버전이 엠스크립튼 SDK에 설치되어 있다.

8+ 버전이 아니라면 삭제할 Node.js의 풀 버전을 기재하여 SDK에서 설치 삭제[uninstall]합니다.

```
emsdk uninstall node-4.1.1-64bit
```

10 https://emscripten.org/docs/getting_started/downloads.html
11 https://emscripten.org/docs/building_from_source/index.html

삭제 후 [그림 A-8]의 목록에 나열된 Node.js 8.9 버전을 설치하려면 다음과 같이 emsdk install 명령을 실행합니다.

```
emsdk install node-8.9.1-64bit
```

A.4 웹어셈블리 바이너리 툴킷

웹어셈블리 바이너리 툴킷에는 웹어셈블리 바이너리 포맷과 텍스트 포맷을 서로 변환하는 툴들이 있습니다. wasm2wat는 바이너리 포맷를 텍스트 포맷으로, wat2wasm는 텍스트 포맷을 바이너리 포맷으로 변환합니다. wasm-interp라는 툴을 이용하면 웹어셈블리 바이너리 파일을 브라우저 아닌 환경에서 스탠드얼론 모드로 구동할 수 있습니다. 웹어셈블리 모듈 테스트를 자동화할 때 유용한 툴이죠.

브라우저에서 소스보기(View Source)를 하거나 디버깅할 때 웹어셈블리 텍스트 포맷을 사용하기 때문에 텍스트 포맷은 기본적으로 잘 알아두는 게 좋습니다(카드 짝 맞추기 게임 디버깅 시 텍스트 포맷을 활용하는 방법은 11장에서 설명했습니다).

소스 맵은 디버거가 디버그할 코드를 원본 코드에 가깝게 재구성할 수 있도록 (컴파일 과정에서 이름이 변경되거나 내용이 수정된) 현재 코드와 원본 코드를 매핑한 파일입니다. 이 파일이 있으면 디버깅 작업이 한결 수월해집니다.

웹어셈블리 바이너리 툴킷은 따로 실행 파일을 내려받는 링크가 없어서 깃허브에서 리포지터리를 클론하여 직섭 빌드해야 합니다. 깃 사용법이 익숙하지 않은 독자를 위한 데모가 있으니 참고하기 바랍니다.

- 텍스트 포맷을 입력해 wasm 파일을 내려받는 wat2wasm 데모[12]
- wasm 파일을 업로드해 텍스트 포맷을 확인하는 wasm2wat 데모[13]

----

12 https://webassembly.github.io/wabt/demo/wat2wasm
13 https://webassembly.github.io/wabt/demo/wasm2wat

툴킷 소스 코드를 직접 내려받아 로컬에서 wasm 파일을 빌드할 수도 있습니다. 자세한 빌드 방법은 관련 페이지[14]를 참고하기 바랍니다.

A.5 부트스트랩

좀 더 프로페셔널하게 보이는 웹페이지를 개발하려면 손으로 CSS를 일일이 적용하기보다 부트스트랩Bootstrap이라는 널리 알려진 웹 개발 프레임워크를 사용하는 게 좋습니다. 부트스트랩은 웹사이트를 쉽고 빠르게 구축할 수 있게끔 여러 가지 디자인 템플릿을 제공합니다. 이 책의 예제 코드는 CDN에 호스팅된 파일을 참조하지만 공식 사이트[15]에서 파일을 내려받아 로컬에서 사용할 수도 있습니다.

> **NOTE_** 컨텐츠 전송 네트워크Content Delivery Network(CDN)은 파일을 요청한 디바이스와 가급적 가까운 지역에서 서비스할 목적으로 서버를 지리적으로 분산시킨 네트워크입니다. 서버가 가까이 있으면 아무래도 파일을 내려받는 속도가 빠르고 웹사이트 로드 시간이 줄어듭니다.

부트스트랩은 jQuery, Popper.js에 의존합니다. jQuery는 DOM, 이벤트, 애니메이션, AJAX 기능을 간편하게 사용할 수 있게 해주는 자바스크립트 라이브러리입니다. Popper.js는 특정 엘리먼트를 웹페이지의 원하는 위치에 둘 수 있게 하는 포지셔닝 엔진positioning engine입니다.

Popper.js는 bootstrap.bundle.js, bootstrap.bundle.min.js 파일에 포함되어 있지만, jQuery는 들어있지 않기 때문에 CDN을 사용하지 않는다면 공식 사이트[16]에서 jQuery 파일을 직접 내려받아 설치해야 합니다.

---

14 https://github.com/WebAssembly/wabt
15 https://getbootstrap.com
16 https://jquery.com/download

ccall, cwrap, 직접 함수 호출

> **이 부록의 핵심 내용**
> ◆ 엠스크립튼 헬퍼 함수 ccall/cwrap으로 자바스크립트에서 모듈 함수를 호출
> ◆ 엠스크립튼 헬퍼 함수 없이 자바스크립트에서 모듈 함수를 직접 호출
> ◆ 함수에 배열 전달

엠스크립튼 생성 자바스크립트로 모듈을 호출하는 방법은 몇 가지가 있습니다. 그 중 문자열 주고받을 경우 메모리 관리에 유용한 ccall, cwrap 함수를 사용하는 방법을 가장 많이 씁니다. 물론, 직접 모듈 함수를 호출하는 방법도 있습니다.

B.1 ccall

ccall 함수는 자바스크립트에서 웹어셈블리 모듈 함수를 호출하고 그 결과를 반환합니다. 이 함수는 다음 네 가지 정보를 매개변수로 받습니다.

- 호출할 모듈 함수명: 엠스크립튼은 웹어셈블리 모듈을 호출할 때 자동으로 함수명 앞에 언더스코어(_)를 붙이므로 여러분이 직접 함수명 앞에 이 문자를 추가해선 안 됩니다.
- 함수 반환형: 다음 값을 지정할 수 있습니다.
  - null: 아무 값도 반환하지 않는 함수인 경우
  - 'number': 정수, 부동소수, 포인터를 반환하는 함수인 경우
  - 'string': char*를 반환하는 함수인 경우. 값을 지정하면 ccall 함수가 반환된 문자열의 메모리를 알아서 관리합니다.

- 매개변수 자료형을 나타낸 배열: 이 배열에는 함수 매개변수와 동일한 수만큼 원소가 있고 순서도 같아야 합니다. 다음 값을 지정할 수 있습니다.
    - 'number': 정수, 부동소수, 포인터를 반환하는 함수인 경우
    - 'string': char*를 반환하는 함수인 경우. 값을 지정하면 ccall 함수가 반환된 문자열의 메모리를 알아서 관리합니다. 함수 반환 시점에 메모리에서 해제되므로 잠깐 존재했다가 사라지는 값입니다.
    - 'array': 8비트 배열 값에만 사용 가능합니다.
- 함수에 전달할 값의 배열: 각 배열 원소는 함수 매개변수와 대응되며 순서도 같아야 합니다.

세 번째 매개변수의 문자열 및 배열 자료형은 포인터를 생성하고 그 값을 메모리에 복사한 다음, 함수 실행 완료 시 메모리에서 해제하는 작업을 간편하게 처리하기 위함입니다. 그야말로 함수가 동작하는 중에만 잠시 존재하는 임시값입니다. 따라서 나중에 웹어셈블리 모듈 코드에서 포인터를 저장해놓고 다시 사용하려고 하면 올바르지 않은 데이터를 가리킬 가능성이 높습니다.

객체를 오랫동안 존속시키려면 엠스크립튼 함수 _malloc, _free으로 메모리를 수동으로 할당/해제합니다. 이 때 엠스크립튼의 메모리 관리 기능을 이용하지 않고 포인터를 직접 전달하는 거라서 문자열이나 배열 대신 숫자형 매개변수를 사용합니다.

8 비트 이상의 원소(예: 32비트 정수)가 담긴 배열을 전달할 때에는 배열 대신 포인터를 전달합니다. 수동으로 모듈에 배열을 전달하는 방법은 B.3절에서 설명합니다.

B.1.1 단순 웹어셈블리 모듈 작성

예제를 보면서 ccall 함수의 사용법을 알아보겠습니다. 실습 파일을 저장할 Appendix B\B.1 ccall 폴더를 생성하고 add.c 파일을 만들어 편집기로 엽니다. 다음 코드처럼 두 값을 더한 값을 반환하는 Add 함수를 add.c 파일에 추가합니다.

```
#include <stdlib.h>
#include <emscripten.h>

EMSCRIPTEN_KEEPALIVE
int Add(int value1, int value2) {
  return (value1 + value2);
}
```

요 다음 절에서 cwrap, 직접 호출을 설명할 때에도 이 모듈을 다시 활용할 것입니다. 엠스크립트 자바스크립트의 Module 객체에서 ccall, cwrap 함수를 사용할 수 있도록 다음과 같이 명령줄 배열 EXTRA_EXPORTED_RUNTIME_METHODS에 두 함수를 지정합니다. add.c 파일이 있는 폴더에서 다음 명령을 실행하여 웹어셈블리 모듈로 컴파일합니다.

```
emcc add.c -o js_plumbing.js
    -s EXTRA_EXPORTED_RUNTIME_METHODS=['ccall','cwrap']
```

B.1.2 웹어셈블리 모듈과 상호작용할 웹페이지 작성

웹어셈블리와 통신하는 간단한 HTML 웹페이지와 Add 함수를 호출하는 자바스크립트를 작성하겠습니다. B.1 ccall 폴더에 add.html 파일을 만들고 편집기로 엽니다. 웹페이지에서 버튼을 클릭하면 callAdd라는 자바스크립트 함수가 호출될 것입니다. 이 함수는 엠스크립트 헬퍼 함수 ccall로 모듈 함수 Add를 호출하고 결괏값을 개발자 도구 콘솔창에 출력합니다.

예제 B-1 add.html 파일

```
<!DOCTYPE html>
<html>
  <head>
    <meta charset="utf-8"/>
  </head>
  <body>
    <input type="button" value="Add" onclick="callAdd()" />

    <script>
      function callAdd() {
        const result = Module.ccall('Add',     ◁─┤ 첫 번째 매개변수는 함수명이다.
            'number',     ◁─┤ 모듈 함수의 반환형은 정수다.
            ['number', 'number'],     ◁─┤ 모듈 함수의 두 매개변수는 모두 정수형이다.
            [1, 2]);     ◁─┤ 매개변수 값을 넘긴다.

        console.log('Result: ${result}');     ◁─┤ 결괏값을 표시한다.
      }
    </script>
    <script src="js_plumbing.js"></script>     ◁─┤ 엠스크립트 자바스크립트 파일
```

```
    </body>
  </html>
```

http://localhost:8080/add.html에 접속해서 Add 버튼을 클릭하면 모듈 함수 **Add**를 호출한 결괏값이 개발자 도구 콘솔창에 표시될 것입니다(그림 B-1).

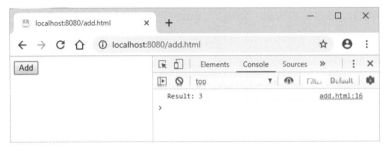

그림 B-1 ccall을 이용해 모듈 함수 Add에 1, 2를 넘겨 호출한 결과

B.2 cwrap

cwrap는 ccall와 거의 같지만, ccall 함수의 처음 매개변수 3개만 받는 함수입니다.

- 호출할 모듈 함수명
- 함수 반환형
- 매개변수 자료형을 나타낸 배열

ccall 함수는 전달받은 함수를 곧바로 실행하지만 cwrap 함수를 호출할 때에는 자바스크립트 함수를 넘깁니다. 자바스크립트에서 함수는 일급 시민first-class citizen이라서 변수처럼 주고받을 수 있는데, 이는 자바스크립트의 가장 강력한 기능 중 하나입니다. 이렇게 전달된 자바스크립트 함수는 모듈 함수를 호출하는 데 사용됩니다. 배열 대신 매개변숫값을 직접 지정하는 일반 함수를 호출하는 것과 작동 원리는 비슷합니다.

B.2.1 cwrap을 사용하도록 자바스크립트 수정

실습 파일을 저장할 Appendix B\B.2 cwrap 폴더를 만들고 Appendix B\B.1 ccall\add. html, js_plumbing.js, js_plumbing.wasm 파일을 복사해 넣습니다. 편집기로 add.html 파일을 열고 callAdd 함수가 엠스크립튼 헬퍼 함수 cwrap을 사용하도록 수정하겠습니다.

cwrap 함수는 모듈 함수 Add의 결괏값 대신 함수를 반환합니다. 따라서 일단 const result 를 const add로 바꾸고 Module.ccall도 Module.cwrap으로 변경합니다. cwrap 함수는 매개변수를 3개 받으므로 네 번째 매개변숫값은 삭제합니다.

다음은 모듈 함수 Add를 실제로 호출하는 코드입니다. (배열을 쓰지 않고) 일반 함수를 호출하듯이 cwrap 함수를 호출하고 그 결과로 받은 add 함수를 그냥 호출합니다. callAdd 함수 코드를 다음과 같이 수정합니다.

```
function callAdd() {
  const add = Module.cwrap('Add',      ←── cwrap 함수는 자바스크립트 함수를 반환한다.
      'number',
      ['number', 'number']);

  const result = add(4, 5);    ←── 자바스크립트 함수에 직접 값을 넘겨 호출한다.
  console.log('Result: ${result}');
}
```

http://localhost:8080/add.html에 접속해서 Add 버튼을 클릭하면 개발자 도구 콘솔창에 그 결괏값이 표시될 것입니다(그림 B-2).

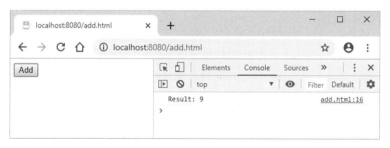

그림 B-2 cwrap을 이용해 모듈 함수 Add에 4, 5를 넘겨 호출한 결과

B.3 직접 함수 호출

엠스크립튼 함수 ccall, cwrap은 문자열을 오래 존속시킬 필요가 없는 경우 메모리 관리 측면에서 유용합니다. 그래서 웹어셈블리 모듈 함수를 호출할 때 가장 많이 쓰입니다.

물론, 여러분이 직접 모듈 함수를 호출할 수도 있지만, 메모리 관리 등 필요한 로직은 직접 처리해야 합니다. 단, 이미 필요한 메모리 관리 기능이 구현되어 있거나 정수, 부동소수 등 굳이 메모리를 관리할 필요없는 데이터만 다룰 경우에는 직접 모듈 함수를 호출하는 것도 일리는 있습니다.

엠스크립튼 컴파일러는 웹어셈블리 모듈을 생성할 때 함수명 앞에 언더스코어를 붙이기 때문에 다음 사실을 꼭 기억하기 바랍니다.

- ccall, cwrap 함수 호출 시 언더스코어는 넣지 않는다.
- 함수를 직접 호출할 경우 언더스코어를 붙인다.

다음은 모듈 함수 Add를 직접 호출하는 예제 코드입니다.

```
function callAdd() {
  const result = Module._Add(2, 5);     ◁── Add 함수를 직접 호출한다.
  console.log('Result: ${result}');          앞에 언더스코어를 반드시 붙인다.
}
```

B.4 모듈에 배열 전달

ccall, cwrap 함수는 'array' 자료형 값을 받지만, 이 중에서 8비트 값만 메모리가 자동으로 관리됩니다. 따라서 만약 어떤 함수가 정수형 원소가 담긴 배열을 받는 경우 각 원소마다 충분한 메모리를 할당하고, 배열 컨텐츠를 모듈 메모리에 복사하고, 호출 반환 시 메모리를 해제하는 등 일련의 메모리 관리 작업을 직접 관장해야 합니다.

웹어셈블리 모듈의 메모리는 정형한typed 어레이버퍼입니다. 엠스크립튼은 메모리를 다양한 방법으로 바라보며 다양한 자료형을 쉽게 다룰 수 있도록 몇 가지 뷰를 제공합니다.

- HEAP8: 자바스크립트 객체 `Int8Array`를 사용하는 8비트 부호있는 정수 메모리

- HEAP16: 자바스크립트 객체 `Int16Array`를 사용하는 16비트 부호있는 정수 메모리

- HEAP32: 자바스크립트 객체 `Int32Array`를 사용하는 32비트 부호있는 정수 메모리

- HEAPU8: 자바스크립트 객체 `Uint8Array`를 사용하는 8비트 부호없는 정수 메모리

- HEAPU16: 자바스크립트 객체 `Uint16Array`를 사용하는 16비트 부호없는 정수 메모리

- HEAPU32: 자바스크립트 객체 `Uint32Array`를 사용하는 32비트 부호없는 정수 메모리

- HEAPF32: 자바스크립트 객체 `Float32Array`를 사용하는 32비트 부동소수 메모리

- HEAPF64: 자바스크립트 객체 `Float64Array`를 사용하는 64비트 부동소수 메모리

예를 들어, 정수형 원소가 담긴 배열은 HEAP32 뷰(실제 자바스크립트 객체로는 `Int32Array`)를 사용합니다. 배열 포인터에 메모리를 넉넉히 할당하려면 배열 원소 개수 × 원소당 바이트 수를 `Module._malloc`에 전달합니다. 32비트 정수에 해당하는 `Module.HEAP32` 객체는 값이 4인 `Module.HEAP32.BYTES_PER_ELEMENT` 상수를 사용합니다. 힙 객체는 각각 BYTES_PER_ELEMENT 상수를 갖고 있습니다.

배열 포인터에 사용할 메모리를 할당하면 HEAP32 객체의 set 함수를 쓸 수 있습니다. 이 함수의 첫 번째 매개변수는 웹어셈블리 모듈 메모리에 복사할 배열, 두 번째 인수는 set 함수가 기반 배열(모듈 메모리)에 데이터를 쓰기 시작하는 인덱스입니다. 여기서는 메모리의 32 비트 뷰를 바라보기 때문에 각 인덱스는 32비트(4바이트) 그룹 중 하나를 가리키므로 메모리 주소를 4로 나누어야 합니다. 일반 나눗셈 연산도 가능하지만 엠스크립튼 자바스크립트 같은 코드에서는 우측 시프트 연산(>> 2)을 사용합니다.

예제 B-2 자바스크립트에서 정수형 배열을 모듈에 전달한다

```
const items = [1, 2, 3, 4];  ◁─┤ 모듈에 넘길 배열
const arrayLength = items.length;
const bytesPerElement = Module.HEAP32.BYTES_PER_ELEMENT;  ◁─┤ HEAP32 객체의
                                                              원소 당 바이트 수

const arrayPointer = Module._malloc((arrayLength * bytesPerElement));  ◁─┤ 각 배열 원소에 메모리를
                                                                           넉넉히 할당한다.

Module.HEAP32.set(items, (arrayPointer / bytesPerElement));  ◁─┤ 배열 원소를
                                                                 모듈 메모리에 복사한다.

Module.ccall('Test',  ◁─┤ 모듈 함수 'Test'를 호출한다.
    null,  ◁─┤ 모듈 반환형은 void다.
    ['number', 'number'],  ◁─┤ 정수형 포인터다.
```

```
    [arrayPointer, arrayLength]);   ◁─┐ 배열 포인터 및 길이를 전달한다.

Module._free(arrayPointer);   ◁──┘ 배열에 할당됐던 메모리를 해제한다.
```

엠스크립튼 매크로

> **이 부록의 핵심 내용**
>
> ◆ emscripten_run_script 매크로 시리즈 개요
>
> ◆ EM_JS 엠스크립튼 매크로
>
> ◆ EM_ASM 엠스크립튼 매크로

엠스크립튼은 호스트와 통신하거나 코드 디버깅 등의 작업을 할 때 유용한 세 가지 매크로를 제공합니다. 크게 둘로 나누면 emscripten_run_script와 EM_JS/EM_ASM, 두 시리즈입니다.

C.1 emscripten_run_script 매크로

emscripten_run_script 매크로 시리즈는 eval 함수로 자바스크립트를 직접 실행합니다. eval은 문자열을 자바스크립트로 바꿔 실행하기 위해 사용하는 특수한 자바스크립트 함수입니다. 보통 이 함수는 상대적으로 성능이 좋지 않아 사용을 권장하지 않지만, 그보다는 임의의 문자열로 뭐든 실행할 수 있어서 자칫 심각한 보안 위협에 노출될 가능성이 있습니다. 게다가 이 함수를 사용하지 못하게 차단 설정된 브라우저도 있어서 코드가 제대로 동작하지 않을 수도 있습니다.

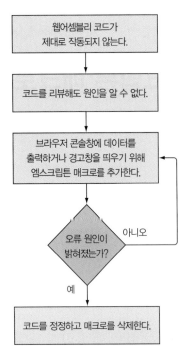

```
웹어셈블리 코드가
제대로 작동되지 않는다.
```

```
코드를 리뷰해도 원인을 알 수 없다.
```

```
브라우저 콘솔창에 데이터를
출력하거나 경고창을 띄우기 위해
엠스크립튼 매크로를 추가한다.
```

```
오류 원인이
밝혀졌는가?
```

아니오

예

```
코드를 정정하고 매크로를 삭제한다.
```

그림 C-1 매크로를 이용한 웹어셈블리 디버깅 과정

따라서 emscripten_run_script 매크로 시리즈는 프로덕션 환경에서는 사용하지 않는 게 좋습니다. 특히 사용자 입력 데이터를 대상으로 사용하는 건 금물입니다. 그러나 어디까지나 디버깅 용도로는 가치가 있습니다. 웹어셈블리 모듈이 이상하게 동작하고 코드 리뷰를 해도 원인을 밝혀내기 어려울 때 의심가는 코드에 매크로를 넣고 돌려보는 것입니다. 함수마다 매크로를 하나씩 장착해 경고창/콘솔창 메시지를 출력하면 점점 범위를 좁혀갈 수 있고, 결국 원인이 발견되면 코드를 고친 후 매크로는 제거하면 됩니다.

emscripten_run_script 매크로는 const char* 포인터를 받고 아무 값도 반환하지 않습니다. 다음은 이 매크로를 이용해 콘솔창에 문자열을 출력하는 코드입니다.

```
emscripten_run_script("console.log('The Test function')");
```

emscripten_run_script_int, emscripten_run_script_string 매크로는 각각 정수, 문자열을 반환하며 const char* 포인터를 받는 것은 같습니다.

C.2 EM_JS 매크로

다음은 EM_JS, EM_ASM 매크로 시리즈입니다. EM_JS 매크로를 이용하면 C/C++ 코드에 자바스크립트 함수를 직접 선언할 수 있고 EM_ASM 매크로를 이용하면 인라인 자바스크립트[inline Javascript][1]를 구사할 수 있습니다.

자바스크립트는 모두 C/C++ 코드에 작성합니다. 엠스크립튼 컴파일러는 실제로 필요한 자바스크립트 함수를 생성하고 모듈 실행 시 내부적으로 이 함수를 호출합니다.

EM_JS 매크로는 다음 네 값을 매개변수로 받습니다.

- 함수의 반환형
- 함수명
- 괄호로 감싼 매개변숫값들. 내용이 없어도 빈 괄호 ()는 필요합니다.
- 함수 본문

> **NOTE_** 이 매크로에서 한 가지 유의할 점은, 처음 세 매개변수는 C++ 문법에 맞게 작성하되, 네 번째 매개변수(함수 본문)는 자바스크립트라는 점입니다.

C.2.1 매개변숫값 없음

첫 번째 EM_JS 매크로는 매개변수가 없고 아무 값도 반환하지 않는 자바스크립트 함수입니다. 실습 파일을 저장할 Appendix C\C.2.1 EM_JS 폴더를 생성하고 em_js.c 파일을 만들어 편집기로 엽니다.

이 매크로는 값을 반환하지 않으므로 첫 번째 인수는 void로 지정합니다. 매개변수가 없는 매크로이므로 NoReturnValueWithNoParameters라고 명명하고 세 번째 매개변수는 그냥 ()를 넘깁니다. 자바스크립트는 console.log를 호출해서 매크로가 호출됐다는 메시지를 개발자 도구 콘솔창에 출력하는 코드를 사용하겠습니다.

함수를 호출하는 방법은 여느 C/C++ 함수와 똑같습니다. 모듈 다운로드/인스턴스화가 끝나

---

1 옮긴이_ HTML 태그 안에 직접 코드를 써 넣은 자바스크립트(예: `<input type="text" onclick="alert('ok');">`)

면 자동 실행되도록 main에서 함수를 호출합니다.

```
#include <emscripten.h>

EM_JS(void, NoReturnValueWithNoParameters, (), {    ◁── 매크로를 선언한다.
  console.log("NoReturnValueWithNoParameters called");    ◁── 개발자 도구 콘솔창에
});                                                              로그를 남긴다.

int main() {
  NoReturnValueWithNoParameters();    ◁── EM_JS 매크로에 정의한 자바스크립트
  return 0;                                  함수를 호출한다.
}
```

이 부록의 매크로 실행 결과를 보려고 굳이 HTML 페이지를 따로 만들 필요는 없으니 웹어셈블리 모듈로 컴파일할 때 엠스크립튼 HTML 템플릿을 함께 만들어 사용하겠습니다. em_js.c 파일이 있는 폴더에서 다음 명령을 실행합니다.

```
emcc em_js.c -o em_js.html
```

NOTE_ 컴파일 시 매크로 함수에 매개변숫값이 없다는 경고 메시지는 무시해도 좋습니다.

http://localhost:8080/em_js.html에 접속해서 개발자 도구 콘솔창을 열어보면 NoReturnValueWithNoParameters called라는 텍스트가 표시될 것입니다(그림 C-2).

그림 C-2 NoReturnValueWithNoParameters EM_JS 매크로의 콘솔창 결과

C.2.2 매개변숫값 전달

두 번째 EM_JS 매크로는 매개변수를 받고 아무 값도 반환하지 않는 자바스크립트 함수입니다. 실습 파일을 저장할 Appendix C\C.2.2 EM_JS 폴더를 생성하고 em_js.c 파일을 만들어 편집기로 엽니다.

이 매크로는 값을 반환하지 않으니 첫 번째 인수는 void로 지정합니다. int, double형 매개변수를 받으므로 NoReturnValueWithNoParameters라고 명명합니다. 자바스크립트는 console.log를 호출해서 매크로가 호출됐다는 메시지를 개발자 도구 콘솔창에 출력하는 코드를 사용하겠습니다.

함수를 호출하는 방법은 여느 C/C++ 함수와 똑같습니다. 모듈 다운로드/인스턴스화가 끝나면 자동 실행되도록 main에서 int, double 값을 넘겨 함수를 호출합니다.

```
#include <emscripten.h>

EM_JS(void, NoReturnValueWithIntegerAndDoubleParameters,
    (int integer_value, double double_value), {    ◁──────
  console.log("NoReturnValueWithIntegerAndDoubleParameters
    called...integer_value: " +
    integer_value.toString() + " double_value: " +
```
이 매크로는 int, double형
2개의 매개변수를 받는다.

```
        double_value.toString());
});

int main() {
  NoReturnValueWithIntegerAndDoubleParameters(1, 5.49);
  return 0;
}
```

em_js.c 파일이 있는 폴더에서 다음 명령을 실행합니다.

```
emcc em_js.c -o em_js.html
```

http://localhost:8080/em_js.html에 접속해서 개발자 도구 콘솔창을 보면 NoReturnValu eWithIntegerAndDoubleParameters called라는 텍스트가 표시될 것입니다(그림 C-3).

그림 C-3 NoReturnValueWithIntegerAndDoubleParameters 매크로의 콘솔창 결과

C.2.3 포인터를 매개변수로 전달

EM_JS 매크로는 포인터도 매개변수로 받을 수 있습니다. 단, 주의할 점은 웹어셈블리 코드가 다룰 수 있는 자료형은 int, float만 가능하며, 문자열 등 여타 자료형은 모듈 메모리에 둔다

는 사실입니다. C/C++ 코드에서는 마치 모듈이 컴파일되면 문자열 리터럴이 함수에 전달되는 것처럼 보이지만, 실제로는 웹어셈블리 코드가 메모리 위치를 참조하여 문자열이 있는 위치를 함수에 전달합니다.

Appendix C\C.2.3 EM_JS 폴더를 생성하고 em_js.c 파일을 만들어 편집기로 엽니다.

이 매크로는 값을 반환하지 않으니 첫 번째 인수는 void로 지정합니다. const char*형 매개 변수를 받으므로 NoReturnValueWithStringParameter라고 명명합니다. 자바스크립트는 console.log를 호출해서 매크로가 호출됐다는 메시지를 개발자 도구 콘솔창에 출력하는 코드를 사용하겠습니다. 문자열은 모듈 메모리에 있으니 엠스크립튼 헬퍼 함수 UTF8ToString로 가져와 읽어야 합니다.

```
#include <emscripten.h>

EM_JS(void, NoReturnValueWithStringParameter,    ← 이 매크로는 const char*형
    (const char* string_pointer), {                  매개변수를 받는다.
  console.log("NoReturnValueWithStringParameter called: " +
      Module.UTF8ToString(string_pointer));    ← 모듈 메모리에서 문자열을 읽는다.
});

int main() {
  NoReturnValueWithStringParameter("Hello from WebAssembly");
  return 0;
}
```

자바스크립트에서 UTF8ToString 함수를 호출해야 하므로 웹어셈블리 모듈로 컴파일할 때 EXTRA_EXPORTED_RUNTIME_METHODS 배열에 이 함수를 넣습니다.

```
emcc em_js.c -s EXTRA_EXPORTED_RUNTIME_METHODS=['UTF8ToString']
    -o em_js.html
```

http://localhost:8080/em_js.html에 접속해서 개발자 도구 콘솔창을 보면 NoReturnValu eWithStringParameter called라는 텍스트가 표시될 것입니다(그림 C-4).

그림 C-4 NoReturnValueWithStringParameter EM_JS 매크로의 콘솔창 결과

C.2.4 문자열 포인터 반환

EM_JS 매크로는 값을 반환할 수 있습니다. 단, 여기서도 주의할 점은 웹어셈블리 코드가 다룰 수 있는 자료형은 int, float만 가능하다는 것입니다. 문자열 등 여타 자료형은 모듈 선형 메모리에 두어야 합니다.

Appendix C\C.2.4 EM_JS 폴더를 생성하고 em_js.c 파일을 만들어 편집기로 엽니다.

이 매크로는 문자열을 반환하니 첫 번째 인수는 char*로 지정합니다. 매개변수가 없으니 StringReturnValueWithNoParameters라고 명명합니다. 자바스크립트에서는 모듈 코드에 반환할 메시지가 담긴 문자열 변수를 정의합니다.

모듈에 문자열을 전달하려면 일단 엠스크립튼 헬퍼 함수 lengthBytesUTF8로 문자열 길이(바이트 수)를 계산한 다음, malloc 같은 표준 C 라이브러리 함수를 이용해 메모리를 할당하라고 모듈에게 지시합니다. 그리고 나서 stringToUTF8 함수로 모듈 메모리에 문자열을 복사하고 자바스크립트는 이 문자열을 가리키는 포인터를 반환합니다.

main 함수에서 매크로를 호출하고 문자열 포인터를 받은 다음 이 포인터를 다시 printf 함수에 전달하면 엠스크립튼 연결 코드가 개발자 도구 콘솔창 및 웹페이지 텍스트 박스에 출력할 것입니다.

> **NOTE_** malloc 함수로 메모리를 할당한 이후에는 반드시 free 함수로 할당된 메모리를 해제해야 합니다. 메모리 해제를 잊으면 결국 메모리 누수로 이어집니다.

예제 C-1 문자열을 반환하는 EM_JS 매크로(em_js.c)

```c
#include <stdlib.h>
#include <stdio.h>
#include <emscripten.h>

EM_JS(char*, StringReturnValueWithNoParameters, (), {        // char*를 반환하는 매크로를 정의한다.
    const greetings = "Hello from StringReturnValueWithNoParameters";    // 모듈에 반환할 문자열
    const byteCount = (Module.lengthBytesUTF8(greetings) + 1);
    const greetingsPointer = Module._malloc(byteCount);      // 문자열에 알맞게 모듈 메모리를 할당한다.
    Module.stringToUTF8(greetings, greetingsPointer, byteCount);    // 문자열을 모듈 메모리에 복사한다.
    // 문자열 길이를 계산한다. 널 문자가 차지하는 1바이트도 더한다.
    return greetingsPointer;     // 모듈 메모리에서 문자열 위치를 가리키는 포인터를 반환한다.
});

int main() {
    char* greetingsPointer = StringReturnValueWithNoParameters();    // 자바스크립트 함수를 호출하고 문자열 포인터를 수신한다.
    printf("StringReturnValueWithNoParameters was called and it returned the
        following result: %s\n", greetingsPointer);     // 개발자 도구 콘솔창에 문자열을 표시한다.
    free(greetingsPointer);      // 문자열 포인터에 할당됐던 메모리를 해제한다.

    return 0;
}
```

자바스크립트에서 lengthBytesUTF8, stringToUTF8 두 함수를 호출해야 하므로 웹어셈블리 모듈로 컴파일할 때 EXTRA_EXPORTED_RUNTIME_METHODS 배열에 이 함수를 넣습니다.

```
emcc em_js.c -s EXTRA_EXPORTED_RUNTIME_METHODS=['lengthBytesUTF8',
    'stringToUTF8'] -o em_js.html
```

http://localhost:8080/em_js.html에 접속해서 개발자 도구 콘솔창을 보면 **StringReturnV alueWithNoParameters** 함수가 호출됐고 이 매크로에서 **Hello**라는 텍스트를 받았다는 메시지가 표시될 것입니다(그림 C-5).

그림 C-5 StringReturnValueWithNoParameters 매크로의 콘솔창 결과

C.3 EM_ASM 매크로

EM_JS 매크로는 C/C++ 코드에 직접 자바스크립트 함수를 선언할 수 있지만, EM_ASM 매크로는 그렇게 하지 않고 C/C++ 코드에 인라인 자바스크립트를 작성합니다. EM_JS, EM_ASM 둘다 자바스크립트가 실제로 C/C++ 코드 내부에 없다는 사실은 매한가지입니다. 엠스크립튼 컴파일러는 필요한 자바스크립트 함수를 생성하고 모듈 실행 시 내부적으로 자바스크립트 함수를 호출합니다.

EM_ASM 매크로는 다음과 같은 종류가 있습니다.

- EM_ASM
- EM_ASM_
- EM_ASM_INT
- EM_ASM_DOUBLE

EM_ASM, EM_ASM_ 매크로는 아무 값도 반환하지 않습니다. EM_ASM_INT 매크로는 int형 값을, EM_ASM_DOUBLE 매크로는 double형 값을 각각 반환합니다.

C.3.1 EM_ASM

EM_ASM 매크로는 실행할 자바스크립트를 ()안에 씁니다. Appendix C\C.3.1 EM_ASM 폴더를 생성하고 em_asm.c 파일을 만들어 편집기로 엽니다. 다음은 단순 문자열을 개발자 도구 콘솔창에 출력하는 EM_ASM 매크로를 main 함수에서 호출하는 코드입니다.

```c
#include <emscripten.h>

int main() {
  EM_ASM(console.log('EM_ASM macro calling'));
}
```

em_asm.c 파일이 있는 폴더에서 다음 명령을 실행합니다. 웹어셈블리 모듈로 컴파일되고 HTML 템플릿이 생성될 것입니다.

```
emcc em_asm.c -o em_asm.html
```

http://localhost:8080/em_asm.html에 접속해서 개발자 도구 콘솔창을 보면 EM_ASM macro calling라는 텍스트가 표시될 것입니다(그림 C-6).

그림 C-6 EM_ASM 매크로의 콘솔창 결과

C.3.2 EM_ASM_

EM_ASM_ 매크로는 하나 이상의 값을 C/C++ 코드에서 매크로에 정의된 자바스크립트로 전달합니다. 방금 전 EM_ASM 매크로도 자바스크립트에 값을 전달할 수 있지만, EM_ASM_ 매크로는 개발자가 실수로 값을 전달하지 않으면 컴파일러 에러가 나기 때문에 같은 용도라면 이 매크로를 사용하는 게 더 낫습니다.

EM_ASM, EM_ASM_ 두 매크로 모두 첫 번째 매개변수는 자바스크립트, 그 다음은 C/C++ 코드에서 이 자바스크립트에 전달할 값들입니다.

- 자바스크립트는 전달된 매개변숫값들을 각각 $0, $1, $2, …로 참조합니다.
- 매크로에 전달된 각 매개변수는 int32_t 아니면 double만 가능합니다. 하지만 웹어셈블리에서 포인터는 32비트 정수이므로 포인터도 전달할 수 있습니다.

EM_ASM_ 매크로에 지정한 자바스크립트를 {}로 감싸면 자바스크립트와 C/C++ 코드에서 전달된 값을 쉽게 구분할 수 있어서 좋습니다(물론, {}는 옵션입니다).

Appendix C\C.3.2 EM_ASM_ 폴더를 생성 후 em_asm_.c 파일을 만들어 편집기로 엽니다. EM_ASM_ 매크로에 정수 10을 넘겨 호출하는 코드를 main 함수에 작성합니다. 매크로의 자바스크립트는 console.log를 호출해서 수신된 정숫값을 개발자 도구 콘솔창에 출력하는 코드를 사용하겠습니다.

```
#include <emscripten.h>
int main() {
  EM_ASM_({
    console.log('EM_ASM_ macro received the value: ' + $0);   // C/C++ int32_t 또는 double 값만 자바스크립트에 전달할 수 있다.
  }, 10);   // 전달된 값은 $0, $1, $2, … 변수로 참조한다.
}
```

em_asm_.c 파일이 있는 폴더에서 다음 명령을 실행합니다.

```
emcc em_asm_.c -o em_asm_.html
```

http://localhost:8080/em_asm_.html에 접속해서 개발자 도구 콘솔창을 보면 EM_ASM_ 매크로가 10을 받았다는 텍스트가 표시될 것입니다(그림 C-7).

그림 C-7 EM_ASM_ 매크로의 콘솔창 결과

C.3.3 포인터를 매개변수로 전달

이번에는 EM_ASM_ 매크로의 자바스크립트에 문자열을 전달하겠습니다. 여기서도 주의할 점은, 웹어셈블리 코드가 다룰 수 있는 자료형은 int, float만 가능하며, 문자열 등 여타 자료형은 모듈 메모리에 둔다는 사실입니다.

Appendix C\C.3.3 EM_ASM_ 폴더를 생성하고 em_asm_.c 파일을 만들어 편집기로 엽니다.

"world!"라는 문자열을 개발자 도구 콘솔창에 출력하는 EM_ASM_ 매크로를 main 함수에 작성하겠습니다. 웹어셈블리 모듈로 컴파일되면 실제로 "world!"는 모듈의 선형 메모리에 위치하게 될 것입니다. 따라서 매크로 내부 자바스크립트에는 문자열 대신 포인터가 전달됩니다. 따라서 개발자 도구 콘솔창에 문자열을 출력하려면 엠스크립튼 헬퍼 함수 UTF8ToString로 모듈 선형 메모리에서 문자열을 읽어야 합니다.

```c
#include <emscripten.h>

int main() {
  EM_ASM_({
    console.log('hello ' + Module.UTF8ToString($0));    ⟵ 모듈 선형 메모리에서 문자열을 읽는다.
  }, "world!");    ⟵ 문자열은 자바스크립트에
}                     포인터로 전달된다.
```

자바스크립트에서 UTF8ToString 함수를 호출해야 하므로 웹어셈블리 모듈로 컴파일할 때
EXTRA_EXPORTED_RUNTIME_METHODS 배열에 이 함수를 넣습니다.

```
emcc em_asm_.c -s EXTRA_EXPORTED_RUNTIME_METHODS=['UTF8ToString']
    -o em_asm_.html
```

http://localhost:8080/em_asm_.html에 접속해서 개발자 도구 콘솔창을 보면 hello
world!라는 텍스트가 표시될 것입니다(그림 C-8).

그림 C-8 EM_ASM_ 매크로의 콘솔창 결과

C.3.4 EM_ASM_INT와 EM_ASM_DOUBLE

자바스크립트를 호출해서 어떤 값을 가져와야 하는 경우에는 int형 값을 반환하는 EM_ASM_
INT 매크로 또는 double형 값을 반환하는 EM_ASM_DOUBLE 매크로를 사용합니다.

여기서는 EM_ASM_DOUBLE 매크로에 double형 값 2개를 넘겨 호출하고 자바스크립트는 이 두
값을 더한 결괏값을 반환하는 예제를 살펴보겠습니다. main 함수에서는 매크로를 호출하고 그
결괏값을 printf 함수로 출력할 것입니다.

Appendix C\C.3.4 EM_ASM_DOUBLE 폴더를 생성하고 em_asm_double.c 파일을 만듭니다. 이 파일에 다음 코드를 추가합니다.

```c
#include <stdio.h>
#include <emscripten.h>

int main() {
  double sum = EM_ASM_DOUBLE({
    return $0 + $1;
  }, 10.5, 20.1);

  printf("EM_ASM_DOUBLE result: %.2f\n", sum);
}
```

em_asm_double.c 파일이 있는 폴더에서 다음 명령을 실행합니다.

```
emcc em_asm_double.c -o em_asm_double.html
```

http://localhost:8080/em_asm_double.html에 접속하면 개발자 도구 콘솔창과 웹페이지 텍스트 박스에 EM_ASM_DOUBLE result: 30.60 텍스트가 보일 것입니다(그림 C-9).

그림 C-9 EM_ASM_DOUBLE 매크로의 콘솔창 결과

C.3.5 문자열 포인터 반환

웹어셈블리에서 포인터는 32비트 정수라서 EM_ASM_INT 매크로는 문자열 포인터를 반환할 수 있습니다. 물론, 메모리는 알아서 관리해야 합니다. 자바스크립트에서 문자열을 모듈에 전달하려면 일단 모듈 메모리에 문자열을 복사한 다음, 이 문자열을 가리키는 포인터를 모듈에 반환합니다. 작업이 끝난 후 할당됐던 메모리는 반드시 해제해야 합니다.

Appendix C\C.3.5 EM_ASM_INT 폴더를 생성하고 em_asm_int.c 파일을 만들어 편집기로 엽니다.

모듈에 문자열을 전달하려면 일단 엠스크립튼 헬퍼 함수 lengthBytesUTF8로 문자열 길이(바이트 수)를 구한 다음, malloc 같은 표준 C 라이브러리 함수를 이용해 메모리를 할당하라고 모듈에게 지시합니다. 그리고 나서 stringToUTF8 함수로 모듈 메모리에 문자열을 복사하고 자바스크립트는 이 문자열을 가리키는 포인터를 반환합니다.

모든 로직은 main 함수에 구현합니다. EM_ASM_INT 매크로를 호출한 결괏값은 char*로 캐스팅한 다음, 이 포인터를 printf 함수에 전달하여 개발자 도구 콘솔창 및 웹페이지의 텍스트 박스에 메시지를 출력합니다. 할당된 메모리는 나중에 free 함수로 해제합니다.

```c
#include <stdlib.h>
#include <stdio.h>
#include <emscripten.h>

int main() {
  char* message = (char*)EM_ASM_INT({    ←── 반환된 정숫값을 char*로 캐스팅한다.
    const greetings = "Hello from EM_ASM_INT!";
    const byteCount = (Module.lengthBytesUTF8(greetings) + 1);

    const greetingsPointer = Module._malloc(byteCount);
    Module.stringToUTF8(greetings, greetingsPointer, byteCount);

    return greetingsPointer;
  });

  printf("%s\n", message);    ←── 브라우저 콘솔창에 메시지를 표시한다.
  free(message);    ←── 포인터에 할당됐던 메모리를 해제한다.
}
```

자바스크립트에서 lengthBytesUTF8, stringToUTF8 두 함수를 호출해야 하므로 웹어셈블리 모듈로 컴파일할 때 EXTRA_EXPORTED_RUNTIME_METHODS 배열에 이 함수를 넣습니다.

```
emcc em_asm_int.c
    -s EXTRA_EXPORTED_RUNTIME_METHODS=['lengthBytesUTF8',
    'stringToUTF8'] -o em_asm_int.html
```

http://localhost:8080/em_asm_int.html에 접속하면 개발자 도구 콘솔창과 웹페이지 텍스트 박스에 Hello from EM_ASM_INT! 텍스트가 보일 것입니다(그림 C-10).

그림 C-10 EM_ASM_INT 매크로의 콘솔창 및 텍스트 박스 결과

연습 문제 해답

D.1 3장

D.1.1 1번

웹어셈블리에서 지원되는 네 가지 자료형은 무엇인가?

해답: 32비트 정수, 64비트 정수, 32비트 부동소수, 64비트 부동소수

D.1.2 2번

3.6.1절에서 작성한 사이드 모듈에 Decrement 함수를 추가하시오.

- Decrement 함수는 정수를 매개변수로 받아 여기서 1을 뺀 결과를 호출부에 반환한다.
- 사이드 모듈을 컴파일하고 함수를 호출한 결괏값이 콘솔창에 표시되도록 자바스크립트를 수정하시오.

해답: Appendix D\D.1.2\source 폴더를 생성하고 Chapter 3\3.6 side_module\side_module.c 파일을 복사해 넣습니다.

side_module.c 파일을 열고 Increment 함수 다음에 다음 코드를 추가합니다.

```
int Decrement(int value) {
  return (value - 1);
}
```

Appendix D\D.1.2\source 폴더에서 다음 명령을 실행하여 웹어셈블리 모듈로 컴파일합니다.

```
emcc side_module.c -s SIDE_MODULE=2 -O1
  -s EXPORTED_FUNCTIONS=['_Increment','_Decrement']
  -o side_module.wasm
```

Appendix D\D.1.2\frontend 폴더를 만들고 다음 파일을 복사해 넣습니다.

- Appendix D\D.1.2\sources\side_module.wasm
- Chapter 3\3.8 side_module\side_module.html

side_module.html 파일을 열고 WebAssembly.instantiateStreaming을 호출하는 then 메서드에서 변수 value 앞의 const를 let으로 고칩니다. 그런 다음 _Decrement 함수를 호출하면서 4를 전달하고 그 결괏값을 콘솔창에 출력합니다.

```
.then(result => {
  let value = result.instance.exports._Increment(17);
  console.log(value.toString());

  value = result.instance.exports._Decrement(4);
  console.log(value.toString());
});
```

D.2 4장

D.2.1 1번

자바스크립트에서 웹어셈블리 모듈의 함수를 바라볼 수 있게 엠스크립튼이 제공하는 두 가지 방법은 무엇인가?

해답:

- 함수에 EMSCRIPTEN_KEEPALIVE를 선언합니다.
- 모듈 컴파일 시 명령줄 EXPORTED_FUNCTIONS 배열에 함수명을 추가합니다.

D.2.2 2번

엠스크립튼으로 컴파일할 때 네임 맹글링 없이 자바스크립트가 익스포트한 함수명을 그대로 사용하려면 어떻게 해야 하는가?

해답: extern "C"를 사용합니다.

D.3 5장

D.3.1 1번

C/C++ 코드에서 함수 시그니처를 정의할 때 컴파일러가 코드 실행 시점에 함수가 사용 가능할 거란 사실을 밝히기 위해 사용하는 키워드는 무엇인가?

해답: extern

D.3.2 2번

IsOnline은 사용자 디바이스의 인터넷 접속 여부를 알아내는 함수로, true면 1, false면 0을 반환한다. 이 함수를 엠스크립튼 자바스크립트에 포함시켜 모듈에서 호출하시오.

해답: C 코드에 다음 함수를 정의합니다.

```
extern int IsOnline();
```

이 함수는 다음과 같이 일반 함수처럼 사용합니다.

```
if (IsOnline() == 1) { /* request data from the server perhaps */ }
```

여러분이 작성한 자바스크립트 함수를 엠스크립튼 자바스크립트에 포함시키려면 mergeInto 함수를 사용합니다. 인터넷 접속 가능 여부는 브라우저에 내장된 navigator 객체의 onLine 메서드로 알아낼 수 있습니다.[1] 명령줄에서 지정할 자바스크립트 파일(mergeinto.js)에는 다음과 같이 함수를 작성합니다.

```
mergeInto(LibraryManager.library, {
  IsOnline: function() {
    return (navigator.onLine ? 1 : 0);
  }
});
```

명령줄에서 --js-library 플래그 다음에 mergeInto 함수 코드가 있는 자바스크립트 파일을 지정하여 엠스크립튼 자바스크립트 파일에 IsOnline 함수를 넣습니다.

```
emcc test.cpp --js-library mergeinto.js -o test.html
```

D.4 6장

D.4.1 1번

엠스크립튼 기반 배열에(서) 함수 포인터를 추가/삭제하는 두 함수는 무엇인가?

해답: addFunction, removeFunction

---
1 http://mng.bz/yzZe

D.4.2 2번

웹어셈블리에서 Table 섹션에 정의된 함수를 호출하려면 어떤 명령을 사용하는가?

해답: call_indirect

D.5 7장

D.5.1 1번

이 장에서 배운 동적 링킹 기법을 응용하여 다음 모듈을 작성하시오.

- 사이드 모듈: 두 정수를 매개변수로 받아 서로 더한 값을 반환하는 Add 함수가 있다.
- 메인 모듈: 사이드 모듈에 있는 Add 함수를 호출한 결괏값을 개발자 도구 콘솔창에 출력하는 main 함수가 있다.

해답: 사이드 모듈

Appendix D\D.5.1\source 폴더를 생성하고 add.c 파일을 만들어 편집기로 엽니다.

엠스크립튼 헤더 파일을 포함하고 **Add** 함수가 구현된 다음 코드를 add.c 파일에 추가합니다.

```
#include <emscripten.h>
                              명령줄에서 EXPORTED_FUNCTIONS
                              배열에 함수를 추가해도 된다.
EMSCRIPTEN_KEEPALIVE ◄──┘
int Add(int value1, int value2) {
  return (value1 + value2);
}
```

add.c 파일을 웹어셈블리 사이드 모듈로 컴파일합니다. Appendix D\D.5.1\source 폴더에서 다음 명령을 실행합니다.

```
emcc add.c -s SIDE_MODULE=2 -O1 -o add.wasm
```

이제 **main** 함수가 있는 메인 모듈을 봅시다. 웹어셈블리 자바스크립트 API로 두 모듈을 동적링킹할 수도 있지만 이 방법은 사이드 모듈 2개를 사용해야 합니다. 여기처럼 메인 모듈을 사용하려면 dlopen, dynamicLibraries 둘 중 하나를 사용해야 합니다.

main 함수는 사이드 모듈에 있는 Add 함수를 호출한 결과를 개발자 도구 콘솔창에 표시합니다. 먼저 dlopen 방식으로 작성하겠습니다.

해답: 메인 모듈(dlopen)

Appendix D\D.5.1\source 폴더에 main_dlopen.cpp 파일을 만들고 다음 코드를 추가합니다.

예제 D-1 dlopen 기법으로 작성한 메인 모듈

```cpp
#include <cstdlib>
#include <cstdio>
#include <dlfcn.h>        ──┐ dlopen 및 관련 함수의 헤더 파일
#include <emscripten.h>

typedef int(*Add)(int,int);   ◁── 사이드 모듈의 Add 함수 시그니처

                                    add.wasm 파일 다운로드가 끝날 때
                               ──┐ 호출되는 콜백 함수
void CallAdd(const char* file_name) {  ◁──
  void* handle = dlopen(file_name, RTLD_NOW);  ◁── 사이드 모듈을 연다.
  if (handle == NULL) { return; }

  Add add = (Add)dlsym(handle, "Add");  ◁── Add 함수의 레퍼런스를 얻는다.
  if (add == NULL) { return; }

  int result = add(4, 9);  ◁── 함수 포인터로 Add 함수를 호출한다.

  dlclose(handle);  ──┐ 사이드 모듈을 닫는다.

  printf("Result of the call to the Add function: %d\n", result);  ◁──
}

int main() {                          add.wasm 파일을
  emscripten_async_wget("add.wasm",  ◁── 엠스크립튼 파일 시스템에 내려받는다.
      "add.wasm",  ◁── 내려받은 파일을 add.wasm라고 명명한다.
      CallAdd,  ◁── 다운로드 성공 시 CallAdd 함수가 호출된다.
      NULL);  ◁──┐ 다운로드가 실패해도
                 │ 에러 콜백 함수는 따로 없다.
  return 0;
}
```

Add 함수의 결괏값을 브라우저 콘솔창에 표시한다.

main_dlopen.cpp 파일을 웹어셈블리 메인 모듈로 컴파일하고 엠스크립튼으로 HTML 템플 릿 파일을 생성합니다. Appendix D\D.5.1\source 폴더에서 다음 명령을 실행합니다.

```
emcc main_dlopen.cpp -s MAIN_MODULE=1 -o main_dlopen.html
```

이번에는 **dynamicLibraries**로 작성하는 방법입니다.

해답: 메인 모듈(dynamiclibraries)

Module 객체의 **dynamicLibraries** 프로퍼티를 업데이트하는 자바스크립트를 작성합니다. Appendix D\D.5.1\source 폴더에 pre.js 파일을 만들고 다음 코드를 추가해서 모듈 인스 턴스화 시 엠스크립튼으로 add.wasm 사이드 모듈에 링크합니다.

```
Module['dynamicLibraries'] = ['add.wasm'];
```

메인 모듈에 해당하는 C++ 코드도 작성합니다. Appendix D\D.5.1\source 폴더에 main_dynamicLibraries.cpp 파일을 만들고 다음 코드를 추가합니다.

예제 D-2 dynamicLibraries 기법으로 작성한 메인 모듈

```
#include <cstdlib>
#include <cstdio>
#include <emscripten.h>

#ifdef __cplusplus
extern "C" {
#endif

extern int Add(int value1, int value2);  ← 코드 실행 시 컴파일러는 Add 함수를
                                            사용할 수 있다는 사실을 안다.

int main() {
  int result = Add(24, 76);  ← Add 함수를 호출한다.
  printf("Result of the call to the Add function: %d\n", result);  ← 브라우저 콘솔창에
  return 0;                                                          결과를 표시한다.
}

#ifdef __cplusplus
}
#endif
```

D.5.2 2번

사이드 모듈에 있는 함수를 호출해야 하는데, 하필 이름이 똑같은 함수가 메인 모듈에 있다. 어떤 동적 링킹 기법을 사용해야 하는가?

해답: dlopen 기법

D.6 8장

D.6.1 1번

process_fulfillment.wasm라는 사이드 모듈이 있다. 엠스크립튼으로 새 Module 객체 인스턴스를 생성해서 이 사이드 모듈에 동적 링크하려면 어떻게 해야 하는가?

해답:

```
const fulfillmentModule = new Module({          메인 모듈의 웹어셈블리
    dynamicLibraries:                           인스턴스를 새로 만든다.
        ['process_fulfillment.wasm']            사이드 모듈 process_fulfillment에
});                                             링크해야 한다고 엠스크립튼에 알린다.
```

D.6.2 2번

웹어셈블리 메인 모듈 컴파일 시 Module 객체를 엠스크립튼 자바스크립트 파일에 있는 함수로 감싸기 위해 사용하는 플래그는 무엇인가?

해답: -s MODULARIZE=1

D.7 9장

D.7.1 1번

C++ 17에 있는 기능을 사용해야 한다면, 웹어셈블리 모듈 컴파일 시 어떤 플래그를 지정해야 하는가?

해답: -std=c++17

D.7.2 2번

9.4절 calculate_primes에서 스레드를 3개로 줄이면 소요 시간에 어떤 영향을 미치는지 테스트하시오. 또 스레드를 5개로 늘리고 메인 스레드 로직을 모두 pthread로 옮기면 소요 시간이 어떻게 달라지는지 테스트하시오.

해답: 스레드 3개

Appendix D\D.7.2\source 폴더를 만들고 Chapter 9\9.4 pthreads\source\ calculate_primes.cpp 파일을 복사해 넣습니다. 그리고 파일명은 calculate_primes_ three_pthreads.cpp로 변경합니다.

calculate_primes_three_pthreads.cpp 파일을 열고 다음과 같이 수정합니다.

- thread_ids 배열에는 값 3개를 담습니다.
- args 배열에는 값 4개를 담습니다.
- args_start 초깃값을 250,000으로 조정합니다(전체 범위 1,000,000의 1/4).
- pthread_create 루프는 i가 3보다 작을 때에만 반복합니다.
- pthread_create 루프 안의 args[args_index].end 값은 args_start + 249999로 세팅합니다. 루프 끝에서 args_start 값은 250000만큼 증가시켜야 합니다.
- 메인 스레드에 대한 FindPrimes 호출부에서 종료값(두 번째 인수)을 249999로 변경합니다.
- pthread_join 루프는 j가 3보다 작을 때에만 반복됩니다.
- 마지막으로, 찾은 소수를 출력하는 루프는 k가 4보다 작을 때에만 반복합니다.

```
...
int main() {
  int start = 3, end = 1000000;
  printf("Prime numbers between %d and %d:\n", start, end);

  std::chrono::high_resolution_clock::time_point duration_start =
      std::chrono::high_resolution_clock::now();

  pthread_t thread_ids[3];        ←─┤ 3으로 줄인다.
  struct thread_args args[4];     ←─┤ 4로 줄인다.

  int args_index = 1;
  int args_start = 250000;        ←─┤ 첫 번째 스레드 범위는 250,000부터 시작한다.

  for (int i = 0; i < 3; i++) {   ←─┤ 3으로 줄인다.
    args[args_index].start = args_start;
    args[args_index].end = (args_start + 249999);   ←─┤ 범위 종료값은 args_start에
                                                         249,999를 더한 값이다.

    if (pthread_create(&thread_ids[i], NULL, thread_func,
        &args[args_index])) {
      perror("Thread create failed");
      return 1;
    }

    args_index += 1;
    args_start += 250000;         ←─┤ 250,000를 더한다.
  }

  FindPrimes(3, 249999, args[0].primes_found);   ←─┤ 종료값을 249,999로 늘린다.

  for (int j = 0; j < 3; j++) {   ←─┤ 3으로 줄인다.
    pthread_join(thread_ids[j], NULL);
  }

  std::chrono::high_resolution_clock::time_point duration_end =
      std::chrono::high_resolution_clock::now();

  std::chrono::duration<double, std::milli> duration =
      (duration_end - duration_start);

  printf("FindPrimes took %f milliseconds to execute\n", duration.count());
```

```
    printf("The values found:\n");
    for (int k = 0; k < 4; k++) {    ⟵─ 4로 줄인다.
      for(int n : args[k].primes_found) {
        printf("%d ", n);
      }
    }
    printf("\n");

    return 0;
  }
```

calculate_primes_three_pthreads.cpp 파일을 컴파일하고 엠스크립튼으로 HTML 템플릿 파일을 생성합니다. Appendix D\D.7.2\source 폴더에서 다음 명령을 실행합니다.

```
emcc calculate_primes_three_pthreads.cpp -O1 -std=c++11
   -s USE_PTHREADS=1 -s PTHREAD_POOL_SIZE=3
   -o three_pthreads.html
```

해답: 스레드 5개

Appendix D\D.7.2\source 폴더에서 calculate_primes_three_pthreads.cpp 파일을 그대로 복사합니다. 파일명은 calculate_primes_five_pthreads.cpp로 바꾸고 다음과 같이 수정합니다.

- 시작값은 0입니다.
- thread_ids, args 두 배열에는 값 5개를 담습니다.
- int args_index = 1 코드 라인을 지우고 args_start 초깃값은 0으로 고칩니다.
- pthread_create 루프는 i가 5보다 작을 때에만 반복합니다.
- pthread_create 루프에서
  - args[args_index].end 값은 args_start + 199999로 세팅합니다.
  - 루프 끝에서 args_start 값은 200000만큼 증가시켜야 합니다.
  - 루프 끝의 args_index += 1 코드 라인을 삭제합니다. 루프 안의 args[args_index]
  - 코드 라인에서 args_index 인덱스는 i로 변경합니다.
- (pthread_join 루프 바로 앞에 있는) 메인 스레드에서 FindPrimes를 호출하는 부분은 삭제합니다.
- pthread_join 루프를 j가 5보다 작을 때에만 반복합니다.
- 마지막으로, 찾은 소수를 출력하는 루프는 k가 5보다 작을 때에만 반복합니다.

```
...

int main() {
    int start = 0, end = 1000000;        ◁── 0으로 세팅한다.
    printf("Prime numbers between %d and %d:\n", start, end);

    std::chrono::high_resolution_clock::time_point duration_start =
        std::chrono::high_resolution_clock::now();

    pthread_t thread_ids[5];     ◁── 5로 세팅한다.
    struct thread_args args[5];

    int args_start = 0;     ◁── 첫 번째 스레드 범위는 0부터 시작한다.

    for (int i = 0; i < 5; i++) {  ◁── 5보다 작을 때에만 반복된다.
        args[i].start = args_start;                     범위 종료값은 args_start에
        args[i].end = (args_start + 199999);  ◁──       199,999를 더한 값이다.

        if (pthread_create(&thread_ids[i], NULL, thread_func, &args[i])) {
            perror("Thread create failed");
            return 1;
        }

        args_start += 200000;           ◁── 200,000만큼 증가한다.
    }

    for (int j = 0; j < 5; j++) {  ◁── 5로 세팅한다.
        pthread_join(thread_ids[j], NULL);
    }

    std::chrono::high_resolution_clock::time_point duration_end =
        std::chrono::high_resolution_clock::now();

    std::chrono::duration<double, std::milli> duration =
        (duration_end - duration_start);

    printf("FindPrimes took %f milliseconds to execute\n", duration.count());

    printf("The values found:\n");
    for (int k = 0; k < 5; k++) {  ◁── 5로 세팅한다.
        for(int n : args[k].primes_found) {
            printf("%d ", n);
```

```
    }
  }
  printf("\n");

  return 0;
}
```

calculate_primes_five_pthreads.cpp 파일을 컴파일하고 엠스크립튼으로 HTML 템플릿 파일을 생성합니다. Appendix D\D.7.2\source 폴더에서 다음 명령을 실행합니다.

```
emcc calculate_primes_five_pthreads.cpp -O1 -std=c++11
  -s USE_PTHREADS=1 -s PTHREAD_POOL_SIZE=5
  -o five_pthreads.html
```

결과 비교

다음 표는 지금까지 스레드 개수를 달리하여 테스트한 결과를 비교한 자료입니다. 수치는 각 케이스마다 10회 실행한 결과의 평균값입니다.

스레드 개수	파이어폭스(단위: 밀리 초)	크롬(단위: 밀리 초)
pthread 4개+메인 스레드 (9장)	57.4	40.87
pthread 3개+메인 스레드	61.7	42.11
pthread 5개(메인 스레드는 실행 안 함)	52.2	36.06

D.8 10장

D.8.1 1번

Node.js 환경에서 엠스크립튼 자바스크립트 파일을 로드하려면 어떤 함수를 호출해야 하는가?

해답: require

D.8.2 2번

웹어셈블리 모듈이 준비 완료되는 시점을 통보받기 위해 설정하는 Module 프로퍼티는 무엇인가?

해답: onRuntimeInitialized

D.8.3 3번

Node.js에서 동적 링킹을 하려면 8장의 index.js 파일을 어떻게 수정해야 하는가?

해답: Appendix D\D.8.3\backend 폴더를 만들고 다음과 같이 작업합니다.

- Chapter 8\8.1 EmDynamicLi-braries\frontend 폴더에 있는 파일들을 index.html을 제외하고 모두 Appendix D\D.8.3\backend에 복사합니다.
- index.js 파일을 편집기로 엽니다.

index.js 파일은 상품수정, 주문하기 두 폼 모두 호출 가능하므로 어느 폼에 있는 데이터를 검증하는지 나타내는 불리언 플래그(isProduct)를 initialProductData 객체에 둡니다. 또 주문하기 폼의 값(productId, quantity)을 담을 프로퍼티를 2개 추가합니다. 객체명도 목적에 맞는 이름으로 바꿔주는 게 좋습니다.

initialProductData 객체를 다음과 같이 수정합니다.

```
const clientData = {    ◁─┤ initialProductData를 clientData로 파일명을 변경한다.
  isProduct: true,       ◁─┤ 상품수정 페이지에서 호출하면 true, 주문하기 페이지에서 호출하면 false다.
  name: "Women's Mid Rise Skinny Jeans",
  categoryId: "100",
  productId: "301",      ◁─┤ 주문하기 폼에서 사용자가 선택한 상품 ID
  quantity: "10",        ◁─┤ 주문하기 폼에서 사용자가 입력한 수량
};
```

검증을 수행하는 서버 코드는 한번에 한 웹페이지에서만 호출되므로 전역 변수 productModule과 orderModule이 둘 다 필요하지는 않습니다. productModule은 validationModule로 개명하고 orderModule이 있는 코드 라인은 삭제합니다. 나머지 코드에서 productModule, orderModule을 모두 찾아 validationModule로 바꿉니다.

엠스크립튼 자바스크립트 파일(validate_core.js)은 다음 코드처럼 initializePage 함수 앞에서 require 함수를 이용해 로드합니다.

```
const Module = require('./validate_core.js');
```

validate_core는 명령줄에서 MODULARIZE=1 플래그를 지정하여 생성한 웹어셈블리 모듈입니다. 이 플래그를 적용하면 엠스크립튼 자바스크립트는 로드하는 시점에 바로 실행 되지 않고 Module 객체 인스턴스가 생성되는 시점에 한번만 실행됩니다. 따라서 Module ['onRuntimeInitialized'] 함수를 코드가 시작되는 지점으로 구현할 수가 없습니다.

따라서 initializePage 함수 코드를, clientData 객체를 이용해 검증 대상에 따라 validationModule 인스턴스를 생성하는 코드로 바꾸어야 합니다. onRuntimeInitialized 함수는 Module 객체 인스턴스를 생성하는 시점에 지정합니다.

```
function initializePage() {
  const moduleName = (clientData.isProduct ?
      'validate_product.wasm' : 'validate_order.wasm');   ←┘ 링크할 파일을 지정한다.
                                                            ┌ 필요한 검증 로직이 구현된 모듈에 링크
  validationModule = new Module({             ←┘ 할 Module 인스턴스를 새로 만든다.
    dynamicLibraries: [moduleName],
    onRuntimeInitialized: runtimeInitialized,   ←┐ 모듈이 로드되면
  });                                            └ runtimeInitialized를 호출한다.
}
```

이어서 상품수정 페이지 데이터를 검증할 경우 validateName, validateCategory 함수 를 호출하는 (지금 onClickSaveProduct 함수에 있는) runtimeInitialized 함수를 작 성합니다. 주문하기 페이지 데이터를 검증할 경우에는 runtimeInitialized 함수가 (지금 onClickAddToCart 함수에 있는) validateProduct, validateQuantity 함수를 호출할 것 입니다.

예제 D-5 runtimeInitialized 함수(index.js)

```
...

function runtimeInitialized() {
```

```
    if (clientData.isProduct) {          상품수정 페이지 데이터를 검증할 경우
      if (validateName(clientData.name) &&
          validateCategory(clientData.categoryId)) {
                  별 문제 없으니 데이터를 저장할 수 있다.
      }
    }
    else {          주문하기 페이지 데이터를 검증할 경우
      if (validateProduct(clientData.productId) &&
          validateQuantity(clientData.quantity)) {
                  별 문제 없으니 데이터를 저장할 수 있다.
      }
    }
  }
  ...
```

UI 관련 함수들은 필요 없으니 index.js 파일에서 지웁니다.

- switchForm

- setActiveNavLink

- setFormTitle

- showElement

- getSelectedDropdownId

- onClickSaveProduct

- onClickAddToCart

8장에서는 모듈 메모리에서 오류 메시지를 읽어 같은 파일에 있는 setErrorMessage 함수를 호출하는 UpdateHostAboutError 함수를 엠스크립튼 자바스크립트 파일에 넣었습니다. 그런데 UpdateHostAboutError 함수는 require 함수를 호출해서 로드되는 자바스크립트의 일부라서 스코프상 이 파일에 있는 setErrorMessage 함수에 접근할 수 없습니다. UpdateHostAboutError 함수가 setErrorMessage 함수에 접근하도록 하려면 setErrorMessage 함수를 전역 객체의 일부로 만들고 오류 메시지를 console.log로 출력하도록 파일 내용을 수정해야 합니다.

```
global.setErrorMessage = function(error) { console.log(error); }
```

마지막으로, index.js 파일 끝부분에 **initializePage** 함수 호출부를 넣어 검증 로직을 개시합니다.

```
initializePage();
```

실행 결과: 이 예제의 **clientData** 객체에는 올바른 데이터만 있으므로 코드를 실행해도 검증 에러가 발생하지 않습니다. **isProduct** 플래그를 **false**로 변경하고 수량을 0으로 입력해 검증 로직이 제대로 동작하는지 테스트합니다.

Node.js에서 자바스크립트 파일을 실행합니다. Appendix D\D.8.3\backend 폴더에서 다음 명령을 실행합니다.

```
node index.js
```

검증 오류 메시지 "Please enter a valid quantity"가 출력되는지 확인합니다.

D.9 11장

D.9.1 1번

웹어셈블리 바이너리 툴킷을 이용해 웹어셈블리 모듈을 생성할 때 S-표현식 **table**, **memory**, **global**, **func** 앞에 어떤 S-표현식 노드를 붙여야 하는가?

해답: S-표현식 **table**, **memory**, **global**, **func** 앞에 S-표현식 노드 **import**가 있어야 합니다.

D.9.2 2번

카드 짝 맞추기 게임을 레벨 6까지 즐길 수 있게 텍스트 포맷 코드에 있는 Initialize RowsAndColumns 함수를 수정하시오.

- 레벨 4는 3행 X 4열

- 레벨 5는 4행 X 4열

- 레벨 6는 4행 X 5열

해답: Appendix D\D.9.2\source 폴더를 생성하고 Chapter 11\source\cards.wast 파일을 복사해 넣습니다.

cards.wast 파일을 열고 세 번째 if 문 다음에 있는 $InitializeRowsAndColumns 함수 코드에 [예제 D-6] 코드를 추가합니다.

예제 D-6 $InitializeRowsAndColumns 함수에 보충해야 할 코드

```
...

(func $InitializeRowsAndColumns (param $level i32)
  ⟵─┤ 레벨 1, 2, 3을 판단하는 if 문은 생략
  get_local $level  ⟵─┐ 레벨 4이면
  i32.const 4
  i32.eq
  if
    i32.const 3
    set_global $rows  ⟵─┐ 로우를 3으로 세팅
    i32.const 4
    set_global $columns  ⟵─┐ 컬럼을 4로 세팅
  end

  get_local $level  ⟵─┐ 레벨 5이면
  i32.const 5
  i32.eq
  if
    i32.const 4
    set_global $rows  ⟵─┐ 로우를 3으로 세팅

    i32.const 4
    set_global $columns  ⟵─┐ 컬럼을 4로 세팅
  end

  get_local $level  ⟵─┐ 레벨 6이면
  i32.const 6
  i32.eq
  if
    i32.const 4
```

```
    set_global $rows      ◁─────┐ 로우를 4로 세팅
                                 └────

    i32.const 5
    set_global $columns   ◁────┐ 컬럼을 5로 세팅
  end                          └────
)
...
```

레벨 6까지 게임을 확장하려면 전역 변수 $MAX _LEVEL도 i32.const 6으로 세팅해야 합니다.

```
(global $MAX_LEVEL i32 (i32.const 6))
```

wat2wasm 사이트[2]에 접속해서 좌측 상단 패널에 cards.wast 코드를 붙여넣고 텍스트 포맷을 웹어셈블리 모듈로 컴파일합니다. 웹어셈블리 모듈 파일은 Appendix D\D.9.2\source 폴더로 내려받아 cards.wasm으로 파일명을 변경합니다.

Appendix D\D.9.2\frontend 폴더를 생성하고 방금 전 내려받은 cards.wasm 파일을 복사해 넣습니다. cards.wasm을 제외하고 Chapter 11\frontend\ folder to your Appendix D\D.9.2\frontend 폴더에 있는 파일들은 모두 Appendix D\D.9.2\frontend 폴더에 복사합니다.

브라우저를 열고 http://localhost:8080/game.html에 접속해 게임 웹페이지를 띄워봅시다. 이제 레벨 6까지 게임을 할 수 있습니다.

D.10 12장

D.10.1 1번

변수에 접근하거나 함수를 호출하는 두 가지 방법은 무엇인가?

해답: 변수에 접근하거나 함수를 호출할 때에는 0부터 시작되는 인덱스를 사용합니다. 이름이

---

2 https://webassembly.github.io/wabt/demo/wat2wasm

부여된 경우에는 이름을 사용해도 됩니다.

D.10.2 2번

이미 눈치 챈 독자도 있겠지만, 게임을 다시 실행하거나 다음 레벨로 넘어가도 시도 횟수 값은 리셋되지 않는다. 로그를 남겨서 그 원인을 찾아내시오.

해답: Appendix D\D.10.2\source\ 폴더를 생성하고 Chapter 12\source\cards.wast 파일을 복사해 넣습니다. 이 파일을 편집기로 엽니다.

먼저 i32 인수 2개를 받는 로깅 함수 _Log의 import S-표현식을 정의합니다. 이 함수의 첫 번째 인수는 로그의 출처인 함수명 문자열을 가리키는 포인터, 두 번째 인수는 $tries 값입니다.

로깅은 자바스크립트로 처리하므로 _Log 함수를 _Pause 함수 임포트 다음에 추가합니다.

```
(import "env" "_Log" (func $Log (param i32 i32)))
```

다음은 $tries 값을 사용하는 함수를 일일이 검색한 결과입니다.

- $InitializeCards
- $PlayLevel
- $SecondCardSelectedCallback

cards.wast 파일 끝에 있는 data 노드에 이미 SecondCardSelectedCallback의 함수명이 있으므로 다른 두 함수명을 추가하면 됩니다. 함수명 사이에 \0(널 문자)를 구분자로 추가합니다.

```
(data
  (i32.const 1024)
  "SecondCardSelectedCallback\0InitializeCards\0PlayLevel"
)
```

$InitializeCards 함수 첫부분의 지역 변수 $count를 선언하는 코드 다음에 i32.const 1051 값을 스택에 넣습니다. 1051은 InitializeCards 문자열의 첫 번째 문자를 얻기 위해

data 노드의 메모리 시작 위치(1024)에 문자 수를 더한 값입니다(\0도 한 문자임).

$tries 값을 스택에 넣고 $Log 함수를 호출합니다.

```
i32.const 1051
get_global $tries
call $Log
```

$PlayLevel 함수 앞부분도 $InitializeCards 함수에서 했던 것과 동일한 작업을 합니다.
단, i32.const 값은 PlayLevel 문자열에 맞게 바꾸어야 합니다.

```
i32.const 1067
get_global $tries
call $Log
```

$SecondCardSelectedCallback 함수 앞부분에서는 문자열의 메모리 위치에 해당하는 i32.
const 1024를 $Log 함수에 넘겨 호출합니다.

```
i32.const 1024
get_global $tries
call $Log
```

wat2wasm 사이트[3]에 접속하고 좌측 상단 패널에 cards.wast 파일 코드를 넣어 텍스트 포맷을 웹어셈블리 모듈로 컴파일합니다. 생성된 웹어셈블리 모듈 파일은 Appendix D\D.10.2\source 폴더에 내려받고 cards.wasm으로 개명합니다.

Appendix D\D.10.2\frontend 폴더를 만들고 방금 전 내려받은 파일을 복사해 넣습니다. cards.wasm 파일을 제외한 Chapter 12\frontend\ folder to your Appendix D\D.10.2\frontend 폴더의 모든 파일을 Appendix D\D.10.2\frontend 폴더로 복사한 뒤, game.js 파일을 엽니다.

sideImportObject 객체에서는 _Pause 함수 다음에 _Log 함수를 추가합니다.

---

3 https://webassembly.github.io/wabt/demo/wat2wasm

```
const sideImportObject = {
  env: {
  ... (생략)
    _Pause: pause,
    _Log: log,
  }
};
```

log 함수를 game.js 파일 끝에 추가합니다. 이 함수는 주어진 문자열을 메모리에 읽어 브라우저 콘솔창에 로그를 남깁니다.

```
function log(functionNamePointer, triesValue) {
  const name = getStringFromMemory(functionNamePointer);
  console.log('Function name: ${name} triesValue: ${triesValue}');
}
```

개발자 도구 콘솔창을 띄워놓고 game.html 파일을 실행하면 호출한 함수의 로그가 보일 것입니다. 문제의 범위를 더 좁히려면 더 많은 곳에서 **Log** 함수를 호출하면 됩니다.

결국, **$InitializeCards** 함수 끝부분이 문제였다는 사실이 밝혀질 것입니다. 인덱스가 6인 전역 변숫값이 스택에 쌓이고 이 값이 전역 변수 $tries에 할당된 것입니다.

따라서 $tries 변수를 리셋하려면 get_global 6 대신 다음과 같이 i32.const 0을 스택에 푸시해야 합니다.

```
i32.const 0
set_global $tries
```

문제의 원인을 밝혀냈으니 이제 **$Log** 함수 호출부는 cards.wast 파일에서 지웁니다.

D.11 13장

D.11.1 1장

연관된 여러 테스트를 한데 묶을 때 사용하는 모카 함수는 무엇인가?

해답: describe 함수

D.11.2 2번

ValidateCategory 함수의 categoryId에 빈 문자열을 넘기면 적절한 오류 메시지가 반환될까? 테스트를 작성하여 확인하시오.

해답: Appendix D\D.11.2\tests 폴더를 생성하고 다음과 같이 작업합니다.

- Chapter 13\13.2 tests\validate.wasm, validate.js, package.json, tests.js, tests.html 파일을 Appendix D\D.11.2\tests 폴더로 복사합니다.
- Appendix D\D.11.2\tests 폴더에서 다음 명령을 실행합니다. 모카, 차이 디펜던시 목록은 package.json 파일에 이미 나열되어 있으므로 필요한 패키지는 npm이 알아서 설치합니다.
- npm install
- tests.js 파일을 엽니다.

"Pass a string that's too long" 테스트 다음에 일부러 실패하게 만든 [예제 D-7] 테스트를 추가합니다.

예제 D-7 categoryId에 빈 문자열을 전달할 경우 ValidateCategory를 검증하는 테스트

```
  ...

  it("Pass an empty categoryId string to ValidateCategory", () => {    ◁── ValidateCategory
    const VALID_CATEGORY_IDS = [100, 101];                                  함수의 categoryId
    const errorMessagePointer = Module._malloc(256);                        를 테스트하는 코드를
    const categoryId = "";                                                  새로 추가한다.
    const expectedMessage = "something";    ◁── 올바른 오류 메시지. 여기서는 일부러
    const arrayLength = VALID_CATEGORY_IDS.length;     테스트를 실패하도록 틀린 값을 할당했다.
    const bytesPerElement = Module.HEAP32.BYTES_PER_ELEMENT;
```

```
const arrayPointer = Module._malloc((arrayLength * bytesPerElement));
Module.HEAP32.set(VALID_CATEGORY_IDS, (arrayPointer / bytesPerElement));

const isValid = Module.ccall('ValidateCategory',
    'number',
    ['string', 'number', 'number', 'number'],
    [categoryId, arrayPointer, arrayLength, errorMessagePointer]);

Module._free(arrayPointer);

let errorMessage = "";
if (isValid === 0) {
  errorMessage = Module.UTF8ToString(errorMessagePointer);
}

Module._free(errorMessagePointer);

chai.expect(errorMessage).to.equal(expectedMessage);  ◁── 반환된 메시지가
                                                          올바른지 체크한다.
});
```

테스트를 실행합니다. Appendix D\D.11.2\tests 폴더에서 다음 명령을 실행합니다.

```
npm test tests.js
```

당연히 이 테스트는 실패합니다.

expectedMessage 변수에 올바른 메시지 "A Product Category must be selected."를 세팅하고 다시 실행하면 테스트가 성공할 것입니다.

텍스트 포맷 보충 자료

이 부록의 핵심 내용

◆ if 문

◆ 루프문

◆ 웹어셈블리 모듈의 Table 섹션 및 함수 포인터

11장에서도 언급했듯이, 웹어셈블리 코드의 실행은 스택에(서) 값을 푸시/팝하는 일련의 과정이라고 볼 수 있습니다.

함수가 처음 호출되면 이 함수에 배정된 스택은 빈 상태입니다. i32 값을 반환하는 함수라면 반환 시점에 웹어셈블리 프레임워크가 스택에 i32 데이터가 남아있는지 확인합니다. 마찬가지로, 아무 값도 반환하지 않는 함수라면 반환 시점에 스택은 빈 상태여야 합니다. 스택 최상단 항목은 drop 명령어로 팝하여 삭제합니다.

```
i32.const 1  ◁─┤ 스택에 1을 푸시한다.
i32.const 2  ◁─┤ 스택에 2를 푸시한다.
drop  ◁─┤ 스택에서 2를 팝한다.
drop  ◁─┤ 스택에서 1을 팝한다.
```

함수가 끝부분에 닿기 전에 실행이 종료하는 경우도 있습니다. return 명령어는 스택에서 필요한 항목을 팝하고 함수 밖으로 나갑니다. 다음은 스택에서 두 항목을 팝하여 void를 반환하는 함수입니다(return 명령어 실행 시점에 스택에 두 항목만 있다고 가정합니다).

```
i32.const 1
i32.const 2      함수가 void를 반환할 경우(즉, 반환값이 없는 경우),
return    ◁───   return 명령어는 스택에서 두 항목을 팝한다.
```

E.1 제어문

웹어셈블리에는 block, loop, if 등의 제어문이 있습니다. 블록이나 루프는 스택에 푸시된 값에 전혀 영향을 끼치지 않는, 단순히 명령어가 나열되어 있고 라벨이 달려있는 구문입니다. 또 블록은 코드에 필요한 분기 패턴에 라벨을 지정하는 용도로도 쓰입니다.

E.1.1 if 문

if 문은 여러 가지 스타일로 작성 가능한 구문입니다. then, else 문은 모두 옵션입니다. 스택 머신 스타일에서는 암묵적으로 then 문이 적용됩니다. 블록은 라벨이 달린 일련의 명령어일 뿐이므로 스택 스타일이든, 중첩 S-표현식 스타일이든 then 문을 block 문으로 바꾸어 사용할 수 있습니다.

if 문은 스택에서 i32 값을 팝하여 조건을 체크합니다. 0은 false, 그밖에는 true로 간주합니다. 스택 머신 스타일에서는 if 문으로 스택에서 i32 값을 팝해야 하므로 스택에 불리언 값을 푸시하려면 if 문 이전에 i32.eq 같은 체크를 해야 합니다. 중첩 S-표현식 스타일에서는 if 문 이전 또는 그 안에서 체크를 할 수 있습니다.

지금은 무슨 말인지 어려울 테니 예제를 보면서 하나씩 이해합시다.

스택 머신 스타일 if 문

다음은 매개변숫값이 0인지 체크하는 함수를 스택 머신 스타일로 작성한 예제입니다. 이 함수는 매개변숫값이 0이면 5를, 그밖에는 10을 반환합니다.

예제 E-1 스택 머신 스타일로 작성한 if/else 블록 예제

```
(module
  (type $type0 (func (param i32) (result i32)))
  (export "Test" (func 0))

  (func (param $param i32) (result i32)
    (local $result i32)

    get_local $param      ◁── | 매개변숫값을 스택에
                               | 푸시한다.
    i32.const 0           | 스택 최상단에 있는 두 항목을 팝하여 값이
                          | 같은지 비교하고 그 결과를 스택에 푸시한다.
    i32.eq      ◁
    if  ◁── | 스택 최상단에 있는 항목을 팝하여 그 값이 0이면(true),
      i32.const 5  ◁── | 스택에 5를 푸시하고
      set_local $result ◁── | 스택 최상단에 있는 항목을 팝하여 그 값을 $result에 세팅한다.
    else ◁── | if 문 비교 결과 값이 0이 아니면(false),
      i32.const 10  ◁── | 스택에 10을 푸시하고
      set_local $result  ◁── | 스택 최상단에 있는 항목을 팝하여
    end                     | 그 값을 $result에 세팅한다.

    get_local $result  ◁── | 함수 종료 시 값을 반환하도록 $result를
  )                        | 스택에 푸시한다.
)
```

코드 테스트

브라우저를 열고 wat2wasm 사이트[1]에서 좌측 상단 패널에 [예제 E-1] 코드를 붙여넣습니다. 그리고 좌측 하단 패널은 모듈을 로드해서 Test 함수에 4를 전달하는 다음 코드로 채웁니다. 이 함수의 호출 결과는 우측 하단 패널에 표시됩니다(그림 E-1).

```
const wasmInstance = new WebAssembly.Instance(wasmModule, {}); console.
log(wasmInstance.exports.Test(4));
```

Test 함수에 다른 값을 넘겨보면서 0을 넘기면 정말 5가 반환되는지 확인합니다. 이번에는 같은 코드를 중첩 S-표현식 스타일 if 문으로 작성해보겠습니다.

---

1 https://webassembly.github.io/wabt/demo/wat2wasm

중첩된 S-표현식 if 문: if 문 앞에서 동치 비교

스택 머신 스타일에서는 먼저 동치 비교를 한 다음 그 결괏값(true/false)을 스택에 푸시한 상태에서 if 문이 나오지만, 중첩 S-표현식 스타일에서는 동치 비교를 if 문 앞에서도 할 수 있고 if 문 안에서도 할 수 있습니다. [예제 E-2]는 [예제 E-1]를 중첩 S-표현식 스타일로 모양새만 바꾼 코드입니다.

1. [예제 E-1] 코드를 여기에 붙여넣는다.

2. 자바스크립트는 여기에 작성하고 Test 함수에 넘기는 값을 바꿔본다.

3. Test 함수를 호출한 결괏값이 출력된다.

그림 E-1 스택 머신 스타일로 작성한 if 문 테스트

예제 E-2 중첩된 S-표현식 스타일로 if 문 앞에서 동치 비교를 하는 예제

```
...

(func (param $param i32) (result i32)
  (local $result i32)

  (i32.eq        ← 매개변숫값이 0인지 체크한다.
    (get_local $param)
    (i32.const 0)
  )
  (if
    (then       ← i32.eq 체크 결과 1이면(true),
```

```
        (set_local $result
          (i32.const 5)
        )
      )
      (else                    ← i32.eq 체크 결과 0이면 (false),
        (set_local $result     ← 반환값을 10으로 세팅한다.
          (i32.const 10)
        )
      )
    )

    (get_local $result)        ← 함수 종료 시 값을 반환하도록
  )                              $result를 스택에 푸시한다.
...
```

코드가 잘 작동되는지 wat2wasm 사이트에서 한번 더 테스트합니다. 좌측 하단 패널의 자바 스크립트는 [예제 E-1]와 동일합니다.

중첩된 S-표현식 if 문: if 문 안에서 동치 비교

[예제 E-2]의 if 문 체크는 잘 작동하지만 개발자에게 익숙한 코드는 아닙니다. 중첩 S-표현식 스타일로 작성할 경우에는 아무래도 if 블록 안에서 값을 비교하는 모습이 훨씬 자연스럽습니다.

예제 E-3 S-표현식 스타일로 if 문 안에서 동치 비교를 하는 예제

```
  ...

  (func (param $param i32) (result i32)
    (local $result i32)

    (if
      (i32.eq              ← if 문 안에서 동치 비교를 한다.
        (get_local $param)
        (i32.const 0)
      )
      (then
        (set_local $result
          (i32.const 5)
        )
```

```
      )
      (else
        (set_local $result
          (i32.const 10)
        )
      )
    )

    (get_local $result)
  )
  ...
```

중첩된 S-표현식 if 문: then 대신 block 문 사용

엠스크립튼으로 모듈 바이너리 코드에 해당하는 텍스트 포맷 코드를 출력해보면 then 문 대신 block 문이 사용됐다는 사실을 알 수 있습니다. 이런 식으로 [예제 E-3]도 함수 첫부분에서 $result에 기본값 10을 세팅하도록 수정하면 else 조건부를 없앨 수 있습니다(예제 E-4).

예제 E-4 then 대신 block 문을 사용한 if 문 예제

```
  ...

  (func (param $param i32) (result i32)
    (local $result i32)
    (set_local $result           ◄── 기본값 10을 세팅한다.
      (i32.const 10)
    )

    (if
      (i32.eq
        (get_local $param)
        (i32.const 0)
      )
      (block           ◄── then 문은 block 문으로 대체한다.
        (set_local $result
          (i32.const 5)
        )
      )
    )
```

```
    (get_local $result)
  )
  ...
```

스택 머신 스타일에서도 if 문의 then 문을 block 문으로 바꿀 수 있습니다.

스택 머신 스타일 if 문: then 대신 블록 사용

[예제 E-4]도 함수 첫부분의 $result 변수에 기본값 10을 세팅하도록 수정하면 else 조건부를 없앨 수 있습니다. if 문 내부의 i32.const와 set_local 코드 라인은 block~end 문으로 감쌉니다.

예제 E-5 예제 **E-4**를 스택 머신 스타일로 작성한 코드

```
  ...

  (func (param $param i32) (result i32)
    (local $result i32)

    i32.const 10
    set_local $result    ◁─┘ 기본값 10을 세팅한다.

    get_local $param
    i32.const 0
    i32.eq    ◁─┐ 매개변숫값이 0인지 체크한다.
    if
      block
        i32.const 5
        set_local $result
      end
    end

    get_local $result
  )
  ...
```

E.1.2 루프문

웹어셈블리 코드에서 사용 가능한 분기문은 다음 세 종류입니다.

- br: 지정된 라벨로 분기한다.
- br_if: 지정된 라벨로 조건부 분기한다.
- br_table: 지정된 라벨로 분기하기 위한 점프 테이블[jump table]

분기가 포함된 구문에 따라 정의된 라벨로만 분기할 수 있습니다. 즉, 분기가 루프 밖에 있으면 루프 중간으로는 분기할 수 없습니다. 루프 안에서 블록으로 분기하는 것은 고수준 언어의 break 문과 크게 다를 바 없습니다. 마찬가지로, 루프로 분기하는 것 또한 고수준 언어의 continue 문과 대동소이합니다. 루프는 단지 루프를 구성하기 위해 사용된 일종의 블록에 지나지 않습니다. 루프의 작동 원리를 이해하기 위해 문자열 길이를 i32형으로 반환하는 GetStringLength 함수를 작성해보겠습니다. 이 함수는 길이를 계산할 문자열의 메모리 위치를 i32 값으로 받습니다.

먼저 (break 문과 비슷한) 블록으로 분기하는 방식으로 함수를 작성한 다음, 이어서 (continue 문과 비슷한) 루프로 분기하는 방식으로 작성하겠습니다.

중첩된 S-표현식 루프문: 블록으로 분기

함수를 작성하기 전에 먼저 모듈에서 사용할 메모리를 정의합니다. memory 노드는 'memory 라벨 + 변수명(옵션) + 초기 메모리 페이지 수 + 최대 메모리 페이지 수(옵션)' 형식의 S-표현식으로 정의합니다. 각 메모리 페이지는 64KB(1KB는 1,024바이트, 1페이지는 65,536바이트에 해당)입니다.

이 모듈은 한 페이지만으로도 충분하므로 다음과 같이 memory S-표현식을 선언합니다.

```
(memory 1)
```

모듈 메모리에 문자열을 올려놓고 GetStringLength 함수를 호출할 자바스크립트가 필요합니다. 나중에 이 자바스크립트를 wat2wasm의 좌측 하단 패널에 붙여넣을 것입니다. 자바스크립트로 모듈 메모리에 접근하려면 다음 코드와 같이 메모리를 익스포트해야 합니다. memory S-표현식에 따로 변수명을 붙이지 않았기 때문에 메모리는 인덱스로 지정합니다.

```
(export "memory" (memory 0))
```

GetStringLength 함수는, 문자열을 구성하는 문자 개수를 담을 $count와 현재 읽고 있는 메모리 위치를 가리키는 $count 변수, 이렇게 지역 변수가 2개 필요합니다. 함수가 실행되면 $count에는 기본값 0이 할당되고 $position은 매개변숫값, 즉 길이를 구할 문자열이 시작되는 메모리상의 위치가 담깁니다.

block 문으로 감싼 루프가 실행되고 도중에 메모리에서 널 문자를 읽으면 루프가 종료됩니다. block 문에는 $parent라는 변수명을 붙이고 이 block 문 안에 있는 loop 문에는 $while이라는 변수명을 붙입니다.

루프 앞부분에서 i32.load8_s 명령어로 $position 위치에 있는 문자를 메모리에서 읽습니다. 이 명령어로 읽은 값은 해당 문자의 10진수입니다. 그리고 i32.eqz 명령어로 이 메모리 값이 0(널 문자, ASCII 문자 0을 10진수로 바꾸면 48)과 같은지 비교합니다. 만약 같다면 br_if 문은 $parent block으로 분기하여 루프 밖으로 나가 그 다음의 코드를 계속 실행합니다.

0이 아니면 $count, $position 값을 하나씩 늘리고 br 문으로 루프를 반복합니다. 루프가 끝난 다음에는 스택에 $count만 남게 되고 이 값이 호출부에 반환됩니다.

예제 E-6 중첩 S–표현식으로 작성한 GetStringLength 함수(블록으로 분기)

```
(module
  (type $type0 (func (param i32) (result i32)))

  (memory 1)

  (export "memory" (memory 0))
  (export "GetStringLength" (func 0))

  (func (param $param i32) (result i32)
    (local $count i32)
    (local $position i32)

    (set_local $count            ← 호출부에 반환할 길이를
      (i32.const 0)  ←              초기화한다.
    )
```

```
(set_local $position          ◁──┐  모듈 메모리에서
  (get_local $param)             │  현재 읽을 문자의 위치
)
                                 │  널 문자가 나오면 루프 밖으로 나가기
(block $parent     ◁─────────────┤  위해 사용한 부모 블록
  (loop $while     ◁──────────────┤  루프 시작
    (br_if $parent ◁──────────────┤ 0(널 문자)이 나오면 루프 밖으로 나가 부모 블록으로 분기한다.
      (i32.eqz     ◁──────────────┤  현재 메모리에 있는 바이트를 읽어
        (i32.load8_s               │  그 값이 0인지 체크한다.
          (get_local $position)
        )
      )
    )

    (set_local $count   ◁─────────┤ 문자 카운트를 1만큼 늘린다.
      (i32.add
        (get_local $count)
        (i32.const 1)
      )
    )
                                  │  다음 루프를 위해
    (set_local $position ◁────────┤  메모리 위치를 1만큼 늘린다.
      (i32.add
        (get_local $position)
        (i32.const 1)
      )
    )

    (br $while)   ◁───────────────┤ 루프 처음으로 돌아가 반복한다.
  )
)
                                  │  호출부에 반환할
(get_local $count)  ◁─────────────┤  $count를 스택에 푸시한다.
)
)
```

코드 테스트

wat2wasm 사이트에 접속해서 좌측 상단 패널에 [예제 E-6] 코드를 붙여넣고 좌측 하단 패널에는 다음 코드를 기재합니다. 보다시피 이 코드는 모듈을 로드하고 wasmMemory 변수로 모듈 메모리를 참조합니다. copyStringToMemory 함수는 문자열과 메모리 오프셋을 받아 모듈

메모리에 널 문자를 덧붙인 문자열을 씁니다.

```javascript
const wasmInstance = new WebAssembly.Instance(wasmModule, {});
const wasmMemory = wasmInstance.exports.memory;

function copyStringToMemory(value, memoryOffset) {
  const bytes = new Uint8Array(wasmMemory.buffer);
  bytes.set(new TextEncoder().encode((value + "\0")),
      memoryOffset);
}

copyStringToMemory("testing", 0);
console.log(wasmInstance.exports.GetStringLength(0));
```

copyStringToMemory 함수에 "testing" 문자열을 넘겨 호출하고, 이 문자열이 시작되는 메모리 위치를 모듈 함수 GetStringLength 함수에 넘겨 호출합니다. 함수를 호출한 문자열 길이가 우측 하단 패널에 결괏값으로 표시될 것입니다. copyStringToMemory 함수에 길이가 상이한 문자열을 넘겨보면서 잘 작동하는지 확인합니다.

1. [예제 E-6] 코드를 여기에 붙여넣는다.

2. 자바스크립트는 여기에 작성하고 copyStringToMemory 함수에 넘기는 값을 바꿔본다.

3. GetStringLength 함수를 호출한 결괏값이 출력된다.

그림 E-2 중첩된 S-표현식으로 작성한 루프문 테스트

스택 머신 루프문: 블록으로 분기

[예제 E-7]는 [예제 E-6]을 스택 머신 스타일로 다시 작성한 코드입니다.

예제 E-7 스택 머신 스타일로 재작성한 GetStringLength 함수

```
...

(func (param $param i32) (result i32)
  (local $count i32)
  (local $position i32)

  i32.const 0
  set_local $count        ◁──┤ 호출부에 반환할 길이를 초기화한다.

  get_local $param
  set_local $position     ◁──┤ 모듈 메모리에서 현재 읽을 문자의 위치

  block $parent
    loop $while
      get_local $position
      i32.load8_s         ◁──┤ 메모리에서 바이트를 읽어 스택에 푸시한다.
      i32.eqz             ◁──┤ 값이 0과 같은가?
      br_if $parent       ◁──┤ 만약 그렇다면 널 문자에 도달한 셈이니
                             │ 루프 밖으로 나가 부모 블록으로 분기한다.
      get_local $count    ◁──┤ $count 값을 1만큼 늘린다.
      i32.const 1
      i32.add
      set_local $count

      get_local $position ◁──┤ $position 값을 1만큼 늘린다.
      i32.const 1
      i32.add
      set_local $position

      br $while           ◁──┤ 루프 처음으로 돌아가 반복한다.
    end
  end

  get_local $count        ◁──┤ 호출부에 반환할 $count를
)                            │ 스택에 푸시한다.
...
```

이번에는 루프로 분기하여 마치 continue 문처럼 작동되는 코드로 바꿔보겠습니다.

중첩된 S-표현식 루프문: 루프로 분기

'루프로 분기' 방식을 적용하면 루프 안에 있는 로직은 수정해야 하지만 루프를 감싸고 있는 block 문은 걷어낼 수 있습니다. 코드 로직상 루프로 분기하지 않으면 루프는 그대로 종료되며, 널 문자가 나오기 전까지 새로운 루프가 계속 반복하게 됩니다.

[예제 E-6]을 수정해서 loop 문을 감싸고 있는 block S-표현식을 삭제하고, 분기문 대신 if 문을 실행하도록 (br_if $parent 문을 (if 문으로 바꿉니다. (set_local $count 코드 라인 바로 앞에 있는 br_if 문의 괄호는 제거하고 (br $while) 문 다음에 있는 if 문 양쪽을 괄호로 감싸줍니다.

if 문은 현재 문자가 0과 다른지 체크할 것입니다. i32.eqz 문(0인지)을 i32.ne 문(0이 아닌지)으로 바꾼 다음, 다음 S-표현식을 i32_load8 문 다음에 넣습니다.

```
(i32.const 0)
```

i32.ne 문을 감싼 괄호가 닫히는 지점에 (br $while) 문까지 괄호로 포함하는 (then S-표현식을 넣습니다.

예제 E-8 중첩 S-표현식으로 작성한 GetStringLength 함수(루프로 분기)

```
...

(func (param $param i32) (result i32)
  (local $count i32)
  (local $position i32)

  (set_local $count
    (i32.const 0)
  )

  (set_local $position
    (get_local $param)
  )
```

```
(loop $while          루프 시작
  (if          br_if 문을 교체한다.
    (i32.ne          i32.eqz 문을 교체한다.
      (i32.load8_s
        (get_local $position)
      )
      (i32.const 0)          메모리에서 읽은 값이 0(널 문자)인지 비교한다.
    )
    (then          메모리에 있는 값이 0이 아니면,
      (set_local $count          $count 값을 1만큼 늘린다.
        (i32.add
          (get_local $count)
          (i32.const 1)
        )
      )

      (set_local $position          $position 값을 1만큼 늘린다.
        (i32.add
          (get_local $position)
          (i32.const 1)
        )
      )

      (br $while)          루프 처음으로 돌아가 반복한다.
    )
  )
)

(get_local $count)
)
...
```

스택 머신 루프문: 루프로 분기

[예제 E-9]는 [예제 E-8]을 스택 머신 스타일로 다시 작성한 코드입니다.

예제 E-9 스택 머신 스타일로 재작성한 GetStringLength 함수

```
...

(func (param $param i32) (result i32)
```

```
  (local $count i32)
  (local $position i32)

  i32.const 0
  set_local $count
  get_local $param
  set_local $position

loop $while
  get_local $position
  i32.load8_s

  i32.const 0  ◁──┤ i32.ne 문을 교체한다.
  i32.ne  ◁──┤ i32.eqz 문을 교체한다.
  if  ◁──┤ br_if $parent를 교체한다.
    get_local $count
    i32.const 1
    i32.add
    set_local $count

    get_local $position
    i32.const 1
    i32.add
    set_local $position

    br $while
  end
end

  get_local $count
)
...
```

E.2 함수 포인터

웹어셈블리 Table 섹션은 함수처럼 모듈의 선형 메모리에 바이트 그대로 저장할 수 없는, 정형한typed 레퍼런스 배열을 담는 공간입니다. 만약 모듈 메모리에 주소가 저장되어 있다면 악의적인 모듈이 주소를 조작해서 접근 불가한 데이터에 접근하게 될 가능성이 있습니다.

Table 섹션에 있는 데이터를 모듈 코드에서 접근해야 할 경우에는, 웹어셈블리 프레임워크를 통해 주어진 테이블 인덱스에 저장된 주소를 읽고 이 주소에 위치한 항목을 가져와 사용합니다. Table 섹션은 table 라벨, 초기 크기, 최대 크기(옵션), 테이블에 담을 자료형(아직은 "funcref"(함수)만 가능)으로 구성된 S-표현식으로 정의합니다.

Table 섹션 실습을 위해 두 함수를 임포트하는 모듈을 작성하겠습니다. 이 모듈에 i32 매개변수(Table 섹션에서 호출할 함수의 인덱스)를 받는 함수를 작성할 것입니다. 먼저, 다음과 같이 두 함수를 임포트하는 import S-표현식이 2개 필요합니다.

```
(import "env" "Function1" (func $function1))
(import "env" "Function2" (func $function2))
```

두 함수의 인덱스를 보관할 Table 섹션을 크기 2인 table S-표현식으로 정의합니다.

```
(table 2 funcref)
```

그리고 자바스크립트에서 어떤 함수를 호출해야 할지 알리는 export S-표현식을 작성합니다.

```
(export "Test" (func $test))
```

모듈 인스턴스화 시 임포트된 함수를 Table 섹션에 추가하려면 element S-표현식을 정의해야 합니다. 이 S-표현식 안에 있는 항목은 모듈 인스턴스화 시 자동으로 Table 섹션에 추가됩니다. element S-표현식은 elem 라벨, 객체 레퍼런스를 보관할 테이블 시작 인덱스, Table 섹션에 담을 항목들로 구성된 S-표현식으로 정의합니다. 다음은 테이블 인덱스 0부터 시작하는 Table 섹션에 두 함수를 추가하는 코드입니다.

```
(elem (i32.const 0) $function1 $function2)
```

그리고 i32 매개변수를 받고 아무 값도 반환하지 않는 $test 함수를 정의합니다.

```
(func $test (param $index i32)
)
```

이 함수에서 원하는 항목을 Table 섹션에서 호출하려면 call_indirect 명령어에 해당 인덱스를 전달해야 합니다. 이 때 원하는 항목의 형식(함수 시그니처)도 함께 명시합니다.

```
(call_indirect (type $FUNCSIG$v)     ◁───  $FUNCSIG$v는 type S-표현식에 붙인
  (get_local $index)                        변수명이다(인덱스로 지정해도 된다).
)
```

[예제 E-10]은 지금까지 설명한 내용을 종합하여 작성한 모듈 코드입니다.

예제 E-10 중첩된 S-표현식으로 작성한 함수 포인터 모듈

```
(module
  (type $FUNCSIG$v (func))     ◁───  임포트할 두 함수의 시그니처

  (import "env" "Function1" (func $function1))
  (import "env" "Function2" (func $function2))

  (table 2 funcref)     ◁───  크기 2인 테이블을 생성한다.

  (export "Test" (func $test))

  (elem (i32.const 0) $function1 $function2)     ◁───  두 함수를 인덱스 0부터 시작하는
                                                       Table 섹션에 놓는다.
  (func $test (param $index i32)
    (call_indirect (type $FUNCSIG$v)     ◁───  매개변수로 받은 인덱스로 테이블에 있는
      (get_local $index)                       원하는 항목을 호출한다.
    )
  )
)
```

E.2.1 코드 테스트

wat2wasm 사이트에 접속해서 좌측 상단 패널에 [예제 E-10] 코드를 붙여넣고 좌측 하단 패널에는 다음 코드를 채워넣습니다. 임포트할 두 함수가 포함된 모듈을 생성하기 위한 **importObject** 객체를 정의한 코드입니다. 각 함수는 자신이 호출됐다는 메시지를 브라우저 개발자 도구 콘솔창에 출력합니다. Test 함수에 0 또는 1 값을 넘겨 Table 섹션에 담긴 함수를

호출해봅시다.

```
const importObject = {
  env: {
    Function1: function() { console.log("Function 1"); },
    Function2: function() { console.log("Function 2"); },
  }
};

const wasmInstance = new WebAssembly.Instance(wasmModule, importObject);
wasmInstance.exports.Test(0);
```

두 모듈 함수를 임포트하기 위한 importObject 객체

브라우저 콘솔창에 함수 1이 호출됐음을 알리는 메시지를 출력한다.

브라우저 콘솔창에 함수 2이 호출됐음을 알리는 메시지를 출력한디.

Test 함수에 0 또는 1 값을 넘겨 호출한다.

---

1. [예제 E-10] 코드를 여기에
   붙여넣는다.

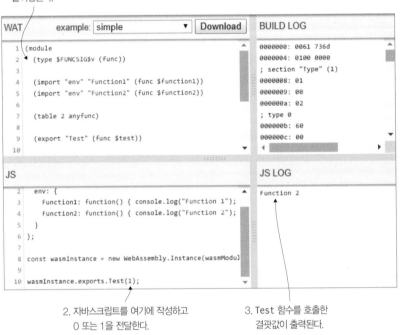

2. 자바스크립트를 여기에 작성하고
   0 또는 1을 전달한다.

3. Test 함수를 호출한
   결괏값이 출력된다.

그림 E-3 함수 포인터로 Table 섹션에 있는 함수를 호출하는 테스트

예제 실습 추가 가이드

1, 2장에서 저자가 언급했듯이, 웹어셈블리는 독자 여러분이 익숙한 여타 성숙한 기술이나 프레임워크에 비하면 이제 첫 삽을 뜬 지 얼마 안 되는 비교적 초기 단계의 기술입니다. 이 책을 옮기는 지금도 포스트 MVP 스펙에 관한 제안 활동이 활발히 진행 중이며[1], 이에 따라 엠스크립튼 등의 관련 툴 역시 새로운 스펙에 따라 업그레이드가 되면서 많은 변화가 예상됩니다. 물론, asm.js에서 비롯된 웹어셈블리의 근본적인 개념 자체는 그대로 유지되겠지만 역자 소견으로는, 이 책에 씌어진 기술을 습득하여 당장 제품 개발에 응용하겠다는 생각보다는, 앞으로 대세로 굳어질 가능성이 있는 IT 기술의 동향을 미리 살펴본다는 마음가짐으로 가볍게 접근하시는 편이 좋겠습니다.

부록 F에서는 많은 기술을 빠른 시간 내에 습득해야 하는 바쁜 국내 독자들을 위해 역자가 실제로 사용한 실습 환경을 도커 이미지로 공유하고 도커 관련 내용을 추가로 안내하고자 합니다. 요즘은 프로젝트 현장에서도 사실상 표준^{de facto standard}으로 굳어진 도커를 활용하여 아키텍트^{architect}가 개발자와 개발 환경을 공유하는 사례가 많아 도커를 처음 써보시는 분들께는 좋은 또 하나의 공붓거리가 될 것입니다.

아울러, 엠스크립튼이 1.39.0+ 버전부터 변경된 부분이 많아 원문의 예제로 컴파일 시 에러가 발생하니 그에 대한 우회책을 몇 가지 안내드리겠습니다. 버전 이슈를 신경쓰고 싶지 않은 분들은 엠스크립튼을 구버전으로 강제 설치 후 실습해도 책의 내용을 이해하는데 전혀 지장이 없으니 참고하시기 바랍니다.

---

1 https://webassembly.org/docs/future-features

F.1 도커 컨테이너를 활용한 예제 실습

윈도우/맥OS 기반 PC에 도커 데스크톱이 이미 설치되어 있거나 도커 사용에 이미 익숙한 독자들은 F.1.2절로 넘어가도 좋습니다.

F.1.1 도커 데스크톱 설치

윈도우/맥OS 환경에서 도커를 사용하려면 도커 데스크톱^{Docker Desktop}이라는 프로그램을 반드시 설치해야 합니다. 도커 데스크톱은 리눅스 이외의 호스트 환경에서 도커를 사용할 수 있게 해주는 프로그램이므로 반드시 필요합니다. 리눅스 환경에서 도커를 설치하는 방법은 그리 어렵지 않기 때문에 이 절에서는 생략합니다.

지면상 설치에 필요한 최소한의 요건만 기술하니 자세한 내용은 공식 문서를 참고하시기 바랍니다(영문이지만 그림 정도만 훑어봐도 되고 프로그램을 설치할 때에는 기본 옵션으로 진행하면 됩니다).

윈도우

1. 설치 요건

    - BIOS 수준에서 하드웨어 가상화^{virtualization}를 지원해야 합니다.[2]
    - 최소 4GB 이상의 RAM
    - 윈도우 Pro 버전 (빌드 넘버 15063 이상), 하이퍼-V^{Hyper-V} 기능이 활성화되어 있어야 합니다.[3]

2. 공식 문서: https://docs.docker.com/docker-for-windows/install

3. 다운로드: https://download.docker.com/win/stable/Docker%20Desktop%20Installer.exe

---

2 https://docs.docker.com/docker-for-windows/troubleshoot/#virtualization-must-be-enabled

3 https://docs.microsoft.com/ko-kr/virtualization/hyper-v-on-windows/quick-start/enable-hyper-v

맥OS

1. 설치 요건

- 하이퍼바이저Hypervisor가 지원되는 2010년 이후 모델
- 맥OS 10.13 이상, 즉 하이 시에라High Sierra 이상 모하비Mojave, 카탈리나Catalina

2. 공식 문서: https://docs.docker.com/docker-for-mac/install/

3. 다운로드: https://download.docker.com/mac/stable/Docker.dmg

설치 확인

명령줄(윈도우) 또는 터미널(맥OS)에서 docker version 명령어 실행 결과 도커 버전이 표시되면 정상입니다. 버전 넘버 등 화면에 표시되는 세부 정보는 환경마다 조금씩 다를 수 있으며, 도커 데스크톱 버전이 낮아도 이 책의 예제 실습에는 전혀 지장이 없습니다.

```
leeilwoong@myMac / % docker version
Client: Docker Engine - Community
 Version:           19.03.8
 API version:       1.40
 Go version:        go1.12.17
 Git commit:        afacb8b
 Built:             Wed Mar 11 01:21:11 2020
 OS/Arch:           darwin/amd64
 Experimental:      false

Server: Docker Engine - Community
 Engine:
  Version:          19.03.8
  API version:      1.40 (minimum version 1.12)
  Go version:       go1.12.17
  Git commit:       afacb8b
  Built:            Wed Mar 11 01:29:16 2020
  OS/Arch:          linux/amd64
  Experimental:     false
 ...
```

F.1.2 도커 이미지 가져오기

docker image pull 명령어로 역자가 도커 허브에 배포한 도커 이미지를 여러분의 PC로 가져옵니다. 용량이 제법 커서 처음 실행할 때에는 인터넷 환경에 따라 다소 시간이 걸릴 수도 있습니다.

```
leeilwoong@myMac / % docker image pull nililee/webassembly-in-action
latest: Pulling from nililee/webassembly-in-action
8a29a15cefae: Already exists
55fe9972f7a7: Pull complete
8046f615db67: Pull complete
Digest: sha256:89e0edfd83a6yfd448e3f49e93c40a5485802ceb616fab95c4e76fd4a2581abc
Status: Downloaded newer image for nililee/webassembly-in-action:latest
docker.io/nililee/webassembly-in-action:latest
```

docker images 명령어로 도커 이미지를 제대로 가져왔는지 확인합니다.

```
leeilwoong@myMac / % docker images
REPOSITORY                          TAG           IMAGE ID          CREATED
SIZE
nililee/webassembly-in-action       latest        f52a2bfd4708      19
hours ago        1.48GB
...
```

F.1.3 도커 컨테이너 실행 및 브라우저 실습

이제 docker run 명령어로 도커 컨테이너를 인스턴스화합니다.

```
leeilwoong@myMac / % docker run --privileged --name webassembly -p 8080:80 -d
nililee/webassembly-in-action
4e11edfe0fe1e6f8bab2181df5966dde8765f3c9b8557ae6638a1f1146f4d7cf
```

이 도커 컨테이너는 실행 즉시 웹 서버(Apache Httpd)가 자동으로 실행되므로 브라우저를 열고 http://localhost:8080에 접속하면 각 장별 예제 파일을 실행할 수 있는 폴더 링크가 화면에 표시됩니다. 따라서 3장 예제 파일은 http://localhost:8080/Chapter3으로 이동하면

목록이 표시됩니다(그림 F-1).[4]

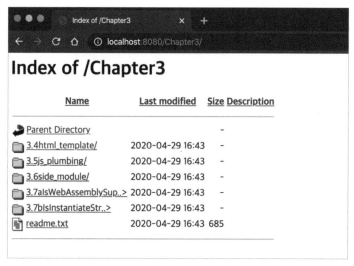

그림 F-1 도커 컨테이너 내부에서 실행 중인 웹 서버에 접속한 화면

물론, 실제로 이렇게 소스와 컴파일된 배포 파일을 웹 서버에 함께 올려놓고 서비스하는 경우는 드물겠지만, 실습용이니 단순 무식하게 예제 파일을 통째로 웹 서버의 다큐먼트 루트Document Root 경로에 올려놓고 파일/폴더 목록을 공개해도 무방합니다. 이런 식으로 여러분이 원하는 예제 파일(HTML)의 링크를 클릭하고 브라우저 개발자 도구의 콘솔창을 확인하면서 예제를 실습하면 됩니다(그림 F-2).

---

4 저자는 Chapter 3, Chapter 4 ⋯ 등으로 경로에 공백을 넣어 구분했지만, 이렇게 하면 URL에 공백 문자를 별도로 이스케이프 처리하는 등 불편함이 있기 때문에 역자가 일괄적으로 모든 폴더명에 공백을 제거하였습니다.

그림 F-2 3.4절의 예제 파일의 실행 결과 화면

F.1.4 엠스크립튼 컴파일 실습

이미 역자가 컴파일한 웹어셈블리 모듈을 브라우저에서 실행하는 것으로 그친다면 반쪽짜리 실습에 불과하겠죠. 직접 서버 쉘로 들어가 이 책에서 배운 것처럼 엠스크립튼으로 컴파일해봅시다.

쉘 접속을 할 때에는 다음과 같이 docker exec 명령어 2개를 사용합니다. 첫 번째는 엠스크립튼 환경 변숫값을 세팅하는 명령어로, 부록 A에서 저자가 설명한 바 있습니다. 도커파일^{Dockerfile}을 이용하면 다른 방법으로 환경 변숫값을 넘겨줄 수 있지만, 여기서는 편의상 이런 방식으로 간단히 세팅하겠습니다.

```
leeilwoong@myMac / % docker exec -it webassembly /bin/bash -ic 'source /emsdk-
master/emsdk_env.sh'

Adding directories to PATH:
PATH += /emsdk-master
PATH += /emsdk-master/upstream/emscripten
```

```
PATH += /emsdk-master/node/12.9.1_64bit/bin

Setting environment variables:
EMSDK = /emsdk-master
EM_CONFIG = /root/.emscripten
EMSDK_NODE = /emsdk-master/node/12.9.1_64bit/bin/node

leeilwoong@myMac / % docker exec -it webassembly /bin/bash
[root@aaf826a8df58 /]#
```

실습 파일은 모두 /WebAssemblyInAction 폴더에 있습니다.

```
[root@aaf826a8df58 /]# cd /WebAssemblyInAction
[root@aaf826a8df58 WebAssemblyInAction]# ll
total 76
drwxr-xr-x 18 root root 4096 Apr 29 16:43 .
drwxr-xr-x  1 root root 4096 Apr 30 11:53 ..
drwxr-xr-x  5 root root 4096 Apr 29 16:43 AppendixB
drwxr-xr-x 11 root root 4096 Apr 29 16:43 AppendixC
drwxr-xr-x 10 root root 4096 Apr 29 16:43 AppendixD
drwxr-xr-x  5 root root 4096 Apr 29 16:43 AppendixE
drwxr-xr-x 10 root root 4096 Apr 29 16:43 Chapter10
drwxr-xr-x  4 root root 4096 Apr 29 16:43 Chapter11
drwxr-xr-x  4 root root 4096 Apr 29 16:43 Chapter12
drwxr-xr-x  3 root root 4096 Apr 29 16:43 Chapter13
drwxr-xr-x  7 root root 4096 Apr 29 16:43 Chapter3
drwxr-xr-x  5 root root 4096 Apr 29 16:43 Chapter4
drwxr-xr-x  5 root root 4096 Apr 29 16:43 Chapter5
drwxr-xr-x  6 root root 4096 Apr 29 16:43 Chapter6
drwxr-xr-x  6 root root 4096 Apr 29 16:43 Chapter7
drwxr-xr-x  3 root root 4096 Apr 29 16:43 Chapter8
drwxr-xr-x  4 root root 4096 Apr 29 16:43 Chapter9
drwxr-xr-x  8 root root 4096 Apr 29 16:43 .git
-rw-r--r--  1 root root   63 Apr 29 16:43 README.md
```

각 장별 source 폴더에 역자가 compile.sh라고 이름을 변경한 셸 스크립트를 실행하면 엠스
크립튼 컴파일러가 실행됩니다. 그 전에 emcc -v 명령어로 엠스크립튼 컴파일러 버전을 확인
합시다.

```
[root@c02224b844f7 /]# . /emsdk-master/emsdk_env.sh
Adding directories to PATH:
PATH += /emsdk-master
PATH += /emsdk-master/upstream/emscripten
PATH += /emsdk-master/node/12.9.1_64bit/bin

Setting environment variables:
EMSDK = /emsdk-master
EM_CONFIG = /root/.emscripten
EMSDK_NODE = /emsdk-master/node/12.9.1_64bit/bin/node

[root@c02224b844f7 /]# emcc -v
emcc (Emscripten gcc/clang-like replacement + linker emulating GNU ld) 1.39.13
clang version 11.0.0 (/b/s/w/ir/cache/git/chromium.googlesource.com-external-
github.com-llvm-llvm--project 9a39d5a2ecf7c9290d334f2697c3a4e533aa4bea)
Target: x86_64-unknown-linux-gnu
Thread model: posix
InstalledDir: /emsdk-master/upstream/bin
shared:INFO: (Emscripten: Running sanity checks)
```

그럼, 3.4절의 calculate.c 파일을 웹어셈블리 파일로 컴파일해봅시다. 처음 실행할 때에는 캐시가 없어 컴파일 시간이 다소 걸릴 수 있습니다.

```
[root@363322c5dedc /]# cd /WebAssemblyInAction/Chapter3/3.4html_template/source
[root@363322c5dedc source]# ll
total 20
drwxr-xr-x 2 root root 4096 Apr 29 16:49 .
drwxr-xr-x 3 root root 4096 Apr 29 16:43 ..
-rw-r--r-- 1 root root 1318 Apr 29 16:43 calculate_primes.c
-rw-r--r-- 1 root root   45 Apr 29 16:43 compile.bat
-rwxr-xr-x 1 root root   57 Apr 29 16:43 compile.sh
[root@363322c5dedc source]# ./compile.sh
cache:INFO: generating system asset: is_vanilla.txt... (this will be cached in "/
root/.emscripten_cache/is_vanilla.txt" for subsequent builds)
cache:INFO:  - ok
cache:INFO: generating system library: libc.a... (this will be cached in "/root/.
emscripten_cache/wasm/libc.a" for subsequent builds)
cache:INFO:  - ok
...
cache:INFO:  - ok
cache:INFO: generating system library: libsockets.a... (this will be cached in "/
```

```
root/.emscripten_cache/wasm/libsockets.a" for subsequent builds)
cache:INFO:  - ok
cache:INFO: generating system asset: generated_struct_info.json... (this will be
cached in "/root/.emscripten_cache/wasm/generated_struct_info.json" for subsequent
builds)
cache:INFO:  - ok
[root@363322c5dedc source]# ll
total 268
drwxr-xr-x 1 root root   4096 Apr 30 12:41 .
drwxr-xr-x 1 root root   4096 Apr 29 16:43 ..
-rw-r--r-- 1 root root   1318 Apr 29 16:43 calculate_primes.c
-rw-r--r-- 1 root root     45 Apr 29 16:43 compile.bat
-rwxr-xr-x 1 root root     57 Apr 29 16:43 compile.sh
-rw-r--r-- 1 root root 102683 Apr 30 12:41 html_template.html
-rw-r--r-- 1 root root 114796 Apr 30 12:41 html_template.js
-rw-r--r-- 1 root root  22279 Apr 30 12:41 html_template.wasm
```

저자가 설명한 대로 세 파일이 생성되어 있습니다.

도커 기술을 잘 아시는 분들은 굳이 이렇게 초보적인 방법으로 무식하게 실습할 필요가 있을
까, 의구심을 가질 만도 합니다. 하지만 반대로 도커를 전혀 모르고 유닉스 환경에 익숙하지 않
은 분들께는 파이썬부터 설치해야 하는 수고를 아끼고 곧바로 실습을 할 수 있는 좋은 도구라
고 생각합니다. 역자가 사용한 실습 방법이나 환경이 100% 정답이라고 할 수는 없지만, 이를
참고하여 본인만의 실습 노하우를 잘 정리하면 차후 다른 책의 실습을 할 때에도 도움이 되리
라 믿습니다.

F.2 엠스크립튼 최신 버전(1.39.0+) 관련 이슈 해결 방법

이 책을 옮기는 현재 엠스크립튼 최신 버전은 1.39.13입니다. 이 책의 저자는 1.38.x 버전으
로 예제를 작성하고 테스트를 마쳤으나, 1.39.0 이후 버전부터 엠스크립튼이 내부적으로 달라
진 부분이 많아 소스를 수정하지 않으면 컴파일 시 오류가 발생합니다. 이런 문제점을 저자 역
시 인지하여 우회책workaround을 제시한 상태입니다.[5]

---

5 https://livebook.manning.com/book/webassembly-in-action

독자 입장에서는 시시콜콜한 버전 이슈보다 웹어셈블리 기술의 전반적인 특징과 작동 원리를 이해하는 것이 더 중요하므로 다음과 같이 엠스크립튼 구 버전을 설치하여 실습을 해도 됩니다 (A.2.2절 참고).

```
emsdk install 1.38.45
```

이 절에서는 엠스크립튼 1.39.0+ 버전에서 실습할 경우 발생하는 문제점을 해결할 수 있는 방법을 각 장 사례별로 몇 가지 안내하겠습니다.

F.2.1 4.2절 예제 코드

다음과 같이 예제 코드를 수정한 후 테스트를 진행합니다.

- Chapter 4\4.2 side_module 폴더를 전체 복사해서 Chapter 4\4.2 side_module_workaround라는 새 폴더를 만듭니다.
- Chapter 4\4.1 js_plumbing\source\validate.cpp 파일을 Chapter 4\4.2 side_module_workaround\source 폴더에 복사합니다.
- 다음 명령어를 실행해서 엠스크립튼 모듈을 생성합니다.

```
emcc validate.cpp -s STANDALONE_WASM=1 -O1 -o validate.wasm
```

- Chapter 4\4.2 side_module_workaround\source\validate.wasm 파일을 Chapter 4\4.2 side_module_workaround\frontend 폴더에 복사(덮어쓰기)합니다.
- Chapter 4\4.2 side_module_workaround\frontend\editproduct.js 파일을 다음과 같이(굵게 표시한 부분) 수정합니다.

예제 F-1 수정된 editproduct.js 파일

```
...

function initializePage() {
  document.getElementById("name").value = initialData.name;

  const category = document.getElementById("category");
  const count = category.length;
  for (let index = 0; index < count; index++) {
```

```
    if (category[index].value === initialData.categoryId) {
      category.selectedIndex = index;
      break;
    }
  }


  // moduleMemory = new WebAssembly.Memory({initial: 256});

  const importObject = {
  //   env: {
  //     __memory_base: 0,
  //     memory: moduleMemory
  //   }
  };

  WebAssembly.instantiateStreaming(fetch("validate.wasm"), importObject).
then(result => {
    moduleExports = result.instance.exports;
    moduleMemory = moduleExports.memory;
  });
}

...

function onClickSave() {
  let errorMessage = "";
  const errorMessagePointer = moduleExports.malloc(256);

  const name = document.getElementById("name").value;
  const categoryId = getSelectedCategoryId();

  if (!validateName(name, errorMessagePointer) ||
      !validateCategory(categoryId, errorMessagePointer)) {
    errorMessage = getStringFromMemory(errorMessagePointer);
  }

  moduleExports.free(errorMessagePointer);
  ...
}

...

function validateName(name, errorMessagePointer) {
  const namePointer = moduleExports.malloc((name.length + 1));
```

```
  copyStringToMemory(name, namePointer);

  const isValid = moduleExports.ValidateName(namePointer, MAXIMUM_NAME_LENGTH,
errorMessagePointer);

  moduleExports.free(namePointer);

  return (isValid === 1);
}

function validateCategory(categoryId, errorMessagePointer) {
  const categoryIdPointer = moduleExports.malloc((categoryId.length + 1));
  copyStringToMemory(categoryId, categoryIdPointer);

  const arrayLength = VALID_CATEGORY_IDS.length;
  const bytesPerElement = Int32Array.BYTES_PER_ELEMENT;
  const arrayPointer = moduleExports.malloc((arrayLength * bytesPerElement));

  const bytesForArray = new Int32Array(moduleMemory.buffer);
  bytesForArray.set(VALID_CATEGORY_IDS, (arrayPointer / bytesPerElement));

  const isValid = moduleExports.ValidateCategory(categoryIdPointer, arrayPointer,
arrayLength, errorMessagePointer);

  moduleExports.free(arrayPointer);
  moduleExports.free(categoryIdPointer);

  return (isValid === 1);
}
```

F.2.2 5.2절 예제 코드

다음과 같이 예제 코드를 수정한 후 테스트를 진행합니다.

- Chapter 5\5.2.1 SideModuleCallingJS 폴더를 전체 복사해서 Chapter 5\5.2.1 SideModuleCallingJS_workaround라는 새 폴더를 만듭니다.
- Chapter 5\5.1.1 EmJsLibrary 5.1\source\validate.cpp 파일을 Chapter 5\5.2.1 SideModuleCallingJS_workaround\source 폴더에 복사합니다.
- 다음 명령어를 실행해서 엠스크립튼 모듈을 생성합니다.

```
emcc validate.cpp -s STANDALONE_WASM=1 -O1 -s ERROR_ON_UNDEFINED_SYMBOLS=0 -o
validate.wasm
```

- Chapter 5\5.2.1 SideModuleCallingJS_workaround\source\validate.wasm 파일을 Chapter 5\5.2.1 SideModuleCallingJS_workaround\frontend 폴더에 복사(덮어쓰기)합니다.
- Chapter 5\5.2.1 SideModuleCallingJS_workaround\frontend\editproduct.js 파일을 다음과 같이(굵게 표시한 부분) 수정합니다.

예제 F-2 수정된 editproduct.js 파일

```javascript
...

function initializePage() {
  document.getElementById("name").value = initialData.name;

  const category = document.getElementById("category");
  const count = category.length;
  for (let index = 0; index < count; index++) {
    if (category[index].value === initialData.categoryId) {
      category.selectedIndex = index;
      break;
    }
  }

  // moduleMemory = new WebAssembly.Memory({initial: 256});

  const importObject = {
    env: {
      // __memory_base: 0,
      // memory: moduleMemory,
      UpdateHostAboutError: function(errorMessagePointer) {
        setErrorMessage(getStringFromMemory(errorMessagePointer));
      },
    }
  };

  WebAssembly.instantiateStreaming(fetch("validate.wasm"), importObject).
then(result => {
    moduleExports = result.instance.exports;
    moduleMemory = moduleExports.memory;
  });
```

```
}

...

function validateName(name) {
  const namePointer = moduleExports.malloc((name.length + 1));
  copyStringToMemory(name, namePointer);

  const isValid = moduleExports.ValidateName(namePointer, MAXIMUM_NAME_LENGTH);

  moduleExports.free(namePointer);

  return (isValid === 1);
}

function validateCategory(categoryId) {
  const categoryIdPointer = moduleExports.malloc((categoryId.length + 1));
  copyStringToMemory(categoryId, categoryIdPointer);

  const arrayLength = VALID_CATEGORY_IDS.length;
  const bytesPerElement = Int32Array.BYTES_PER_ELEMENT;
  const arrayPointer = moduleExports.malloc((arrayLength * bytesPerElement));

  const bytesForArray = new Int32Array(moduleMemory.buffer);
  bytesForArray.set(VALID_CATEGORY_IDS, (arrayPointer / bytesPerElement));

  const isValid = moduleExports.ValidateCategory(categoryIdPointer, arrayPointer,
arrayLength);

  moduleExports.free(arrayPointer);
  moduleExports.free(categoryIdPointer);

  return (isValid === 1);
}
```

F.2.3 6.1절 예제 코드

엠스크립튼 1.39.0+ 버전에서 위와 같이 컴파일하면 자바스크립트 오류가 발생하며 화면이
동작하지 않습니다. 1.39.0 버전부터 6.1.3절에서 설명한 기반 배열은 더 이상 사용하지 않으
며, addFunction 함수를 호출하면 임시 웹어셈블리 모듈이 생성되고 여러분이 작성한 함수는

모듈 Table 섹션에 직접 삽입되기 때문입니다.

불행히도 엠스크립튼이 이렇게 갑자기 변경된 까닭에 removeFunction 함수는 아무 일도 하지 않습니다. 따라서 ALLOW_TABLE_GROWTH 플래그를 따로 지정하지 않으면 EXTRA_EXPORTED_ RUNTIME_METHODS에 지정한 한계값(4)에 도달할 때까지 모듈 Table 섹션은 계속 증가할 것 입니다.

따라서 다음과 같이 ALLOW_TABLE_GROWTH 플래그를 명령줄에 추가해야 합니다.

```
emcc validate.cpp -s RESERVED_FUNCTION_POINTERS=4 -s ALLOW_TABLE_GROWTH=1
    -s EXTRA_EXPORTED_RUNTIME_METHODS=['ccall','UTF8ToString',
    'addFunction','removeFunction'] -o validate.js
```

F.2.4 6.2절 예제 코드

5.2절과 마찬가지로 6.2절의 예제 코드 역시 엠스크립튼 1.39.0+ 버전에서 자바스크립트 오류가 발생하며 화면이 동작하지 않습니다. 그런데 설상가상으로 이 절에서는 모듈 Table 섹션이 익스포트되는 형태가 아니므로 4.2, 5.2절에 사용했던 우회책(STANDALONE_WASM 플래그)을 적용할 수 없습니다.

따라서 다음과 같이 조금 귀찮은 작업을 하나 더 해주어야 합니다.

명령 프롬프트에서 emcc -v 명령어를 실행하면 출력 결과 중에 InstalledDir 항목이 가리키는 경로가 나옵니다. 예를 들어, 다음은 역자의 윈도우 PC에서 실행한 결과입니다.

```
emcc (Emscripten gcc/clang-like replacement + linker emulating GNU ld) 1.39.11
clang version 11.0.0 (Cswircachegitchromium.googlesource.com-external-github.com-
llvm-llvm--project baa6f6a7828a46c37b96227282938717220f8b34)
Target: x86_64-pc-windows-msvc
Thread model: posix
InstalledDir: C:/WebAssembly/emsdk/upstream/bin
shared:INFO: (Emscripten: Running sanity checks)
```

이 경로 C:/WebAssembly/emsdk/upstream/bin에서 마지막 bin을 제외하고 emscripten을 붙인 폴더(즉, C:/WebAssembly/emsdk/upstream/emscripten)에 가면

emcc.py라는 파일이 있습니다. 이 파일을 편집기로 열고 **SUPPORTED_LLD_LINKER_FLAGS** 변수 선언부를 찾아 다음과 같이 굵게 표시한 플래그를 하나 더 추가하고 저장합니다.

```
SUPPORTED_LLD_LINKER_FLAGS = (
    '--fatal-warnings',
    '--no-check-features',
    '--trace',
    '--no-threads',
    '-mllvm',
    '--growable-table'
)
```

이후 작업 과정은 5.2, 6.2절과 비슷합니다.

- Chapter 6\6.2.2 SideModuleFunctionPointers 폴더를 전체 복사해서 Chapter 6\6.2.2 SideModuleFunctionPointers_workaround라는 폴더를 새로 만듭니다.
- Chapter 6\6.1.2 EmFunctionPointers\source\validate.cpp 파일을 Chapter 6\6.2.2 SideModuleFunctionPointers_workaround\source 폴더에 복사합니다.
- 다음 명령어를 실행해서 엠스크립튼 모듈을 생성합니다.

```
emcc validate.cpp -s STANDALONE_WASM=1 -O1 -s -o validate.wasm -Wl, --export-table,
--growable-table
```

- Chapter 6\6.2.2 SideModuleFunctionPointers_workaround\source\validate.wasm 파일을 Chapter 6\6.2.2 SideModuleFunctionPointers_workaround\frontend 폴더에 복사(덮어쓰기)합니다.
- Chapter 6\6.2.2 SideModuleFunctionPointers_workaround\frontend\editproduct.js 파일을 다음과 같이(굵게 표시한 부분) 수정합니다.

```
...

function initializePage() {
  document.getElementById("name").value = initialData.name;

  const category = document.getElementById("category");
  const count = category.length;
  for (let index = 0; index < count; index++) {
```

```
      if (category[index].value === initialData.categoryId) {
        category.selectedIndex = index;
        break;
      }
    }
  }

  // moduleMemory = new WebAssembly.Memory({initial: 256});
  // moduleTable = new WebAssembly.Table({initial: 1, element: "anyfunc"});

  const importObject = {
    env: {
      ...
    }
  };

  WebAssembly.instantiateStreaming(fetch("validate.wasm"), importObject).
then(result => {
    moduleExports = result.instance.exports;
    moduleMemory = moduleExports.memory;
    moduleTable = moduleExports.__indirect_function_table;
    ...
  });
}

...

function validateName(name) {
  return new Promise(function(resolve, reject) {

    const pointers = { onSuccess: null, onError: null };
    createPointers(true, resolve, reject, pointers);

    const namePointer = moduleExports.malloc((name.length + 1));
    copyStringToMemory(name, namePointer);

    moduleExports.ValidateName(namePointer, MAXIMUM_NAME_LENGTH, pointers.
onSuccess, pointers.onError);

    moduleExports.free(namePointer);
  });
}

function validateCategory(categoryId) {
  return new Promise(function(resolve, reject) {
```

```
    const pointers = { onSuccess: null, onError: null };
    createPointers(false, resolve, reject, pointers);

    const categoryIdPointer = moduleExports.malloc((categoryId.length + 1));
    copyStringToMemory(categoryId, categoryIdPointer);

    const arrayLength = VALID_CATEGORY_IDS.length;
    const bytesPerElement = Int32Array.BYTES_PER_ELEMENT;
    const arrayPointer = moduleExports.malloc((arrayLength * bytesPerElement));

    const bytesForArray = new Int32Array(moduleMemory.buffer);
    bytesForArray.set(VALID_CATEGORY_IDS, (arrayPointer / bytesPerElement));

    moduleExports.ValidateCategory(categoryIdPointer, arrayPointer, arrayLength,
      pointers.onSuccess, pointers.onError);

    moduleExports.free(arrayPointer);
    moduleExports.free(categoryIdPointer);
  });
}
```

F.2.5 7.2절 예제 코드

엠스크립튼 1.39.0+ 버전에서는 main.js 파일에서 FindPrimes, IsPrime, LogPrime 함수명 앞의 언더스코어를 삭제해야 올바르게 동작합니다.

```
...
WebAssembly.instantiateStreaming(fetch("is_prime.wasm"), isPrimeImportObject)
.then(module => {
  const findPrimesImportObject = {
    env: {
      __memory_base: 0,
      IsPrime: module.instance.exports.IsPrime,
      LogPrime: logPrime,
    }
  };

  return WebAssembly.instantiateStreaming(fetch("find_primes.wasm"),
    findPrimesImportObject);
```

```
})
.then(module => {
  module.instance.exports.FindPrimes(3, 100);
});
```

INDEX

INDEX

INDEX

INDEX